谨以此书，献给奶奶。

历史的赢法

文润燕生子 ◎ 著

中国海洋大学 出版社
CHINA OCEAN UNIVERSITY PRESS

幸运愈少，不幸亦少。

序

关于阅读，体会有二。

其一是最近的：在历史类大众出版领域，找不到什么能够让我耐心翻完的文化著作了。很多著作乍一看去，都披着名家上厨出品的包装，可包装下的文字入眼之时，我心中泛起了干嚼汉堡包的感觉。这些文字希望表达的道理，像是在誊抄《三字经》，希望抒发的情绪——像是整容失败后的锥形蛇精脸一样——或者僵硬鸡血，或者干涩呻吟。

其二之体会是持续的，它解释了我为什么会在最近有第一个体会：同样读史，读一本几代手写引注的旧书，往往奥妙尽收眼底——每一代人的思想变化尽在其中。不同年代且各门各类的经典看得多了，当时牛人的"一小段"思想轨迹便被显示在了当时社会环境下的"大空间"中。再后来书看得更多了，我的笔记又分分散散地记录各处，便有了整理分类的念头。终于一番誊抄之后的琢磨，事情和道理都汇聚一堂，杂因杂果一目了然、脉络清晰。于是这才有了第一个体会。其实这些非学术类的新书还是会被当作大餐来出售，只是我觉得它们不过是汉堡包的味道罢了。

基于以上两点，我决定写一套书，把这个思考加速的过程，用几段时空下的故事呈现出来。

这套书的唯一中心就是好看，并有两个基本点——有趣的好看和有料的好看。

这是一个试验品，试图把"物我两忘"这么高大上的词汇，拉低到"物我两记忆"的层次上。如此解构之后，才会揭示原来大多数的所谓高人的"物我两忘"不过是"物我两忽略"——"事不关己，高高挂起"以及"路见不平，掉头就走"，而少数人的"物我两忘"却是"物我两在"——"用心用眼不用嘴"以及"该出手时就出手"。

于是本书的构思和实践，主视角是一个幕僚长似的叙述者，写作思路上杂糅兵棋推演和心理模拟的技巧，但在整体结构上采用东方诗词长短句的模型。这种尝试，现在看来，经过反复修改，效果还是不错的。七分史实中包括迄今为止的中外文化解构和考古成果，三分虚言中的基础却是数理分析和心理模拟。通篇没有我的个人偏好渗入真实人物本身，偶有情绪，总是单独加以点评。

所以本书的成品，包括即将问世的后续"产品"——没错，它们就是我的"产品"——体裁上介于历史札记和思考笔记之间，形式上似乎是用散文的手法来写论文，直观上故事有些新的乐趣，印象上道理能够直接被消化吸收。于我来说，进境便是如此吧。

对你来说，在"有趣的好看和有料的好看"之间，本书应该达到了让你耐心翻完的目的。同时本书希望达到的另一个写作目的，是解释并解决一个问题：大多数人觉得自己明明付出很多但实际收获很少，这并不是他们自己的错觉，事实确实如此。只因为在他们做功付出能量的过程中，从来没意识到能量是没有社会属性的。他们把自己付出的能量想当然地理解为动力，可实际社会效果却是为自己增加了阻力。

关于这个问题的解决办法有很多，比如励志中求动力，比如鸡汤中求安慰，比如洗脑中求解脱。但要是我说，这些办法都是被动接收，不如自己为自己建立一个可以进化的逻辑思考系统，从而夺回人生战场的主动权。

先发制人可能被制于人，后发制人也需要牢记"后发而先至"。如何判断和计算这些因素，是第一部故事立意选材的出发点，而这些出发点都指向一个原则：洞察并控制一个给定格局中的主动权。

逻辑思考系统？还是可进化的？有些像计算机啊！是的，比其他人更像计算机，又比计算机多了最核心的人性，这就够了。达到这个标准，有一座桥梁，就是《孙子兵法》中的几个关键字——察、经、校、索。

孙子曰："兵者，国之大事，死生之地，存亡之道，不可不察也。故经之以五事，校之以计，而索其情……"

一察，或者洞察预判，或者观察现象，来自引起直观反应的对比异状，是出于直觉或嗅觉的；二经，或者分析事理，或者请教成例，由结果反溯原因、以目标反推路径，是理性或逻辑的；三校，或者比较信息，或者掂量轻重，所谓可量化的计算只需要选择；四索，或者探索未知，或者了解结果，所谓不可量化的计算才需要判断。

一条多么深邃精辟的逻辑叙述线路啊，也是这条线路让我可以进入孙武的思考过程。至少在今天，我觉得"察、经、校、索"远比"兵者，诡道也"这个噱头高明许多。

至于"知彼知己"这个真理，大家都懂"知彼知己"是最好的情况，是开全图、观对方明棋、行自己暗棋的模式，但大多数人也都会苦恼"知彼知己"的境界距离自己太遥远——理想如"知彼知己"一样丰满，现实如赤裸羔羊一样骨感——于是知难而退了。还好，"察、经、校、索"，就是用来设计你和"知彼知己"之间那座跨海紫金梁的思考工具。

当然，吹嘘《孙子兵法》神乎其神的人有之，姑且称为"孙吹"。贬低《孙子兵法》一无是处的人亦有之，姑且称为"孙黑"。两者皆不可取，我只讲《孙子兵法》如何用起来。

其实《孙子兵法》最初本来就不是给士人和庶人看的，它是给"君上"和"将军"用的。君上无论强弱，至少有一国资源；将军无论高低，至少有一支军队。有了这些筹码在手，君上才能根据国力多少去计算开战或慎战，将军才能根据军力多少去计算速战或避战。而"察、经、校、索"的意义，就是让你在试图使用《孙子兵法》之前，习惯成自然，首先判断自己是否有筹码，这也是使用《孙子兵法》的前置条件。有筹码，无论多少，都可以探讨使用的问题；没筹码，就要先去解决筹码的问题。

"孙吹"说《孙子兵法》"神啊"，"孙黑"说《孙子兵法》"不神"，两者在《孙子兵法》"神与不神"的命题下激烈争论"0＝神"而"1＝不神"的选择。

习惯了"察、经、校、索"，你就不会再陷入这个"神与不神"的迷宫中，你会直接思考作为经典的《孙子兵法》，是接受了客观历史上无数过往牛人的主观检验的，那为什么自己用不起来《孙子兵法》呢？噢，原来是积累不够，没有筹码，所以用不起来《孙子兵法》。

于是你已经突破了"神与不神"的选择，进入了"值不值得"的选择：是否值得花时间和精力去积累筹码。你会懂得根据"自己的条件"和"与目标之间的难度"来计算，"值得＝1"，干！"不值得＝0"，放弃。虽然表面看去，你和"孙吹""孙黑"面临的都是0和1的选择，但实质上，选择题的内容改变了，你判断这道选择题的过程也升华了。

经典总是常看常新，书中每字不变。之所以新，是人长进了。从前看去枯燥，如今看来悟道，叹一声物是人非。

经典又总是传承有序，一代有一代之经典。新经典总是先汲取了老经典的能量，新经典也总是会最终突破老经典的境界。这么说来，一代又一代的人虽不变，但人写的经典长进了，怎一个沧海桑田。

卡尔维诺在《为什么读经典》一书中，开篇给"经典"下了14个定义。

我全部同意，但就像他用第七条来单独再解释第五条中的意犹未尽之处一样，我也单独加一条，用来再解释卡尔维诺在第一条中所叙述的感觉。当然，这一条是我现在的感悟——且基于过去卡尔维诺的感悟。

他的第一条说，经典是那些你经常听人家说"我正在重读……"而不是"我正在读……"的书。

基于老先生过去的第一条，我今天补充的一条是：比我正在"重读之书"更加经典的，是那些"模板之书"。"重读之书"我需要随着时间阅历才能逐渐懂得，但那些"模板之书"——经典之经典——让我活到了今天。

　　经典之经典的模板不等于死板，相比你正在重读之书或者放在书橱中等待重读之书，这些模板之书似乎有了魂魄，早已跃出纸面，走入社会之中，进入你的脑海之内。这大概就是所谓"模板之书"的奥义吧，既鲜活如生命，又冰冷如工具，凌驾于重读类经典之上。

　　如何再精确解释我的补充定义，又可随笔万字，还是就此打住吧。也许你看过这本书，便有了同样的体会。无疑我明天还会有新的感悟，但那已经是明天的事情了。

文润燕生子

记于 2016 年

目录
Contents

赋以铭

歌咏志

赋以铭

祖讳文润，父名燕生。以子孙之名，承荫庇行文。感参天枯去，犹岁月洗天地无痕。察百草荣生，乃文字蕴世间有情。

书名赢法，讲胜负手。七分实为有据，三分虚言玄机。本部用军第一，直叙死活杂因。首章其疾如风，瞰八百年格局；次章其徐如林，解八春秋沙场；三章攻略如火，舞八十年大剧；尾章不动如山，已是谢幕之时。

噫！一将功成万骨枯，好过全军尽丧哭无物。

戏台喧嚣不取，闲听一笑莫信。巧舌如簧，泼皮闹剧。喜则夸旌旗猎猎大将魂，悲却诉白骨累累丘八蠢。要知古来征伐，唯一片肃杀先。从徒敌前游走，几轮零星箭斗。引他散骑欲战成阵，成阵如势已无退。蹶张起材官立，造出一番声势。弩机暴雨戈矛横行，陷阵司马始挂甲。肋骨为弦，以作悲歌。势备形胜鼓起搏一命，而后白刃绞杀血纷飞。两翼飞骑驱赶，只逼近身死斗。钩镶巧破长兵弯脊，环首直刀冷无情。金鸣漫散沙场，腰悬一轮首级。残阳如血秃鹫盘旋，尽数春闺梦里人。

噫！马革裹尸乃胜仗，好过可怜无定河边骨。

左执干戈，右捧玉帛，有朋来之则迎，有敌临之则战。

噫！天若有情，天亦老矣。人间正道，唯是沧桑。

章第一

其疾如风

节第一

惊雷 请你拆开信

殷王：

　　您好！

　　我师革车三百，虎贲三千，另有庸、蜀、羌、髳、微、卢、彭、濮等一众小弟。现已渡过孟津，您是战呢？战呢？还是战呢？

周 姬发

　　《左传》有云，国之大事，在祀与戎。

　　"祀"，乃是卜天祭祖，用来对内组织人力，求得部众的共识与认同，是维持凝聚力的手段。虽然过程是问天，但是目的乃人和。

　　"戎"，乃是战争杀伐，用来对外扩张、保障安全，是扩张力的体现。虽然过程是人与人或者人们与人们之间的斗争，但胜负结果是老天说了算。

　　商部落做了华夏大地中原地区的大哥，是因为汤很能打。《古本竹书纪年》（下称《纪年》）说"汤有七名而九征"，《孟子·滕文公下》说汤有"十一征而无敌于天下"，此外还有说二十七征的。总之汤很能打，所以才有可能创业成功。

　　想创业，首先要敢打，要有足够的战斗精神。其次才是怎么打，要有足够的琢磨精神，没上战场之前可以随便犹豫；等到上了战场打得赢还是

打不赢，一切天注定，只是不能犹豫。

奴隶制下的商部落就这么一代一代往下传，赶上天灾人祸就换个地方建都，赶上风调雨顺、人丁兴旺就出动讨伐四边的蛮夷部落。

两三百年过去了，首领的位子传到了盘庚。他将都城迁到了今天的河南安阳，史称盘庚迁殷。迁殷后的商部落在"祀"上，依然保持了由祭司来占卜鬼神，乃至人殉问天的手段。大事小事都要占卜询问鬼神，视鬼神的力量高于一切。

当然在今天看来，这种意识形态领域上的原始信仰既蒙昧又残暴，不过在3000多年前那种南有虎方、北有鬼方、东有夷方、西有羌方的环境中，这种保持内部凝聚力的分级认同方式也还算是先进的。

内部抱团了，对外才能用"戎"。

盘庚的位子传给了弟弟小辛，小辛传给了弟弟小乙，小乙传给了儿子武丁。夏商周断代工程确认的武丁在位时间为前1250年至前1192年，相比成汤，武丁的能打形象更加丰富立体——因为当时有了文字记录，同时也因为晚近以来的考古发现了这些文字。

武丁伐吉方、伐土方、伐羌方，"大邦殷"的名头便是这段时间打出来的。在已经发现的甲骨文中被封的侯有五十余个，伯有将近四十个。大邦殷能封他们，是因为首先征服了他们。

武丁的王后妇好也相当能打，是中国历史上有据可查的第一位女军事家，或者说第一位女汉子。她不但曾亲自带队征伐四方，还是武丁时期有记录的四位占卜祭司之一。"祀"和"戎"，她都在行。乃至后来她去世了，武丁还用她的威名恫吓过贡方。在殷墟妇好墓中出土的四件掌征伐刑杀之权的铜钺，每件都冰冷威严，由此可想她的形象。

对于商部落来讲，迁殷已经是在它的晚期了。而3000多年来殷商并称，且殷这个地名还冠在商这个部落称呼之前，可见殷高宗武丁两口子缔造的"大邦殷"之盛有多么强横。几百年后春秋时代的宋襄公祭祀自家的老祖宗，也要写上一首《商颂·玄鸟》："商之先后，受命不殆，在武丁孙子。

武丁孙子，武王靡不胜。"

武丁之后，殷商又传了几代，到了第二十八任殷王、前1147年至前1113年在位的武乙，"大邦殷"依然是很能打的。但部落内部在"祀"的问题上，出了分歧。

武乙当家的时候，他喜欢和至高无上的鬼神开玩笑，或者说他开始和虚无缥缈的鬼神作对。鬼神，在部众眼中是至高无上的，在他本人眼中是虚无缥缈的。

武乙制作了一个偶像，取名叫作"天神"，再找个自己人做裁判，然后与这个"天神"赌博，"天神"当然是输了。于是武乙就侮辱这个"天神"，意思是告诉那些高级祭司——王比鬼神厉害，而老子就是王。

后来他又装了一个灌满血的皮袋，高高挂起作为射箭的靶子，这举动叫作"射天"。这也是武乙要告诉广大部众，首领本尊比那些高级祭司们供奉的鬼神更厉害。

这一切背后的潜在意义也许是，武乙有意无意之间，在把部落"祀"的实质从神权治理向王权治理转移。在武乙行为的影响下，殷商部落实际上开始了一次信仰轨道的切换，也就是要换一种保持内部凝聚力和认同的方法。而在今天看来，如果这次切换过去了，部落治理便由无法解释的神权向可以解释的神授王权过渡；如果没切换过去，那只会把部众的思想搞乱。

暂且放下殷商内部的"祀"，殷都朝歌城外来了一位敲门人。

武乙三十四年（前1114年），西方周部落的首领季历前来朝拜。

季历的父亲叫古公亶父。古公亶父在世之时，部落被西戎反复侵袭，古公亶父一度委曲求全地向西戎进献财货、乞求和平。可惜西戎不太讲究，收了钱，还要命。

古公亶父当时大概是这么想的：我打不过你我服软，可服了软你还要追杀我，你这是逼着我跑路啊。孙子，你丫等着，发展才是硬道理，我今天走，明天我还会回来的。

于是在部落生死存亡之际，古公亶父毅然决然地带领部落由邠向东迁至岐山之下的渭河平原——也就是有名的周原。那里土地肥美，适于农耕，处于关中平原的西部，《诗经·大雅·绵》说："周原膴膴，堇荼如饴。"

但发展也是要有空间和代价的，即使是再肥美的土地，如果部落人口多了，也是养不活的。更何况周部落的跑路，是为了卷土重来，而不是得过且过。于是迁岐之后的周部落保持了向外拓殖的部落意志，到了古公亶父的三儿子季历当家之时，尤其能打。武乙二十四年，季历带领周人伐程，大战于毕地，克之。武乙三十年，又伐义渠，俘获甚众。

这一次，季历来殷都朝拜武乙，目的之一就是为了拿到征伐西方戎狄的许可证，如果大邦殷还能够出兵协助，那自然更好了。季历心中对于西戎的心态很简单：当年吃了我爹的，都给我吐出来。

武乙是一个热爱战斗的人，所以对于季历的请战，他很高兴，"赐地三十里，玉十瑴，马八匹"，之后不但批准了季历的征伐手续，还在次年亲自统军西进和周人一起并肩战斗。

武乙三十五年（前1114年），周师和殷师开始与鬼方接战。《纪年》说"三十五年，季历伐西落鬼戎（即鬼方、亦西戎），俘二十翟王"，便是这件事情。但这场征服战争是持续了三年才胜利的，而武乙在第一年便死于这次渭水流域的征伐之旅中。

太史公在《史记》中记载说，武乙是中了晴天霹雳而死。考虑到武乙不尊重鬼神占卜的前科，被武乙压制的最受伤害的既得利益群体无疑是那些殷的高级祭司，所以这个雷劈而死的结局很可能是当时那些殷商巫师们编造泄愤的。

这件事情，现在看来，等同于武乙切换轨道的事情就此不了了之，算是失败了。

武乙死后，大部分殷人继续相信高级祭司的占卜和解释，他们选择围坐在篝火旁边看着喝得醉醺醺的、披头散发、黥面龇牙的祭司跳大神。另一部分殷人则跟着首领不再相信祭司跳出来的鬼神。可"祀"要是出了问题，部落就形不成统一的共识。没有共识的部落，就只有四分五裂了。原始的部落之"祀"和 21 世纪的"信仰"，从原理上说是一样的。

而在关中的周原上，却是另一番光景。

和虎方、鬼方、夷方、羌方等各部落不同，周人虽然是从"方"起步，但肯于接受新事物和新方法，终于从落后到先进、从弱小到壮大。当然，周部落的壮大主因是自己好好学习的结果，可过程之中，也绝离不开殷首领天天向上的鼓励。武丁直到武乙时期，周与殷的关系，就是"小邦周"与"大邦殷"的"下奉上"的关系。

不过虽然周向殷学习，但在各项知识的认识上，都逐渐有了自己的见解。周人的"祀"显得极其理性，一般不用殉人，甚至腰坑殉狗的案例也不常见。周人的意识形态更务实，丧葬的一些形式更多是强调礼制，所谓"序尊卑，别贵贱"，目的更多是给活人看的，主旨在于通过这种礼仪活动，强化社会行为规则在人们心目中的重要性，从而把礼制与日常生活紧密地结合在一起。这也是一种获得内部凝聚力的手段，但比鬼神先进多了。后来的"敬天保民""敬鬼神而远之"，保住的都是生产力，在那个时代，很实用且有效。

在这种意识形态的基础上，周人逐渐发展出了后来的"天命在德＋敬天法祖"这座桥梁。于是原本殷商由喝得醉醺醺的祭司们来负责解释世界的纯粹神权治理体系，经过这座桥梁，过渡成为原始的神授王权。当然这时期还没有形成一整套理论，但在周部落内部，王权成了神权的世间代理，这让周的首领既有神味儿，又有人味儿。

这种武乙没有完成的转变，未尝不是当时还很淳朴的周人见到殷商大祭司群的骄奢淫逸的反思结果。总之在周部落内，"以德服人"慢慢取代了"神鬼裁判所"，周部落的"祀"——内部凝聚力——有了新的内核。

但无论什么内核，想发展，对外就必须能打，而季历也确实很能打。

武乙死后，儿子文丁做了殷王。与鬼方开战三年的周人终于胜利。《纪年》所说的周人在文丁二年前往朝歌报捷并得殷王赏赐便指此事，《易·未济·九四》说"震，用伐鬼方，三年，有赏于大国"也指此事。

随后周人继续伐燕京之戎。那里就是今天太原汾县北面的管涔山，原本是武丁时期殷征服过的地盘，后来又被戎占据了。这次周人为大哥卖命，杀到人家地头上，敲着皮鼓一番骂阵之后，与燕京之戎死战的结果，却是周人大败亏输。

失败是胜利的母亲，敢于再战的才是好汉。

"文丁四年，周人伐余无之戎，克之。"因此功劳，文丁任命季历做了殷的牧师。当然这个任命有武乙、文丁、帝乙三说，但文丁的可能性最大。

"文丁七年，周人伐始呼之戎，克之。"

"文丁十一年，周人伐翳徒之戎。"

"翳"，乃是羽覆车盖的意思。从这称呼大致可以想象到，这群戎是很彪悍的。死战之后，周人最终胜利。季历俘获了插着最漂亮羽毛的高级首领三人，于是前往朝歌向大佬文丁献捷。

然后？然后文丁倒吸一口冷气，觉得季历是个威胁了。他知道自己快要到点了，所以便弄死了季历，自己也在这一年死了。西戎当初不局气，却只是逼走而不是消灭了古公亶父，结果被季历杀了一个回马枪。文丁同样不局气，同样只是折磨死了一个季历而不是消灭了一个族群，结果就是他为自己的族群敲响了丧钟。

随后文丁的儿子帝乙做了殷王，在位26年。另一边，季历的儿子姬昌（前1152年至前1056年）做了周部落的首领，也就是后来的周文王。

帝乙死后，其子帝辛即位，子姓，名受，谥号纣，约前1075年至约前1046年在位，人们所说的著名暴君商纣王是也。他在位之时，伐有苏，获美人妲己；伐东夷，更是旷日持久的大战，前前后后俘获奴隶无数。总之，一如既往地能打。

而在关中的周部落，周文王也坚定贯彻了季历的拓殖意志，伐翟、伐密、伐耆、伐邗，接着又继续消灭了丰河岸上的崇。崇侯虎是殷王的强力仆从，当时堵住了周向东发展的道路。

周灭崇之前，在周人眼里的崇有多么强横呢？在周部落的开国史诗《诗经·大雅·皇矣》中说：

"帝谓文王，予怀明德，不大声以色，不长夏以革。不识不知，顺帝之则。帝谓文王，询尔仇方，同尔兄弟。以尔钩援，与尔临冲，以伐崇墉。"

"临冲闲闲，崇墉言言，执讯连连，攸馘安安。是类是祃，是致是附，四方以无侮。临冲茀茀，崇墉仡仡，是伐是肆，是绝是忽。四方以无拂。"

直白的翻译就是：

"天神告诉文王，对自己的部众要以德服人，对附近的友邦不要吆五喝六，不要到处显摆兵甲革具。低调做事，以天神的名义。天神还告诉文王，警惕那些对你吆五喝六的友邦，唤起以同姓为纽带的兄弟认同。准备攀爬器械，修造攻城载具，为了攻破崇的城墙。"

"攻城车轰鸣着开到崇的坚固城墙之下。杀伐之后的俘虏一批又一批，首级一个又一个。赢得胜利之后要行类祭之礼与祃祭之礼，要招降崇的首领与安抚崇的部众。胜利的消息传到四方之后就不再有吆五喝六的声音了。攻城车能够轰鸣着推倒崇的高耸城墙，是靠坚决地战斗与摧毁，是迅疾地进攻与突袭。征服的消息传到四方之后就不再有吆五喝六的声音了。"

砍倒了这么一个强敌之后，周部落才铸就了自己的军事自信。随后便向东迁都到崇的旧地，叫作丰。又过几年，迁都到丰水对岸的镐。再过十几年，子承父业的周武王姬发（约前 1087 年至前 1043 年）便给帝辛写了题头这封信。

姬发的水下工作和帝辛的应急预案，我们稍后叙述。只说帝辛拆开信封的感受，必然是如同一万头草泥马在心中奔腾啊。

从古公亶父仓皇如丧家之犬到周武王灭殷而中原共主，四代人而已。这其中的规律，最可洞察的就是一个征服的节奏。人家肯学，又有创新，老秩序和新秩序之间便必须要被推倒一个。《诗经·鲁颂·閟宫》是鲁国史诗，在第二段追述祖先功劳之时说："后稷之孙，实维大王。居岐之阳，实始翦商。"意思就很明确——自从古公亶父迁居岐下，周部落便准备"翦"

商了。这个"翦"字，可以翻译为"图谋"。周部落在"图谋"的过程中，先屈于商，再从于商，而最终达成了克商的目的。

当然征服是一种内在的心态，在别人的眼中才会表现为一种节奏。与征服心态相反的，是争霸的心态。无论成败，前者是企图开创新秩序，既要做霸主，又立新规矩；而后者普遍是为了维护老秩序，讲着老话儿、循着老理儿，希望做一个旧式霸主。分辨这种心态的能力，实在重要。

殷周交替的 800 年后，韩非在《韩非子·爱臣》中说的也是这个道理。他说："臣闻千乘之君无备，必有百乘之臣在其侧，以徙其民而倾其国；万乘之君无备，必有千乘之家在其侧，以徙其威而倾其国。"

自韩非又过了 2000 多年后，今天用我的话直白翻译就是：

"我听说，您是不上不下的中等君主，那么您身边肯定有惦记着您的下位者。如何分辨这些下位者是否有威胁？您只需要观察就好了。那些把属于您的民众用来开垦自家私邑的人，就是有威胁的下位者。至于高高在上的万乘君主，那么同样您的身边有千乘之人在虎视眈眈。如何分辨这些人？他们恰恰和下位者相反，他们不会假传君命把您的民众赶入自己的地里，那种千乘之人不值得警惕。反而是掏出自己的腰包、让出自己的利益、赎买您的民众的那些人，他们可以倾覆您的国家，因为他们花钱买到了您的威信。同样是谋利的道理，在不同层面的人用来，百乘下位者以公自肥，千乘中位者出私自费。噫！所以千乘为千乘而百乘为百乘者也。"

韩非说的，其实和庄子说的，是一个现象。不过两个人的视角和诉求不一样，所以表达和描述同一个现象的话语也不一样。庄子说："窃钩者诛，窃国者侯。"

为什么？因为窃钩不过百乘肥私。窃国嘛，先要自费付出，然后才是据有一国。窃国者付出在先，收获在后，所以当然可以大大咧咧地说，这是付出才有收获。

韩非想要表达的问题，没有涉及千乘所以成为千乘之前的问题，论述从千乘已经是千乘开始："针对当下的情况，我们找一个零点，就是现在，然后我们讨论行动。"

庄子想要表达的问题是："别和我装老大，咱们盘盘道，你丫为什么是千乘？你的祖先早年还是百乘之时下手多狠大家都知道，你现在是千乘而笑百乘却谋万乘？我看不起你。我不要时间点，我要时间的原点。"

韩非是个口吃，笔下不饶人。庄子是个花痴，嘴上不饶人。

还是老子说得好："道可道，非常道。"都是一样的现象，一代传一代，后来各自悟出了不同理解罢了。你要征服霸主，他要维持霸权，大家神仙打架，想要祸不及万物百姓？难。"天地不仁，以万物为刍狗。圣人不仁，以百姓为刍狗。"韩非你下笔再精辟，道理也只有万乘和想做万乘的千乘才会懂，因为这些人才真正体验过。庄子你动嘴再玄幻，万物百姓没有想象的空间，也没有体验的条件，他又怎么能懂呢？

就在周代殷商的同一时期，在地中海世界，一波陆路南下的入侵和一波来自海上的入侵也毁灭了迈锡尼文明乃至小亚细亚的赫梯帝国。整个地中海东岸和小亚细亚地区都各自换了新主人，这也是征服的节奏。

一个晚辈学了老前辈的知识，如果毫无变化，叫作接班式的更替。要是这个晚辈学了老前辈的知识，还不断做出适应新环境的改良，久而久之，这个晚辈就有了量变到质变的升华。用革新过的老知识推倒了老前辈，老前辈可能会委屈，但是没办法，事情就是这么个事情。

作为在前 17 世纪至前 11 世纪曾经活跃过的文明，"大邦殷"谢幕了，留下了拜祖先、甲骨文、青铜器和酿酒术。周代殷商的简单模型，几乎适用于所有具备革命性质的更替。

安阳殷墟一角

对于这种模型，我的理解是，出于蓝者多多矣，可唯有青出于蓝才灭了蓝。

节第二

暴雨 周礼代殷鬼

披羽车徒

周武王灭殷，是通过战争的手段。

前 1046 年的牧野之战，就战役本身来说，周武王带去了多少军队没有确数。兵车三百辆是有的，虎贲三千人是有的，这也是周的核心家底了。在殷末周初的车战编制中，革车一乘，配甲士十人，从徒二十人。于是以这三百辆兵车为核心的将近一万人是真正去战斗的，至于跟着周人出关的西方小弟们和半路加入的各部首领们，据说兵力五倍于此，组成了另外五师。但想想也知道，他们主要负责摇旗呐喊、鼓动声势。

而殷的军队当时有相当一部分都在东夷战场上，周人是急袭，帝辛是应变，组织了多少军队也没有确数。有说十七万的，还有说七十万的，周人自己说"殷商之旅，其会如林"，总之人数很多。但其中大部分都是帝辛从东夷抓来的奴隶，这些人摇旗呐喊都不会太专心，而真正能够用于战斗的殷军数量不会太多。

所以士气很足的周人一次挑战加一波冲锋，周胜殷亡。

玄机在战役之外。

对于帝辛来说，南方强横的东夷近在咫尺，所以威胁更大。哪怕崇被消灭了，他也要掂量一下周和东夷孰轻孰重的问题。对于他来说，他有两个敌人和两个战场：一个是已经开战的并且差一哆嗦就能彻底消灭的东夷真敌人，另一个是潜在的至少表面风平浪静的西方假想敌。

但对于周来说，目前只有一个敌人，就是老大哥帝辛。周人同时又是急袭，"燮伐大商"和"肆伐大商"说的都是这个急袭的意思。那周人的时机为什么抓得这么好？因为有殷人报信。

牧野之战前两年，周武王就在孟津会盟八百个部落首领，准备渡河进攻帝辛。当时军事上的行动延期了，为什么？原因同样可能是最新情报传来说："大哥，最新消息，殷主力就在朝歌呢。"

虽然这次会盟没有变成实战，但周武王对着大小首领们想必是做了一番思想动员的，比如继续宣传周制度的好处和阐述殷背德的坏处。具体细节已不可考，但对于那些在殷制度下被统治的首领们来说，煽动力还是有的。甚至在此之前，周人就已经对外打出了自己的一面旗帜，叫作"行天之罚"，历数了殷部落的种种"缺德"之处。

一场战争从来不是以军事行动为起点的，也不是以筹谋计划为起点的，从有了那个征服的念头起，战争就开始了。乃至一个人要做一件事情，也从来不是以行动为起点的，还是因为心中有了一个念头。

对于帝辛来说，东夷是身边的野兽，周人却是树林中的猎手。只不过，他不知道周人的箭头对准的是他帝辛罢了。

商汤灭夏用了七十辆兵车和六千名死士，在武丁时期的殷人军队发展到三万人上下，分右、中、左三师，一次战役出动几千人的规模。到了武乙、文丁时期又扩建了三师，六个师大致在六万人上下，帝辛即位之初的家底就是如此。随后帝辛向南征伐，胜利不断，抓到了不少奴隶。在牧野之战仓促动员起来的队伍不管实力如何，但也在几万人之上。说明什么？说明从武丁到帝辛，部落人口增长了，社会经济发展了，战争规模扩大了。帝辛不算是败家，家底比他接手的时候还多了。

但很可惜，帝辛虽然和武丁一样能打，还比武丁见过更大的场面，但被消灭了。除了周的井田制度更有效率之外，单单就一次灭国战役来说，周武王也比帝辛更快一步。他处心积虑的反殷宣传和联络工作，早就在战争水面之下展开了。帝辛在发展，是为了维持殷的霸权；周武王也在发展，不过是为了征服殷的霸权。

灭殷靠戎，但灭殷不等于代殷。周代殷商才看出了制度的优越性，靠的是"祀"。但一种好的制度，也未必能够让人一开始就顺从地接受。把周的制度铺就开去的，是周公姬旦。

在说周公之前，扯点闲话。

《广弘明集》引《汲冢竹书》说："舜囚尧于平阳，取之帝位。"《史通·疑古》引《汲冢书》说："舜放尧于平阳。"

《汲冢竹书》和《汲冢书》都渊源于一份名为"竹书纪年"的材料。这份材料是西晋武帝太康二年（281 年）在汲郡一座古墓出土的，是战国时期魏国的史书。材料共有十三篇，叙述的是夏商周和春秋、战国史事，截止年份是魏襄王二十年（前 299 年）。假设这材料就是这一年入土的，那么它重见天日已经是将近六百年后了，比齐天大圣在五行山下还多压了一百年。

《纪年》所记录的事情，与传统记载颇多违异，但有些记载与甲骨文和青铜器铭文相符合。所谓违异，就是颠覆了古人的三观。比如尧明明是禅位给了贤能的舜，但这材料中说舜流放了尧，然后自立；比如还说殷的贤相伊尹流放了汤的孙子太甲，然后自立，太甲忍辱 7 年之后回来亲手杀了伊尹，但并没有灭伊尹的族，而是立了伊尹的儿子继承部族，等等。

这些事情的过程真真假假，有待考古学的继续探索。但这些事情的结果都是真的，尧之后舜是贤能的首领，伊尹之后太甲也是不错的首领。

所以说这些闲话，是"周公摄政之时是否称王"这个问题属于学术范畴，有待考古发现。我只是琢磨周公摄政之时，是如何铺就了周政的。

传说周文王有九十九个儿子，长子伯邑考为了救文王，在朝歌被剁成了肉酱；次子就是起兵灭殷的周武王；三子是管叔鲜；四子便是周公姬旦。

周武王还活着的时候，在初次征服成功之后，对于归附的殷商移民和大小部落首领们反复强调"天命"。第一，这是为了化解征服者与原住民之间的仇恨；第二，也是为了将来的移风易俗和树立德制而准备。

周武王灭殷之后没几年便去世了，《史记》没有编年，便不好琢磨事情的轻重缓急，往往加上了时间，才琢磨出一些味道来。《纪年》说："周武王崩，夏六月葬于毕。秋，周成王加元服。武庚叛乱。"

就《纪年》的时间上来说，老王六月才葬，新王秋天刚坐，还没等到第二年，砸场子的已经举起了旗帜。

结合其他材料来看，帝辛的后裔武庚敢于叛乱，不过是个小角色。周公的三哥管叔鲜联合兄弟蔡叔度的支持，才是新生的周天下塌了半边天的致命原因。

到了第二年，曾经一度和殷商死掐的淮夷与徐戎也入伙叛军了，东方乱象一时声势浩大。如同周之灭殷助力者不乏殷的原本仆从一样，如今企图颠覆周政者，也自然有周的内部势力参与，而且事实上到了后来还以内部势力为主了。

开始不过是殷人叛乱，后来成了有理有据的群体讨伐。殷人是不懂得使用"行天之罚"这面旗帜的，不过管叔、蔡叔打出的这套旗帜叫作"周公将不利于成王"，如今简称"清君侧"。

战争时期的内鬼，都是和平时期走在成为内鬼路上的那些人。无论是帮助倒殷的殷奸，还是渴望权力的周奸，奸细永远有，他们是不可能消灭干净的，只需要让他们现形就好了。菌有益而细菌为害。

周公也占卜鬼神，却是假借占卜。装神弄鬼不过是为了说服朝中的臣属，发兵东征。武乙当初射天神，实际上在心里是射向那些占卜的祭司，武乙的行为是想对部众说："不要听这帮神棍的，要听老子我的。"他失败了。过了一个世纪之后，周公的行为，是巧妙地从祭司那里借用了神权，让神告诉部众说："神说了，要听老子的。"

这也是简易化的"神权治理"和"神授君权"的区别模型。

这一年秋天，周公誓师东下，从镐京出兵，花了三年时间，不但平定了管蔡之乱，还梳理了殷商遗民，又讨伐了淮夷与徐戎。周公平叛之艰辛，恰恰借着《诗经·豳风·破斧》有了很好地表达："既破我斧，又缺我斨。周公东征，四国是皇。哀我人斯，亦孔之将。"

这是一群活着回来的出征周人的感悟，我来演绎一番。

甲："我的妈呀，我的斧子都干破了！"

乙："你别说了，你那算什么？我的斨都干坏了好几把了！"

甲："总之咱们跟着周公东征，也算见识了什么叫作四方诸侯如丧家犬，惶惶不可终日了。"

乙："是啊，不过你才杀过几个人？只用坏了一把斧子，既无战功，又无首级，你就庆幸咱们都活着回来好了。"

周公平叛，就是如此艰辛。

周公敢于对内忽悠，而且也忽悠成功了。原因在于虽然管、蔡有武庚这杆枪，但是周公也有殷奸这根针，还有齐太公吕尚和鲁公伯禽这种铁杆自己人。平管、蔡，是周公之战；平淮、徐等东夷，是齐鲁之功。先说周公，再说齐鲁。

成王三年，周公灭殷，杀武庚。四年，殷商遗民被重新分配，其中一大部分被迁徙到洛邑。五年，为了容纳这些遗民，扩建了洛邑，也就是"营成周"。后来两京之一的成周洛邑，在当时也可以理解为殷商遗民的"集中营"，而且建造洛邑的大量劳力，也是这些殷商遗民。

洛邑城池能够一年修好，周公"营成周"相比于秦始皇建咸阳，出于正常理解，只能更暴虐。要是非说周公真的比秦始皇更仁慈，好吧，名声上是的，但手段上就绝对是更暴虐无疑了。

原因？很简单，只不过是周公与秦始皇之间差了900年罢了。周公之后900年的人，哪怕是一个普通人，也享受到了文明进步的好处，知道了更多，更聪明了一些，更加懂得生命可贵了。同时，社会的文字表达进步了，传播也更迅捷了，最重要的是社会价值观升华了。

以今日对比往昔，太史公笔下的战汉之时的生命之轻既令人向往，又令人发指。那么以殷周之际半地穴居住的周人对比战汉之时茅屋居住的人们，生命当然只有更轻而已。所以不是周公比秦始皇更仁慈，只是我们的文明更加进步了。

后来 5 世纪上半叶的匈奴王阿提拉虽然赤裸裸地杀戮灭族，号称上帝之鞭，但如今被西方主流——英美语系——视为伟大的征服者。只因为首先英美语系不疼，疼的是拉丁语系；其次是时间过于久远，再疼也会抚平；再次是全球霸主的心态，看问题总会显得更加宽容。而阿提拉这一次波澜在东方来说也不疼，因为事实上匈奴是被东方赶走的。

12 世纪前后的成吉思汗亦是如此，也被西方主流视为伟大的征服者，只因为首先英美语系不疼，疼的是斯拉夫语系；其次是时间过于久远，再疼也会抚平；再次是全球霸主的心态，看问题总会显得更加宽容。而成吉思汗这一次波澜在东方来说就非常之疼，因为这不是一次强压迫弱的低头过程，而是一次灭族的斩首过程。

到了 20 世纪，文明已经揭示了更多迷雾背后的真相的情况下，希特勒和小日本还继续这么干，西方主流才开始换了一种口吻，因为他们终于被搞疼了。所以一时的评价毫无意义，有意义的是剥开皮肤，观察魂魄。

国之大事，在"祀"与"戎"。与时俱进的文明，在于越先进的群体，"脏活儿"越要隐蔽去干，比如美国形象的高大上和美国本质的无所不用其极。而不干"脏活儿"的先进群体，那只能是下一个被吞噬的目标。

书归正传，回到周公。

他因为年代太过久远，所以盖棺定论很清晰，他的菩萨心肠泽被后世，他的霹雳手段理所当然。晚于周公的秦始皇，有一天也必然是这个评价，这是没有悬念的事情。

周人在自己的地盘上，自然早已熟悉和适应了自家的制度。所谓周公制礼乐，不如说周公播撒礼乐，把在周地业已成熟的一套新的等级制度输出到中原各地罢了。周人不是一天强大起来的，周礼也不是一天就能设计完成的，周政当然更不是一天就能铺就完毕的。

周成王七年，周公还政成王，大致这么说的："大侄子，这天下梳理得还可以吧？"

当时距离牧野之战不过十来年，牧野之战的时候殷可战六师，周不过一师不足一万人而已。周公还政之时，周已经有了二十二个师，至少二十二万可动员的战卒。其中宗周镐京六个师，称西六师；康叔封的卫国占据的殷旧地八个师，称东八师；成周洛邑还有八个师，并且洛邑还是重新营建的。

周公便是这么铺开制度的。

而一种新的制度铺就下去，肯定是要反复的。对于一个人来说，那是习惯不习惯的问题；对于一群人来说，那就是移风易俗的问题；对于一群人中的少数特权者，那就是利益被剥夺的问题。没有军队的保障，没有霹雳手段的对外镇压和对内清洗，周天下后来长治久安的礼乐制度？做梦吧。

周公平管蔡可能一年，也可能两年，但齐太公吕尚和鲁公伯禽镇压东方的淮夷与徐戎，最少花了三年。以德服人，但还要武力保障，一文一武两手都要硬，新的秩序才能逐渐稳定并且慢慢推行。

齐太公吕尚，小说中姜子牙的原型，大大有名。他是齐国的开国之君，也是公认的兵学始祖。他善于使用奇谋诡计是真的，渭水边上愿者上钩的故事听听也就罢了。这老头儿本人早期在姜部落中的政治地位是边缘的，但作为姜部落在吕地的奴隶主后裔，太公早年无疑是受过高等教育的。后来太公终于得到周部落的重用，在周部落筹谋灭殷的全过程中出了大力。

太史公在《史记》中说："与天下更始，师尚父谋居多。"意思是太公为周部落做出了极重要的战略规划。而后来孙子在《用间篇》中说："周之兴也，吕牙在殷。"这就解释了太公为什么能够为周部落灭商做出顶层设计——因为太公通晓殷商的老底。根据多种记载显示，太公早年不但在殷担任过干部，还在朝歌长期生活过。另外，姜部落本来就一直是周部落最有力的臂膀，于是可以设想的是，周武王帮助太公得到了姜部落的控制权，太公襄助周武王获得了天下。随后太公被封到了东海之滨的齐地。后来张良从黄石公那里获赠的《太公兵法》就是老头儿留下的著作之一。据说老头儿曾经留下过三部著作，合称《太公》三书，共有二百三十七篇，一叫《谋》，八十一篇；二叫《言》，七十一篇；三叫《兵》，八十五篇。

鲁公伯禽，是周公的儿子。周公本来的封地是在东海之滨的鲁地，但实际是由周公子伯禽治理的，由此伯禽也就是鲁国的第一任国君。太公的齐、伯禽的鲁，都是侯爵开国，也都在最遥远的东方。他们除了为周王室兜底监视着中原的大小封国，当然也为这些中原封国提供对外军事保护，防备着江淮地区的淮夷与徐戎。这就是齐、鲁的对内弹压和对外保护的两重作用，对于一个能够稳定的秩序来说，这两者是缺一不可且相辅相成的。

争天下的事情告一段落之后，自然就是平天下的过程。伯禽至鲁地就国，以曲阜为都城，按照周的制度和习俗来勤恳治理。过了三年之后，他才向摄政的周公汇报业绩。周公问："怎么那么迟啊？"伯禽说："我听您的教诲，一丝不苟地订立规矩，一板一眼地移风易俗，所以如此之慢。"

在齐地就国的太公，仅仅五个月之后就向周公报政，周公问："怎么那么快啊？"太公说："我简化了周的君臣之礼，按照当地习俗治理，所以统治很快进入了稳定轨道。"周公说："呜呼，鲁在后世恐怕要北面事齐了，为政不简不易，民不近之；平易近民，民必归之。"当然周公也说："你治齐用的是举荐贤能、奖励有功，后世必有篡杀之臣。"

这就是周初齐、鲁两国各自家长的教化态度。所谓伯禽的移风易俗，先是大杀特杀地镇压，然后才是规规矩矩地办事，打下的基础虽慢但却扎实。所谓太公的简政求利，是一种不费事的妥协，提拔本地下层能人来治理他们原来的主人，地基打得虽快但却松散。这种演化的效果要很久之后才能品出味道。对一个人，叫盖棺定论；对一个族群，那就是盖上很多棺材才能定论了。

在周的礼乐等级制度逐渐推行开来之后，沿着黄河的三大周文明中心，第一就是周的京畿丰、镐；第二就是商的旧都朝歌，那里被封给了周文王第九子康叔封，作为卫国的都城；第三就是鲁的都城曲阜，出于对周公勋业的认可，镐京许可曲阜能够使用周天子的礼乐来郊祭文王。

几百年之后，犬戎破了周的镐京，周王室迁都洛阳。再后来狄戎破了卫都,卫君在齐桓公的资助下才迁都楚丘复国。在三去其二的过程中,周与卫的各种宗庙家当损失殆尽,只有鲁国曲阜保存了大量原汁原味的西周文化遗产。所谓"周礼尽在鲁矣",原因就在于此。

作为第一代家长的齐太公,和鲁公伯禽的为人很不一样,几百上千年地传下去,齐国人和鲁国人也就很不一样了。周王室出身的鲁公伯禽,和订立了周天下规矩的乃父一样,道德是高尚的,手段是刚猛的。所以鲁国后来虽然打仗不行,但一直保持着老贵族的范儿。周的秩序崩溃之后,最念旧秩序的也正是当初移风易俗最一丝不苟的鲁国。直到春秋末期孔子注《春秋》,叹息礼崩乐坏,便不难理解了。

至于齐国,因为太公通达事故,土地上又有渔盐之利,所以齐国很是富裕,人们也普遍会做生意。到了齐桓公的时候还有名相管仲辅佐,生意就更加做得飞起。终于到了太史公在汉朝盖棺定论的时候,齐人的形象就和今天的纽约人一样,往好了说是聪明机灵,往坏了说是狡诈算计。所以春秋之时讲老礼儿的鲁人和战国之时卖力气的秦人都最看不上油滑的齐人。

所谓教化认同,大体如此。

当然到了距离太史公又有 2000 多年的今天,齐鲁并称山东一省而已。地方还是那个地方,地上的人们一波又一波,已经换了很多茬儿了。

所谓物是人非,大体如此。

"祀",对一个社会来说是秩序,对一个族群来说是信仰,对一个人来说是认同。"祀"的能量来自内核。内核要是源源不断地输出着势能,这秩序哪怕在风雨中飘摇,但也总可以挨到雨过天晴。这种情况下,"戎"是用来维护秩序、维系信仰、维持认同的。

内核总有势尽日,能量必有枯竭时。待到那一刻,老祀只能谢幕。而负责更换一个内核的也是"戎"。"戎"推倒了老的秩序,重塑了新的信仰,完成了身份的认同。

然后?然后继续上路,生生不息。

衰老 烽火戏周礼

陷阵三人图

3000多年前的周初之时，周人对于殷商遗民的散漫风气尤为警惕。卫君康叔封的卫国就建立在殷商旧地之上，虽然殷人大佬箕子带着一批部众去了辽东，但留下来的还是多数，所以卫国也管辖着一大批殷商遗民，这些人依然保持着酗酒恶习。周公为了防止他们聚众饮酒，纵性生乱，特意让康叔封颁布了《酒诰》，既是限酒之令，又是训诫之文。到了第三代共主周康王之时，在大盂鼎的铭文上还记录着康王告诫臣下的话——不要重蹈殷人纵酒亡国的覆辙。

殷商当然不仅仅是亡于纵酒。纵酒只是周人的感觉，是睿智如周公等人所能察觉到和总结出的原因罢了。

在西周早中期，周王室对诸侯国的管控是极为有效的。管控的手段有来朝分封、去使册命、年年朝聘、随行巡狩、奉命征伐等。所有这些指令，都是通过周礼来规范的，周礼规范也就是西周的政治规矩。

在经济上，周王室控制了青铜产地和玉器产地。这两种矿源加工出来的青铜器和玉器通过分封赐器、册命赐器、巡狩赐器、军功赐器等交流方式赐予诸侯国，这是一种政治权力的具形赋予。

保障以上两项工作有序开展的基础，就是周王室的军队——王师。在穆天子周穆王时期，他西征南讨的武功远超殷王武丁。但时光荏苒，随着社会的发展，周礼慢慢出现裂缝，不能被很好地遵守了；随着经济的进步，青铜矿和玉矿的产量也在增加，诸侯私造的现象意味着西周的政治货币开始贬值。这些迹象，是当初睿智如周公也不可能预见到的。

终于到了周幽王姬宫湦（约前795年至前772年）的时代。这哥们儿上位第三年，就被记录说宠爱美女褒姒。褒姒生了幼子伯服，开始惦记政治了。周幽王的先人中要是没有破坏规矩的，周幽王本人估计也不敢。但正因为先人有，所以周幽王才敢。他开始琢磨如何废了申后和嫡长子宜臼这个问题了。于是周幽王五年，心察不好的申后和宜臼就跑去了外家申国（河南南阳）避难。

周幽王八年，周幽王立褒姒之子伯服为太子。九年，申侯开始联络西戎及鄫部落。十年春天，周幽王广撒英雄帖，会盟诸侯于太室，中原诸侯都来了，戎狄没来（叛之）。既然史书这么说了一句，那意思就是原来戎狄还是面儿上顺服的，至少一叫就来。如今不来了，是有人做工作了。

周幽王十年秋天，王师伐申。伐申目的？周幽王对申侯的意思就是："我要斩草除根，你把女儿和外孙痛痛快快地交出来。"要不然？"要不然我就吓唬你一下，告诉你我是周天子，懂吗？"申侯缩在自己的城里，估计是对天子的大军点点头说："我懂了。"所以周幽王还是不傻的，至少在察觉了异动之后，懂得武装威胁一下。

周幽王十一年（前772年），申侯与犬戎联合攻破镐京。周幽王和伯服被犬戎追杀于骊山之下，据说褒姒被犬戎掳走了。申侯也许说了一句："女婿，你还是年轻啊。既然你去年不想弄死我，为什么要来吓唬我？"

周幽王以天子王师伐申，既然没写"克之"，也没有写"王师败绩"，那么可能是申侯没有出战；同样记载也不是"灭之"，那么可能是申侯缩在城里坚守。王师困申侯之城，最终是不了了之，要么这是一次惩罚和警告性质的威胁，要么就是没有骗开城门的手段。可过了一年，更加坚固的镐京城被破，只能说明申侯与犬戎很会抓时机。如同周武王急袭朝歌一样，想必镐京里面也有给申侯通风报信甚至大开城门的。

宜臼随后立即在申地即位，称周平王，再到周的东都洛阳建立了新的王朝。这之前是西周，这之后是东周，东周的上半段也就是春秋的时代。

以上事实是因为子嗣的继承问题所引起的一次政治事故，但另外还有一段周幽王"烽火戏诸侯"的故事，就不见得是事实了。普遍说法是周幽王不仁，为了玩女人用烽火忽悠勤王的诸侯们，结果上演了古典版的"狼来了"故事。按这个说法，周幽王不但玩丢了自己的性命，还玩丢了祖宗的社稷。

十里开外的汉烽燧报警效果

其实我倒是觉得，哪怕这是一个故事，也可以换一种想法。也许外家申侯在最开始联络犬戎的时候，就和犬戎针对西周京畿的烽火防御体系商量了一个计划。由申侯来指点迷津，由犬戎来多次发兵进逼镐京。每次犬戎摇旗呐喊，只为了让周人点起烽火。每次烽火点起之后，犬戎便可以回家睡觉了。久而久之，诸侯被忽悠得麻木了，周人自己也觉得没意思了，于是内鬼申侯和外敌犬戎便知道动手的时刻到了。犬戎得到了经济上的财货，申侯得到了政治上的好处，如果事实是这样的，那就不叫"周幽王烽火戏诸侯"了，那就应该叫"申侯烽火戏诸侯"了。前者是一件蠢事，后者是一次谋划。

为西周画上句号的这件事，是无脑的蠢事还是精心的谋划，谁知道呢。但有一点似乎是事实，在环境因素和社会因素作用之下，曾经周部落设计的、周公颁布的，建立在大宗、小宗和礼乐之上的德治，不能很好地被遵守了。开始这些现象仅仅出现在宗室内部，比如幼宠克嫡长，逐渐演化为频繁地小宗克大宗，从所谓的"礼乐征伐自天子出"过渡到了春秋时期的"礼乐征伐自诸侯出"，也就是这种现象大肆蔓延到了贵族克宗室。到了战国时期？

"礼乐征伐自大夫出"，也就是延展到了知识士族克血统贵族。直到荀子所说的"陪臣执国命"。

拿到了当年周王室分封权柄的春秋诸侯又怎样？各诸侯国只不过是晾起了无能共主，各地都纷纷筑炉起灶，铸铜治玉。但各诸侯国学习的还是周王室的封建原理，所以铜和玉的加工文化虽然特色各异，但功效一致。于是他们不过是重蹈西周王室的覆辙，体验了一遍诸侯家族中的小宗克大宗罢了。战国又能够如何？大多数诸侯家被卿大夫杀光光而已。

上位者能做到的，下位者凭什么不能？创新这种名词，好的地方在于"新"，细想一想，"新"是结果，还在于"创"的行动，可"创"嘛，总是要踢碎一些旧东西的。

这么看来，谁戏弄了烽火就不重要了。

周人实践的和周公普及的秩序，如果不与时俱进，那么只能慢慢地衰老了。

当年殷商建于神鬼占卜之上的，也崩于神鬼占卜之下。殷鬼不能解决的事情，被周德和周礼解决了。人借用神鬼，所以周礼代殷鬼。

周建于德礼之上，周也崩于德礼之下。周宗室要是都不守德礼了，不按照规矩出牌了，偏偏又解释不清楚为什么不守德礼，更加不能及时修改规矩，那么盯着宗室的贵族、盯着贵族的士族，自然有样学样。于是周礼不能解决的事情，只有等待着能解决的新办法去解决了。随后春秋战国动荡了几百年之后，秦法代周礼。

至于商纣王和周幽王、妲己和褒姒，他们赶上了势尽，所以骂名也就认领了。

法代礼治，更有效率。至于为什么是秦？全在一个征服的心态，细节留待后话。

结尾处，闲话一段。

我见过一位挺有名气的公知，他左脸的一半舌头和中国青年学生说周政是"人为设计的政治制度"，这是没错的。但接下来他用"人为设计的政治制度"引申出"中国自古不民主和不公平的根源，就是政治制度都是人为设计好的"这条去路，这错没错先不说，我们看看他右脸的一半舌头。

在另一个场合他和青年学生说什么？他说美利坚制度是西方先贤"人为设计的政治制度"，这也是没错的。但接下来他用"人为设计的政治制度"引申出"西方不愧是人类民主和自由的典范，敢于为自身的明天而设计政治制度"这条去路。

左舌头是前11世纪的例子，右舌头是18世纪的例子，这货绝对不是猪脑子，这货很善言辞，舌头都能分叉，"噗呲噗呲"地吐来吐去，把台下青年的脑子都当成了猪脑子。

如果只提其中一段，我相信他是不学无术。如果两段在不同场合说起，且是同一个人的舌头，他只能是别有用心。一个小小的西式洗脑的逻辑欺骗把戏罢了。

第四节
春秋 借人头一用

周平王东迁洛阳便是春秋时期的开始，他在前770年至前720年在位51年，死后孙子姬林继位，就是周桓王，前720年至前697年在位24年。

这哥们儿在前718年的春天，先是以王师帮着晋室小宗曲沃庄伯攻打晋国，打跑了晋国的国君晋鄂侯。到了夏天晋鄂侯死了，他又反手讨伐并战胜了庄伯，立了晋鄂侯的儿子为晋哀侯。

前708年，秦国进攻芮国失败，于是到周王室请兵。周桓王又派王师联合秦国包围了芮国，俘虏了芮国的国君芮伯万。

至此，可以说周桓王的大哥威信还是有的，能够凭借自己的实力来操

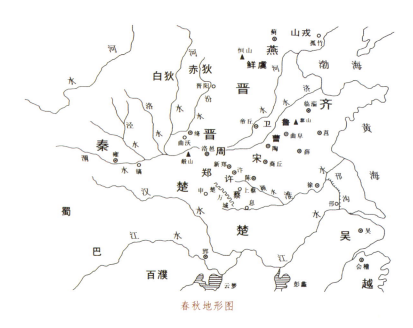

春秋地形图

控制附近的诸侯，东方的齐、鲁二国在面上也要礼让三分。但仅仅过了一年，前707年，周恒王出动王师，另外征调了陈国、蔡国和卫国的军队，去讨伐郑庄公。这一战如果赢了，将会叫作"东周中兴"。结果郑庄公应战，双方在繻葛（河南长葛）开战，周联军大败，周恒王中箭。

本来是想巩固威信的周天子，就这么输掉了威信。这之前可以说东周名实俱在，礼乐征伐的事情大家还只是悄悄干；这之后是有东周名、行春秋实，礼乐征伐大家敞开了干。

这郑庄公又是哪棵葱？

郑庄公的爷爷是郑桓公姬友，郑的开国之君，也是周幽王的叔叔。姬友从周幽王那里求得了东迁封地的许可，又凭借自己周王室司徒的身份，让长子掘突从郐和东虢二君手里各自买到了五座城池，建立了郑国。前772年，郑桓公与周幽王一同被犬戎杀于骊山之下，殉了国难。在自家封地上的掘突便被国人拥立为郑武公。

郑武公掘突从前771年至前744年在位28年，从最初的十个小邑开始，重用被周人定为奴隶身份的殷商遗民搞活经济，然后对外极大开拓了郑国的疆土。怎么开拓的？郑武公比较著名的两大手笔是：第一，当初卖给了郑人土地的邻和东虢二君，分别在前769年和前767年被他消灭；第二，把女儿嫁给了胡国之君，杀了扬言进攻胡国的大臣关其思，然后等胡君懈怠之后，袭灭了胡国。

郑武公有两个儿子，都是夫人武姜所生，长子姬寤生，次子姬段。姬寤生因为是难产所生，所以不被武姜所喜欢。姬段是顺产，所以颇得武姜宠爱。武姜吹枕边风希望立幼，以郑武公的算计水平，便没有同意。郑武公死后，14岁的姬寤生继位，便是郑庄公，春秋初期的小霸主。

前743年，武姜向刚刚继位一年的郑庄公发出请求，要他把制地（荥阳东北虎牢一带）封给幼子姬段，因为地势险要而未获许可。于是武姜再求大城京邑（河南荥阳东南），郑庄公便将小自己3岁的弟弟姬段封到了比国都还大的京邑。姬段也称京城太叔。

直到前722年，史载姬段叛乱，出兵袭击郑都，以武姜为内应。郑庄公随即出兵打败了姬段。姬段跑回京邑，国人拒之；再跑到鄢邑，国人拒之；最后跑到了共国，没了下文。"郑伯克段于鄢"这事家喻户晓，但怎么看待这个问题才是有趣的地方。

姬段11岁受封，在京邑一带经营了21年。如果他真的有他爸爸郑武公和他哥哥郑庄公的能耐，以京邑的资源他早就应该有深厚的人望和强力的军队了。但21年过去了，他主动起兵却一败涂地，经营了21年的大本营叛他而去，这是一位庸人罢了。

郑庄公身在郑都，21年中京邑的消息分分钟传入耳中。群臣劝他先动手，他不动手。为什么？当然不是妇人之仁。他知道京邑的情况，姬段是成不了气候的。如果这样先动手，姬段反而可以扮演受委屈的角色，可能唤起本地人的抵抗，也可能导致"国际环境"的同情，还落下了以大欺小的话柄。郑庄公心说事情不是这么算计的。

如果姬段真的不是庸人，真的一心图谋叛乱，他就会为此付出努力，而结果是他有可能逼得他哥哥先动手。只有他哥哥先动手了，他才不是叛，而是御，也就有了"下克上"的机会。他如果真的内修治理，外出练兵。他哥哥看到京邑是一个真正的威胁了，才会主动出兵。没有练兵的机会？挑拨诸侯来攻郑，到山野里打蛮夷，姬段有的是机会对外用兵——"对外"很重要——若是如此，这21年中他哥哥早就被逼得先动手了。

郑庄公爷孙三代最不缺乏的就是算计，郑庄公在京邑分分钟看不到也听不到姬段有实力可以挑战中央，那么为什么要出兵？总有一天让姬段自己反了，消灭他是分分钟的事情嘛。最后反击的时候，郑庄公是兵车两百乘，春秋初期这二百个单位大致是八千人，便轻松平叛。可见姬段在京城是玩了21年，然后这位32岁的公子哥就在他妈妈的误导下脑门一热，反了。姬段当初是顺产，没有难为他妈妈，结果他妈妈最后害了他。

前707年，怀着东周中兴念头的周恒王讨伐的就是这么一根葱，一个又能打又会算计的诸侯。结果一仗下来，东周没有中兴，春秋开始纷争。

周恒王不打？不打他的威信没了。之前因为周王室要削郑庄公的公室官职，郑庄公就敢于割了周王室的麦子示威。现在如果不打，周王室的威信就肯定没了。打了还有希望赢回威信，这就是周恒王的朴素想法，然后他就惨败给了郑庄公。

繻葛之战还诞生了新的"鱼丽之阵"，是纯粹车战为主向车步混合作战的创新，当然也不是郑庄公拍着脑门一天想出来的，是郑国长久实践的结果。但这种演化在郑国并没有形成理论，依然是经验性的琢磨。如同郑武公、郑庄公的算计学问，都没有成文的总结。所以郑庄公一死，这些深浅便只能被别人参考或者引为故事了。

同样的例子还有晋国的先轸，生年不详，死于前627年，可谓名将。再说先轸之前，闲话一下晋国的渊源。

周成王封了弟弟叔虞在唐，其子燮父在位之时迁都于晋。当时晋周围的生存环境相当恶劣，有据可查的戎狄部族有十九个之多，大体分布在吕梁、太行、中条山内。所以晋开国之初实行了"和戎狄"策略，先认怂不是坏事，发展强大了再行兼并。

到了与郑庄公同时期的晋国，如本章开头所说，正在经历内战。这场内战打了60多年，结果是小宗曲沃势力更顽强，最终消灭了大宗，史称"曲沃代翼"。相比郑伯克段，"曲沃代翼"在政治结果上是完全相反的。但在军事层面上，胜利都属于早有预谋的一方。

说回先轸。这人成就了春秋五霸之二的晋文公姬重耳（前636年至前628年在位）的霸业。前632年在城濮之战中诱败楚军，后来又在前627年的崤之战中伏歼秦军，同年以死明志，自裁于箕之战中。

汉代先秦舟战拓片

前632年的城濮之战前有一连串的前哨战，是典型的大国玩弄小国的戏码；还有一连串的外交算计，是典型的两个大国如何因为玩弄小国最后失控不得不直接开战的戏码。最后晋、楚开战，晋军留下了一个"退避三舍"的美名，列阵败楚。楚成王认怂，晋文公称霸江湖。

前627年的崤之战前有一连串的军事前戏。郑是四战之地，且已衰弱，摇摆于北方的晋和南方的楚之间。城濮之战楚败，过了两年，前630年晋文公准备惩罚依附楚国的郑，于是联络了秦穆公（前659年至前621年在位）围了郑国。郑文公派出使者烛之武说秦。秦穆公听说"克郑"只能"肥晋"，便退兵而去。于是秦晋有了裂痕，而郑文公投靠了晋国。又过了三年，前627年，晋文公和依附于晋国的郑文公前后脚去世。秦穆公准备借此机会伐郑，但因为郑国商人弦高的机警，所以秦军以为自己失去了先机便撤军回国，却被晋军在归途中伏击。三万秦人除了将领孟明视、西乞术、白乙丙被俘之外，全军尽丧。

　　崤之战发生于四月，虽然伏击是先轸建议的，战斗是先轸指挥的，但晋文公的儿子晋襄公也穿着孝衣亲自督战了。对于晋襄公来说，这就是一场贵族竞赛，战时射杀那些秦军和狩猎射杀鸭子没什么区别，可战后大家都还念着一份旧情。所以，晋襄公的母亲秦人怀嬴——也是秦穆公的女儿——替孟明视、西乞术、白乙丙求情。晋襄公就听了妈妈的游说，放了三人。先轸听说后骂了晋襄公，还吐了一口痰，然后愤愤而走。晋襄公这才幡然悔悟，派出杀手但是没有追到秦军三将，然后向先轸道歉。先轸也内心自责，觉得自己失礼了。这年秋天狄人攻打晋国，晋国出兵抗击。在箕（山西蒲县东北）击败狄人并俘虏首领一名之后，先轸摘下头盔铠甲，冲进狄军中战死明志，意思是："主公我不该骂您。"

　　城濮之战，对于国与国之间来说，晋文公灭的是老恩人楚成王，胜在战役之前的外交算计。"退避三舍"与其说礼让楚军，不如说是为了骄纵和疲惫楚军。同时晋军也在有序撤退中，为自己找了一个适合开战的战场。很多年之后孙膑在马陵之战前"三退减灶"的算计技巧也与此战如出一辙。至于就战役本身来说，却和郑庄公繻葛之战的道理一样，先破两翼士气低落的仆从军，再包抄中央的主力军。繻葛之战中周恒王攻郑的是周、蔡、陈、卫联军，如今楚成王攻晋的是楚、蔡、陈联军。他们的两翼都是军无斗志的仆从军，明白道理的主将在观望之下，也都会先剪枝叶、再锯主干。最终胜利的都是数量少但是认同多的一方，郑军全部是郑人，晋军全部是晋人，周武王灭殷的冲锋主力也是那一万周人，就是这个道理。仆从军可以有，但目的是让他们去摇旗呐喊，或者是胜利之后的捡剩屠杀，绝对不能让他们自成一军。后来秦汉所以强，乃是"混编"二字。奴隶和罪犯当然可以用，但中下级军官都必须是秦之吏或汉之郎。

　　崤之战，对于国与国之间来说，晋襄公灭的还是老恩人秦穆公。胜在战场之外的情报获取。对于一场战役来说，这是设伏屠杀，同样可以表现在孙膑的马陵之战上。之所以孟明视、西乞术、白乙丙能够活着，是因为此时还没有大量普及的弩机，是手动杀猪仔，见到穿戴像个将领的才去俘获。但很多年后有了青铜弩机的疲弱齐军已经可以埋伏强悍魏军了，那么抱歉，我想留你一命，可弩机射出的一箭是机械力，多少焦耳就是多少焦耳。

箕之战，就是先轸为自己赎罪，可歌可泣。

国与国的层面，郑武公鸠占鹊巢被诟病？晋文公、晋襄公干掉的也都是老恩公。这不过是一把镜子，除了映出京城太叔姬段的无能之外，楚成王先动而晋文公有备，秦穆公先动而晋襄公后发先至，都是等你先动，我便可以得理不饶人。

在战役层面，可为先轸的算计竖起大拇指。《汉书·艺文志》中归纳的兵书《孙轸》五篇及图两卷，很可能就是这位大神的手笔，但都已亡佚，而且兵学的技巧偏多，军法的基础偏少。

什么叫军法？什么又叫兵学？

年轻的鲁公伯禽在鲁地一板一眼的屠杀就是军法，目的是为了移风易俗，让大家服从一种新的规矩，行霹雳手段；经验老到的齐太公姜尚在齐地因势利导的运用人力就是兵学，让大家适应一种新的规矩，随风潜入夜。

鲁公伯禽先镇后抚，太公姜尚多抚少镇。如果不镇只抚？那就是纯粹玩弄技巧了，只因为谙熟人性所以看起来显得高人一等罢了，与小商小贩高买低卖看起来奸猾的道理一样。名将终究还是要先懂军法，再通兵学的，比如先轸。这些人早就在军法基础之上玩弄兵学技巧了，但他们还是怀着一颗对军法的敬畏之心，因为他们起于军法，然后懂得兵学。但以技巧胜却没有吃过军法之苦或者行过军法之厉的幸运者，便只知道"潜"，而不懂得随着风、乘着夜，才能"潜"。

郑庄公可以灭国，先轸可以克敌，留下来的都是敬仰。但如果想要借鉴他们为什么灭国和为什么克敌，还是需要解释清楚的。把这些事情说清楚的，是《孙子兵法》。不过《孙子兵法》的成文当然得益于《司马法》的启迪，而《司马法》的成篇也得益于先人的经验。

组织一支军队的规则，是军法。

军队既然是为了战争准备的，战争又是生死攸关的事情，所以通晓军法当然很重要。懂了军法，自然也就通了很多事情。用军法可以来比喻的组织原则很多，小至家规，大至国法，包括社会制度、公司规章、社群规范、个人行为准则，都不过是军法的一个更大范围的、或宽或严的普遍适用罢了。

法不容情，只是裁尺，并无善恶，但会进化。如同 1.0 版本的基础设施会随着时代而进步一样，但进步了的 2.0 版本基础设施，还是会遇到新的问题，新的问题又会导致解决新问题的新技术产生，新技术当然会产生新的环境，适应新环境的基础设施？自然已经进化到 3.0 版本了，那么随之也自然要再次修订新的法令。

法也好，军法也好，还是其他什么法令也好，只是精度为米、分米还是厘米的工具。2000 多年前被东方人所辑录的《司马法》，讲的就多是军法，近代以来的西方人称军法为 military law，说的都是同样一件事情。

军法是基础。既然是基础，特征就是它的"高度一致性"。组织一支军队是如此，组织十支军队还是如此，组织一百支军队依然如此。造一把尺子如此，造十把尺子还是如此，造一百把尺子依然如此。

如何运用这支军队进行战争，是兵学。

兵学在没有人类的物质世界中是不存在的，在由人类组成的客观世界中被传得玄而又玄，但在掌握了它的人看来不过一番计算。

运用兵学而道行天下，只是拿起军法裁尺去度量利害而已，善恶利弊都是可以筹算出来的。拿着米尺的人，可以算计没有尺子的人，也会被拿着厘米精度工具的人算计。2000 多年前被东方人所辑录的孙武的《吴孙子兵法》和孙膑的《齐孙子兵法》讲的就多是兵学，后来曾被曹操加以整理、编辑和浓缩。最近 200 年来西方人说的 art of war，都是同一道理。

兵学既然是运用，特征就是它的"千变万化性"。一位将领运用一支军队可以有很多种演绎方法，如果他摸清了敌人的全部情况的话；一位将领运用十支不同的军队也有很多种演绎方法，如果他熟悉了自己手中这支军队的风格脾性的话。知彼知己、百战不殆，大致就说的这个道理。

而将领为了知道长短，就要不断用尺子去丈量，直到试探得多了，尺子在心中了，往往看一看就知道了。这种时候，既是可以不动声色去算计别人的时候，也往往是因为麻木而被别人算计的时候。所以兵学比军法显得有趣的地方，就在于此。

被总结成文的中国军法和兵学，其实都可说是发源于齐地，尤其是兵学。商人越多的地方，社会的流动性越大，人与人之间的算计越多，天然有了立规矩的需要，也有了兵学诞生的土壤，更不缺琢磨兵学的人。早于《司马法》的齐太公姜尚的著作和管仲的著作都有军法与兵学的内容，但讲求运用的兵学多一些，讲求基础的军法少一些。《管子》中虽有《七法》《兵法》《地图》《参患》《制分》《九变》等内容，但却融入了战国乃至秦汉的智慧在里面。所以从《司马法》和《孙子兵法》开始叙述军法和兵学的道理，更加真实一些。

当年周公赠给齐太公姜尚的预言后来果然应验，齐国还是齐国，不过田氏代姜为主人。《司马法》和《孙子兵法》都要从齐国田氏说起。

齐国田氏的祖先甚至可以追溯到舜，别管真的还是假的。

舜的后裔虞阏父曾是周部落的陶正，掌管制造陶器之事。周武王灭商之后，在战车之上就封了虞阏父的后代妫满在陈地做陈侯，史称胡公满。陈国也是周封前代的三恪之一，奉祀虞舜。周武王还将长女大姬许配给了妫满。

陈国国君传到胡公满九世孙，已是春秋之时。在位的是陈桓公（前754年至前707年），陈国的第十二位国君。他在位38年，病重之时，异母弟弟陈佗借助蔡国为倚靠，杀了太子妫免自立。这一年，周天子刚刚在繻葛之战中把威信输给郑庄公。黄河沿岸的诸侯们自家人能管好自家事就已经很不容易了。

随后陈佗在蔡国淫乐之时，被陈桓公的次子妫跃、三子妫林及四子妫杵臼刺杀。行二的妫跃即位为陈厉公，之后兄终弟及，直到行四的妫杵臼即位为陈宣公，规矩变了。

就在陈宣公二十一年（前672年），他的爱姬生下一个儿子叫妫款。于是陈宣公杀了太子御寇，改立妫款为太子。与太子御寇感情极深的陈厉公之子妫完，见到陈宣公为了幼子上位把亲儿子都杀了，自己便成了第一顺位的潜在威胁，那离死还远吗？他害怕祸及自家，便出逃齐国，投靠了春秋首霸、大名鼎鼎的齐桓公姜小白（前716年至前643年）。

郑庄公虽然霸道，但史家说他不过是小霸，还是要把齐桓公竖为首霸，原因只在于郑庄公的行为在后世看来只打自己人，连落了难的周王室的麦子他也敢割。而春秋首霸齐桓公，却是第一个喊出了"尊王攘夷"口号的。齐国的经济在管仲的操持下搞好了，有了财货保障的齐桓公要么是带着大小诸侯去打蛮夷，要么是帮着失国的落难诸侯复国，所以维护旧秩序的齐桓公得到了"春秋首霸"的称号。齐桓公没打过硬仗，却留下九合诸侯、一匡社稷的大名。他比打过硬仗的晋文公名气大，原因就在于此。

春秋中期相比战国时代，环境是不同的。当时周政虽崩，但观念尚在，所以维护旧秩序的齐桓公就是顺势而为。可到了战国的齐威王还抱着这套旧念想儿，就只能说是无可奈何的逆势了。

跑路到齐国的陈公子妫完为人谦逊有礼，广有贤名，身处异国自然更加低调。他谢绝了齐桓公授予的卿职，甘心做了齐国工正，掌管工匠营造之事。后来他与齐国本地的卿贵族懿仲的女儿联姻，被封在了田地，改叫田完，谥号敬仲，史称田敬仲。他的后代便以田为姓。他谢了卿职而选择联姻本地豪族，其实达到了同样的目的，而且更加安全。

怎么运用自己的军队和怎么消费自己的钱财一样，当然是一门高深的学问。广有贤名的田敬仲之所以跑到齐国，当然并不仅仅是冲着齐桓公霸主的称号才去的，齐国让他觉得安全才是第一位的。越是富裕的地方，兜里装着财富的商人与头脑里装着知识的学者就越多，这些人越多，那里会更加富裕。当然被人盯上了之后，在战争来临之前，这两种人得到的消息也比别人更快，而在战争降临之时，他们也就跑得越快。春秋邦国与古希腊城邦是如此，世界大战之时是如此，直到今天也是如此，这是一切有产者的两面性，更是一切资本的两面性。

到了齐灵公（前581年至前554年在位）、齐庄公（前553年至前548年在位）、齐景公（前547年至前490年）在位的春秋晚期，田完的四世孙田桓子历仕灵、庄、景三代，田氏已经在齐国有了相当的声望。但还差一点点就是，只有军事实力才能够让政治声望转化为朝堂势力。

自从齐桓公与管仲之后，齐国每隔一段时间总是能涌现出有学识与见地的相国，当然这些相国们也是在相互倾轧之下竞争出来的。齐国的经济状况相对优越，但与之匹配的是，齐国的军队越来越不善于打仗了。齐景公之时，适逢燕、晋攻齐，于是名相晏婴举荐了田氏支脉庶出的田穰苴作为将领带兵退敌。

田穰苴对齐景公说："我是庶民一个，人微言轻。虽被您加为大夫，但威信还是不够，无以服众将士。请派君宠国爱的大臣来做监军。"

齐景公便按照这个要求派去了庄贾。田穰苴与庄贾约定次日中午军门会合。庄贾在齐国既有名望又受国君宠爱，所以，次日出征前亲族与乡里照例摆了酒宴为他送行。庄贾喝酒误了时间，傍晚才赶到军营。田穰苴以失期当斩之罪就要斩了庄贾。旁边的使者一见大事不好，迅速去找齐景公求援。等到使者持节纵马赶回军营，庄贾的脑袋已经落地多时了。

以军法论，纵马入营的使者也当斩。田穰苴以国君使者不能斩为名，便斩了使者的仆从，砍断了使者之车的左杆，杀了驾车的左马，向全军示众，然后整队出发。行军路上一切安营、打井、饮食、求医、问药等诸多细节，田穰苴都亲自安排，又把关怀和实惠送到每一个士卒的心中与兜里。齐军到了黄河边上，已有收获的晋军与燕军收到这些消息，便不战而退。齐国收复了失地，田穰苴被拜为大司马掌军权，田氏更加显贵起来。

田穰苴便以司马穰苴之名而传世，被辑录下的军法就是《司马法》。

司马穰苴贯彻军法的代价是两颗人头、一颗马头、一根车杆。庄贾的人头咕噜噜落地之时，庶民田穰苴的威信就到手了，其他三样只是巩固了司马穰苴的有形之法。为什么砍？必须砍。选什么样的脑袋来砍？在什么环境下才能砍？暂且不表。

其实早在春秋中期，各国就出现了《左传》及《孙子兵法》中引用过的《令典》《军志》和《军政》等法令，应该算是中国最早的成文军法。在那个时候，"司马"就是今天"军官"的同义词，《古·司马法》就是《古·军官手册 1.0 版》。据太史公说，是田穰苴把早已散佚不成脉络的司马古法重整成文的。当然估计年代太过久远，太史公也不能确定自己手里的《司马穰苴兵法》是否就是田穰苴的真言。太史公手里的材料是到了战国时代齐威王重新召集大夫们编纂的，那里面有多少是《古·司马法》，又有多少是田穰苴的真言，乃至还有多少是战国时代的军事经验汇编，谁也说不准。但无疑田穰苴的名声很大，后世托名司马穰苴，如同《太公兵法》托名吕尚一样，书或有价值，人必有威名，大致如此。到了班固写《汉书·艺文志》，将他看到的这部春秋至战国转变时期被辑录成文的《司马法》，以《军礼司马法》一百五十五篇的名义，归入了礼类。

梳理这种渊源与脉络之后，或者可以理解为，从最初春秋时期的"军中之礼"，再到战国初期的"军中强制礼法"，最后终于切换到了战国时代的"军中之法"。如果说理论只是可能如此演化的，那么真实的历史确实印证了这个过程：宋襄公本着半渡不击的竞赛精神，再到战国时代诸侯图强的竞争精神，最后切换到秦灭六国的征服本质。

礼源于鬼神，但比鬼神更让人信服。法源于礼，周礼不下庶人，而法却能让更多庶人和野人都信服。这种颠扑不破的原理，才是法——包括军法——作为基础的奥义，更精确地表达和描述是为了更有效率地组织和运动。法不容情、军法无情、近法者似无情，说的都是这个道理。

司马穰苴在齐国掌军之后，齐国的大夫鲍氏、高氏、国氏更加妒忌田氏。齐景公又没有分清内廷宠臣与朝堂大臣的区别，某日喝得兴起，深夜先是造访晏婴府上要求续饮，被晏婴规劝婉拒；随后便又去了司马穰苴府上。司马穰苴听闻君上前来，迅速换了戎装执戈出迎说："哪个诸侯发兵？还是哪个大臣反叛？"弄得想喝酒找乐子的齐景公觉得很无趣。他觉得司马穰苴不通人情，又冷又无趣。

这样一点一滴的摩擦积淀久了，司马穰苴被免了官，不久忧郁而死，但他练兵的方法得到了田氏的传承。这时田氏家族也传到了第七任首领、田敬仲的五世孙田僖子。田氏对齐国的几家老贵族们已经颇有怨恨，等到第八任首领田成子之时终于杀了齐简公，又彻底消灭了高、国两氏。传到田襄子之时就已经完全控制了齐国政权，基本完成了齐国由姜姓向田姓的转化。直到前391年，田成子的曾孙田和自立为齐太公，放逐姜氏齐康公于东海岛上，并得到周天子和诸侯列国的承认，田氏代齐完成。在这个漫长过程中，田氏平定各路老贵族们的用兵作战，大多是效仿司马穰苴的训练方法。

与司马穰苴同时代的，是田桓子的长子田武子、次子田僖子。但田桓子还有一个儿子叫田书。田书在前523年领兵伐莒有功，齐景公赐姓孙氏，他也是妫姓孙氏的始祖。前515年，齐国高氏联合栾氏、鲍氏、田氏三家图谋晏婴。孙书也带着自己的私人武装参与了联军。事败后孙书恐被株连，于是带着宗族武装向南避入吴地，隐于穷窟之中。孙书的儿子叫孙凭，孙凭的儿子就是孙武（约前545年至前470年）。

在吴地生活的孙武结识了出身楚贵族的伍子胥。伍子胥是怀着向楚王复仇的念头由楚国出逃，辗转宋、郑而最终投奔吴国的。孙武身怀知识，懂得琢磨；伍子胥身怀仇恨，饱有动力。他们聚首的吴国有廉价的人力和土地资源。

吴国作为一股南方势力，最初是受了中原霸主晋国的提携和拉拢。在春秋中后期的晋、楚南北争霸之时，晋国鼓励下的吴国确实发挥了牵制楚国的作用。晋国对楚国的坏心眼是让吴国与楚国自相攻杀，但反而也让吴国从蛮夷之地加入了中原文化圈。于是春秋末期引进了大量中原人才的吴国强盛之后，吴国不再是晋国的小弟了，已经可以参与争霸了。吴国的杀伐和征服同样扯动了更加荒蛮落后的越国。越国也有廉价的人力和土地资源，只要卧薪尝胆，用先进的技术来灌溉低洼的土地和廉价的人力，效果是一样的。吴国不灭了越国,越国便灭了吴国,这些道理都是一样的。

在前514年的时候,伍子胥才刚刚帮助吴国公子光以刺客专诸击杀了吴王僚,公子光夺位称吴王阖闾。前512年,出身于楚、熟悉楚情且一心要灭楚的伍子胥终于成功说服了阖闾攻楚。但攻楚先要练兵,伍子胥推荐了孙武。阖闾已经看过孙武的兵书,这就是《吴孙子兵法》八十二篇,另有图卷九篇。于是阖闾同意接见孙武,观摩孙武的练兵之法。

孙武向吴王借用了他的爱姬和婢女为卒。这当然不是孙武自以为是,认为自己的本事可以把女人训练成军队。这是孙武的计算,只不过演算对象是吴王一个人罢了,那些女人是他的道具而已。

孙武自然早就知道,这些女人不会听命于他的训诫,如同司马穰苴早就知道庄贾不会听命于自己一样。孙武对着这些女人一番左右看齐的耐心教导首先是为了烘托情绪,其次也是为了厘清自己的责任。"忍"是为了给君主看的,"干"是为了给大家看的。

然后果不其然,"咕噜噜"两颗吴王爱姬的人头落地,没有纪律的女人也可以成行成伍、操练有序了。第一步的方法当然是效仿司马穰苴的,至于威信到手的出兵阶段,对于战场环境的观察、后勤交通的保障、列阵训令的安排、攻杀进退的指挥,那已经是作战范畴中的运用兵学的事情了。

在训练阶段,对于君主来说,想要一支像样的军队,就必须让渡自己的一部分君权给将领,方法便是割舍自己的一些心爱信物。这些人头落地祭旗之时,将权的权威才能铸造完成。训练一支军队和铸造一柄利剑没什么区别,只是用什么代价去祭罢了。铸造干将,莫邪用的是血,训练一支军队同样必须用血。

血越高贵,效果越好。

阖闾得到了军队,伍子胥完成了复仇,吴人也知道了如何打仗。前484年,目中已经无人的吴王夫差志在攻齐——毕竟争霸更加诱人,所以杀了力谏灭越的伍子胥。孙氏一族害怕再次受到株连,带着宗族又逃回齐国。伍子胥有一个儿子被托付于齐国的鲍氏,后来改姓王孙氏,而早年孙武娶的妻子正是齐景公时期的中大夫鲍国的曾孙女鲍姜。

孙武是否隐居终老于吴地，还是祸及被杀，还是跟随孙氏宗族回到了齐国，并无确切史载，也不太重要了。重要的是他及伍子胥在吴国实践的军事思想又流回了齐国，并在中原传播开来。

前484年，夫差杀了伍子胥之后，带着这支用齐人传下来的方法训练而成的吴国军队，联合鲁国在艾陵之战中歼灭了十万齐军。孙武的爷爷孙书也在齐军阵中参与了会战，并且被俘。就一个相对短暂的时期来说，用好的方法，去穷的地方，训练野蛮的民族，得到一支纪律严明的军队，总可以轻易击溃这些好方法的发明者。

就一个相对漫长的时期来说，用冷酷的1.0版本的军法，把一个曾经野蛮的民族训练成一支犀利的军队，再去毁灭之前的文明，于是自己便成了文明，然后形成自己的更加冷酷的2.0版本军法，等待着被更野蛮的民族用这些他们实践并改进过的方法再次毁灭。

在这种往复更替的过程中，战争的一时灾难带来了永久的技术进步，活下来的人总是可以享受战争的福利，虽然他们嘴上痛骂战争是魔鬼。人们总说忘战必亡，可人们也确实总是忘战而亡，直到人死了，知识传下去。一如伟大导师恩格斯所说，没有哪一次巨大的历史灾难，不是以巨大的历史进步为补偿的。

身为将军的司马穰苴砍下的人头，和身为幕后将军的孙武砍下的人头，都是用来树立权威的。为什么砍？必须砍。新官上任三把火，必须烧，就是这个道理。

不过能做主将的，虽然都知道这个道理，但是主将做得多大，却在于后面的两个道理：选什么样的脑袋来砍？在什么环境下才能砍？

司马穰苴选择庄贾的脑袋去砍，是因为他的脑袋有价值。之所以庄贾的脑袋可以被计算，是因为齐国有外敌在侧。对于齐君来说，庄贾的脑袋重在宠爱，但轻于社稷，所以司马穰苴才敢借用这颗人头。

孙武选择吴王爱姬的脑袋去砍，是因为爱姬的脑袋有价值。之所以爱姬的脑袋可以被计算，是因为伍子胥告诉孙武，夺位的吴王一心想要争霸。连吴王僚都可以刺杀的人，又怎么舍不得两颗爱姬的脑袋呢？所以孙武才敢借用这两颗人头。

后来在战国时期出现的兵书《六韬》，托名周武王与太公姜尚，以对话录形式写就。其中《六韬·龙韬·将威》一篇就写得更加直白了，翻译过来是这样的："主将以诛杀地位崇高的人树立自己的威信，用奖赏地位低的人体现自己的明智……杀一人而震慑全军，杀之……切记这颗人头必须够分量。"至于直白的原因，要我说只因为那时候已经杀红眼了，顾不得太多文辞修饰了。

对于每个将军来说，军法的第一步都是砍人头。但一个好的将军，总是知道前置条件是选择合适的时间或者合适的主人，才肯将高度一致的砍人头的军法付诸实践。在树威立信的行法之前，懂得这些要比仅仅懂得砍人头更重要，这就是军法和兵学的顺序区别吧。

经过军法训练的贵族又掌握了兵学窍门，这是上品；只懂军法而不通人情的干吏是我们理想中的甲乙丙丁，这是中品；但实际上最多的却是东施效颦的技巧者——这些人根据自己的人生经验，领悟了一些兵学技巧，但在上品看来，他们可笑而已，在中品看来，他们破坏秩序，他们就是所谓的下品。但每一个未来的上品，又都出自这些下品，这才是军法和兵学的观察和选择奥义。

郑庄公和先轸都按照正确顺序运用了这些知识，但他们毕竟没有将这些知识梳理成文留给后人。而司马穰苴和孙武，则给后人留下了可以传承的宝贵物质遗产。

战国 用法之心态

前 5 世纪至前 4 世纪之间,周政之制彻底解体。

这套 500 多年前所设计的半奴隶半封建制度经过春秋时期的洗礼,终于退出了历史舞台。环境变迁了,社会发展了,技术进步了,人变得聪明了。原来只有周天子能享受到的,现在诸侯也可以享受到了。原来只有诸侯能享受到的,现在大夫也能享受到了。

齐国的田氏代了姜氏;晋国先是被六大卿族把持,后来被赵魏韩三家瓜分;鲁国的政治权力同样被"三桓"把持。春秋末期至战国初年的社会,放眼看去,普遍如此。

老礼儿既然乱了,就要换一种治理的方法。法代礼治的序曲已过,用法的战国时代开始。

《韩非子·有度》说:"国无常强,无常弱。奉法者强则国强,奉法者弱则国弱。"

用我的话来通俗翻译一下:

"国,不会永远强势。人,不会恒久健壮。但只要国还在,便有机会脱离弱势。同样人只要还活着,亦可以改变消瘦。所以对于一个生命体来说,存在很重要。"

"在还有时间的前提下,遵循不变的法,才能把强盛的机会抓住。天法是恒久存在的真理,人法是人为设置的规矩。因为观察天法,才发现了规律,总结成人法,这需要时间的积累和试错的成本。时间和试错的付出越多,所发现的规律就越多,于是人法被逐渐修改和完善,更加适应天法。符合这种轨迹的那些国家与那些人们,无常强而必可强。反之则弱。"

战国的起始标志是三家分晋。其实魏文侯(前 472 年至前 396 年)在前 445 年即位之时,魏氏、赵氏、韩氏已经完成了事实上的三家分晋,名义上前 403 年的周威烈王封侯不过是走个形式而已。

前 350 年战国中期形势图

　　魏文侯希望图强，于是变法。任命行法之人很重要，行法之人的心态更重要。

　　魏文侯任用的是李悝，李悝又推荐了吴起。

　　李悝（前 455 至前 395 年）、吴起（前 440 年至前 381 年）都是卫国人。卫国始祖是周文王的九子康叔封，卫伯康叔封也是周公旦最喜欢的弟弟。在西周之时的伯国封地本是囊括了河南濮阳、河北邯郸和邢台、山东聊城西部等地，地盘很大。而且卫国算是看管殷商遗民的又一座"集中营"，奴隶资源也很丰富。但卫国一路败家下来，混到三家分晋的战国初年已经是不入流的老贵族了。

　　在没有什么秩序可以依靠的时代，卫国被凶悍的赵国抢了不少地盘，只得依附于同样凶悍的魏国。这虽然并不影响卫国人与齐国人、鲁国人之间的学术交流，但不同的背景让大家的心态是不一样的。

　　知识都是一样的知识，不一样的是怀着不同心态的人们对于这些知识的理解，当然还有运用。相比鲁国和齐国，曾经传统也很悠久的卫国早已是一年不如一年，那么同等水平的卫国知识人才自然会比齐国、鲁国的知识人才心态更紧迫一些。

心态紧迫的人也往往更加务实、更加敢干。

李悝被魏文侯请去相国而不是领军，但应用军法原理来进行社会改革的方法是一样的，仅仅只是更复杂一些。军法的第一步是砍人头，李悝变法的第一步就是要破礼。踢碎老礼儿，才能实现第二步。

广义的礼，殷周以来的统治者们早已知道它的政治妙用。无论哪一种典礼、哪一项礼仪，都是统治阶级从现实生活中提炼出来的。经过威仪的装潢和形式的粉砌，便具有了庄严肃穆的场面和令人敬畏的作用。

宴乐礼图

西周之初，周公炼制的九礼也好，十礼也罢，作用都是一样的。觐见之礼只有王可行，射礼在诸侯叫大射，在卿大夫的乡里之中叫乡射。同一个典礼中，参加者也需要依据等级身份使用着不同的器物，或者同一器物上加以不同装饰来区分；表演着与等级相适应的仪容动作，稍有差池就是僭越、犯上、篡夺，所谓非礼。

有个成语是"邯郸学步"。那是后来庄子跟公孙龙说的典故："小子，你落后了，你没听说过寿陵那个余子来邯郸学步的事吗？"

先放下庄子用此来借喻何事。既然庄子借用了这个段子，想必这个寿陵人余子到"国际大都市"邯郸来学步的事情是当时人尽皆知的。那么余子至多是个小贵族子弟，为了学习贵族复杂的礼法，才到邯郸来见世面、开眼界。好比今天某个"土豪"或者"小资"慕名去巴黎学习欧洲贵族礼仪一样，如果学成了，在别人眼中就会贵族一些；如果学不成，顺拐了，他为了脸面，只能"匍匐"着回家乡了。

当时的礼法有多么复杂？根据《礼记》所载，最普通的礼节包括：跟着先生走路，不能越过道路与别人搭话；在走道上碰见先生，要小碎步快进后正立拱手；上东边台阶要先迈右足，上西边台阶先迈左足；君子出门，先要佩玉；出门迈步的节奏一定要合上腰间佩玉的音律——嘀嗒、嘀嗒是对的，答滴、答滴是错的；还有在大堂之上不能走小碎步，佩玉之时也不能走小碎步。

可能就是这样，那个余子为了配合步点，便练成了顺拐。这还已经是战国晚期的段子了，春秋之时的复杂那就更可以想象了。

李悝踢碎的就是这些限制性的观念。

当然，礼是不可或缺的，踢碎了老礼儿，新秩序下就有了新礼。久而久之，新礼衰老了、凝固了，一样会变成等待后人踢碎的老礼儿。

孔子说的周政之礼崩乐坏，大致上就是这么被人踢碎的，而且第一脚是周王室自己踢的。当年孔子教弟子通读《诗》《书》要用夏言，学习典礼的仪式也要用夏言宣唱。夏言就是与越言、楚言相区别的中原地区华夏音读，被当作标准的雅音或正音。这是礼乐在形式上的表现，但如果长久不去更新内容，里子只会腐朽，那么再大的面子也就是一碰就倒。

李悝踢碎的礼和司马穰苴及孙武刀下滚落的人头其实是一样的，建立了威信之后才能开始第二步。废止世袭贵族的特权，先从宗室远支开始下手。食有劳、禄有功，赏必行、罚必当，夺去无功食禄的淫民份额，以招揽四方的没落贵族和平民庶族。

对于李悝来说，社会的规矩就是用来打破的。不打破，怎么变法？

至于吴起用军，就相对简单一些。他曾有家产千金，游历求官不成反而败掉了家业。于是他杀了三十多个嘲笑他的乡人，母丧而不回，杀妻以明志。诚如政治家李悝所说，吴起这种军事家自然不会缺乏内心的动力。

《吴子·图国第一》是这样开门的：

通晓道、兵、法、儒的吴起穿着儒生的服装拜见魏文侯。

魏文侯说："寡人不喜欢杀伐用兵这些残酷的事。"

吴起说："臣看您的面相，推测您内心的想法，您这分明是口不对心。现在您这里的下人一年四季忙着宰杀野兽、剥皮造革，这东西冬天穿着不暖和，夏天穿着不凉快，这就是要打仗的节奏啊。要打仗就要把军队交给善于使用它的人。要不然您虽有一颗战斗的心，但离灭亡不远矣。英明的君主，都是内修文德，外治武备。敌人来了不敢应战，这不叫义；看见路边被敌人杀死的同袍尸体却只知道哀哀怨怨，算不上仁。"

于是魏文侯亲自设宴，由夫人捧酒伺候，拜吴起为大将。

大将吴起说："打仗有四不能：国内不统一认识，就不能出兵；军内不统一认识，就不能上阵；临阵不统一行动，就不能开战；开战不统一斗志，就不能决胜。"

所以吴起开始练兵。他说："有胆量和勇力的人编为一队（是因为用他们扎住阵脚），愿意决战而显示忠勇的人编为一队（是因为用他们陷阵赴死），能跳高善奔跑的人编为一队（是因为用他们料敌出奇），曾经丢官又想立功的人编为一队（是因为用他们以利化气），曾经打过败仗而想洗刷耻辱的人编为一队（是因为用他们知耻后勇）。这五类人都有毛病，但淬炼出来之后，成霸业有这五队人足矣。"

魏文侯很开心，也有足够的耐心。而大将吴起也不是转头就和四方诸侯大战七十六次的，他练兵花了三年。

当然吴起还分析了列国军阵的情况，还给出了怎么破解的方法，又说了选将的招聘准则和赏士的激励办法。魏文侯得了这么一把快刀，所以魏霸西河。

《汉书·艺文志》中，《吴孙子兵法》《吴子》和《齐孙子兵法》都被归入了"兵权谋"类的兵书。班固当然看过四十八篇完整版的《吴子》，所以知道书的原貌。今本仅存六篇约五千字。

就"兵权谋"类这一档兵书来说，春秋末期的《吴孙子兵法》，也就是自曹操删减以后的《孙子兵法》十三篇，明显是要比后面战国这两部的细节更少，也就是感觉更加抽象。为什么？因为到了战国，社会发展了，战争形态也更复杂了。所以论述战争的兵书自然也就涉及更多细节了。到了西方近代的《战争论》等书，就更加晦涩但却具体了。但只要列在这一档的兵书，无一例外都考察了天、地、人这三个方面，所以称为"兵权谋"。

所谓考察天，也就是未知因素、社会因素，是政治的、经济的、历史渊源的。这些东西往往都是难于计算或复杂计算的，算计不清楚便容易失控。

所谓考察地，也就是经验因素、环境因素，是地理的、气候的、风土习俗的。这些东西需要见闻，不知道便难如天，知道了便是一项固定参数了。

所谓考察人，也就是人的因素。如何君德、如何选将、如何用众、如何励士。除了第一项，后三项都可以罗列标准，形成制度。所谓军法的范围，实际上主要指的是后三项。而兵学的运用，却需要考虑以上三大类中的各项因素。

相对于既讲战略又讲战术的"兵权谋"类兵书来说，另一档次的"兵形势"类兵书，有春秋《孙轸》五篇图两卷，战国《尉缭》三十一篇，楚汉《项王》一篇等，这就是只讲战阵之上往来冲杀的战术手册了。最后一个档次是"兵技巧"类，春秋伍子胥的《五子胥》十篇图一卷，战国蒲苴子的《蒲苴子弋法》四篇，汉初李广的《李将军射法》三篇，以及《剑道》《手搏》《蹴鞠》等，这就是单兵训练手册了。

所以对于今天还有社会实用价值的，当然是"兵权谋"类，而"兵形势"类与"兵技巧"类只具备考古价值了。把伍子胥当作提线木偶的孙武与伍子胥之间的层次大致如此。而能够与诸侯军队大战七十六次，全胜六十四次，其余皆以平局收场的吴起，与他的对手之间层次差距也是大致如此。

齐渊源的"二孙"和卫渊源的吴起，虽然都掌握了相同的知识，洞悉了相同的原理，但他们的心态是不一样的。

齐渊源的"二孙"，在兵学的层面，是提线木偶的玩法。所谓"兵者，诡道也"，在"二孙"就是怀着杀心"示弱"——这一点后文将专门论述，而在吴起就是怀着杀心"示强"。对于吴起来说，用军法破了旧的秩序、立了新的规矩、组织了一支军队之后，在运用军队进行战争的层面，因为他的背景和性格，所以他演绎的"示强"兵学就会看上去很霸道。

兵者，诡道也。用西方人的漂亮话翻译就是："唯一的规则，就是没有规则。"用难听一些的话说就是："秀的底线，就是没有底线。"无论"示强"还是"示弱"，事物的本质是一样的。

这套西方人通过最近几百年的军事复兴才提炼并教会中国人的，其实中国人的老祖宗们早就实践过。只不过因为各种各样的原因，它被遗忘了，却让如今的中国人都以为军法衍生出的军事训练、兵学衍生出的军事谋略，都是西方人发明的。想想也是可悲的一件事情，应该说，中国人发现了它，很精炼地阐述了它，但没有继续很好地解释它。西方人也通过战争发现了它，但西方人更加精确地解释了它，所以西方人可以收割活在老秩序下的果实。

魏国因为吴起得到了西河，压制了而不是消灭了秦国，便觉得够了，于是对外扩张的意志趋缓了。不能专心对外了？那么放心，内部必然有乱了。吴起就被赶去了楚国。

楚悼王久闻吴起的大名，把改革的权力给了吴起。吴起从宛城这块试验田干起，最重要的就是三条：第一，明法为了树立威信；第二，有了威信才能断绝远支宗室和贵族的供养拿来养兵；第三，斥退妖言惑众的游说之士。

吴起在楚国的短期改革作用很明显，与赵军一起大破魏军。而副作用也很明显，前381年，楚悼王去世，被吴起拿走既得利益分给寒族的众多楚国旧贵族立刻行动起来，想要攻杀吴起。

一生大战没有输过的吴起，最后一战便是面对这些贵族们。吴起扑向了楚悼王的尸体，箭雨之下楚悼王的尸体也成了刺猬。楚肃王继位，虽然废了吴起的变法，车裂肢解了吴起的尸体，但因为射中楚悼王尸体而被处死与灭族的楚宗室或贵族有七十余家。这些人算是被吴起拉来做了垫背，这一战的算计也是吴起的最后胜利了。

李悝著述的《李子》是应用于社会的，吴起著述的《吴子》是应用于军事的。但相比发源于齐地的略显温和的《司马法》和《孙子兵法》，它们已经刚猛了许多。而这两位卫国人，满脑子都是"小国天生被大国欺负、蹂躏和兼并"的概念。事实上？事实上当然也确实如此。

有没有不欺负人的理想大国？有。但都被这些怀着仇恨的小国首先干掉了。吃下了这些自欺欺人的向着理想奔跑的大国，这些小国才能壮大。理想大国冤枉吗？不冤枉。理想大国早年也是这些小国中的一员，忘战必亡。

观察用法者的心态之重要，便在于此。同样的知识，不同的心态，差距很大。

魏国的君主并没有把这种征服意志贯彻到国家层面，摇摆于新法和老礼之间，所以魏国就是一片实验田，实践出的方法后来被同样是卫国人的卫鞅带去了秦国。

魏国在战国开始之时，本身已经据有河东，得到的是三晋中最实惠的东西两块土地。它又是最先变法的国家，经过魏文侯、魏武侯两代经营之后，国力那是相当强盛。建都安邑的魏国，是隔着黄河对西方秦国的第一个出击点；李悝、吴起变法之后抢到了河西地区，置上郡，是从北向南对秦国的第二个出击点。但魏国在变法之后，可以吃掉小国，却不曾想要彻底征服或消灭秦国，只图一个霸主的认同。

因为没有这种征服意志，所以魏国在没有彻底消灭一个同等量级的敌人之前，又向东去结下了新的敌人。只因为龟缩的秦国在当时看起来是鸡肋，花了大力气也可能得不到好处，而东边的土地只需要恐吓一下，便可以兵不血刃地获得。当时看起来确实是这样的，但、是吗？

灭秦花费代价虽大，不过一劳永逸，政治声望的溢价更是能让各国臣服。等到灭了秦国再去勒索各国，如同当时吃了鸡肋，但收功却在后世。留下一个活的鸡肋，还因为勒索而竖立了更多敌人，魏亡矣。

等到后来秦国强大了，魏国又开始修筑长城以求自守。到了魏惠王末年，所谓霸业已经是日薄西山的幻想了。在魏襄王之时，甚至守不住洛水一线。

秦军可以肆意跨过黄河掠地。于是曾经霸西河的魏国不得已，连河东地区都要放弃了。安邑的盐池曾经是魏人卖给秦人、韩人的食盐主要来源，也不得不因之放弃了，最后魏国迁都东部的大梁。

魏惠王并不是一个昏庸的人，他开凿了连接黄河与淮泗的鸿沟，着力经营着东部的疆土，准备向东发展。可问题就是，在观念上，无论魏文侯、魏武侯的向西，还是魏惠王的向东，都是称霸的，而不是征服的。所以魏惠王时代转而向东发展，注定了也是白扯。至于孟子向魏惠王游说的一大套，说的没错，不过那是和平时期的一些治理方法罢了。

这里顺嘴说一句，孟子游说梁惠王，就是这位魏惠王。这哥们儿左右摇摆在老秩序和新秩序之间的犹豫可见一斑。孟子是儒家承上启下的"二圣"，是孔子和荀子中间的人。孔子那会儿，刚发现周墙要塌，于是说"成仁"和"周天子"，意思是补窟窿吧。孟子这会儿，发现墙已经塌了，于是说"取义"和"大王"，意思是您来补窟窿吧。哪个大王如果觉得自己有能力去推倒这墙，大概都不会去补窟窿吧？终于到了荀子，他的意思是咱们推倒了这墙，按照原来的标准再建一道墙吧。然后？然后法家的集大成者韩非说，推倒它吧，按照新标准建立新的墙。

孔、孟、荀这儒家的三代思想发展就是如此。儒家思想自己动摇了吗？动摇了。发展了吗？发展了。儒家不过是维护秩序的工具罢了，渴望掌管教化的一群人。和平时期缺了他们不行，但恰好现在是战国。

魏国的经验大概如此。一时的争霸政策如果不能彻底得到几世的贯彻，便形不成族群共识，更不可能转化成为征服的意识。中原地带的诸侯更多是与熟人厮杀，人情久了争霸心态便不可能成为征服意志了。

六国之二的韩国，分家的时候，它的土地是包着东周王室的。在最北境有上党地区，西端靠着宜阳城和秦国对峙于函谷关外，东北方向的据点是成、皋和宛。整个战国时期，地势最不利的韩国与赵国没有发生过一次战争，对魏国毕恭毕敬。虽然魏国偶尔也对韩国用兵，但是原因只是因为韩国亲近秦国，并非为了掠土，是惩罚性质的用兵。至于秦国，更可以形象地说，韩国从分家之后就是秦国的小弟，不但被秦国予取予夺，而且即使韩国低声下气，也还要被秦国动辄威胁。

韩国虽然也曾经出兵攻击过其他六强，但基本都是被裹挟的共同行动，从未单独出兵，攻楚三次，攻齐三次，都是作为联军中的摇旗呐喊者罢了。唯一有名的战国冶铁中心宛城，以出产刀剑闻名，却还不是在韩国腹地，而是夹在秦、楚之间的三国交通要冲上，对于秦国来说是武关之外的好地方，对于楚国来说是汉水之北的好地方，终于宛城还是被秦国夺去。

韩国能够以战国七雄的身份撑到最后，其经验是外交的重要性。韩国倒是灭了郑，建都在郑之上。所以？韩国不是什么老好人，它不是不想玩霸道，它是知道自己不够资格在七雄里面玩霸道罢了，所以在大哥们面前低调而已。

六国之三的楚国，虽然在春秋时期吞并了汉水、淮水一带的诸多姬氏小国，还有自己的一套习俗体系，但从观念上在西周之时，它只是和中原姬氏的周王室较劲罢了。在春秋之时，本质上也是傲娇的争霸。在战国之时，楚国可以带着征服的心态屠灭东南的越国，但在中原战场上还是一副羡慕并争霸着的心态，仅此而已。后来楚人三次由北向南的迁都，都是从心底里畏惧征服心态的秦国，其间北上灭鲁，算是回光返照罢了。"亡秦必楚"？那就是一个笑话。刘邦的老家沛县在刘邦出生之前不久还是宋国的地盘，项羽避难的会稽郡也是越地。灭六国者，六国矣。亡秦者？自亡矣。

六国之四的齐国，算是"大爷我自己玩自己的"，因为我以为我很强大、很富有、很文明。后来关东五国伐秦，齐国懒得去，差一哆嗦我也不去，因为无利不起早。于是被秦国吹捧为东帝的齐国只想着玩弄自己身边的宋国和燕国。求财而不求命的做生意的人们，是最需要警惕但也是最好对付的一种形态。警惕是因为这些人为了财可以卖别人的命，好对付是因为他们始终知道自己的命只有一次。

六国之五的燕国，也算是"小爷我自己玩自己的"，因为我以为我很弱小、很贫瘠、很偏僻。齐国玩弄燕国，又不消灭燕国。所以后来齐国敢于吞宋，燕昭王就敢于引领五国合纵，乐毅破齐。秦国不像齐国，秦国碰上这种喜闻乐见的好事，从来都是必须去的。所以很久之后的燕太子丹不得不刺秦，也有燕昭王破齐的功劳。

只有曾经被吴起打傻了的秦国，缓过神来之后开始学了。大家都不傻，付出再多代价，学嘛。魏国用卫人欺负了秦国？那么秦国就雇佣一个在魏国做官的卫人来了解被欺负的原因。

这人就是卫鞅（约前395年至前338年），入秦之后一番变法，后来显贵了被封在商地，称为商君，也叫商鞅。

卫鞅配上秦国，一番化学反应就出现了。卫国弱小环境下成长起来的三个卫人，运用军法知识在魏国、楚国与秦国的社会变法实践中，要属卫鞅在秦国最成功也最持久。这当然是有原因的。

卫鞅是卫国国君之妾所庶出的儿子。这种人，比平民更可怕。平民是父母告诉他，你生下来就是不受待见的；庶出子是既不受待见又见过什么叫作待见的那种人。卫国国君明明早年辉煌得一塌糊涂，但后来却特别能忍，乃至别人称王，他从公自降卫侯、又降为君。卫鞅就是在这种土壤上出生，他降生之时又正是李悝刚刚去世的时候，魏国如日中天。他长大了去魏国做官，学到了这些道理。于是带着李悝与吴起的思想来到贫穷的秦国，李悝参考各个诸侯国法撰著的《法经》六篇也被带去了秦国。但卫鞅比李悝更狠，《商君书》中表达了他的用法心态："以战去战，虽战可也。以杀去杀，虽杀可也。以刑去刑，虽重刑可也。"

至于秦国，历史上经历过"九都八迁"。自前897年秦先祖被周王赐为附庸，得到一块小小的封地西犬丘（甘肃礼县）之后，几百年来秦人一路迁都至秦邑（甘肃天水）、汧城（陕西陇县）、汧渭之会（陕西宝鸡）、平阳（宝鸡陈仓）、雍城（宝鸡凤翔）、泾阳（咸阳泾阳）、栎阳（西安阎良），直至前350年定都咸阳。拓殖轨迹一路向东，而心态也是与当初周部落一致的。

卫鞅在秦国的第一项措施便是效仿吴起在西河之时用的徙辕立信、徙柱立信之法来建立威信，不过改成了徙木立信的形式，目的还是踢碎老礼儿和老观念罢了。竖立在城门的木头被平民搬走了，谁知道是不是卫鞅自己找来的托儿。但行动本身换来的威信，已经竖立在秦国平民心中了。他的第二项措施才是动手处理吃白食的秦国老宗室和老贵族们，与十几年前吴起在楚国的行动节奏是一样的。

在春秋的秦穆公时代，因为晋国强大，秦国不得已转而向西发展，征服了许多戎翟部落，为了日后强盛打下了基础。与戎翟等游牧民族的接触，也使得秦国民间畜牧盛行，民风彪悍武勇。

到了战国初期，秦国虽然打不过吴起，但与它西北的游牧蛮族敌人和西南的古蜀国敌人都可以互相毫不手软地杀戮。对于秦国来说，这两片战场因为没有友情，所以也谈不上外交或者游说。从一开始就是谁征服谁、谁消灭谁的问题。有了这种敌人，除了有利于秦国保持自身的警惕性，还有利于秦国让自己有了练兵杀伐的场所。楚国灭越毫不留情，也是这种原理。

卫鞅接手的就是这种怀着对中原浓浓恨意的平台。秦国被魏国欺负够了，卫鞅自己也是以恨意为动力，所以秦国和卫鞅的结合与吴国和伍子胥的结合，原理是一样的。卫鞅变法之后，他招揽三晋的人民入秦耕作，而把秦人加以战争的训练，所谓各尽其能，靠土地的靠土地，靠人头的靠人头。

楚宗室杀了吴起，制度也随之作废。楚肃王不是为了用众而杀，是因为从众而杀。但在秦国，卫鞅被秦惠文王车裂之后，作为商君的制度却被秦国保留了下来。秦惠文王是因为用众而杀，杀了并不是为从众。在中原诸国互相厮杀的时候，原本只有渭水良田而苦于粮食不足的秦国悄悄征服了巴蜀，中原诸侯当时并不觉得这有什么问题。

秦国吞并巴蜀之前，参加中原乱战并不频繁，有记载的大规模动员，对魏十次，伐韩五次，平均 32 年一次大战。但在秦惠文王吞并巴蜀之后，秦国出兵的烈度就不一样了。对秦国东北边防形成严重威胁的魏国河西上郡也是在秦惠文王之时被夺下的，只因为秦国的战争机器大大不一样了，这与赵国北攻匈奴开边和楚国向东吞并越国的道理是一样的。但有了物质基础的赵国和楚国不了了之，秦国却最终有了争天下之势，也有了灭六国之形，就在于秦相比魏、楚、赵来说，除了物质基础，还有一颗得到了彻底贯彻的征服之心。

后来秦武王对甘茂说："寡人欲车通三川，以窥周室，而寡人死不朽矣。"这位力能举鼎的秦武王在位仅仅三年就死于举鼎游戏，但他所任命的甘茂却攻取了韩的大县宜阳，实现了打通中原三川地区的目标。

这是秦国宗室的对外态度，人家要做的至少是共主，而不是霸主，心态是征服的，而不是争霸的。这种由君主贯彻下来的征服意志，无疑更加有利于农战体系的扩张性。

割不尽的人头、占不完的土地，没有这些奖励，哪支军队愿意打仗？哪个国家能够保证兵源长盛不衰？

魏国觉得够了，在老熟人里已经称霸了，它便只能等着退出历史舞台那一天了。

节第六

示弱 另一路兵法

卫人吴起、卫鞅，在魏、楚和秦实践的知识，在齐国又是另外一种实践方式。越是聪明的人在富裕且文明的地方，越是希望不战而屈人之兵。

孙膑的著作在两宋之后已经亡佚了。于是孙武即孙膑、《吴孙子兵法》和《齐孙子兵法》是一本书的推测也开始流行。直到1972年在山东临沂银雀山一号汉墓同时出土了《吴孙子兵法》和《齐孙子兵法》的竹简，孙武和孙膑是一脉相承但相隔一个半世纪的两个人才有了铁证。《汉书·艺文志》记录的《吴孙子兵法》和《齐孙子兵法》确实是两本著作也有了铁证。

《吴孙子兵法》中的《陈忌问垒》说："明之吴越，言之于齐。曰知孙氏之道者，必合于天地。"这是孙膑对徒弟们说，没有孙武在吴国的战争实践，就没有今天咱们孙氏这门手艺。

虎符

生活在战国中期的孙膑确有其人，既不是孙武活了160岁的故事，也不是孙武穿越时空的故事，就是太史公和班固记录的那样，"二孙"是两个人，而且孙膑与庞涓之间的恩怨也确有其事。

孙膑和庞涓上的是一所学校，但两人家世和性格都不一样。走刚猛路线的庞涓也许知道，在学校里两人虽然学一样的知识，可人家孙膑家学渊源，放学回家总能开小灶。所以庞涓总是感觉，昨天听课的道理，到了今天孙膑的理解总是高于自己。于是庞涓开始忌惮孙膑。后来庞涓去了魏惠王手下做将军，为了长胜不败便出手加害孙膑，可只是剜了孙膑的膝盖，以为大功告成。走以柔克刚路线的孙膑忍辱负重，一番装疯卖傻之后，跑路到齐国去实践自己的本领。

齐国既有悠久的商贾传统，又有丰富的渔盐资源。田氏代姜之后，田因齐之时称王，传到这时已经是齐威王（前378年至前320年）在位了。

孙膑因为自己被剜了膝盖，身体已经是个废人了，但想要在齐国练兵和用兵又必须树立威信，所以孙膑懂得因势利导。和他的先辈孙武一样，他借用了齐国将军田忌这个木偶。当然，孙膑是先用一些交流和活动把威信施加于田忌。类似田忌赛马这种小指导，让田忌顺利被孙膑洗了脑。对于孙膑来说，田忌便是他的活影子，由田忌来完成对士兵的威信树立工作。

军法基础的建立，或者说军事威信的塑造，在这世界上有且仅有两种方法：第一种是"**敢做敢当式**"，如同卫人在魏、楚、秦国所做的一样，这种方式往往个人的下场都不太好；第二种就是"**提线木偶式**"，如同孙武、孙膑在吴国和齐国所做的一样，躲在一个将军背后以军师之名，行统帅之实。

无论是哪一种，它们的区别是在兵学运用层面的，是讲如何砍人头的区别，刚猛一些还是温柔一些的问题。但在作为基础的军法层面，大家的

54

认识都一样，只讲必须砍人头。

所以挑选木偶很重要，孙武挑了伍子胥，狠角色。孙膑挑了田忌，田忌的形象绝对不是小说中的木讷的靖哥哥，田忌也是狠角色。

孙膑获得了田忌的足够信任后，第一次表演是在前353年的桂陵之战。

魏的强大让各路诸侯担忧。赵成侯在前356年与齐威王、宋桓侯相会，互相表达了睦邻友好的姿态，随后又和燕文公会盟，加强双边关系。然后，赵国就在前354年进攻了依附魏国的卫国，夺下了漆和富丘两地。

魏惠王收到消息，便让庞涓领军八万去攻邯郸。庞涓围邯郸之时，赵成侯的使者求救于齐国。齐威王决定去救，但他也听从了段干纶的意见，一路军队向南真攻魏国襄陵；另一路军队救赵，但必须慢慢走，等魏国破了邯郸，再趁着魏军疲惫才开战。这样才是一石二鸟的好计策。

围攻襄陵那一路后来并没有什么战果，而田忌领军八万去救赵的这一路，战果颇丰。

田忌出兵抵达齐国边境之时，邯郸经过七个月的围困，已经投降并被魏军占领了。庞涓的主力驻扎在茌丘一带，正在卫国境内掠地。

田忌问孙膑："救不救卫？"

孙膑说："救卫是违反军令的。"

"不救卫，接下来怎么办？"

"第一嘛，攻魏就不违反军令了。第二嘛，怎么攻是个问题。庞涓不好骗，要一个圈套接着一个圈套来设计。先向南攻平陵，那里城虽小但县境大，人口众多，兵力强盛，是魏国东部地区的重镇。这么攻，当然攻不下。而且南有宋国，北有卫国，途中还有魏国的据点，去了就会被断了粮道。我就是要让庞涓觉得咱们根本不会打仗。"

齐军拔营，向平陵进发。快到而未到之时，田忌说："接着呢？咱大军就这么撞进去？"

孙膑说："大军就这儿等着，但为了让庞涓上套儿，该舍孩子了。跟咱们出来的大夫里面谁不懂打仗？"

田忌说："齐城、高唐。"

孙膑说："让这两人去打平陵。他们会经过横、卷二邑，那里四通八达，还是魏将钻荼驻扎之地。我们大军慢慢走着，主力养精蓄锐，全军保持紧密队形。齐、高二人肯定被钻荼的驻军断后，虽然可能牺牲，也是必须付出的代价。"

田忌传令而行，齐、高果然惨败。田忌问："孩子舍了，接着呢？"

孙膑说："继续骗，派出战车西进，直奔魏都大梁城郊，怎么能激怒魏人就怎么办。魏王生气了，就会快马加急召回庞涓。再派出一些散兵去庞涓回援的路上四处骂阵，这样庞涓就会觉得我们人少且分散，逐渐以为我们和齐、高都是一路货色。他也就会越走越快，警惕性越来越低。估摸着在他渡河之后就可以绊他了。"

于是庞涓就上套儿了，放下辎重昼夜回援。在桂陵（河南长垣西北）被齐军几次突击之后，庞涓就被俘虏了。

孙膑演了三次，要先骗魏军守将，还要骗魏惠王的情绪，还要让庞涓一路都眼见为实，这才算操纵了庞涓的思想。庞涓从被迫做出机动到主动开始奔袭的过程，也就是孙膑拿到战场主动权的过程。

战场的主动权，模糊的词汇，它不过是调动敌人的一种权利。

没有第一下欺骗的真舍肉，后来的表演就都不具备真实性。所以这种"示弱"的兵法，只是看起来比较柔柔弱弱，但最终一定是要下狠手的。

庞涓不用孙膑，也不杀孙膑，只是废了孙膑，所以他只能死于孙膑。当然不是这一次，因为邯郸还被魏军占领，而包围襄陵的齐军又被魏惠王从韩国征调的军队击败，所以庞涓被交换回魏国，继续担任魏将。

旨在救赵的齐、魏桂陵之战过去13年后，前341年，孙膑又指挥了救韩的马陵之战。

韩被魏进攻，求援于齐。齐威王问孙膑："救还是不救？"

孙膑说："要救啊。您先告诉韩国使节，肯定救，马上救。韩国得到消息，士气大振之后就敢于和魏军搏杀了。等他们打够了，我们再收便宜。"

韩军果然敢于列阵了，只不过五战五败，完成了自己的沙包角色，然后再次求救于齐。

齐威王问孙膑："现在可以救了吧？"

孙膑说可以了。不过在战前分析时，孙膑说："三晋魏、赵、韩的士卒，素来悍勇，而齐军以怯懦闻名于诸侯，没办法，这就是现实情况。"

齐国在当时足够富庶，临淄城内据说有七万户人家，吹竽鼓瑟、击筑弹琴、斗鸡走犬和六博蹴鞠者遍地都是。稷下学风更是一派文弱，而且也是要诈使计居多。

根据这种情况，孙膑继续说："情况就是这么个情况，咱们和魏军比胸口碎大石那是行不通的。不如索性利用这一点，在两军遥望之时，我们退一次就让敌人认为我们怂了一成，我们连退三次，敌人固然认为我们怂了三成，但我们也可以判断敌人懈怠了一成，骄纵了一成，疲惫了一成。我们就要这么演，战场的主动权便到手了。"

这不过是先轸在前632年的城濮之战中"退避三舍"的运用罢了。但孙膑更加精确地阐述了为什么要三退、为什么要欺骗敌人、为什么敌人能够跟着我的指挥棒跳舞、为什么明明决定权在敌人而我就能伏击敌人的原因。

当然在城濮之战时，还没有弩机。虽然先轸的伏击吓傻了敌人，但还需要靠着臂膀的肌肉来挥舞戈矛杀人。但将近300年过去了，马陵之战中弩机已经被广泛应用了。于是齐军纵使不如魏军彪悍，只要听从命令，利用大腿的肌肉上弦，利用手指的肌肉扣动扳机，那便是万弩齐发。臂膀劲道不足的缺点就被技术的发展弥补了。孙膑能够指挥懦弱的齐军全歼悍勇的魏卒，多少也是要得益于弩机的。

"示弱"是演绎我有多弱，但目的是为了让你相信。你相信了，你也就死了。然后庞涓果然就死在了孙膑的指定地点。就连庞涓之死也不是孙膑直接动手的，他让人刻了树皮，要羞死庞涓。庞涓果然羞愤自杀。孙膑是不是算准了庞涓会自杀，不得而知。反正庞涓已死，不会再次作为俘虏而被交换回魏国了。

这一战当然不仅仅是孙、庞的私人恩怨的一个了断，这一战对魏国来说，后果更加严重。就在战后第二年，齐、赵、秦三国攻魏。《水经注·泗水注》引《纪年》说："五月，齐田忌及宋人伐我东鄙，围平阳。"《史记·魏史家》引《纪年》："五月，齐田忌伐我东鄙。九月，秦卫鞅伐我西鄙。十月，邯郸伐我北鄙。王攻卫鞅，我师败绩。"魏国就这么伤痕累累地走下了霸主神坛，从此再无威信可言。

设伏的孙膑赢了，当然也谢幕了。孙武、孙膑一脉的《孙子兵法》，在兵学的运用层面是很注重以柔克刚的。但在作为一切基础的军法层面，《吴孙子》《齐孙子》和《司马法》《吴子》《商君书》一样，基础就是基础，砍人头就是砍人头。对于士兵来说，训练是没有什么捷径的，对于将领来说，首先是铸就威信和颁布规矩而已。对于敌人来说，必要彻底歼灭才算结束的。

只不过"示弱"这一路的兵法，孙武借用了伍子胥在前台，孙膑借用了田忌在前台，都是一种提线木偶式的操作，易于全身而退罢了。

齐城、高唐被当作牺牲成本，他俩大败回来会恨谁？不会恨孙膑，也许会恨田忌吧。后来，齐相邹忌在宫廷内诬陷田忌谋反。田忌奔楚，没了下文。至于庞涓自杀，人们要说庞涓下手虽狠、气量却小，没人会说孙膑心狠。

"提线木偶式"的方法，映射到政治领域中的实践，并形成一整套完善的解释理论，那已经是到了2000多年后的西方了。善于妥协但精于计算的商人们花了500多年，扔掉了两副皮壳，如今才调教出一个政治上可硬可软的木偶平台，那是后话了。

当然军事艺术的美妙之处就在于，道理是死的，如何算计却活在将领心中。在桂陵之战将近一个半世纪之后，在秦军和项羽之间的钜鹿之战，看上去同样是救赵，感觉上同样是围攻的秦军以逸待劳，但计算了另一番敌我因素之后，就使得项羽把刚猛一路的功夫演绎到了极致，那也是后话。但兵学相比于军法，总结起来不外乎那句经验主义的老话：运用之妙、存乎一心。

关于兵学中的虚虚实实怎么分辨？韩非倒是在《韩非子·主道》中说了：

"虚则知实之情，静则知动者正。有言者自为名，有事者自为形，形名参同，君乃无事焉，归之其情。"

我直白地翻译一下就是：

"虚本是大丘，在大丘之上，四面空旷，视野开阔，观察之下，实情便知晓了。在山巅上可以俯瞰百里，飞机千里，卫星万里。不过越是如此，越是孤独。孤独便心静，心静才能不被自己的内心情绪所惊扰，专注观察外在的行为，才能分辨出行动者的真实目的。兵法曰奇正，行动也有奇正，剥开奇，才有正，心不静便不能分辨行动者的正。"

"只要说话了，便是陈述一个表达，梦中呓语也一样是梦有所思。只要行动了，便有一个行动目的，便可以勾画出这个目的的外形，哪怕是精神病患者，也可以从他的心理疾病形成背景来入手。说话的'名'和行动的'形'其实都是一样的，只要运动了，便有轨迹可循，哪怕一个光速运动的粒子也能被捕捉到轨迹。是否捕捉在于值得与不值得的问题，而不是能与不能的问题。达到了思考值得与不值得的境界，自然就喜怒不形于色，因为无论皮肤如何幻化，都可以用 0 和 1、是和否来表达并加以描述罢了。"

孙膑和庞涓的恩怨之外，闲话一下他们各自君主的心态。

齐威王和魏惠王一样，绝算不上昏庸。齐威王养着稷下学宫的一大波人才，但稷下的学士们不停地忽悠齐威王要效法当年齐桓公，率领诸侯尊王攘夷，匡扶周室。撩拨来，撩拨去，想称霸的齐威王动心了。他怀着一腔维护老秩序的热情也准备九合诸侯，结果连人家周宗室都没这个意思了，最后当然碰了一鼻子灰。魏惠王和孟子坐而论道，说了一大堆，意思也不过是神往着老霸主时代会盟诸侯的风采罢了。但西周就是西周，春秋就是春秋，这两人却都生在了战国。

世道变了，这两人如今自己都称王了，当然回不到春秋齐桓公、晋文公的时代了。可这两人又都拼命想穿越回去，一声叹息。

节第七
备内 乃备外用内

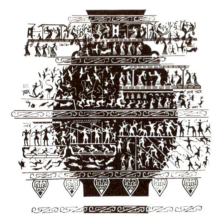

水陆攻战纹壶图

在列强杀伐的战国时代中，赵国原本一直不瘟不火。其能够在战国中晚期崛起，靠的是赵武灵王的对外征服。

赵武灵王赵雍（约前 340 年至前 295 年），嬴姓，赵氏，名雍。前 326 年 15 岁左右继位，是一个出色的军事家，但并不是一个出色的政治家。

赵雍的父亲赵肃侯在位 24 年，每隔两三年就会打一仗。虽然有胜有败，却因为敢打才不至于被列强蚕食。赵肃侯丧礼，秦、楚、燕、齐、魏五国各遣使节与一万精锐军队前来邯郸吊唁。要不是盟友韩国和宋国在旁边撑着场子，赵国也许就被瓜分了。

这一年，在位 13 年的秦惠文王继魏惠王和齐威王之后称王；齐军在邯郸城下击败应战的赵军，俘获赵将韩举，随后顺手占领了平邑、新城。

小小年纪的赵雍就是这么被吓大的。

赵武灵王以"胡服骑射"的军事改革彪炳后世，但那已经是他在位 19 年之后，在前 307 年才发生的事情了。在此之前，他纵然有些想法，也有一位贤能的前朝老臣肥义在身边支招，但他还是要等待时机。

前 318 年，赵国与楚、魏、韩、燕组成五国联军攻秦，扎营函谷关外。秦军开关迎战，联军惧战退走。又过了一年，赵国与韩、魏联军攻秦，被斩首八万。同年，赵军被齐军败于观泽。

直到此时，还看不出赵武灵王和赵国能够崛起的迹象，但只要耐心等待，时机总会来的。秦国强横，但秦惠文王的精力都放在了征服巴蜀之上。前316年司马错的秦军虽然攻灭了古蜀国，但通过镇压让蜀地走上经营的轨道还是需要时间的。随后本来秦军兵锋对准了韩、赵，可楚怀王被张仪诱惑、勒索和欺骗之后，恼羞成怒，起倾国之兵攻秦，结果两次大败之后，楚衰。前314年，燕国行禅让事导致国内大乱，兵祸数月元气大伤，动荡数年。

前312年，此时的秦国可谓风头正劲，张仪一路游说六国到了赵国，见到赵武灵王。

张仪说："秦灭巴蜀，又兼并楚的汉中，现在兵锋直抵白马津上，渡河列阵邯郸城下，灭了您就和当年周王讨伐帝辛一样简单。您还是不要参加反秦联盟了吧。"

《战国策·赵策》中记载了赵武灵王说："我父亲赵肃侯之时，李兑为相。他掌握大权，独断独行。那时我还小，不能参政，但都看在了眼里。合纵确实不符合我们的利益。"

也许他心里没说的话是："不是你那舌头厉害，是秦国的军事实力厉害。"总之，赵武灵王率领兵车三百乘，前去与秦惠文王会面，割让了河间地区。

赵武灵王嘴中的这个前朝重臣李兑，还有他的亲叔父公子成，就是改革的阻力。李兑和公子成的观念与赵武灵王是格格不入的。而同样是前朝大臣的肥义，虽然被赵武灵王所倚重，却是胡人出身，只贵不重，可以画策，却没有足够威信掌权。

此时此刻，赵武灵王也最终坚定了联秦抗齐的策略。齐国不但是身侧大患，而且还是中山国的背后大哥。中山国则是肘腋之患。

辞别赵国的张仪又去了燕国忽悠，收获颇丰。但他返回秦国之时，前311年，秦惠文王已经去世。在老王去世前夕，封到蜀地的秦宗室嬴通叛乱。新上位的就是力能举鼎的秦武王，在位三年便丧于举鼎这项竞技活动中。原本风头正劲的秦国陷入争位之中，赵武灵王从燕国迎回秦公子嬴稷，护送回国，立为秦王，这就是秦昭襄王。

外部压力陡然一下轻松，于是这一年赵武灵王出巡代地，北到无穷、西到黄河。有了土地上的见闻之后，他才和肥义商量对内改革的事情。

身为胡人的肥义不能为相国，赵武灵王决定自己动手。相对于列国请客卿动手还需要君主授信，由君主动手，威信是天然存在的。于是我们只需要关注赵武灵王变法的实质内容和手段就好了。

其他列国变法基本都是承袭了李悝的办法，用法令来设计一套本国财富重新分配的规范。在打造战争机器的过程中，强制革除本国贵族的特权与财富，将腾空出来的资源支付给敢于战时拼杀的没落贵族和农耕阶层。这种办法打造出来的农战体系对外必须保持扩张，有新的人头和新的土地才能养得起军队、军官和士卒；对内必须在资源分配过程中清算一部分懒散的宗室和贵族。

魏、韩、楚、秦四国都是按照这套办法玩的。魏、韩、楚都不够狠，面对中原老邻居，只求一个霸主认同，所以越来越软。这套制度只有秦国坚持了下去，虽然同样的宗室内斗，但斗争出来的上位者对外意志却是相同的——无须手软的征服形态。所以新的人头和新的土地源源不断地喂饱了秦国的战争机器。

赵武灵王的变法则与上述几国不同，经济上并不重视农耕，也没有配套的政治体制改革，开始只是纯粹的军事技术改革。

这件事，对于宽袍大袖的中原人来说，不需要革除特权与房产，但是需要摆平保守大佬们的观念。赵武灵王先从叔叔公子成开始，说服工作只抓住了一点："叔叔，您看，我们东有齐国、中山；北有燕国、东胡；西与秦、韩、楼烦接壤。如果现在不改革强兵，将来虽然不用您换胡人的衣服，但需要缴出您的特权和房产给列强。"

随后阻力就被消除了，不肯移风易俗的旧贵族，便不用那么客气了，强制照办。对于希望种地的中原平民继续种地，对于希望打仗的则纳入军事体系，对于愿意参军的胡人也广为接纳。

赵武灵王的心态如同他说过的话："古今不同俗，何古之法？帝王不相袭，何礼之循？"类似心态的话，1000多年后的王安石说得更彻底："天变不足惧，人言不足恤，祖宗之法不足守。"没有这种气魄，是推不动一次改革的。

从前305年开始，赵军开始集中精力进攻横在内部隔绝东西土地的中山国，至前296年终于攻灭了中山国。其间赵国没有参与中原乱战，埋头向北驱逐匈奴，破林胡、楼烦，置云中郡、雁门郡和代郡。这些军事行动都属于毫不手软的征服式战争，从经济意义上与秦得巴蜀是一样的。尤其代郡的马之优良早在春秋就驰名诸侯，赵国的邯郸又是黄河以北、太行以东的唯一巨型商业都市，冶铁行业比南阳宛城有过之而无不及。

但赵武灵王是个军事家，却不是个政治家。对敌人冷静凶狠，但对自己眼里的亲人，喜欢感情用事。早年因外交需要，他娶了韩国公主，生了长子赵章。后来因为爱情的原因，娶了吴娃孟姚，生了儿子赵何。一阵枕边风之后，他废了韩后，改立吴娃为惠后，赵何为太子。

前301年，惠后去世。过了两年，赵武灵王册立赵何为王，即赵惠文王；自号主父，算是太上皇。直到这时，因为君主威信和军功傍身，他才终于任命肥义为相，辅佐年幼的赵惠文王。

他的感情用事，不在于废后立宠，也不在于废长立幼，这都是在他掌控之下的家事。他的感情用事在于对前朝老臣的计算。

前298年（赵惠文王元年），中山国已经指日可灭，北边的拓殖扩张接近极限。赵武灵王将目光转向中原，兜里有了征服得来的家底，他开始准备参与中原乱战了。于是他把自己伪装成侍从，跟着使节进入咸阳，在秦廷大殿上窥伺了一番。他准备动手的目标就是被他捧上王位的秦昭襄王，虽然当时掌权的是秦宣太后。

赵武灵王对这对母子评价很高，这对母子也对隐藏身份的赵武灵王有所察觉。所以赵武灵王对外的魄力和看敌人的眼光没得说。

过了一年，他去西河见楼烦王，商量募兵的事情。又过了一年，前296年（赵惠文王三年），他就彻底消灭了中山国。这时他也就44岁上下，封了长子赵章在代地为安阳君，由田不礼辅佐。

到了此时，早年联秦结宋抗齐的赵武灵王收获全功，一番地理考察之后，正准备趁着秦国孤儿寡母之时，从北向南攻秦。当时齐、魏、韩组织的西进联盟压得秦国很难受，而赵武灵王策划的南下伐秦的路线，正是后来秦始皇帝防御北疆的御道。可以说当时赵武灵王的感觉肯定极好，他可以选择押宝哪方，外人只能求他而已。

但是，他的臣把他的家弄乱了。

赵章受封代地和任命田不礼为代相的指令刚刚下达——这两个指令是赵武灵王下达的——早年赵武灵王对张仪提起的那个前朝权臣李兑出现了。

虽然赵武灵王对李兑没什么好印象，但还是留了他一条命。可是给善于动嘴皮子的人留活路，就是绝了自己的生路。

在这两个指令下达之后，《史记》中记载，李兑对肥义说："公子章身强力壮（能活很多年）而且志大骄横（有潜在威胁），养了那么多党徒显得欲望不满（好歹人家也是代地的封君啊，日后平原君赵胜的宾客更多），大概会有私下的打算吧？田不礼为人好杀骄横。这两人凑一块儿，必有阴谋叛乱的事情。小人有了奢求欲望，就会开始算计。以我看来，他们发难的日子不远了。您是位高权重的相国，大乱肯定从您那里开始，大祸您也是首当其冲。仁者博爱万物而智者防备祸乱于形迹未显现之前。没有仁爱又没有智慧，怎么能治理国家——您不如推说有病，把国政传给公子成吧。"

肥义说："屁话，主父把新王托付给我，要我坚守一心，直到去世。我怎么会畏惧田不礼之难而忘了我的职守呢，有什么罪过比变节更大呢？就是有事，我也不会忘了我说过的话。"

然后？然后李兑哭泣而出，不管是不是演给肥义看的，总之转弯进了公子成的家，开始多次密谋。这番话的含义，说了一大堆仁者智者，归根结底就是一点，劝说肥义让权。哪怕不让，也给肥义种了一个先下手为强的念头。

肥义足够耿直，可一番游说之下，原本心里没事儿，也被李兑给忽悠出事儿来了。转天他跟自己信任的胡人将领信期说："公子章和田不礼的事儿，太让人担忧了。我现在是吃不好、睡不好。你记着，谁要请见赵王，必须先通知我，我先见了没事，才可以让赵王入见。"信期说："善哉，我知道了。"

前295年（赵惠文王四年），赵惠文王召见群臣，赵章也来朝见。赵武灵王让赵惠文王在前主持朝政，他在旁边观察群臣。见到赵章一副垂头丧气的样子，本是自己的长子，十年前跟着自己第一次攻打中山之时领中军，现在却要北面称臣。于是赵武灵王想要分割赵国，让赵章在代地做王，但这事儿被搁置了。

《史记》说搁置，意思就是赵惠文王和肥义把这事儿作为一件请求放下了，而不是作为一个指令执行了。几个月之前，刚刚灭了中山之时，受封代地的指令还是太上皇赵武灵王下达的、赵惠文王许可的、肥义的相府颁布的。

仅仅几个月，赵武灵王发现，他的话不好使了，放给小儿子赵惠文王的行政权力收不回来了。不但如此，因为中山已灭、北疆无事，他的兵权也没了。

赵惠文王和肥义？指令变请求的转变根源不在于他们。一个掌权的小屁孩，一个耿直的胡人，他们对弄权没那么敏感。肥义是"护权"，绝对称不上"弄权"，而且是"以死护权"。

至于赵章，他岁数不嫩，但心里很嫩。从上一年李兑游说肥义开始，拍脑门都能想到，李兑和公子成做了多少煽风点火的舆论工作。即使赵章和田不礼真的是好人，这两人不想反，那两个"老油条"也能用嘴上功夫逼他们反。

随后就是赵武灵王与赵惠文王同游沙丘，分居两个行宫之中，几方互相摊牌而"老油条"跟进在后了。

沙丘，今天河北广宗，距离邯郸古城外五十公里。这地方很邪乎，日后秦始皇帝巡行丧命之处，也是沙丘行宫。秦赵本是同宗，可灭了赵的秦，却被阉人赵高玩塌了。

话说赵武灵王和赵惠文王分别入住了行宫之后，赵章与田不礼用赵武灵王的命令召唤赵惠文王。

《史记》说赵章诈用赵武灵王的命令召唤赵惠文王而肥义先入。"入"哪里？入宫，要么入赵武灵王行宫，要么有第三座专门搭建的为了接见仪式的行宫。

《史记》又说后来赵章事败跑去了赵武灵王行宫，赵武灵王还开门放他进来，那么就是第三座行宫了。

肥义进门就被砍死了，信期一看不对，保着赵惠文王与赵章和田不礼死战。然后李兑和公子成这对退休"老油条"就从五十公里之外的邯郸神兵天降，还顺道发动四邑之兵，扑杀了叛军？《资治通鉴》引《史记》，只是老头司马光加上了"火速征调四邑之兵"。这当然是一场有组织、有预谋的摊牌了。

至于真实的情况，我猜想可能是这样的：

公子成和田忌一样，问李兑："肥义被骗出去了，咱们救不救啊？"

李兑："等肥义被砍死了，你就是相国。"

公子成："那边开战了，估计肥义死了，咱们救不救啊？"

李兑："现在出去，信期功劳最大。他是死战，你是摇旗呐喊。再等会儿，你连信期都救了。记着，他问你为什么这么迟，你说咱们为了保险，去调动四邑之兵了。"

公子成："你第一次哭，把公子章哭死了；第二次哭，把肥义哭死了。你丫可千万别哭了，等我死了你再哭。"

李兑："现在可以出去了。"

要是我这么演绎下去，像不像孙膑两次指挥的攻魏战役？提线木偶这套把戏真的不是什么好东西，可那么多人喜欢玩。为什么？因为他们不敢做不敢当，但只要信息压制了别人，哪怕智商不够，都可以有一种智商压制了别人的感觉。

后来据《史记》记载，赵章失败，逃入赵武灵王行宫。大军进入，搜捕到赵章之后，处决。李兑和公子成说："为了抓赵章，围宫杀子，事后灭族的罪过。"

《史记》又说，放出宫人无数，留下赵武灵王一个。之后活活三个月，赵武灵王连树上的鸟蛋都吃光了，还是饿死沙丘。

太史公对于"老油条"们还是笔下留情了，看见什么竹简就写什么竹简。至于真实的情况，可能是这样的：

大军入宫，先把所有人控制了，然后当着赵武灵王的面处决了赵章。接着控制住了赵武灵王，对所有其他人说："想背弃你们主人的，就现在跑，过时不候。"

对于那些跑的人，不用担心他们瞎说。对于那些留下来的人，包括被控制的赵武灵王，是当时就处死了，还是只处死了宫人而留下赵武灵王一条命？还是全部留下来然后关上宫门？

我选第二种。为什么？太史公可信，李兑的人品和算计也可以揣测。很可能赵武灵王活了三个月，但在这种可能下，鬼才相信赵武灵王吃鸟蛋活了三个月，那吃什么？可能是尸体吧。

至于某些庸人的观点说这次沙丘事件是赵武灵王授意——或者联合——长子赵章发动的政变，目的是拿回君权，那就太低估赵武灵王的智商了，这种可能性最低。

赵武灵王是上过战场的，他长子也上过战场，在谋略方面赵武灵王是一手合纵、一手连横的。记得当年赵武灵王说服叔叔公子成改穿胡服、同意骑射的理由吗？他最动人的理由就是赵国当时四面都是敌人，内部还有一个中山国。这个虚张声势的理由让公子成感到形势危急，这是赵武灵王当年改革能够成功的关键，可实际上当时国际环境并没有那么紧张。

如今赵武灵王从意识到外敌没了，到设想一个拿回君权的方法，还需要发动一次刺杀吗？再找一个外敌不就好了嘛。外敌烽火一起，分分钟军权到手。军权到手，君权也就唾手可得了。即使赵武灵王就是要在沙丘狩猎赵惠文王，又怎么会让赵章把赵惠文王召至第三行宫动手？

太史公说的，赵章这柄匕首发动政变且未通知赵武灵王，我觉得是最有可能的。

而太史公可能说错的，是赵章之所以发动政变的主因。赵武灵王出于爱的怜悯，绝对不是赵章的最大刺杀动力。相反，李兑和公子成出于弄权的算计，挑逗田不礼的贪、激化赵章的恨，最终逼出一场叛乱，才是我认为的主因。

赵武灵王是个感情用事的人，但对家可以感情用事，对臣则不行。赵武灵王对臣重感情，臣就把他的家弄坏了。

沙丘事件后，公子成做了赵的相国，李兑做了赵的司寇，肥义死了，赵武灵王被囚在宫内。我猜想公子成和李兑甚至可以让那些放出去的宫人来看守这座行宫，因为这些人已经背叛了赵武灵王。如果赵武灵王活着出来，这些贪生的人都得死。

张仪在前309年就死了，所以《战国策·赵策》中张仪游说的赵王肯定是赵武灵王，不是赵惠文王，这个赵王说的李兑是前朝权臣肯定也是赵肃侯时代的权臣。这说明李兑和公子成一样，都是赵肃侯时代享受过权力的，却在赵武灵王一朝因为观点不同，所以不受重用。

苏秦活到了前284年，于是苏秦从燕国去赵国游说赵惠文王可以成立。这哥们儿先和当权的李兑说："我是远方来的大能人，叫苏秦。凭我的口条，可以和您说天下事。"

李兑说："小弟，我不想听人事，你要知道鬼神的事可以说一说，人事我都懂。"

讨了没趣的苏秦摸了摸自己宝贵的舌头，拿着一些赏赐走了。过了几年，李兑死了，他才从燕国又去了赵国。见到赵惠文王说："奉阳君李兑忌贤妒能。大王您也不能掌管国家大事，宾客们与您疏远，游说之士也不敢向您效忠。现在李兑终于死了，您可以和士人亲近了。"

从赵武灵王的实权旁落到沙丘刺杀事件，前后不过两年，其中最不起眼的李兑其实最主动、最积极，演了一个好人，还收获最为丰厚。

《韩非子·奸劫弑臣》说："弑贤长而立幼弱，废正的而立不义……李兑之用赵也，饿主父百日而死。"

《韩非子·备内》又说："为人主而大信其子，则奸臣得乘于子以成其私，故李兑傅赵王而饿主父。"

李兑这件事，能作为殷鉴不远的事例两次被韩非用来画影，可见在战国末期还是有相当影响力的。韩非的《备内》历来被俗儒指责，说成是韩非阐述"性恶论"的代表作。可俗儒不知，韩非写《备内》，不是让君主防备他们家中的子妻或父兄，而是让君主防备外臣利用这些弱点。对于君主来说，子妻父兄都是带有感情的存在；对于外臣来说，这些存在都是可以针对君主下手的弱点，都是天然良好的、可以操纵的木偶。

"舆人成舆，则欲人之富贵；匠人成棺，则欲人之夭死也"，这话当然不错，而且与"性恶论"无关，因为陌生人之间不存在所谓的感情。如果说刺客是以绑架行要挟乃至刺杀之事，那么类似李兑这种熟悉内情的人，便非常不好防备了。备内，对于君主来说，最大的奥义是备外用内。

敢作敢当、敢爱敢弃的赵武灵王是个悲剧英雄。放在整个战国七雄的诸多君主中，他好像是唯一一个把自己国境内的土地全部踏遍的君主。但君主用臣，必要先看观念，其次再看口条。观念不同却又口条厉害的，养在身边哪怕是作为一面镜子，都是祸患。天花乱坠的游说之谏，如果信了，他会从镜子里出来，把君主踢进镜子中。观念不同却不善言辞的，倒是可以养在身边作为一面镜子。所谓直谏是行为之谏，自然可以作为君主的镜子。

这个人很热血，很冲动，自然就很情绪化。今时今日看来是大牛的古人，很多都是被当时身边的苍蝇给弄死的。

前朝老臣，价值观不同，是一定要彻底铲除的，要不然他一定会想方设法把新轨道切换回老礼儿上。这样的话，事业来得快、散得也快。

节第八

叹息 所谓名将

赵武灵王的小儿子赵惠文王如其谥号所示,文文弱弱倒是很符合其守成之君的形象,不过真实的环境远远没有达到守成——或者说喘口气——的条件,史家对于赵惠文王的褒奖,有些言过其实了。

壶纹局部:一伍对峙一伍的舟战勾杀

至于他在位期间任用的廉颇、蔺相如,先说蔺相如,只是一个相当优秀但算不上杰出的外交官。再说廉颇,只是一个相当优秀的将领,勉强称为有经验的老将,但哪怕只说他是战国末期四大名将,他都很有些排不上号,唯声望响亮而已。

前266年,赵惠文王去世,赵丹继位为赵孝成王。他刚坐上王位第一年,联齐退秦,小胜一场。又过了几年,因为韩国上党的土地之争,秦、赵之间爆发了很著名的长平战略决战。早在韩、赵、魏三家分晋之时,上党地区(山西长治)亦被三家瓜分,范围是太行山脉与太岳山脉之间的长治盆地。此处往北是晋中盆地,往南是泽州盆地,海拔较高,地形险要,易守难攻,三国分别在自己控制的地区设置了上党郡和相应的城邑治所。汉末刘熙所著《释名》中说:"党,所也,在山上其所最高,故曰上党也。"

也就是说,在战国时代,上党郡是一处可以控制一个区域的战略要地。上党郡距离邯郸虽然有几百里之远,中间还隔了太行山脉的天险,但如果相比咸阳来说,距离邯郸不过是一步之遥。赵国面对已经据有三川郡和河东郡并且压得韩、魏两国无地可割的秦国,决战是当然的选择。长平便是此处适合对峙的古战场,决战之前的一系列前哨战便不再赘述了。

前 260 年，是双方主力对峙并爆发决战的年头。

当时秦国的君主是秦昭襄王嬴稷（前 325 年至前 251 年）在位的第 47 个年头，这位秦王就是前 298 年在咸阳大殿上被赵武灵王伪装窥视的那位。当时赵武灵王的军队压在秦国北境，不过是想见一见宣太后和秦昭襄王这对孤儿寡母，了解一下虚实，以便在心里计算到底是南下攻灭还是执掌废立。吞并了越国的楚国那时候也在蠢蠢欲动，一面想要夺回失去的汉中郡，一面还觊觎秦国的巴蜀之地。书面描述的话，好像原本风头正劲的秦国在当时便要岌岌可危了一样。

不过秦昭襄王与母亲宣太后还是挺过去了。想想这对母子被人扶上王位，被赵武灵王偷窥品评，四面邻居蠢蠢欲动；再想想当年赵武灵王自己继位之时，也面临五国联军以治丧的名义要开入赵境。"挺过去"三个字说起来容易，做起来很不容易。看来成就了一个人的，往往都是看起来挺不过去的苦难啊，这与仇恨总是前进的动力是一样的道理。

当然大多数挺过去的人，会选择宽容。那与甘甜一样，都是仇恨和苦难过去之后的事情了，所谓苦尽甘来、相逢一笑泯恩仇大致就是这个意思。但如果有些人实在是小心眼儿，即使在他的预期目的达到之后，还是没有解开这个心结，或者说痴迷于仇恨和苦难的力量，那么就算是坠入十八层地狱——没得救了。

秦俑的刚毅小眼神

书归正传。于是秦、赵两国在撒下筹码决定会战之前，秦昭襄王的人生阅历更丰富，决战意志也更坚定；赵孝成王的锐气更足，畏惧和顾忌也更少。双方君主在主力决战的概念上，各自都有成功的经验：秦军名将白起攻破过华阳，当时赵魏联军是主动发起的攻击；赵国名将赵奢大破过秦军，当时秦军是主动发起的攻击。

前 260 年，长平古战场，秦军四月攻赵，秦军主将已是王龁，赵军主将已是廉颇，"赵军士卒犯秦斥兵，秦斥兵斩赵裨将茄。六月，陷赵军，取二鄣四尉。七月，赵军筑垒壁而守之。秦又攻其垒，取二尉，败其阵，夺西垒壁"。

也就是长平之战的第一阶段，双方在一系列试探性接触中，赵军吃了不少小亏，于是廉颇开始扎紧营垒打消耗战，企图等到秦军粮食耗尽自行撤退。毕竟战争已经过去三个月，且过了夏季之后，大家各自阵中的大量辅助劳力都要干农活儿了。

这战之前，在赵国宫廷之内，赵豹劝说赵孝成王不要招惹秦国的三大理由是："秦国用牛耕田（农业优势），水路运输粮食（后勤优势），士兵受封上等田地（体制优势）。"第三条也就是说秦军战意更浓、士气更足。那么廉颇如果知己，就该像孙膑那样一开始便坚决避战。但他没有，等挫伤了自家锐气之后，才开始消极避战。

消息传到邯郸，年轻气盛的赵孝成王本来就不满意廉颇的战法，发动倾国兵力四十万，精锐尽出，交给大将，在秦、赵之间的韩地，从四月打到七月，换了哪个国君也心疼粮食啊。何况与秦军面临的问题一样，到了秋天，是必须要干农活儿的。

这种想办大事儿但只花小钱儿的心态，在赵孝成王他爹赵惠文王还活着的时候，就在赵国宫廷中有体现。这也是守成仁义君主们的通病。

赵惠文王时期，赵国相国安平君田单曾与大将赵奢有过一次交谈。田单说："您每次用兵太多，百姓都不能耕种了，粮食也要从别国买入，还要长途输送，这不是长久之计。我听说帝王用兵都不过三万精兵，然后天下归服，而您每次动辄十万起步，这不算本事。"

这个田单就是摆火牛阵复齐的那位，他说出来的意思是：同样一件事情，帝王出三块就能办成、办好，你非要花十块钱才能办成，办成了也不算你本事。这位仁兄其实不过是想表达一个没说出口的意思而已："你不如我，我只花七块就够了。"

赵奢回答说："您懂啥呢，三万精兵是剑身，十万民夫不过是剑环、剑刃、剑珥和佩带，古时候的城池与现在的城池规模能够一样吗？现在的十万民夫除了运送粮食，背运器械，还要造出声势，围住坚城，或挖地道，或断水源，或筑营垒。三万精兵是用来解决野战的，你说我动辄十万，你怎么不说现在到处都是方圆千丈、户口上万的大城呢？敢于列阵而战的，从来不超过三万精兵，但要围点打援，十万起步还是少的。"

赵奢的意思就没有那么鸡贼了：今时今日，十块钱我保证办成。我再告诉你这十块钱怎么花的。你说的三块钱能办成，那是五百年前的老皇历了，没有计算通货膨胀。

可惜赵奢已死，赵孝成王这么个深宫新君因为名声而选了廉颇这么个相当鸡贼的老将。廉颇未战先怯的心态灌输到赵国的军队中，一路小亏也就并不怪赵军无能了。当年孙膑化齐军之腐朽为神奇的例子，是廉颇所不能比拟的。

秦昭襄王这一边，面对廉颇怯战，他当然希望尽快摆脱胶着状态，与赵军主力会战。不过秦昭襄王为了拿回战场之内的主动权，却是使用的盘外招数。他派使节到赵国用千金反间。在使者出访密集、客卿互相交流的战国时代，几个主要国家之间的宫廷是没有秘密可言的。对于赵国君臣的脾气、秉性及爱好，秦昭襄王和他的宫廷自然不难知道，所以针对这些信息的间谍行动的目的，只是简单顺应了赵王想战的心理。最终在七八月之间，"因使赵括代廉颇将以击秦"，也就是赵王换将，而且明确告诉赵括，不要浪费粮食，让你去当主将就是出击决战的。

这是第一个胜负手。在这个关键节点上，场外两个君主都想会战，场内的会战一触即发，通过会战来解决问题是必需的。只不过秦王在场外占了先手，他花费千金游说——目的是请场内的赵军先手。先手好吗？先手一定是好的。只不过要先看场外，再看场内。有时候场内的人觉得自己明明占了先手、是先发制人，可对方却后发制人、后发而先至，他感觉自己像个傻瓜。为什么？因为对方敢于在场内后发，往往是在场外已经买定离手了。

第二阶段，赵括上任的途中，秦国得到消息，于是悄悄命令武安君白起为上将军，王龁为尉裨将，也就是换了一个王牌名将。而赵括抵达长平前线之后，立即出兵攻秦。列阵之后被白起分割包围成两部分，且粮道断绝。至九月，赵卒已经饿了四十六天的肚皮。

怎么说呢，赵括被白起伏兵分割后，还能扎住阵脚，"赵战不利，因筑壁坚守以待救至"，粮道断绝后又坚守四十六天。如果赵括仅仅是现代意义上所理解的纸上谈兵之辈，那是不可能的。

在赵军等待援兵的四十六天内，秦王亲自到河内郡，"赐民爵各一级，发年十五以上悉诣长平，遮绝赵救兵及粮食"。这事说明，赵国还是增派了军队去解围的，秦国也快到山穷水尽的地步了。秦王砸锅卖铁动员了这支生力军，出高平由沁阳沿丹水北上。被围的赵军从寨垒工事内看到的景象，便是不但退路被阻，而且远处又来了一支夹攻的秦军，更无奈的是，自己的肚皮还在呱呱叫。

这是第二个胜负手。会战开始了，唯一目标就是赢得会战。场外的赵王按照自己花钱的风格组织了正常的解围力量；场外的秦王特事特办，不但倾尽口袋，而且还赔本做生意。场内的会战结果就这样被决定了。名将白起够狠，但没有秦王输血他也只能僵持不下。被后世讥笑的赵括不够狠？他能在断粮之后坚挺四十六天，堪称战将啦。

战争就是这样，无论场内还是场外，同等量级的选手之间僵持不下的时候，谁能撑得更持久一点，谁能拼得更凶狠一点，谁活。

于是，赵军最终解围失败，粮食也送不上来。军营内部开始互相残杀取食之后，赵括知道是靠着最后一点求生意志开始突围的时候了。于是他把战卒分为四队，反复冲了四五次，出不去，最后"出锐卒自搏战"，也就是亲自带着最精锐的敢死队上阵了。结果赵括被伏弩射杀，乃是战死沙场。

同时另有"卒四十万人降武安君",当然可以想象的是,这四十万人中大多数是非主战的随员和民夫,但也说明被围困四十六天后,赵军的大多数有生力量仍然保存了下来,只不过主将挂掉,也就战意全无了。

这个景象完美诠释了赵奢为什么要为三万精兵的剑身配上十万民夫做剑鞘。真正合战开始了,精兵如果受挫了,整个军队的意志便动摇了。所以史书记载的动辄几十万对几十万的战役,合战伤亡并不会很大。但只要尉官一旦阵亡,他所指挥的那支精兵单位也就接近崩溃了;将官一旦阵亡,整个军队也就崩溃了。如果事后记录为死伤惨重,那更多是因为追击溃兵过程中的杀戮,是因为首级换土地,这在东西方都是一样的。

这一战之后的收尾阶段,陆续打到次年正月才罢兵。第二年九月,秦王命白起再出兵之时,白起说"今秦虽破长平军,而秦卒死者过半,国内空虚",也就是长平之战的第二阶段包围与反包围的拉锯战中,秦国也是损失惨重的。

从赵括来说,在指挥长平之战之前,"东向而朝军吏,吏无敢仰视之者;王所赐金帛,归尽藏之",也就是说那时他已经是个有了战功的将军了。至于赵王赐他的金帛,是藏在家里,还是购买便宜的田产,那是赵括个人的事情,但赵括的实战经验与实战成绩,绝对是将军级别的。

从秦国来说,纵使反间,最核心的目的是希望换一个不坚守打消耗的速战型主将。如果赵括就是一个书生二世祖,基本上,别说千金,拿万金去赵国运作这个事情也是没戏。换将这件事情,公平客观地说,是秦国希望把鸡贼型主将换成教条型主将,但首先人选肯定是足够作为主将级别的。

从赵国来说,赵王就是要打决战,而赵括基本上算是忠实执行了组织安排。赵括的母亲向赵王反复申诉赵括不适合做主将的理由,对赵王说自己的儿子是废物,这是面上的话。至少在我看来,估计赵母不是觉得自己的儿子不能打仗,是知道当时赵军的情况。廉颇在前两鼓已经把士气搞没了,赶上自己的儿子接手第三鼓,再按一贯抠门的赵王意思去打决战,这是行不通的，必输、必败、铁定完蛋。所以赵母怎么办？和赵王说自己的儿子是废物吧。

从《史记》来说，除非把《廉颇蔺相如列传》与《白起王翦列传》合起来看，才知道，哦，事情是这样的。以太史公之秉笔，依然还是有些小情绪的，结果只看《廉蔺》，赵括就是一个废物败家子，加上《白王》，才算客观地说，赵括的缺点是教条与机械——没有把他的君主性格也计算进来，但勇猛够了，忠诚够了，战场经验也够了。

想当年赵孝成王他爹赵惠文王在位的时候，面对秦军大举进攻韩国，曾问廉颇："救还是不救？"廉颇曰："道远险狭，难救。"

于是赵惠文王再问赵括他爹赵奢，赵奢直接说："其道远险狭，将勇者胜。"于是老赵王命令赵奢做主将，救韩国，结果大破秦军。同样是道远险狭，不同的将领有不同的视角。

赵奢说是勇者胜，但领兵出击之后，扎紧阵脚，看上去畏首不前，糊弄了秦国间谍之后，再全军卷甲疾行，两天一夜赶到战场，筑成营垒。之后赵军又抢占了制高点，逼着秦军要么决战，要么撤退，拿到了战场的主动权。这种会战形势之下，才大破秦军。

相比秦赵两国的国力处于同一量级但稍有差距，作为赵国主将的赵括之于秦国主将白起，那就相差了不止一个量级——称职和超一流的对比。超一流的天才看下面称职的将官，优缺好坏一目了然。白起在长平之战前已经有了33年的自领一军的军官生涯，被记录下来的斩首数据就是四十四万了，与赵、魏、韩、楚都有过交手记录。而其中赵国的记忆感觉又是最良好的，只在前273年被沉江两万战卒，可前270年赵奢又一战全部打了回来。

长平血战之时，赵孝成王的脑子里肯定有11年前赵奢的光辉战绩，肯定是赵孝成王力主会战的参考指标之一，这些记忆让赵孝成王无所畏惧。他不太觉得白起有什么可怕，这是他想战的主因。赵括只因为是赵奢的儿子罢了，年轻人，没有哪个是不想立下不朽战功的。

于是赵括就这么上任了。相比他老爹，如果两军列阵对圆，再无退路，以死相搏，按赵奢说的战场之上勇者胜，赵括估计没问题。但老爹没告诉他战场之外智者胜，何况赵括还是带着组织的使命，必须快战，结果就悲剧了。直到明清之时，话本、小说开始普及，赵括就更加坐实了"纸上谈兵"的定论。

春秋时期孟明视、西乞术、白乙丙等人也是像赵括这么干的，但是一败再败还是忍辱偷生，终于换来了一雪前耻的机会。所以说活着很重要，因为耻辱若是不用胜利去洗刷，久而久之，狂热的艺术家们就会把一段悲剧逐渐沉淀成一个笑话。

相比白起、王翦、李牧的成绩单，廉颇可真不像太史公说的"以勇气闻于诸侯"，也不像他自己号称的"尚能饭"。仅有两次硬碰硬的机会，他第一次不敢去，功劳给了赵奢；第二次去了之后一路小亏，败光了无形的士气，留下了有形的大坑给赵括。太史公记录的战国廉颇与西汉李广颇有相似之处，都是太史公欣赏的人物，也都是小战大名、大战不忍细读的人物，很有些盛名之下其实难副的味道。

白起的成绩单就不说了。李牧经营赵武灵王拓展出来的北疆，在马邑漂亮的诱歼匈奴十万主力，再战破秦，被王翦用游说术除掉。王翦两次出击赵国之后将其攻灭，被惊吓到的燕太子丹派遣荆轲执行刺杀，反而给了秦王嬴政灭燕的借口。又过了一年王翦灭燕，他的儿子王贲领军击败楚国，然后灭魏，随后王翦再度出山灭掉了消耗秦国最大精力的楚国。廉颇跟前面这三个比起来，实在有些不够分量。跟着王翦混起来的勇将李信是李广的祖先，李广为何难封？那是汉武时期的后话了，但借着名将王翦，就让勇将李信先出镜做个背景吧。

秦国灭楚是花了大力气的。前 230 年，对内剪除了嫪毐、吕不韦两大权力集团的秦王嬴政首先灭掉了早已名存实亡的韩国，设南阳郡，随后便与楚国再无缓冲地带。前 226 年王贲领军攻楚所以大胜，得益于做过多年秦国客卿的楚国宗室公子昌平君的帮助，也得益于楚人并无抵抗意志。秦军过处，楚军脆败，王贲一气夺下城池十几座，次年又顺势水淹大梁，灭了魏国。

但是这一次王贲攻楚虽然大胜，却不是彻底灭亡了楚国。前312年，赵武灵王向北开边之时，楚国也向东南拓展灭了越国，所以相比没有战略回旋余地的韩、魏来说，怀有抵抗意志的楚国军事贵族们可以逃奔江东。越国土地在被楚国灭亡将近百年之后，曾经的越国早已没有了越人贵族，曾经的越地在前226年已经是楚地了，这里也是楚人抗秦的最后大本营了。

刚刚灭燕的秦军将领们回到咸阳，在王翦手下做事的将领李信，参与了王翦灭燕战役，带着几千人追击到衍水之上活捉了荆轲的大老板燕太子丹。于是，秦王嬴政认为李信贤能勇敢，为了下一年的战役，问李信："我要灭楚，多少人够用？"李信说："二十万够了。"秦王又问王翦，王翦说："六十万起步。"

于是秦王认为王翦老无用了，便派了李信和蒙恬领兵二十万攻楚。秦军先胜后败，因为韩、魏、楚之地是新近征服的，随着秦军不断前进，留在秦军身后曾经带路的昌平君这次却带着楚人反了，配合正面抵抗的项燕，一度声势浩大，让李信和蒙恬不得不全军回师弹压。正面节节败退的楚军一下有了反弹余地，也开始跟踪追击，直到秦军的交通线被切断后，楚军攻破两个营垒，杀了七个都尉，大破秦军。

不得已之下，秦王嬴政才亲自驱车请回了"老无用"的王翦，给足六十万人，由王翦指挥出兵灭楚。王翦的预言，与赵奢何其相似。在军事范畴上，名将之所以是名将，只因为他们观察战场的所见略同。

当然在政治范畴上，不得不说王翦的"活人之计"与赵奢的"身后遗计"同样是所见略同，用信任法则除掉了李牧的王翦自知带着倾国之兵灭楚，咸阳宫廷内的闲言碎语是少不了的，于是自己一路南下的同时，派回咸阳的使者却不停地北上向秦王嬴政汇报情况，还不停地讨要土地封赏，只求加固秦王心中的信任，宫廷内部三人成虎的事情他太清楚了，当年李牧就是这么被他弄死的。

但秦军到了楚地，与楚军主力对峙之后，王翦顶着楚军的骂阵，就是不着急出战，好酒好菜、日费千金地养着六十万士兵，直到士兵们开始搞起了抛石块和跳远竞赛，王翦一句话——"可以打了"，于是列阵接受挑战，大破楚军，杀死项燕，平定楚地。

名将，有时候和将领，就是这么差之毫厘，却谬以千里。

总之，把思想切换到征服轨道的秦王嬴政，终于凭借祖上的积累，赢得了这场旷日持久的征服者游戏。

至死，其他六国还想着争霸的事呢。

后来前1世纪，匈奴对汉朝人的称呼依然是"秦人"。到了545年，东罗马拜占庭帝国治下的埃及商人科斯麻士的《世界基督教诸国风土记》中，用希腊语称中国为 Tlinitza（秦尼策）。同时期也有另外

秦小篆刻碑

一个称呼叫 Tzmista（秦尼斯）。到了781年，吐火罗人伊斯在长安刻下"大秦景教流行中国碑"，其中的叙利亚文称中国为 Tzinsthan（秦尼斯坦）。直到拉丁文化普及不列颠岛上很多年之后的近现代，最终定型的英文 Chinese，据说也是秦尼斯的痕迹使然。

而在华夏土地上，自《后汉书》开始，史书里也记载着一个西方强国叫作大秦。史学界关于历代史书中的大秦国具体指代西方哪里的哪个王朝，还有争议。但唯一确定的是，我们的先人把当时探索到的西方绝对强国称为大秦，说明了战汉之际的西来之"秦"的赫赫威名。

节第九
用侠 兵技巧

兵权谋的将军，是要懂得用侠的。观其侠气，用其技巧，化私剑之悍，为斩首之勇。

将军的天然属性，一半是保家卫国，一半是开疆拓土；游侠的天然属性，进一步侠之大者，退一步横行乡里。两者都具备勇气，但两者的差别是，将军把勇气储存在军营中，游侠把勇气宣泄在江湖中。所谓观其侠气，也就是能够把勇气收敛于一身之内而游荡于江湖之中的人，可以用。侠气往往不是名气，侠的名气越大，越是远看神话、近看笑话。

将军的衡量指标，一半是内驻军纪，一半是外战首级；游侠的衡量指标，技巧显名者可用，帮派组织者可杀。从将军的视角看去，一片土地上的侠太多了，只能说明这片土地上缺乏秩序、积贫积弱。这种情况下，再大的侠、侠之天大者，也不过是具备了对内维持秩序的功能而已。

秦国的将军很多，六国的游侠很多。

所以对于秦国的将军来说，六国的游侠是可以筛选利用的，六国的土地是可以肆意征服的。

《史记》写了《刺客列传》，也写了《游侠列传》。刺客是最绝情的侠，以"杀他"为目的。游侠是最有情的侠，以"活他"为目的。而将军以征服为目的，活着征服固然好，不然如何？人虽死了，土地还在，所以将军凌驾于侠之上，至于刺客和游侠，这两类人从本质上是一样的。只不过刺客更加极端，更加极端就更加讲究一口气的运用。这里借用几位刺客来解释观气。至于用巧，不过是为了活着，留给《游侠列传》作为后话分析了。

第一个出场的刺客是曹沫。他在外交场合上胁迫齐桓公，为鲁国争夺战争中失去的土地。

曹沫之所以敢的原因，算是报答鲁庄公的厚爱。这哥们儿开始担任鲁国将军，结果"与齐战，三败北"。在战场上输了太多之后，他的收获只有两个：第一是积累了足够的失败经验，第二就是鲁庄公的厚爱。虽然鲁庄公害怕了，割让遂邑与齐国求和，不敢再打了，但他仍然让曹沫担任将军。于是明明列阵打不过齐国的曹沫，面对自己输出去的土地和鲁庄公的信任不疑，便在会盟这种外交场合上行恐怖主义举动，目的是为鲁庄公讨回土地。

曹沫经过自己的手，失去了很多鲁君的土地，这是他的痛。他对自己所受到的厚爱，又回报不了，这厚爱让他的痛更痛。所以他豁出去了，于是事情办成了。

第二个是专诸。伍子胥物色了专诸，献专诸给公子光以谋吴王僚。

专诸在太湖学烧鱼三年，又造鱼肠剑一柄，等到吴王僚的两个弟弟盖馀、属雍领兵在外才舍身发动刺杀。

专诸除了性命之外，还付出很多前置代价，于是事情办成了。

《史记》无传而名声在的要离，是第三个。还是伍子胥物色了要离，献要离以刺庆忌。

当时公子光已经夺位一年，称吴王阖闾。吴王僚之子庆忌文武双全，勇名冠于诸侯，一心要重夺王位。要离以竹剑伤阖闾，以真剑自断右臂，杀妻之后让阖闾焚于市，用这些行为来获取庆忌的信任，然后才发动刺杀。

要离除了性命之外，还付出很多前置代价，于是事情办成了。

第四个是豫让。一刺失败，漆身以癞，吞炭为哑，面目全非，市场行乞，只求再刺。所谓"众人遇我，众人报之。国士遇我，国士报之"。

再刺赵襄子，再败曰："您的人把我包围了，我知道这次肯定死了，所以这事我也不再指望了。不再指望了，没有希望了，我就可以把所有事情都说出来了。您把您的衣服给我刺上几剑，算我把事情办成了吧。"随后豫让自裁。

豫让除了性命之外，还付出很多前置代价，事情没办成，但心结解开了。

第五个是聂政。等到老母已去、姐嫁之后，他闲人不用、仗剑直入，上阶刺侠累，一击必杀，然后毁容挖眼，自屠出肠，不过是为了嫁人的姐。

聂政除了性命之外，还付出很多前置代价，于是事情办成了。

聂政已死，当时谁也不知道这具尸体就是聂政。其姐聂荣千里收尸，哭死于聂政尸旁，也让聂政显名列传于后世，这叫作侠姐。

山东汉代聂政刺韩拓片

这些都是真的大侠。他们在舍命之前，都付出了沉甸甸的额外成本。这些成本，叫作侠气。不具备侠气而只有名气的，算是世俗大侠。最有名的世俗大侠，曰荆轲。

荆轲，懂刺杀的盖聂看他是个"小瘪三"，懂刺杀的鲁句践看他也是"小瘪三"。不论他是不是个"小瘪三"，只看他自己真正付出了什么就好了。

燕太子丹以为他是妙药，吃喝嫖乐供着。直到王翦灭赵，太子丹憋不住了才说："大哥，我想再养你五百年，问题秦军快到易水边上了。"

荆轲说："我去可以，先帮我弄三件东西吧。"

第一件是秦叛将樊於期的人头——价值千金和封邑万户，第二件是赵国徐夫人的匕首——价值百金，第三件是燕国土地——督亢地图。虽然这三样东西很贵，但还都可以用货币来衡量。

这三件东西背后，不能用货币衡量的，我们来看一看价值几何。第一，燕太子丹不忍杀樊於期，荆轲前去游说樊於期："你全家都被秦王杀了，你给我脑袋，我到时候左手把其袖，右手揕其胸，将军之仇报矣。"樊於期信了荆轲的话。第二，价值百金的徐夫人匕首，是用活人试验的匕首毒效，几条烂命下来，果然见血封喉。第三，刺杀失败的后果，不是丢失督亢一地，而是燕国尽丧。

以上三件东西的成本和三件东西背后的成本，都不是荆轲自己埋单。荆轲自己从头到尾，只付出了烂命一条。他吃了、玩了、嫖了，还不愿意走，最后是被燕太子丹用话逼走的。

荆轲临走之时，腰里别着借来的人头、买来的匕首和骗来的地图，在音乐家高渐离的伴奏下，慷慨唱道："风萧萧兮易水寒，壮士一去兮不复还。"

翻译一下就是："风儿吹又吹，易水啊你冷不冷？我抬眼看看你们这些在风里吹的人啊，哥们儿我走了，就没想过回来，最多把命扔在咸阳罢了。哥们儿我虽是亡命徒，但有艺术家的底蕴。去不去？我去了。成不成？天知道。"

这是什么做派？有名气的大侠的做派。

这事过去1000多年后，稼轩借用这个典故写了一首名词："易水萧萧西风冷，满座衣冠似雪。正壮士、悲歌未彻。"这是歌颂荆轲的。又过去很多年，我借用稼轩的词来讽刺一下："易水萧萧西风冷，满座心凉胜雪。真泼皮、悲歌烂命。"

从忽悠燕国到刺秦失败，荆轲从没觉得他那条烂命有多重要。所谓责任，对于荆轲这种人来说都是浮云。

荆轲临死还要和秦王说："我弄不死你，是因为我想要把你生擒，订立永不攻伐的契约。"这个泼皮早就忘了他和樊於期订下的诺言："你借我脑袋，我帮你报仇。"这位"大忽悠"办不成事情也就算了，临死还要给自己脸上贴金。无论对比哪个时代的价值观，这哥们儿都实在太亏心。

至于所谓用活人试验的见血封喉的匕首？那就更是一个大笑话，这位刺客连投掷技术都是忽悠的。难怪鲁句践听说这事之后，要私下说："可惜这小子不讲求击剑刺杀的技术。"荆轲在燕国磨磨蹭蹭的时间，或者去听高渐离击筑了，或者去妓坊玩女人了，哪里有时间去练剑啊。

最后说到燕国的土地。燕太子丹选了这种烂命鬼之后，就不再去观察付出的细节了，所以燕太子丹当然活该如此。成就之前五位刺客的，都是他们自己付出的惨重代价。成就荆轲这个破落户的，唯一原因是秦始皇的威名罢了，只是可惜了他骗来的那些价值不菲的陪葬品。

刺秦？张良刺秦叫作英雄，一击不成，收功在十年之后。荆轲刺秦叫作赌烂命，敢骗就行。吃饱了、骗够了，最多搭上一条烂命而已，管谁的人头、谁的江山。他心说当初本来就是忽悠樊於期和燕太子丹的。

于是以名气论，刺客之首曰荆轲，而这大名仅仅是因为他的刺杀对象是秦始皇帝罢了。

用侠，就是观察侠气和名气的区别。单独捕捉侠气，是没有参考坐标系的，而用名气来作为标尺或者背板，那是最科学的。

节第十

呓语 择日再战

八十页说八百年，行也匆匆，影也匆匆。

长弓两翼曲满势，只待战鼓催发，烈日灼铁胄，杀意好浓。

等朔风起，忘了汗涔涔，只见旌旗翻舞，终究是战个痛快。

指边弦空、耳边破空、心中已空。

周礼代殷鬼、秦法代周礼，至此告一段落。

殷血、周血、秦血、百年前的革命烈士之血，总之都是血。向着先人鞠一躬。

断剑重铸需用血，血满山河剑器成。

先人地下哭无泪，后人要知先人苦。

接下来，我要讲个正常节奏的真事。但讲真事之前，请容我先发一段呓语。

与西周、春秋和战国同时期的地中海世界中，希腊城邦文明也在上演着一样的争霸事情。灭绝了迈锡尼文明的陆路一支，就是多利亚人，他们的后裔是斯巴达人。斯巴达人的军法足够严苛，打造出的战争机器尤为高效。斯巴达方阵如同推土机一般碾压了半岛上的其他城邦，但它最终击败雅典却是一半靠着自己的武力，一半靠着波斯人的财富。

希波战争是希腊半岛上大小城邦有史以来第一次、至今为止最后一次的同仇敌忾。胜利的原因与周武王灭纣、郑庄公败周、先轸败楚一样，战争不看战场上的人数多寡，只看敢战的多寡。所以希腊联军看上去以少打多，实际上以多打少。

但击败了波斯大军的希腊联军，没有想、也不会想着继续消灭波斯，转而立刻开始内讧。伯罗奔尼撒战争是希腊半岛和西西里岛上各个希腊殖民城邦之间的地中海世界大战，可就如同春秋时期中原诸侯们围着黄河互掐一样，场外的势力永远可以收割掉场内的斗鸡们。

于是伯罗奔尼撒战争的结果，就是借到了波斯人财富的斯巴达人打残了雅典。但斯巴达人没有想着如何缔造一个新秩序，更不敢想着吃掉波斯，只希望维护自己在半岛上的霸权就好了。

江山从来不是守住的。

从有了斯巴达战术的那一天，就有了试图破解这一战术的人，直到底比斯的伊巴密浓达找到了方法。然后伊巴密浓达击败了斯巴达，让底比斯称霸希腊半岛。但伊巴密浓达同样也没有缔造一个新秩序，因为他的视野还是场内人、局中人。后来的马其顿国王腓力二世，当时作为人质，在底比斯的军营中学习到了伊巴密浓达是如何组织与训练一支军队的。这一点，和秦始皇少年时期在邯郸做人质一样，吃过苦的没落贵族最可怕。

回到北方的腓力二世用先进的技术去训练人力资源更加丰富且廉价的蛮族士兵，用希腊人的兵法统一了马其顿王国四周，炼出了一支足够强悍的军队，在前330年的喀罗尼亚战役中打垮了以底比斯为首的希腊联军，并给他的儿子亚历山大留下了赫赫有名的马其顿方阵——一种胜过希腊方阵尤其是斯巴达方阵的长矛步兵密集方阵。虽然腓力二世在完成征服希腊半岛这个伟业之前被刺杀了，但他的儿子亚历山大大帝却依靠这种比斯巴达方阵更具灵活性但比东方军队更有纪律性的马其顿方阵，不但征服了互相厮杀称霸的古希腊各个城邦，而且还征服了波斯帝国，入侵了南亚的印度部落王国。

腓力二世是在参加女儿婚礼之时被刺杀的，相当证据表明这事儿是腓力二世的媳妇奥林匹娅斯策划的，腓力二世的儿子亚历山大大帝可能有份儿。所以我说郑庄公看着他妈妈武姜在内、他弟弟京城太叔姬段在外，反而闲庭信步，只能说明武姜这个妇人太蠢，姬段是个庸人。

前334年春天，已经征服了希腊的马其顿国王亚历山大越过达达尼尔海峡开始进军亚洲的时候，他最需要感谢的人不是他的老师亚里士多德，也不是他的父亲马其顿国王腓力二世，而是他的妈妈奥林匹娅斯。相反，不甚了了、不知所终的姬段，最需要仇恨的不是他的哥哥郑庄公，而是他的妈妈武姜。

腓力二世和亚历山大这对父子，心态都是征服的。希腊半岛上的战争技术，终究是要为这种心态服务的，作为君主的工具罢了。不需要说韩非的《韩非子》，更不需要说马基雅维利的《君主论》，师承柏拉图的亚里士多德和以儒家自居的荀子都已经洞察了自己身处的环境以及环境未来的发展趋势。

洞察力是一项很重要的技能。

知识从来都是传承有序的，哪怕是人类知识有了新的发现，那一定是某个天才在前人的基础上与当时的环境中融会贯通的结果，不但社会的治理如此，军法和兵学也是如此。

希腊诸多城邦自从雅典与斯巴达时代就始终在争霸却始终无法统一，这件事最终在腓力二世的儿子亚历山大手中完成了。一场战争从来不是以宣战作为开始的，而是从有了那个征服的念头就已经开始了。希腊城邦的念头是争霸，那么就一直打打杀杀、分分合合，贡献了很多战争的能量，能量却被怀着征服念头的腓力二世与亚历山大汲取了。这一点与在东方的秦孝公、秦惠文王、秦昭襄王直到秦始皇终于扫平六国是一样的。

亚历山大在小亚细亚登陆前，是充分算计过的，他不是一拍脑门就去征服的。在他登陆之时，是在波斯国王大流士的军队指挥官、希腊人梅姆良的监视下强渡格拉尼克河的。他在渡河之后，是花了一整年时间在小亚细亚确立自己的统治地位的。之前的历代波斯国王、居鲁士大帝和大流士都是英明且温和的，允许各省区和各城市遵守自己原有的习俗与法律。所以波斯帝国是一个看似强大但实际松散的联合体，尤其是小亚细亚地区的那些希腊拓殖城市，容易被波斯征服，那么当然也容易被亚历山大征服。

于是经过前 333 年的武装整合，亚历山大在小亚细亚已经有了他的根据地，并与马其顿和希腊本土保持了交通线。

在最初登陆之时亚历山大的兵力是最弱的，也立足未稳，波斯不觉得这是一个大麻烦。但随着波斯帝国中那些不信仰琐罗亚斯德教的希腊人、阿拉伯人以及埃及人纷纷倒向亚历山大，波斯国王大流士无疑发现，亚历山大的雪球在越滚越大。大流士还发现，那些一百年前视居鲁士大帝为拯救者的希腊、埃及拓殖者们，早已忘了波斯把他们从亚述魔爪中解放并给予他们风俗自由的恩情了。现在这些人都把亚历山大大帝当作了一个新来的解放者，却把波斯人看成一个陈旧的统治者。就这样，善于利用环境也更善于取得会战胜利的亚历山大开创了一个比波斯帝国版图还辽阔的马其顿帝国，虽然这位征服者如流星一样匆匆划过。

军法作为基础的技术，是天下普适的。只要一套军法能够更有效地组织一支军队，它就会迅速传播到各个角落，无论是从魏至秦，还是从底比斯到马其顿。军法的特征是什么？高度一致性。

兵学作为运用的艺术，是因人而异的、因地制宜的，一支军队只有打上了统帅的烙印，才具备灵性，而统帅的心态则会通过这支军队表现出来，读懂自己或是敌人的心态到底是征服还是称霸，至为重要。兵学的特征是什么？千变万化性。虽然在少数人眼里，万变不离其宗。

《司马法·仁本第一》说："权出于战，不出于中人。是故杀人安人，杀之可也；攻其国，爱其民，攻之可也；以战止战，虽战可也。"

第一句是对的，第二句是对的，第三句可以奉为经典，第四句是错的。

世界上从来没有什么以战止战，今天一份加盖了时间期限的议和书，只应该被看作两次战争之间的喘息，最终必然是明日再战的结局。

从可以观察到的历次文明演进的最终结果来看，是必须有一方被彻底消灭——对于狭义的战斗，是肉体消灭，在广义的社会中，是意识形态被抹去。

等到新的秩序降临，并不代表所谓永恒的没有时间期限的和平来临了，那只不过是新秩序诞生的祝酒词罢了。放下酒杯的那一刻，它就开始了灭亡的倒计时，这说的是社会制度。至于要是说一个人的话，他生下来就在走向死亡，也没有什么错误。

今天的现代人，十几万年前是最后一波奔赴全球各地的原始智人，当时其他的灵长目人科人属动物遍布全球，虽然不是现代人把它们逐一消灭了，但现代人在这种演化中无疑是主观出力了。

在北京周口店的地层上，落差七十米就是几十万年的时间，最底层的北京猿人并不是最顶层的山顶洞人的亲属，与此相反，很可能是山顶洞人借着自然环境的天时，驱逐了那些原本是此地霸主的北京猿人。是不是无所谓，但后来活下去的是山顶洞人。

现代人在没有了相似的对手之后，并没有所谓的和平，狩猎采集的现代人内部分裂了，定居无疑是从迁徙中演化出来的，而一万年前的农耕方式，自然也是从游牧方式中分离出来的。几千年过去了，农耕方式占据了上风，使用游牧方式的野蛮人即使可以摧毁同时期使用农耕方式的文明人，但是他们中的大多数却是迅速继承了农耕方式。可以说是明火执仗地闯进老地主的家中，杀了老地主，脱下兽皮，穿上衣服，然后开始过起了新地主的日子。

总的来说，到了今天我们已经知道，曾经持续几千年的农民与牧民之间的战争，以农耕胜出为结果。但同样我们也已经知道，经过最近500多年的厮杀，曾经统治全球的农耕形态被商业形态彻底取代了，持续几百年的商人与地主之间的战争，以商业胜出为结果。

各有分工的地主农耕系统在诞生的初期，是打不过全民皆兵的游牧部落系统的，但后来还是终于切换到了新系统。分工与组织更加严密的资本商业系统，最开始也不过要在地主庇护下讨生活罢了，如同牧民眼中最恨拓殖的农民侵蚀他们的牧场一样，地主也最恨商人把他们的农民扔进工厂，但结果也终于不可避免地切换到了新系统。

当初的游牧部落系统，不太需要时间来指导他们的生活，到了地主农耕系统，区分四季便也就够了。资本商业系统对时间的依赖无须赘言，从最初的主动组织和粗放控制每一个人的时间以便获取他们的剩余价值，到如今的彻底掌握和精确控制每一个人的时间以便压榨出更多价值，资本家所发现和开创的这个今日秩序，经过各种改良，越是接近极致，也越是接近被抹去的边缘。

可以预见的是，它将被来自这个秩序内的另一个实体用老方法击败，并不一定是中国，但很可能是中国。在这个过程中，新实体使用的老方法也进化成了新方法，最终得以开创新秩序，青出于蓝而胜于蓝，大概就是这个道理。

《司马法·仁本第一》又说："故国虽大，好战必亡；天下虽安，忘战必危。"

第一句只有在加上适当的条件下，才是对的。

如果只是相对还原到古人总结这话的语境中，在当时的农耕条件下是对的，但在如今的商业条件下是错的。

农耕社会下的组织和动员能力，在不考虑军事将领优劣和气候环境灾害的情况下，发动战争的潜力是在加法下可以计算出来的。总体来说，在每年适合作战的时节，哪怕是极强盛的农耕帝国，也至多只能同时向 3 至 4 个战区内投入正规军团（拓殖而非戍守）。超过这个最大潜力，战争只会越打越穷，所以这话就是对的。

进化到商业条件之下，发动战争的潜力是在乘法下计算的。总的来说，如今大部分有话语权的国家都可以保持一支具备全天候作战能力的专业精兵，而美国这个平台的战争潜力可以在全球七大洲五大洋的任何一个战场同时投入一支这样的军队，它在超过 130 个国家里有 752 个长期军事设施，建制以上的部队驻扎在 65 个国家中，在陆地上它有 9000 辆主战坦克，在海洋上它有 9 个超级航母战斗群，在天空中它有 3 种型号的隐性战机，以美国这个躯壳的战争潜力来对比其他所有意识形态的战争潜力，从而衡量上述这句话，好战必亡便是错的，因为战争可以越打越富。

在久远的农耕条件下，敢于发动对外征服战争的国家或民族实体，最终都得以活着进入了商业条件之下。而没有这些经验的人或人群，只能在当时被迫融入其他国家或民族，但如今也享受到了所在国家和民族的一般生活。因为"国家"和"民族"这两个形式词汇，是一种文明活着进入商业条件的身份认证，这个过程完成得越早，认同度越高。

在最近的商业条件下的历史实践中，不考虑"仁本"二字，拓殖了世界的英国可以把罪恶装进"殖民公司"这个躯壳。发动了两次世界大战的德国，第一次罪恶可以被装进"普鲁士"这个躯壳，第二次罪恶可以被装进"纳粹"这个躯壳。与这些已经被扔进了垃圾桶的躯壳相比，作为国家的英国和德国，既干净又文明，其人民如今享受到了幸福的生活。

发动了对清、对俄与第二次世界大战的日本，其罪恶同样可以被装进"军国主义"这个躯壳。当时的日本人挨了两颗核弹，又能怎样？不过给了他们佯装委屈的空间而已。反而那个肮脏的躯壳，仍旧被保存在靖国神社中随时可以得到复活。相比日本人付出的代价之低廉，其人民如今也享受到了幸福的生活。

今时今日，无所不用其极的"军国主义"活着吗？活着呢。看不见，摸不着，换了一个不那么血腥的皮肤而已。古时候，杀一人，不过是一颗首级；灭一国，不过是很多首级。现在，杀一人，是杀掉这人的意志；灭一国，是抹掉这个文明的意识形态。战争？从未远去，只不过换了一种形式罢了。

至于那些在商业条件下不敢于发动对外征服战争的国家和民族，或者被裹挟着怀有不情愿心态投入战争的国家和民族，到了今天，只尝到了战争的苦果，却汲取不到战争的能量。除了中国，其他那些，被奴役着的还是被奴役，被裹挟着的还是被裹挟，被看不起的还是被看不起。

为什么？天知道吧。

下一次战争的形式如何、规模多大、涉及多广，是还没有发生的事情，希望它不要发生。和平万岁，我必须这么写，但是我自己都不信。

呓语结束，继续说故事。

其徐如林

节十一

默剧 秦皇在世

战国时期的《孟子·万章》《战国策·周策》《荀子·君子》《韩非子·说林》《吕览·慎人》都引用过西周晚年的《诗经·小雅·北山》所说的"溥天之下，莫非王土；率土之滨，莫非王臣"。无论哪一家的思想感悟，观察角度不一样，但着眼点都是社会的治理。

秦法代周礼，乃是因为治理的效率更高。其重在一个"代"字，边破边立也好，大破大立也罢，只需一些魄力，可能一些反复，但都是后话了。总之秦王嬴政接手，天下一统，上尊号秦始皇帝。

圆润规整的小篆在秦始皇的时代，是一种装饰性的文字，当时写小篆的人不但少，而且社会地位普遍较高。小篆用的场合也少，最主要是刻石记功等庄严场合才用。反而是书写快速的隶书，或者篆中有隶的形式，才是各级秦吏上传下递、维持整个秦帝国运转的应用性文字。于是隶书在秦帝国就成了一套大范围使用的信息传递系统，而书写者自然天南海北，书写水平也参差不齐，所以秦始皇的"书同文"，实际上是规范隶书的书写标准。

隶书在战国晚期的秦国逐渐形成，到西汉早期已经普遍使用。也正是秦与汉初的这一时期，中国从古文字阶段演化到了隶楷阶段。晋朝卫恒在《四体书势》中说"隶者，篆之捷也"，隶书在它成形的早期，确实只是一种简便而快捷的篆书罢了。世人都说秦国尚武、秦始皇天下布武，可细细品

秦法的结果

来，大秦的铁骑和兵车每占一地或剪灭一国之后，秦法都会迅速跟上，明令废止此地文字，统统改习隶书。一地又一地的渐进之后，才有了"车同轨"和"书同文"的效果。说秦始皇只武不文，仅靠一道诏命的强制力度和焚书坑儒的暴力行为就能在十几年内完成移风易俗的文化工作，那既抬高了秦始皇的行政能力，又贬低了秦始皇的政治眼光。

在秦始皇还活着的时候，据说天下苦不堪言，六国故旧中会写字的人大多是这么记录的。不过秦始皇征发六国民力，比起战国杀伐之时，虽然不能说更好，但也绝不会更坏。

秦始皇二十七年（前220年）二月十五日，天下刚刚一统不久。洞庭郡守向县令、卒史嘉、代理卒史谷以及郡尉发去公文："法令规定运输任务，一定先要尽量使用城旦舂（五年有期徒刑者，男称城旦，负责治城；女称舂，负责治米）、隶臣妾（男官奴称隶臣，女官奴称隶妾）、居赀赎责（赀、赎、责，三种都是以劳役偿抵欠钱的人，责即债）类人员，只有任务紧急而不能滞留的情况下，才允许兴发徭役。现在洞庭郡的军械要运往内史、巴郡、南郡、苍梧郡，这一铠甲和兵器的运输任务所需运输人员数量庞大。如果实施输送，一定先要尽量使用乘城卒（守城卒）、隶臣妾、城旦舂、鬼薪白粲（三年有期徒刑者，男称鬼薪，负责伐山蒸薪；女称白粲，负责祠祀择米）、居赀赎责、司寇（二年有期徒刑者）、隐官（百姓与官奴之间的一种低贱者）、践更（县内服徭役者）类人员。现在正是农田春忙季节，不想对百姓随便兴发徭役。嘉、谷、郡尉各自谨慎核查所负责之县的上述几类人的登记簿，如果有可以用于运送铠甲、兵器的此类人员，县里没有命令他们去执行运输任务却向百姓兴发了徭役，以及兴发徭役的人数可以节省却没有节省反而多兴发的，即予以检举并发送文书到该县，该县要及时依法处理，应当承担罪责的人上报其名，由太守府决断。嘉、谷、郡尉所在之县，应该将文书分别上达嘉、谷、郡尉。本文书令人日夜火速下达，其他事宜按照相关律令条文执行。"

秦始皇三十五年（前212年）十月，洞庭郡下属的迁陵县向上报告："上年迁陵县有弩臂一百六十九副，被调拨到（远在数百里之外的）益阳四副、临沅三副，（如此）出库七副之后，至今库内有弩臂一百六十二副。"

类似上述两例的出土里耶秦简告诉我们，秦法虽然细则繁多，却极具效率，且比其他几国的成法都更加合理。秦法代周礼，只靠金戈铁马与几场会战就横扫六合、大功告成？那是说书。

秦昭襄王之时，秦国打垮赵国花了最多精力。到了秦始皇一统江山之前，秦灭楚付出的成本最高。终于王翦灭了楚国，楚国大将项燕的儿子项梁便带着自己的侄子项羽散入民间，曾经一度被栎阳县的官吏追捕，后来是托了蕲县的狱掾曹咎给栎阳县的狱掾司马欣写了信，事儿才摆平了。

在秦始皇还活着的时候，躲过了追捕的项梁又杀了人，于是又带着项羽到吴中会稽郡躲避仇人。项氏避难之地，纳入故楚国也不过百余年，曾经的越人便已在楚贵族的驯化下，认同了自己楚人的身份。项梁名声在外，吴中豪杰贤士都聚到他的门下，县里一些大徭役和丧事也都是项梁组织操办。

借着这些活动，项梁也用军法来管理这些门客和年轻人，暗暗观察他们的才能。秦始皇出游到会稽，横渡浙江之时，项梁与项羽都去观看，项羽说："那哥儿们我们能取而代之。"项梁说："闭嘴，找灭族呢？"

秦国用来传递信息的书法之演化非一日之功，它的郡县制度也是如此。秦国从春秋至战国以来，治理社会的郡县与用吏制度已经有了雏形。在前338年，卫鞅被秦国宗室贵族大肆反击之时还能一度跑去自己的封邑发动邑兵武装抵抗。可到了战国末期吕不韦之时，虽然他权倾秦国朝野，但已不算封建，只有食邑罢了。再到秦始皇定鼎天下，他不过是将一套本国内部业已成熟的直辖制度普及到六国旧地罢了，如同当初周礼在中原地区铺开一样，两者的推行都是在城邑武装据点的保障下才能完成。周礼、秦法当然不是拍着脑门一天创造出来的，当然都是在自己的地盘上实践了许久之后的成熟制度，当然在占领区推行起来的初始阶段都是会遇到阻力的。

在秦始皇还活着的时候，当比秦始皇长了3岁的刘三儿还是一个平头百姓的时候，犯了秦法的刘三儿也一样需要秦吏萧何的多次庇护。萧何，泗川郡沛县丰邑人，因为通晓法律、办事公平，所以担任沛县的功曹掾。

秦吏在时人的眼中，总体来说，就如同云梦出土的秦简中所记述的《为吏之道》一样：清廉守法，恭谨奉职，平时为民除害、兴利，负责公共设施的整饬，管理辖区内士族和庶民的日常生活。

后来到了汉代，移风易俗的工作经过了漫长的时间积累终于完成后，汉人便说"吏道以法令为师"，又说"汉吏奉三尺律令以从事"，汉代公文也习惯以"如律令"结尾。汉吏考课很重要的一项标准在于"颇知律令"，汉儒虽然重经，教育以儒经为主，但兼学律令的风气却很盛，这与宋明之后的学风大不相同。

那时的汉儒追认法条、律令是先人皋陶所造，便将皋陶与孔子并列，所谓"孔子垂经典，皋陶造法律"是也。皋陶代表公正、廉直，汉碑赞辞总有"皋陶之遗风"云云，便是如此。总的来说，"知律不知经"是为刀笔俗吏，"知经不知律"是为不通世务的俗儒，这两者都是那个时代的汉儒所不取的。

云梦睡虎地出土的一片编年秦简上写着"二八，今过安陆"。记录者是南郡安陆的一位治狱小吏，一个标准的秦帝国下级干吏。前262年出生，之后他将自己从军、任官、生子的私事以及秦帝国对外攻战等大事合编成文简。"今"即今上，说的是秦始皇二十八年（前219年），皇帝东巡泰山之后，回程南下渡过淮水，赶赴衡山，自南郡由武关归咸阳的路上经过安陆这件事。两年后，这位小吏去世，将这本日记性质的文简与《为吏之道》一起作为自己的陪葬品。而这条记录就是该吏自己的大事年表的最后一条：终于见过皇帝了。之后的两年他似乎再也没有什么可以值得记录的事情了，大致如此。每一个初次见到这种阵仗的帝国子民，哪怕是想着有一天造反的，也会自然不自然地被震慑到。所以，秦始皇不停出巡，震慑天下是其主要的政治目的，寻仙求方是其附带的私人目的。

沛县萧何就是这么一个长于旧楚国统治环境下，但却是被秦朝教育体系塑造出来的吏。秦朝教育体系在秦始皇焚书坑儒之后，秉承韩非留下的思想，依托当时的环境，以吏为师，学习三样技能：能书、会计、颇知律令。

这三者连为一体，就是作为一个吏的基本条件。最初的教育目的是让年轻人能够在秦朝的农战体系下担任文牍记录的工作，因为这是一部依靠战功晋升的战争机器，这套体系的目标是"因而征之，将而兴之"。一个在外屯戍的伍长只要在闲暇之时学会这三样技能，复员之后便也可谋得吏的差事。

相反，那些在战国时代脑子里装满了游说或者机谋类知识的游士们纷纷失业了。无论是不事农耕的农家子弟，还是庶出或没落的士族子弟，都是如此。因为天下一统，便没有了外交和游说的活儿计，这些人于是全都换了个地方，隐姓埋名藏匿了起来。大多数人的身份都是郡县的小吏，或者乡里的看门人。套用孟子的一个句式来概括，这些人既无恒业，又无恒产，唯有一颗折腾的恒心。

在十几年任侠激荡的岁月中，丰邑出身的刘三儿先后跟过沛县的豪杰王陵、外黄的名士张耳，但都没有混出什么名堂，所以年近不惑之时，终于也入了吏行，做了秦的一个亭长。刘亭长组织人们去咸阳服徭役，临行之时本地其他官吏都奉送了三百钱，只有萧何送了五百钱。处事公道的萧何要是觉得这人可以交往，那么这人肯定有些魅力。刘亭长便属于这类人。等到了咸阳，正赶上秦始皇出巡，那时允许平民们任意观看，于是刘亭长伏地长叹说："啊，大老爷们就应该这样啊。"

后来单父（山东菏泽单县）人吕公为了躲避仇人，带着全家来投奔好友沛县县令，并在沛县安了家。沛县的各路豪杰、官吏听说县令有贵客，都前往祝贺。那时的萧何已经因为在地方政绩考核中屡获优秀，被提拔为沛县的长史，他与狱掾曹参两人算是县令的左右手。县令让萧何负责掌管接受贺礼的事宜，萧何对各路宾客说："送礼不满千钱的，坐到堂下去。"

刘亭长是在咸阳见过大世面的人，平素本来就不太看得起这些大小官吏，虽然口袋空空，但为了吃酒，就敢在名帖上写下贺钱一万。吕公是躲避仇家才藏入沛县的，那也是久在江湖上混迹的"老炮儿"了，见了帖子大吃一惊，赶快起身，到门口去迎接刘亭长。

吕公又喜欢给人相面，见了刘亭长的相貌，感到非常有必要敬重他，便把刘亭长领到了堂上吃酒。萧何说："那就是个大话篓子，成不了事的。"虽然他还是让刘亭长去吃了酒，但这顺嘴一句，倒是表达了萧何当时对于刘亭长的印象。

不过吕公可不这么认为，暗暗给已经喝得尽兴的刘亭长使眼色，意思是让他留下来。酒席散后，吕公说："我年轻时候，在江湖上混了那么久，见过的人多了去了，没谁能比得上你的面相。希望你好自珍爱。我有一个亲生女儿，愿意许给你做洒扫的妻妾。"

当天晚上，吕公的老婆吕媪怒了。对吕公说："你当初总想让女儿出人头地，给她找个贵人，你好朋友沛县县令想娶女儿你都不同意。如今你为啥随随便便把她许给那个破落户刘三儿了？"吕公说："这不是你个老娘们所能懂的。"

刘三儿做亭长的时候，喜欢戴竹皮编的帽子，为此还让手下的差役特地北上去薛县定制，经常戴着，后来显贵了，还是总戴着，再后来特别显贵了之后，一般人还都不许戴了，这种帽子就叫作"刘氏冠"。

在秦始皇还活着的时候，刘三儿在外黄跟过的那位大哥张耳，原本是旧魏国都城大梁人。张耳还年轻的时候，虽然跟过魏公子无忌做门客，见闻不少，但也同样没混出来，还丢掉了户籍，跑去外黄一带流浪亡命。外黄当地的一个富人有个漂亮女儿，许配给了一个愚人。这美女受不了丈夫蠢笨，就逃到了父亲的一个朋友家里。这位朋友对这美女说："我一向了解张耳，要找好丈夫，就跟着张耳。"美女听从了，终于和愚人丈夫决裂，嫁给了当时还在亡命的张耳。

张耳用女家的丰厚资产得以游历四方，也不时招揽千里外的宾客，逐渐显贵起来。平民出身却性喜游侠的刘三儿就是这时候跟从了张耳。刘三儿跟着张耳没混出来，如同张耳之前跟着魏公子无忌没混出来是一样的道理——缺钱。等到张耳有了钱，又大把大把地花钱之后，名气也越来越大了，便做了魏国的外黄县令。县令的称号加身，张耳的名声更大了。

张耳有一个年轻的好友，叫陈馀。陈馀也是大梁人，喜欢儒家学说，多次游历赵国。富人公乘氏知道陈馀也不是平常人，便把女儿嫁给了陈馀。陈馀从张耳那里学到了如何花钱、游历、做广告和滚雪球的秘诀，自然名气也就越来越大。所以他像对待父亲一样对待张耳，久而久之，两人结成了生死与共的交情。

秦灭魏几年后，听说张耳和陈馀都是魏国很能折腾的名士，便悬赏千金抓捕张耳，悬赏五百金抓捕陈馀。两人更名改姓，一起到了陈县，做了一对街道看门的老大爷，每日对门而视。因为岗位算不上吏，便受尽了陈县小吏的欺负。其实人家小吏未必动手打骂了两位大爷，只是两位大爷都是名士，显贵惯了，听不得粗俗的言语罢了。小吏有时下嘴太狠，年轻点的陈馀屡屡想起而反抗，年迈的张耳总是死死按住陈馀，让他忍下来。

在秦始皇还活着的时候，据记载倒是有一个能折腾还真正敢动手的"愣头青"。不过此人是一个手无缚鸡之力的公子哥，叫张良。他的祖父做过三代韩国国君的相国，父亲做过两代韩国国君的相国。父亲死后20年，秦灭韩。韩国灭亡之时，张良家中还有仆僮三百人，但他的弟弟死了，也没有厚葬，而是把全部家财拿来求买刺客，准备刺杀秦王。可见张良的复仇意志与复国志向是多么坚定。

秦始皇二十九年（前218年），在皇帝出游之时，张良组织的刺客群在博浪沙发动了刺杀。那个大力士是他苦苦寻觅才从东方苍海君那里找到的，为此还特地给大力士打造了一百二十斤的铁椎。要知道那时的铜和铁都被监管起来了，炼铁作坊也都是被监控的，不散尽家财，想必是弄不来凶器的。结果大力士甩出去的大铁椎误中副车。刺杀失败后，贵公子张良只得更名改姓，在下邳躲藏了起来。

历史就是要有了对比才够意思。在上一年秦始皇出游之时，秦人安陆小吏的心已经被皇帝的威仪彻底征服了。可下一年就有恨得牙痒痒的旧贵族刺杀皇帝。那个安陆小吏的秦简要是不被发掘出来，2000多年来人们便只知道在秦始皇活着的时候，陈胜、项羽和刘三儿的想法以及张良的做法，其实安陆小吏的心态才代表了当时的大多数人。

张良避入下邳之后，话说某一日他在桥上信步游览之时，一个粗布短衣的"老炮儿"走到他前面，故意把鞋子丢到桥下，回过头来对张良说："小子，下去把鞋子捡上来！"

张良一阵愕然，没搞清楚怎么回事，内心深深地想要殴打他。但因为看"老炮儿"年事已高，便强忍着火大的心，下去把鞋子取了回来。换了另外一万人，估计会有九千人的确没忍住，殴打了老人。可为了国仇敢用大铁椎刺杀秦始皇的张良，家世和信仰当然不是一般的贵族可比，这点忍耐的修养还是有的。同样，这种牛人走在街上也自有仪态，所以怀有宝物的"老炮儿"找上张良也不奇怪。

"老炮儿"接着说："给我穿上。"张良心想捡都捡回来了，也不在乎再穿一下吧，便跪着帮伸过脚来的"老炮儿"把鞋子穿上了。相比刚才捡鞋，经受住第一次考验的剩下一千人，估计这次又有九百个没忍住，很可能会说："你丫没手啊？"张良又忍住了。

"老炮儿"笑着离去，走了一里多路，又返回来对张良说："嗯，小子你还不错。五天后天刚亮的时候，与我在此相会。"张良虽然奇怪，但还是跪着说："诺。"然后他第一次去，被"老炮儿"责怪去晚了，第二次依然如此，直到第三次半夜起来前往，才得了一本《太公兵法》，这两轮考验，分别又淘汰了假设中的九十人和九个人，万里选一最后就剩下了张良一个人。"老炮儿"对张良说："读懂它，十年后会发迹。十三年后你小子会去济北，到时候谷城山下的黄石就是我。"说罢再无余话，飘飘然负手破鞋离去。

张良就此在下邳定居，保持着仗义行侠的风格。项梁最小的弟弟叫作项伯的，杀了人之后想来想去，还是跑到张良的码头避风，也被张良庇护了下来。

借此闲话一句。很多很多年后，小说《西游记》中孙悟空学艺的桥段是模仿张良学艺的。甚至孙悟空从东海找来的金箍棒，也有着张良苦苦铸造大铁椎的影子。小说从话本来，话本从说书先生来，这些痕迹都告诉了我们，知识从来是一代又一代地传承，一层又一层地演化。

皇帝

汉隶的演化

无论是今天最高雅的作为书法的文字，还是最通俗的评书演义。只要这种传递知识的介质随着时代环境而进化，它就具备了生命特征。能洞察到这种现象的人，便无疑到了一个新的境界。

节十二

闹剧 秦皇已崩

秦始皇三十七年十月（前 211 年秋），皇帝第五次出游。长子扶苏被打发去上郡监督军队，由蒙恬担任将军。小儿子胡亥最受宠爱，请求跟随出游得到允许，其余的儿子一个都没有跟随的。

秦始皇放着二十几个儿子不带，只带上了胡亥，说明胡亥绝对不傻，还最讨皇帝的喜欢。让扶苏去主持北疆军事，说明扶苏虽然总是直言劝谏，但皇帝也不傻，他不喜欢扶苏，但最信任扶苏。

可秦始皇安排的守护耿直的扶苏之人，是耿直的蒙恬。而粘着机灵如胡亥的，是机灵的赵高。

秦始皇三十七年七月（前 210 年夏秋，秦汉以十月为纪年首），秦始皇在沙丘宫驾崩。沙丘宫，也是 85 年前被饿死的赵武灵王的葬身之地。

当年赵武灵王给尚武任侠的长子赵章安排的辅臣是性格张扬的田不礼，给年幼柔弱的赵惠文王赵何安排的辅臣是重义轻生的肥义。

乱世用人很重要。这人行不行？不行就滚蛋。这是选择的智慧。

治世嘛，用一群人就显得更重要了。这人在群里好不好？不好就换换口味。这是组合的智慧。

秦始皇驾崩之后，机灵的胡亥、机灵的赵高与机灵的李斯传下伪诏，在上郡赐死了耿直的扶苏，囚禁了耿直的蒙恬。胡亥立为秦二世皇帝，赵高做了郎中令。

九月，秦始皇被安葬在骊山陵墓之中。

十月，秦二世元年开始，天下大赦。

转了年春暖花开之时，秦二世胡亥在李斯的陪同下向东出巡，四月已是夏季，才回到咸阳。秦宗室公子十二人在咸阳被戮尸，十位公主在杜县被分尸，财物被没收，连坐者不可胜数。秦公子高为了不祸及自己的三族，主动上奏请死，还得到了秦二世的十万下葬钱。

怎么选择是 0 与 1 的问题，怎么组合是数之集合的问题。

君主有选择和组合的权力，那么，被选择的臣子自然有他们的权力。

臣子要争取 1 而不是 0，这是被选择的意愿；已经被选择的臣子还要算计利弊，这是身处集合中等待被组合的意愿。

相比宗室的弱不禁风，在将军蒙恬、上卿蒙毅与后来丞相李斯的拘押期间，赵高却是要罗织各种罪名才能最终下手的。李斯与蒙毅本身都是精于算计、精通律法之人，所以他们没有选择直接自杀，而是希望通过申诉获得生机。

所谓精于算计，蒙毅的底牌是他的兄弟、领军三十万在外的大将军蒙恬。李斯的底牌是他的儿子、领军屯驻荥阳的三川郡守李由。

在和平时期，懂得律法就够了。但在生死存亡之时，没有算计，纵然律法倒背如流也毫无用处。

蒙毅的失算，在于他的兄弟蒙恬已经被赵高监禁在阳周。所以被赵高监禁于代地的蒙毅纵然向使者一番申辩，使者还是破法杀了他。

反观李斯，在狱中受尽折磨，求生欲望却愈加强烈。他之所以能够多坚持两年，是因为他知道他的底牌还在。然后他才有理有据地写下申诉，希望走刑法上诉途径。

蒙毅、李斯的表现，说明秦国是有法可依、有法必依的。可一旦赵高破了秦法，摆明了是必欲除之而后快的态度，这时候精通律法便没有作用了，多算者活。但能够多算，前提是要有筹码。当事人蒙毅即刻被杀，当事人李斯拖了两年才被灭族，是场外的蒙恬和李由的情况决定的。

场外的因素总是过于复杂，起于寒族的李斯无疑比三代贵族的蒙毅会算计。可哪怕精算如李斯，人算不如天算，最终还是要被环境吞噬的。

性格决定命运？有失偏颇。精确一些去说，与生俱来的性格和当下具备的能力共同决定了未来的命运。也许还有未知的因素，那是天道了。其实很多神仙在天上看着你，只不过你不知道罢了。

场中的斗鸡，焉能知道场外多少看官？更不会知道有多少看官买了它赢。它只需要干掉对面的那只鸡！怎么去通俗地解释"战争是政治的延续"？我觉得竞技场配合赌场是最好的比喻。

李斯当年从荀子学得知识后，辞别之时说："久处卑贱之位，困苦之地，愤世嫉俗、厌恶名利，却还要用与世无争来作为寄托，这不是士的真情，所以我要向西游说秦王了。"

随后他做了相国吕不韦的家臣，被任命为郎官。游说秦王之后，得以晋升长史。李斯建议秦王，苏秦、张仪那样的纯粹凭借外交口条及金玉财帛的贿赂型游说不可取。李斯认为，应该大棒与甜枣齐飞，诸侯中的知名人士可以收买的——厚礼结交，不肯接受的——利剑刺杀。

客卿郑国在秦国主持修建灌溉渠道之事，原来是韩国试图消耗秦国国力的间谍行为，后来被察觉了。秦国宗室大臣都要驱逐所有服务于秦的客卿，原本是在驱逐之列的李斯上了一篇有理有据的文章，升迁至廷尉，而驱逐令也被秦王收回了。

等到秦二世二年七月，李斯被腰斩之时，在关东守荥阳的长子三川郡守李由已经被项梁杀了。精算如李斯，也只得看着他的次子说："儿子啊，我真想和你再牵着黄狗，回咱家乡上蔡的东门外去追猎兔子。唉，还可能吗？"父子相对哭泣后，被灭了三族。

李斯发迹靠行法，但在二世伪诏上盖下丞相印的时候，他自己就破了法。所以李斯不能埋怨法不救人，自己破了法，法便抛弃了他。

相反，军职出身的蒙恬却是因为掌握了军权，自有威信。但威信总让人过于托大，不再喜欢精算。赵高先囚禁蒙恬于阳周，后囚禁蒙毅于代地，却先杀蒙毅，再用伪造的蒙毅之供来质问蒙恬。所以蒙恬便轻信了，随后做了一番陈述，但还是吞药自杀了。蒙毅是被赵高的使者强杀，赵高囚禁了蒙恬，却不敢逼杀蒙恬，只能让使者骗杀蒙恬。这就是赵高对于威信的算计，威信也果然被算计了。

蒙恬临死前长叹说："我怎么得罪了上天，没有过失就死了呢？"随后他又慢慢说："我罪本该死。我主持修建的长城起自临洮，直到辽东，筑城墙、挖堑壕，长绝万里。大概是哪里挖断了地脉吧，这就是我的罪过。"

这当然不是挖断了地脉的原因，这是失之于算。

蒙恬的祖先是齐国人，那里是军法和兵学的发源地。祖父蒙骜从齐至秦去做客卿，秦庄襄王元年攻打韩国，夺取重镇成皋、荥阳，置三川郡。在秦庄襄王去世前，又攻韩、赵、魏得七十城，置东郡。秦始皇二十三年，蒙骜之子蒙武担任秦国裨将，与王翦攻楚，大败楚军，杀死项燕，次年攻楚俘虏了楚王。蒙恬是蒙武的儿子，秦始皇二十六年担任秦国将军随王贲灭齐，之后十余年向北追击戎族与狄族，一直在上郡戍边。

李斯起于寒微却久在宫廷，蒙恬生于贵胄却久在边疆，把握他们性格和能力的人是秦始皇。秦始皇让既正又仁的扶苏去找蒙恬，不外乎是让既正又忠的蒙恬守护扶苏。可惜，虽然扶苏和蒙恬都是正且直的，但扶苏的仁是对天下的，蒙恬的忠是对秦室的。所以蒙恬手握三十万大军，外表看上去被动就擒，实际上却是心里先弃扶苏、再弃宗族、最后秦始皇的社稷也就没有了。秦始皇选择的蒙恬绝对忠于秦始皇本人，而不是秦室社稷。很多年后刘邦选择的陈平、周勃不杀樊哙，近看不忠于刘邦，远看却是保住了汉家社稷。

呜呼，基于此对比，物理学的正正为负又为何不能考量人间呢？扶苏、蒙恬这对组合之间没有配置一个李斯似的人物，可以说秦皇用人不当。赵章是有争锋资格的落魄嫡子，田不礼是发迹于寒族的争锋之人，两人混搭结果酿成大变，赵武灵王也可以说用人不当。

君主的用人，如果用的是这人的能力，往往是为了解决一时的问题；如果用的是他的性格，往往为了解决未来的问题。对于君主来说，因为性格而不是能力用人，那么重在栽培；反之，则重在一时的知识罢了。看一个君主的水平，不在用人，而在用群。用一群人去组合，需要考虑能力、性格、效果，这是很需要算计的事情。

这一点，刘亭长比秦始皇和赵武灵王都要眼毒、手稳、心宽，能心宽恰恰是因为眼够毒。君主用人，是上位者用下位者。但其实和辩士说人，也就是下位者说服上位者使用自己，算计的道理是一样的。

怎么会一样呢？看起来是信息不对称的，上位者知道更多，下位者知道更少嘛。其实是一样的，上位者因为知道更多，所以依赖脑中的经验，懒得计算，这就是上位者的盲点。下位者因为知道太少，所以依赖新的见闻，必须精算。

在下位者游说这个层面上，把里外分寸解释得都很清楚的，还是韩非。

韩非口吃，却可以用文字犀利说理。上天给他一个好脑瓜，即使他在嘴上短了一门，那么他的思想也必然从其他渠道表达出来，只不过用了另外一种信息传递形式而已。虽然他还是被李斯弄死了，不过在理论上还是要比李斯有成就得多，把李斯们的心术总结出来，对于大众来说当然是一件好事。

随意归纳一下《韩非子·说难》的要点，这门游说的学问被韩非归纳成文章，已经过去了 2200 多年。用它来看现在的西方游说者，或者学名是公共关系顾问的那些人，也绝对不会过时，韩非大致是这么说的：

游说最难的一点，在于了解游说对象的想法，然后用我的学说去适应他。

被游说的对象想得到好的名声，而游说者却用重金厚利去劝说他，就会被认为气节卑下而受到卑贱的待遇，必被抛弃和疏远。被游说的对象想要追求厚利，却用美名声望去说服他，就会显得没有头脑而又远离实际，必然不会被采纳。

被游说的对象实际上想要谋取厚利而表面装作追求美名声望的，用名进言，必会得到任用而实际被疏远；用利进言，方法必会得到暗中采纳而表面上抛弃不用那个游说者。

大多数情况下，（无论对于游说者还是被游说者）事情因保密而成功，（往往对于游说者）因为谈话泄露了真相而失败。未必游说者本人（知道他已经）泄露了秘密，而是谈话中说到了被游说者隐藏的心事。游说之中可能犯下的过错数不胜数，显贵的过失（或者心事），游说者越是能言善辩、仔细论说以推究他的过失（或者心事），游说者自身就危险了。往往说话言简意赅，会被认为不够聪明而得到轻视；说话滔滔不绝，旁征博引，会被认为说得太多太久。

大多数情况下，游说最重要的一点是，通过（不断的战术）手段来获得被游说者的信任，只有在建立了亲近的关系，被游说者不再抱有怀疑，对游说者的言辞没有抵触了，这时才可争论、分析并获得成功。

从前宋国有个富人，下雨淋塌了院墙，儿子说："不修的话，必将有盗贼来偷。"邻居的父亲也这么说。夜里果然丢失了很多财物，这家人认为自己的儿子很聪明，而对邻居的父亲起了疑心。从前郑武公想讨伐胡国，故意先把自己的女儿嫁给胡国国君，问群臣："我想用兵，哪个国家可以讨伐？"关其思说："胡国可以讨伐。"郑武公便杀了关其思说："胡国是兄弟国家，你说讨伐它，是何道理？"胡君听说后，认为郑国和自己友好，不再防备郑国。郑国于是偷袭胡国，占领了那里。所以游说者懂得事理不难，难的是在知道事理之后如何处理这件事情。

从前弥子瑕曾受到卫国国君的宠信。卫国法令规定，私驾国君之车论罪要处以刖刑。母亲病重，弥子瑕假借君命驾君车而出。卫君听说后，却认为他贤德，于是说："孝顺啊，为了母亲的缘故而甘愿受断足的惩罚。"弥子瑕和卫君在果园游玩，吃到一枚桃子觉得甜，没有吃完就献给卫君。卫君说："真爱我呀，自己舍弃了美物而想到我。"等到弥子瑕姿色衰老，宠爱减退时，被卫君治罪，卫君说："这人曾假托我的命令驾驭我的车子，又曾经把吃剩的桃子给我吃。"所以游说者不能不先考察君主的爱憎态度然后再去游说他。

韩非总结的游说术难点，和君主用人保社稷的难点，又有什么不同呢？求人和用人，都在于知道多少罢了；求全和用群，都在于怎么组合罢了。

张良有一次说过："实践是检验真理的唯一标准。"当然他的原话不是这样的，他说："是骡子是马拉出来遛遛。"信不信由你，他真的这么说过。他还说："不算与精算都不如掌握算法，需要算的时候再算。天天算计，人家知道你善于算计。天天不算，总有一天被人算计。"

节十三

首倡 张楚之功

河南汉代刺蛟拓片

秦皇无双，但若不因势利导，秦皇的威信也只能维持一年。

秦二世元年七月（前209年夏秋），秦始皇驾崩仅仅一年后，阳城人陈胜与阳夏人吴广在泗川郡蕲县的大泽乡起义。

秦二世的第一年，忙于杀戮秦国内部的宗室与大将，营建宫室与发卒戍边的徭役负担最多算是惯性继承了秦始皇的政策。六国的诸多贵族们没敢反，首先因为痛楚不在他们的身上，其次因为秦国的盛名仍在。但是陈胜、吴广反了，只是痛楚加在他们身上，但秦始皇不死，他们也不敢反。等到秦始皇死了，秦始皇的政策还保持着一如既往的惯性之时，暴动是一定的，没有陈胜、吴广，也有张胜、王广，只是看谁的技巧更好罢了。

春秋时期由旧日阡陌演化而来的周道，到了秦朝，称呼上虽然改为秦道，宽直平坦，但因为是泥土筑成，没有撒上碎石或石灰一类的材料，遇到雨季便泥泞不堪而通行困难。偏偏这一年的夏秋，雨水格外多，秦朝宫廷从江淮之间的郡县中征发的劳力就都是在这种环境下，被秦吏带领着，按照原来的法令制度在行进。

响应秦二世这一次征调力役的，是各郡县的闾左之徒，二十五家为一闾，贫者居于闾左，富者居于闾右，秦始皇之时在名义上还是不征这些雇佣农或依附农的。根据秦法的响应级别，第一档次是犯法的囚犯、入赘的女婿和商人，第二档次是曾经身份为赘婿和商人的，第三档次是祖父母、父母曾经为赘婿和商人的，陈胜、吴广押送的闾左之徒，算是第四档次了，放在秦汉之时的环境，这一档次的人员从素质上来说算不得亡命之徒，不是把兔子逼急了，兔子是不会咬人的。

从陈胜、吴广两人之前的对话来看，他们是知道秦公子扶苏与楚将军项燕的，这两人也都是识字的，要不然不会担任戍卒的屯长。两人一番占卜，还懂得借用鬼神来获得威望，用朱砂在白绸上写下"陈胜王"，塞进鱼肚子中让渔夫贩卖给戍卒，并且在驻地旁边的古庙中点起篝火学着狐狸叫"大楚兴"。这当然不可能是两个人独立完成的，帮手们至少是知道造反这事的，所以陈胜、吴广造反这件事情是有预谋和计划的。

在执行阶段，平日爱卒的吴广屡次用逃跑言语激怒秦尉。秦尉的鞭子抽打在吴广身上，实际上痛在了戍卒们的心中。于是在秦尉醉酒拔剑的情况下，吴广反击杀死了秦尉，这是一番孕育之后的水到渠成。

陈胜揭竿而起，以"大楚"为称号，自立将军，以秦公子扶苏、楚将军项燕为旗帜，先攻打大泽乡（安徽宿州埇桥区西寺坡镇），得手之后进攻蕲县县城（安徽宿州）。蕲县投降后，一路向东的楚地郡县闻风而附，只在故楚都城陈县有过一次合战，当时郡守、县令已经不在楚地了，剩下的秦守丞力战死。

随后陈胜召集了各县三老、豪杰们前来开会。三老、豪杰们都说陈胜伐无道、诛暴秦，复立楚国社稷，论功劳应该称王。于是陈胜自立为陈王，国号"张楚"。

正是有了陈胜的首倡之功，才使得楚地几千人一股的起义数不胜数，其中有个叫葛婴的到了东城，拥立了楚国贵族襄强为楚王，听说陈胜已经在陈县称了陈王，就杀了襄强去陈县投靠陈胜。这种举动即使放在秦汉的环境中，除了暴徒行径之外，也没有别的解释了，于是葛婴被陈胜诛杀。

除了一股一股的豪侠之外，脑子里装着知识的游士们、贤良和文学们，尤其是藏匿已久的老游士们，也纷纷不再藏匿了，不过他们入世的手艺却都是同一样本领——纵横术，也可称为游说术。这些人中自然也是良莠不齐、泥沙俱下，口条与思维都很杰出的并不太多。

首倡大王陈胜还是有些计算的，也懂得道义，不过确实是不太会经营，但最致命的一点是，不太会打仗。

陈胜派出的第一路军队，任命吴广为假王，围攻荥阳，自从魏国魏惠王开凿鸿沟运河，将济水、汝水、泗水、淮水连接起来之后，河淮之间的豫东平原上便形成了一个巨大的水运交通网络，而这几条河道的西部总枢纽便是荥阳。到了蒙骜伐韩之时，韩国献上了成皋、巩县，秦国把这片豫西丘陵与豫东平原交汇处的土地设置为三川郡，三川郡内最坚固的军事据点就是荥阳，守荥阳的就是李斯的长子——三川郡守李由。

荥阳往西是广武山麓，广武山西起荥阳县汜水镇东，东至荥阳县古荥镇北，东西长三十余公里，北侧陡峭险峻，南坡平坦缓和。现在的黄河紧靠着山的北麓向东流去，但在秦汉之时的地理关系不是这样的，唐宋之前，黄河距离广武山麓还是相当遥远的，而在秦汉之时，广武山与黄河之间还有一条济水流过，济水河道与广武山麓之间还有一些地名见于史载。

这一地区最早记载的地方是嚣。嚣就是隞，隞就是敖山，据说是殷商仲丁的都城。至秦始皇时，他在位于荥阳城西的敖山之上修建了一个储存粮食的仓城要塞，这便是敖仓。敖山并不是三皇山，广武山麓才是被史册记载的三皇山，敖山只是广武山麓——或者说三皇山——的一个分支山峰，以前在三皇山和汴水之间，今天经过黄河不断的南移，已经沦入楚王城与桃花峪之间往北的黄河水道之中了。在河道中的敖仓故址距离黄河南岸陡峭的广武山北麓大概 1.5 至 2 公里左右，也就是说，2000 多年过去了，敖仓与敖山都被"水滴石穿"了。

但在当时，敖仓是天下第二粮仓，秦始皇出于战略目的将天下谷粟转运至此，敖山仓城与作为天险的成皋雄关——也就是后来的虎牢关——遥遥相望，两者又与荥阳坚城互为犄角，再往西便是洛阳城中的天下第二武库，后来楚汉反复对峙的关键地区也都在这一带。

关东地区运河分布图

吴广围住这里自然不错，可荥阳不但是座坚城，而且李由带领的秦军具备足够的抵抗意志，吴广在半年之中始终没有攻下。

陈胜派出的第二路军队，是任命自己的老友陈县人武臣为将军，目标是北上攻击旧赵国地区，陈胜还任命邵骚为护军，任命张耳、陈馀为左右校尉。

在陈胜七月的暴动之后进入陈县之时，看了很多年陈县里巷大门的张耳、陈馀便感觉机会来了，前往王府亮明了身份。陈胜久闻两位贤者大名，很是高兴。年迈的张耳说了很多以德服人的废话，年少的陈馀的建议更直接一些："大王您着急入关，来不及攻略河北，我熟悉赵国地理，请给一支奇兵，攻略赵地。"

陈胜给了三千人，但却把策划此事的张耳、陈馀安排成左右校尉。对此，两位颇有些大名的贤良自然都不是太满意。于是武臣到了邯郸，在一番撺掇之下，自立为赵王，任命陈馀为大将军，张耳、召骚为左右丞相。得到消息的陈胜本想诛杀武臣的家室，经过谋士蔡赐的劝谏后，便派了使者前往祝贺，同时要求赵军尽快入函谷关攻秦。

赵王武臣和张耳、陈馀其实也不太会打仗，北上从白马津渡口过了黄河，靠着张耳、陈馀用陈胜的大旗和仁义的游说，一路吸纳了很多豪杰，硬攻下了十余座赵国城邑之后，进抵范阳城下，而其余赵国城邑全部闭门坚守。

范阳城内有个辩士叫蒯通，精通游说的学问，相比调子很高、名气很大的张耳和陈馀，他算是无名之辈，但也知道机会来了，就登门去和范阳县令说："您死期到了，我给您吊丧。"县令不懂，蒯通接着说："您为大秦当县令十年，杀了人家父亲无数，砍脚黥面又无数，赵国孝子们没捅了您，是秦朝的法律在保护您。现在天下大乱，武臣的军队在外，想捅死您的孝子在内，要想保命，请让我出使。"

范阳县令听了蒯通的精确描述，便认怂了，派蒯通去见武臣。蒯通见了武臣说："您一定要死磕之后才占领土地，我以为错了。我有一个更好的办法，叫作传檄千里。"武臣说："这话儿怎么说？"

蒯通说："范阳县令本该征兵与你死磕的，但是他既贪图富贵又贪生怕死，所以想率先投降，又怕您认为他是秦朝大吏，像之前十余座城池的守官一样被杀。同时范阳县内的本地年轻人一面想杀了他们的县令——所谓老征服者——解恨，一面又想据守城池来抵抗您——所谓新征服者——的剥削。与其这样，对这些不满过去又惧怕未来的年轻人，不如您给我一颗侯印去任命县令，县令得到了生命和富贵的保证，便会把城池献给您，害怕自己家乡被祸害的年轻人也不会杀死他们的县令以抵抗您的大军了。之后您再让范阳县令乘着华丽富贵的车子行驶燕赵各地，燕赵人士在郊外看到范阳县令先投降了，还富贵了，便多半会怀着喜悦的心情不战而降了。"

于是，武臣听从了蒯通的计策，派蒯通赐给范阳县令侯印。范阳县令招摇过市之后，赵国旧地听说此事不战而降的城邑有三十多座。

与蒯通不同的是，提供不了战术指导的名士张耳和陈馀，接到了陈胜要求联军攻秦的命令，倒是给武臣提供了战略指导。一番商议之后，虽然赵国出兵了，却是让原来一位上谷郡的下级军官韩广领军向北攻略燕地。韩广出兵燕地之后，在旧燕国的贵族和豪杰们的附议之下，便学着武臣的模样，自立为燕王了。此外，武臣还派了将官李良去进攻常山郡，派了张厌进攻上党郡，唯独没有派人去响应陈胜。

《史记》没有写张耳和陈馀的具体游说方法，但这两位名士本着忍术的功底，大致这么说的："大王，您现在是凭着蒯通的伎俩占有赵地。别去帮陈胜啊，劳师千里和您有什么关系，只能削弱您的力量。您还是赶紧趁此机会，出兵附近的燕地、中山和代地吧。"

韩广占燕而称王，学得谁？学武臣啊。武臣听谁的战略？大名士张耳和陈馀啊。武臣所获，全赖陈胜之名和蒯通之策。后来武臣之死，则拜张陈二名士所赐。

陈胜派出的第三路军队，是魏县人周市，目标是攻占魏地。周市拿下旧魏国一些城池之后，北上攻击旧齐国的城邑狄县。狄县县令闭城固守，可惜身边没有蒯通。城内的平民田儋与堂弟田荣、田横，宗族势力雄厚，颇得人心，听说天下大乱，便假意将自己的奴仆捆绑起来，让一伙豪杰跟着去见县令，报请县令准许杀死奴仆。

等到县令被骗露面，田儋趁势击杀县令，随后召集豪杰、三老和官吏们说："各地诸侯叛秦自立，齐国自古就是受封建立的国家。我田儋是齐王族人，应为齐王。"于是田儋自立为齐王，带着守土保家的年轻人出城，把周市的军队击溃。周市退回了魏地，转而向东南寻求可以征讨的城池。有蒯通的赵地与无蒯通的齐地，两个县令一个天上，一个地下。另外所以田儋能击败周市，只因为田儋组织的豪杰是保家，周市组织的豪杰是掠土，事情就是这么个事情罢了。

魏人本想拥立周市为王，周市坚持按照道义，要拥立魏国宗室的后代。秦灭魏后，魏国宗室宁陵君魏咎被迁往外地做了平民。陈胜起义后，魏咎前往陈县追随。周市坚持要迎回宁陵君魏咎做魏王。听说了这么仁义的事情后，自立赵王的武臣与自立齐王的田儋也不得不敬佩有加，各自派车五十辆前往魏地，表达了支持周市为魏王的态度。周市坚辞不受，随后派出使节往返陈县五次，终于从陈胜那里迎回了魏咎，立为魏王，自己做了魏相国。

陈胜派出的第四路军队，是陈县人周文率领的。陈胜听说周文是个贤能的人，曾经是在大将项燕的军队中观察天象、卜算凶吉的能人，还侍奉过更有名气的楚公子春申君（前314年至前238年），况且周文自荐熟悉军事，于是陈胜便把将军符印给了周文，要周文西进攻秦。

周文走的是当时西进最直接也最普遍的一条交通线，这条通道由咸阳说起，便是渡过渭水东行，在潼关进入豫西丘陵山地，沿着黄河南岸出函谷关，过陕县抵达崤山，分为南北两途，南路沿着雁翎关河、永昌河谷隘路向东南行，经硖石、绳池、新安抵达洛阳。由洛阳再向东，过了巩县、成皋与荥阳一带的低山丘陵，便进入了豫东平原，韩国都城新郑、魏国都城大梁便都在附近。吴广围住了荥阳的秦军之后，周文便沿着这条笔直的交通线西进攻秦，即使队伍是由大量散兵、流民与辎重组成的，最快半月也可以抵达潼关之下，曾经秦国步兵的穿行记录是八天。

周文带着他麾下乍一看去似乎具备了摧枯拉朽之势的大军，就这么一路向西了。暂且放下咋咋呼呼的周文不表，借着周文脚下的黄河关中路，说一个感悟。

黄河由陕西、山西两省之间南下，在潼关县境内撞上秦岭，由陕县折而向东流去。在这个转折点上南有秦岭，北有中条山，黄河河床宽不过一公里长，窄不过半公里多，南岸便是古潼关，北岸便是风陵渡。风陵渡在风陵堆下，风陵堆是一处丘陵高阜，孤单耸立在河阳，2000 多年来几乎没有太大变化，但受了黄河水力冲击的潼关却迁址数次。在秦汉之时，中原车马要经过空谷幽深的黄巷坂，傍着绝涧远望沟，登上陡峭的原头，才抵达古潼关。要是继续往西，必须下了潼关城西的潼河深沟，顺着深沟北行，绕出号称十八盘的沟口，才能转上渭河南岸的大路继续前进。这么一上一下，便是所谓的关中锁匙，要塞高高在上，监视两侧，其实在关东的远望沟与在关中的潼河深沟，两个沟口之间的直线距离不超过两公里。

直到唐朝初年的武则天天授二年，黄河不断下切，水势跟着下落，原麓之下紧贴着河畔的地方可以行人了，连同关中与关东的直线大路才由原上移下，建立在原上控制交通线的旧潼关便没有了意义，于是潼关才迁址下原。

环境因素的改变，让人不得不跟着它去适应，无论是否因为前人的因素才改变了今时的环境，总是要去适应，不去适应时势的便终于会被淘汰，在适应的过程中发挥了自己的主观能动性——无论是拼搏还是智慧——的人便可逆流而上。**"顺势而为"和"逆流而上"合起来看，才是道理**，单独说某一个，便只能公说公有理、婆说婆有理，同样非要"逆势而为"或者"随波逐流"，最后抱怨社会和环境，便是用反了道理的缘故。

东流的黄河穿越三门峡，出峡之后过了孟津县，便是中原地区，因为黄河在上游有岿然不动的山谷夹着，所以显得老实许多，可河谷到了孟津县往下，一下骤然开阔，河流南北摆动的幅度也更为广大，对两岸的侵蚀也较上游各河段更为明显。一部分是人的因素，一部分是环境的因素，一部分是自然的因素，更让黄河下游的河床不断被垫高，于是在下游完全没有了约束的黄河摇摇摆摆，河道改来改去。

"仁者乐山"和"智者乐水"、"不动如山"和"善变如水"，用大山与黄河再配上漫长的时间，也不知道说清没说清这个道理。

说、雪覆青山，冬去春来化溪水。
答、青山从不挽溪水，坐看滴融。
问、仁者乐山？
叹、汝道百年山不变！

说、溪水望山，夏末秋初汇大河。
答、大河自不怜青山，激荡磅礴。
问、智者乐水？
叹、谁知千年水无形。

节十四

有一呼 才有天下应

陈胜之印

在陈胜揭竿而起之后的两个月，秦二世元年九月（前209年秋），会稽郡的郡守殷通对项梁说："江西全反了，这是上天要灭亡秦朝的时候。我听说先下手制服人，后下手为人所制服，您和桓楚当将军造反吧。"项梁说："桓楚跑到沼泽里去了，只有项羽知道他在哪儿，想要召回桓楚，还请您正式召见项羽，让他接受命令，去召回桓楚。"

郡守一听挺高兴。但仪式才一开始，项梁一个眼色，项羽进来就砍了郡守的脑袋，又杀了一百多人之后，总算树立了威信。随后项梁按照之前办丧事时候观察的情况，募集了精兵八千正式起义，自己做了会稽郡的郡守，对于中原的事情，暂时保持观望状态，先看看动静再说。

按说这郡守也算是厚待项梁了，大事小事都交给项梁操办，也许他不说要找桓楚，还能苟活，说了，就无论如何活不了了。很多年后的文艺女青年李清照说，"至今思项羽，不肯过江东"，当时项梁恰好相反——"至今在观察，不肯过江西"。

秦始皇驾崩之后，陈胜反旗竖起之时，当时的郡县大体上也就是这两种态度：一种是统治基础比较牢固的地方，暂无变化；另一种是地方豪侠、贤士较多的地方，希望杀掉秦朝长官响应陈胜。后者一旦聚众起义之后，第一个行动便是进攻附近的郡县。

也是在九月，沛县的县令在这种环境下，实在是害怕本地蠢蠢欲动的豪侠们把他干掉，便想带领沛县父老起义响应陈胜。他的主吏萧何与狱掾曹参给他出主意说："您啊，本是秦朝大吏，现在骤然叛秦，带领沛县的本地人起义，这些豪杰恐怕不会听从。您啊，最好召回那些逃亡在外的沛县人，那些才真是亡命之徒，聚集几百号这种人在您的手边，才能胁迫住本地这些民众。到了那时候，您的号令众人才不敢不从。"

县令听了，就让樊哙去召回刘邦。刘邦反秦虽然是得益于陈胜首倡，但刘邦违反秦法的时间却早于陈胜。同样是为了响应咸阳的征召，刘亭长也是押送县里的徭役之徒前往骊山，走了一两天，人就跑得差不多了。刘邦借着酒意，在自己老家丰邑西面的沼泽中，索性把剩下的人也全放了，爱咋咋地吧，更是趁兴斩了一条拦路的白蛇："壮士行，何惧！"从一个侧面也是证明了，陈胜、吴广要不是有预谋地镇住了队伍，他们手下的人也早就跑光了。此后就一直藏匿山间的刘邦，偶尔还是需要老婆给送饭的，吕氏也总能找到他。说云气指引云云的就迷信了，夫妻心有灵犀勉强说得过去。

樊哙带着县令的命令，从沼泽里召回了手下有百十来号人的刘邦。可这些亡命之徒到了沛县城下，县令又反悔了，害怕出更大的事，于是闭门坚守，还琢磨着想杀掉萧何、曹参。原本是给县令出主意的萧、曹二人也害怕了，索性溜出城去投了刘邦。刘邦将帛书一封射到城上，讲清了利害关系。识字的沛县父老便率领年轻人杀了县令，开城迎接刘邦。

逃难沛县的"老炮儿"吕公那是相当有眼光的，当年幸亏没有把女儿嫁给这个县令。要不吕雉不但做了寡妇，自身恐怕都难以保全了。陈胜旗帜之下的大潮席卷之中，最惨的好像就是这些秦朝任命的各郡郡守、各县县令了，不过也有少数混得不错的，比如那位范阳县令。

随后大家推举刘邦为首领，刘邦说如今诸侯纷纷起兵，如果将领选得不合适，那就害了一县的父老兄弟啊，还是再重新推选吧。萧何、曹参都是文官，害怕事败被秦朝灭掉全族，坚决拥护刘邦担任首领。几位敢杀县令的父老们也都把陈芝麻烂谷子的事情拣出来说了一番，全是往日刘邦的奇闻怪事，证明他一定能够显贵，而且都是占卜过了的，没有谁比刘邦更合适当首领了。

总之，就这样，刘邦在半推半就之下就接了这个活儿。大家按照楚地的等级习惯，立刘邦做了沛公。在沛县衙门的庭院中祭祀了黄帝和蚩尤，沛公以赤帝尚红，将战鼓和战旗都漆成了红色，命令那些豪侠官吏去附近征召沛县子弟，得了两三千人，就这么正式起义了。

从丰邑回沛县是沛公的第一次军事行动，北上攻打十几公里外的胡陵县（沛县龙固镇东北）和几十公里外的方与县（山东鱼台西），是他的第二次和第三次军事行动。听说泗川郡的郡监平带兵攻占了沛县，逼近了老家丰邑，沛公带着樊哙等人赶紧回师丰邑，平率军包围了丰邑。两天后，沛公出城列阵迎战，打败了秦军。这是沛公人生的第一次正式会战，规模不大，但以胜利告终，随后再次收复了沛县，这是他的第五次军事行动，在地图上标记出来的话，这就是一个小小的闭合圆圈。

秦二世二年十月（前209年秋），起事已经满月的沛公，任命好友雍齿驻守丰邑，自己带兵去了东边几十公里的薛县，又打败了泗川郡的郡守壮，这是他的第六次军事行动。壮逃往戚县，沛公向北追击。壮被沛公的左司马曹无伤抓到杀了，这是他的第七次军事行动。随后沛公回军南下亢父县（济宁南喻屯乡），又经过方与县，这些地盘上都没有战事，但是返回到老家丰邑之时，沛公发现出事了，雍齿有新主人了。

原来是陈胜派出攻略魏地的周市向齐地发展被田儋击退后，便转向东南掠土。周市遣人利诱兼吓唬雍齿："你是楚人，而丰邑过去是魏国的土地，现在魏国已经收复几十座城了，你要投降便封侯，还让你驻守丰邑，你要不降，便屠灭丰邑。"于是雍齿便投了魏国。

丰邑的防御有多么坚固？不见得。出土了大量秦简的里耶古城遗址在今天的湖南龙山里耶镇，战国之时原本属于楚国黔中郡。秦始皇活着的时候，则是洞庭郡下属的迁陵县治所。无论在楚还是在秦，它都是防备西南夷的边郡重镇，是酉水上游连接蜀楚的要津之地。古城遗址为长方形，包括护城河和城墙墙基，南北长 235 米，东西现存 150 米，还有几十米埋没于东侧江中。这处遗址也大概描述了秦汉之际的边郡一县之城池的防御规模，一般郡治城邑会比此县城更加坚固，但乡邑的防御水平自然反之。

沛公领着人马攻打丰邑，这是他的第十次军事行动，也是人生中的第一次围城战。可惜此时他不过是楚地的一个自封的公，雍齿却是魏国的侯，雍齿当然要坚守了。以沛公的实力当然没能攻下丰邑，而且还生了病，只得怏怏不乐地回沛县过冬。不过，在地图上标记出来的话，虽然这还是一个闭合的圆圈，但比上一个的半径大了许多。

秦二世二年冬天（前209年年底），西进主将周文也一路率军过了函谷关，归附者超过十万，有战车千辆。大军进抵陕西临潼东北戏水西岸的戏亭一带，在古时候交通线屈指可数的情况下，这里是一处很适合展开阵型进行战略决战的古战场，此地距离咸阳也只不过百里。在咸阳城上登高远望，便能见到戏亭敌军的烽火。不愿听到沮丧消息的秦二世终于眼见为实，这才慌了手脚，任命少府章邯为上将军，征发骊山囚徒与家奴子从军，自咸阳武库中领了兵器，前去与周文的大军会战。

骊山服苦役的亡命徒们无论是胆量还是力气都比周文聚拢的那些豪杰们要强得多。所以周文的十万之众只能称之为归附者，不能算作士兵，列阵之后，大概会有九万人摇旗呐喊，九千人敢于搏杀就不错了。想象一下的话，双方列阵，估计是秦军最多一次推进外加一次冲锋，史载周文大败。他与溃卒一路逃出了函谷关，在曹阳才扎住了阵脚，住了两三个月，被尾随赶到的章邯再次击败，又向东逃到绳池，这一次才住了十几天。章邯追击的脚步再至，三败周文。周文自杀，西进的队伍彻底溃散。

周文号称懂兵，却不知道他肩上的担子有多重，他手里这支军队的含义又是什么。

周文这一路算是攻秦的主力，其溃败，让第一路围困荥阳的吴广军心动摇。吴广军中的将军田臧认为，如果坐等秦军来攻，那时秦军里应外合，楚军必然大败，不如用少量军队围困荥阳，率精锐主力西进迎击秦军。吴广不太听得进去。田臧认为吴广骄横不懂军事，便冒用陈胜的王命把吴广杀了，传首陈胜。陈胜只得任命田臧为上将军。田臧下令由李归等人继续围困荥阳，自己率领主力去迎击秦军，但在敖仓的会战中，被章邯击破，田臧战死。得胜之后的章邯继续进抵荥阳城下，攻破李归的围城军，李归战死。

田臧的战略构思在一般原则下是合理的，只不过他认为的精兵与章邯的那支挟大胜之气东进的秦军正面展开列阵会战，还是毫无胜算的。章邯的军队三破周文，又破田臧，再破李归，荥阳围解，陈胜大势已去。但这五次决定性胜利，都在沿着黄河的秦与中原的十日交通线上，交通线沿途秦军控制的要塞也足以保障章邯军队的补给。

随后，章邯的军队在郏县破邓说，在许县破伍徐，进抵陈县后击破蔡赐的军队。秦二世又增调了司马欣、董翳驰援章邯。秦军与张楚军队在陈县西边再次合战，哪怕是陈胜现身督战，但秦军还是没有悬念地击破了张楚的队伍。

秦二世二年十二月（前 208 年年初），陈胜在首倡起义之后六个月，便不得不一路从汝阴退往下城父，随后被自己的驾车人庄贾杀死。庄贾投降了章邯，驻守陈县。等到秦军主力离去，陈胜的近侍将领吕臣又组织了一支戴青布帽的苍头军，从新阳起兵再次攻下了陈县，杀了庄贾。

陈胜虽然还派出了几路人马，皆不了了之。但借用陈胜大旗而起的势力却数不胜数，首倡之难，难于此。一般先吃螃蟹的都是没有天鹅肉可吃的饿死鬼，但螃蟹之鲜美虽然作为经验被记录下来，曾经担惊受怕的首倡之人却已随风逝去，这种首倡的功劳大多数情况下不会属于贵族，偶尔属于贵族中的破落户。但首倡之后品尝螃蟹鲜美的，一般都是谋而后动的贵族，这道理是古今颠扑不破的。至于接收了果实的贵族后续如何处理，那是下一步的事情了。

多年之后，已经是尊号汉高祖的刘邦为陈胜置下守冢三十家，而秦始皇帝的守冢不过二十家，也是因为这个首倡之功，难啊。

节十五

金字招牌　没头苍蝇

秦二世二年的初春（前 208 年春），陈胜败亡的消息传开。原本是借用陈胜旗帜去图谋广陵（扬州）的广陵人召平，听说旗帜倒了且秦军将至，索性渡过长江，假传陈胜的王命，任命自立为会稽郡守的项梁为张楚的上柱国，要项梁西进伐秦。于是项梁这才带着自己按照军法训练过的八千人渡江出击，来到江淮一带的地头上，打听一番之后，听说陈婴的势力不小，便派出使者寻求联军西进。

陈婴本是东阳县的令史，一位敦厚谨慎的长者。县里少年杀了县令，聚众数千人，强行拥立了陈婴为首领，附近听说东阳有了首领的民众又聚来了两万人，围在陈婴身边的豪杰们开始劝说陈婴就地称王。

陈婴回家问母亲："娘，这事您怎么看？"

陈婴的母亲很实在地对陈婴说："自从我做了陈家的媳妇，就没听说你家祖上有显贵的人。现在突然获得大名，不是好兆头，不如从了别人，事情成了还能封侯，事情败了容易逃亡，因为你真不是江湖上数得着的名人。"

于是陈婴对着手下豪杰们说："项氏将门，楚国望族，想做大事，倚靠他们吧。"随后这股势力便投奔了项梁，跟着项梁的旗帜又迅速渡过了淮河，沿途收了黥布等人，聚众六七万人，驻扎在下邳。

黥布早年犯了秦法，受刑后被送往骊山服劳役。在那里黥布与各位囚徒头目、豪杰侠士都有交往，不久率领一帮人逃到了长江一带做了强盗。陈胜首倡之后，黥布碰到了番君，番君把女儿嫁给了黥布，黥布便和番君的部众一起反秦，聚集了几千人率军北上。正逢章邯灭了陈胜又打败了吕臣，黥布的人马却在青波打败了章邯麾下的左右校尉，等到项梁的旗帜出现在江淮，便慕名归附了项梁。

在沛县一心想着夺回老家丰邑的沛公，也听到了陈胜败亡的消息，而秦军就在附近，他也琢磨着去投靠哪个山头合适。听说东阳宁君和陵县人秦嘉立了景驹为王，驻守在沛县东南微山湖湖区的留县，沛公便让老实巴交的二哥刘仲留下照顾父亲太公，随后带着同父异母的小弟刘交、萧何以及曹参等人一起去投奔景驹。希望是朴素的，就是盼着能够借兵反攻丰邑。

陵县人秦嘉与他的势力最初是举着陈胜的旗帜围攻东海郡的郯县，陈胜派武平君畔去秦嘉那里做将军。秦嘉假借陈胜的王命杀了武平君，自立为大司马，听说陈胜败亡的消息后，拥立了景驹为楚王，把军队拉到方与县，打算在定陶城下袭击秦军，派了公孙庆出使齐国，想要与齐军联合抵御秦国。自立为齐王的田儋说："听说陈王战败，不知他是死是活，楚国怎么能够不来向我请示就立了楚王！"

公孙庆不是个太会游说的辩士，耿直地说："齐国不请示楚国就自立为王了，楚国为什么还要请示齐国之后才能立王！况且楚国第一个挑事，应当号令天下。"田儋好歹也是个自封的王，面子上过不去，于是杀了公孙庆。没能合作成功的景驹、东阳宁君和秦嘉这才把军队拉到了留县。只有试炼一下，才能验出辩士的游说水平。

除了领着几千人的沛公在前往留县的路上，原本在下邳的张良也聚集了一百余少年豪杰。那时项梁的队伍还没杀到下邳，张良便离开了下邳赶去留县投奔景驹的旗帜。也是在此时此刻，沛公与张良相遇了。一番交谈之后，落魄贵公子张良认为他的计策别的人都听不懂，混迹江湖的沛公却可以听懂并采纳，于是就此开始跟随在沛公的营中，当然也没有扔了自己执着的复国念头。

秦二世二年二月（前208年春），沛公在留县拜见了景驹，认下了这面旗帜，也弄到了一些人马，准备开始反攻丰邑。此时章邯的主力在追击陈胜的余部，另一支司马尼率领的秦军刚刚平定了楚地，向北进军的途中又屠灭了相县，进抵砀县附近。这支秦军与东阳宁君和沛公的军队相遇，两军在萧县的西面列阵交战。沛公战败，退回留县收拾了溃兵，再度前往攻打砀县，围攻了三天终于攻克。这一仗樊哙斩敌首十五级，被赐爵为国大夫。

沛公在砀县吸纳了降兵五六千人，与自己的本部人马合起来共九千人，在三月又北上攻占了下邑，但随后率军再次前往攻夺雍齿驻守的丰邑。雍齿是真的坚守不出，对于抵抗意志坚决的丰邑来说，沛公那些人马还是差了很多意思，所以第二次失败了。

《史记》和《汉书》写得不清不楚，但是明眼人知道，失败是成功他妈。一战砀县，沛公败北是遇到了秦军正规主力，估计是仓皇而逃。再去砀县，已经没有野战了，秦军主力已经走了，所以围城三天克之。

沛公吸纳的五六千砀县降兵，不是章邯属下司马尼那支秦军的主力，而是秦军过境之后的砀县本地百姓罢了，其中主动从战者少，被胁迫者多。乱世之中，创业之时，大多如此。纵使沛公九千人，十之七八是摇旗呐喊之辈，所以丰邑小城，他也无可奈何。

就在沛公还琢磨着如何打下老家丰邑的时候，自封将军的秦嘉与被他拥立的楚王景驹驻扎在彭城东面，挡住了渡过淮河北上的项梁大军的去路。秦嘉一面防备着项梁，一面也没有西进的意思，甚至连个口号都没有。项梁说得很在理："陈王率先起事，虽然作战不利，但生死未明，秦嘉叛王而立景驹，大逆不道。"于是项梁进攻秦嘉，秦嘉战败，退到胡陵再战一天，还是失败，秦嘉战死。景驹投奔魏王魏咎，最后死在了梁地。项梁合并了这股军队。

沛公听说自己刚刚投靠的景驹、秦嘉被项梁灭了，便在此时投到了项梁的旗帜下。项梁给了沛公士兵五千人，五大夫级别的将领十人。沛公带着这支军队第三次攻打丰邑，有了正规军官的帮助，顺利攻下了丰邑。雍齿也逃奔魏国。

自从沛公带着一百号人由丰邑沼泽中出来起事，大半年中围绕着今天的淮北和鲁南一带进行了大小十六次军事行动。在地图上标记出来的话，一共是画了三个闭合圆圈，虽然有胜有败，但是一次比一次大。而且沛公自己也知道，没有项梁的赞助，小小的丰邑他也是攻不下来的。项梁训练出来的将领和士兵，作用就是如此显著。后来他特别庄重地拜韩信为大将军，并非仅仅是萧何说两句就决定了，沛公对于军事将领的作用，第一次直接的经验就来自于老家丰邑这个心结。

很多大人物，看他登上历史舞台之后的大开大合或者长袖善舞其实没意思，最有意思的是看他发迹的初始阶段，最开始绝对是最艰苦，但最开始也最有意思、最值得回忆。当然，我这么说，意思是这人已经迈过了叫作"最开始"的台阶。

项梁继续西上，他的主力负责掠地，但另外派了两支从秦嘉那里收编的军队，进抵栗县（河南夏邑）挑战的章邯主力。送死不过是为了获得一些信息，和小白鼠的作用是一样的。所以这两支军队被秦军轻易击溃，而项梁自己的主力进驻薛县。在此地确认了陈胜的死讯后，项梁召集诸位首领来薛县开会，商讨今后该如何干事业。沛公此时跟随项梁已经一个多月了，也带着一百多骑前往参会，还第一次遇到了刚刚攻克襄城而回的项羽。

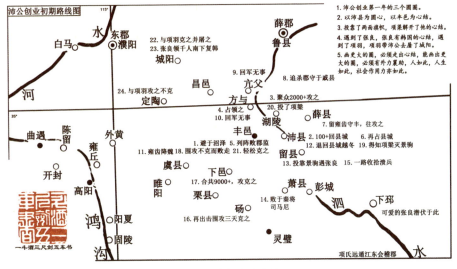

沛公创业初期路线图

项羽报告项梁说，因为襄城曾经一度坚守，所以攻下后便活埋了全城人。

对于屠城这种行为，在当时的环境下，如果是坚决抵抗，那么城破被屠是合乎当时的观念的，虽然显得有些残暴，但对于已经投降而不是攻破之后的屠城或虐杀，那便不是残暴的问题了，对贤良来说是不仁、对豪杰来说是不义、对平民来说是不祥，对屠户本人来说是实在不划算。

居巢人（安徽巢湖）范增本是一位七十古稀的住家老翁，平时喜欢出谋献策，如今也前往项梁帐下，在会上游说项梁："陈胜不立楚国宗室而自立，失败也是应该。您祖上既然世代是楚国将领，军权已经在手了，还是立个楚国后代更有号召力。"

范增的游说看上去便更加油滑，既为陈胜失败找到了一个让大家信服的原因，又为项梁设计了一条路线，比硬邦邦的辩护要柔软了一些。

秦二世二年六月（前208年夏），项梁听从范增的游说，从民间找到了楚怀王的孙子——心。当时心正在为人家放羊，项梁便把他立为楚怀王。而听了母亲话的陈婴，也果然做了楚国的上柱国，封了五个县。项梁自称武信君，继楚人陈胜的首倡之后，反秦事业就此被楚国贵族接管了。

怀着殷殷复国之念的张良，虽然觉得和沛公相处得还不错，但当时也没觉得沛公能成多大气候，大家总体上来说是谈得来的好哥们儿而不是君臣，规复韩国旧土的念头还是排在第一位的。所以张良在游说了项梁之后，也得到了许可，找到了韩国宗室的后代韩成，由项梁立为韩王。张良担任韩国的司徒，带着千余人向西开始夺取故土，但在与秦军的反复争夺中，张良这支小队并不成气候。

节十六

各自抉择 只看结果

章邯击破陈胜并扫荡一番之后，北上进攻魏国都城临济。魏王魏咎派周市向齐、楚求救。不同于之前秦嘉的面子一分不值，周市迎立魏咎的义举，让齐王田儋亲自率军前来救援，项梁也派项它率领楚军前往。章邯让兵马口中衔枚，趁夜幕掩护向前来救援的联军发动会战，在临济城下大破联军。齐王田儋、魏相国周市全部战死，魏王魏咎不忍见到抵抗之后的屠城惨状，便与秦军约期投降，保住了城内的魏人，然后自焚而死，弟弟魏豹跑去投奔了楚国。

田儋的堂弟田荣收集了田儋的余部向东逃跑到东阿。齐国人听说田儋战死的消息之后，便拥立了旧齐国宗室的贵族后代田假为齐王，田角为丞相，田间为将军。

秦二世二年七月（前208年夏秋），章邯一路追击，将败逃的田荣围在东阿城中。正在围攻亢父的项梁听说田荣危急，领兵前去解围。这时章邯所部秦军的交通线已经拉长到一个月以上，并且此时在齐、魏地界内，他并没有足够数量的城邑要塞来保护自己的交通线，所以项梁的生力军在东阿城下大败已经持续作战了大半年的秦军。章邯撤退到濮阳东面扎住阵脚再战，被尾追而至的项梁再次击败。秦军撤入濮阳城，掘开河水绕城，坚守待援。

因为章邯的主力在中原平叛，远在北方的赵国压力并不很大。赵国将领李良平定了常山郡之后，赵王武臣又派李良攻打太原。驻守河东郡的秦军阻塞了井陉要隘与赵军对峙，秦守将假托秦二世的名义，派人给李良送去了一封书信，想策反本是秦将的李良。没打下井陉的李良揣着这封书信返回邯郸，原本是想请武臣增兵，却碰到了武臣的姐姐带着一百多骑出外饮酒。李良远远望去，本以为是武臣的仪仗，便伏在路边拜见。武臣的姐姐早已喝醉，不知道这位是将军的级别，仅仅派了自己的骑从上去答谢。

李良原本是秦国大吏，起身后面对自己的一众随从，面子上无论如何是过不去的。身边的军官进言："天下叛秦，有才能者先立为王。赵王原本是将军的属下，现在一个女子却不为将军下车，请让我追杀之。"于是前有书信、后有受辱的李良就杀了武臣的姐姐，一路开进邯郸，又杀了武臣与邵骚。

耳目众多的张耳、陈馀得以逃脱，收罗了残部得到数万人，本想自立，但是宾客劝说张耳："您二位都是外地人，要想让赵国人归附很难，只有立赵国后代，用正义扶助的旗帜才能成功。"于是两人找到旧赵国宗室的后代赵歇，立为赵王，迁往信都。为了抵御李良的进攻，两人又向齐国派出了使节求援。

而在齐地之上，在东阿解围之后，田荣率残部返国，发现齐人已经立了贵族出身的田假。一番兵戎相见之后，齐王田假逃去了楚国，丞相田角逃到赵国，将军田间因为之前已经领军去救援赵王赵歇，便也就此留在赵国不敢回去了。

田荣于是重新立了大哥田儋的儿子田市为齐王，自任为丞相，田横为将军，平民豪族出身的田儋、田荣与田横一脉又一次平定了齐地。从法统上说，田假是前齐王田建的弟弟，在齐人中自然有号召力，但也仅仅只有号召力罢了，在权力空虚的时候可以登高一喝，但在需要会战来捍卫他的法统之时，高屋围墙之中长大的宗室贵族往往脆弱得一塌糊涂。

在项梁把章邯包围在了濮阳之后，项羽和沛公被分配了向附近攻城略地的任务。两人进军城阳（山东濮县），攻克之后自然又是一番屠城。之前在濮阳会战之时，樊哙曾经率先登城，斩首二十三级，以战功被赐爵为列大夫。在攻打城阳之时，樊哙又是率先登城。随后项羽和沛公进抵定陶，没有攻下转而去攻户牖，打败了三川郡守李由的军队。项羽阵斩李由，一时声势大振。此役樊哙又斩得敌首十六级，被赐上间爵。也是因为李由之死，远在咸阳监狱中的李斯的命运也就被决定了。

眼看秦军困守濮阳，破城就差一哆嗦了，项梁派出使节要求齐国、赵国增兵攻秦，已经重新控制了齐国的田荣开出条件："楚国杀了伪王田假，赵国杀了伪丞相田角、伪将军田间，齐国自会出兵。"田荣才不管是不是项梁当初从章邯手里救了自己，而项梁的道理也很简单："宗室贵族出身的田假是楚国盟友的王，危急时刻来投奔于我，不忍杀之。"赵王赵歇也是正经的旧宗室后人，也不肯杀了有着贵族血统的田角和田间来完成交易，同时赵国土地上还有李良与秦军虎视眈眈，所以项梁这个一哆嗦的动议便搁置了。

包括项氏在内的旧宗室和旧贵族子弟们互相之间是既讲道理又认法统的，可以屠一城平民，但不忍杀一贵族，这是他们的基本观念。放到当时那个环境中，这不但不是个错误，而且是大家普遍认可的规矩。这也是项羽日后一系列行动的指导原则。明白这一点，便可以理解项羽的嗜屠了。因为在当时的大多数平民的观念中，也认可贵族和平民是不一样的两种人，一高一低，一贵一贱，大致如此。

四处掠地的项羽和沛公继续进攻外黄，虽然没有攻下，但斩杀李由的威名在中原传播。项梁也认为形势一片大好，很是有些飘飘然，濮阳的一哆嗦既然搁置了，便又提兵前去围攻定陶。不过在咸阳的秦二世与赵高，虽然因为手握兵权的三川郡守李由战死，终于内心解脱可以弄死狱中的左丞相李斯了，但另一方面倒是也内心震动而砸锅卖铁给章邯补充了大批的关中生力军。此消彼长，就是这个道理。

两军交战和两国杀伐都是一样，决胜的机会只在毫厘寸秒之间，今天你不弄死他，明天他肯定会弄死你，此时的项梁之于章邯，便是如此。

秦二世二年的八九月之间（前208年夏秋），观察到了秦军在渐渐补充力量的楚相宋义劝谏过项梁，被项梁打发去了出使齐国，路上遇到齐国派来见项梁的使者高陵君。宋义说："您这是要去拜访武信君吗？"答曰："是的。"宋义一边向着齐国进发，一边回头跟高陵君说："您走慢点，可以免于一死。"

随后得到增援的章邯出击定陶，列阵大败楚军，武信君项梁战死。

消息传到从外黄又转攻陈留的项羽和沛公军中，军心震恐，两人只得东撤，与陈胜旧将吕臣会合，把楚怀王的都城从盱眙迁到彭城。吕臣扎营彭城东，项羽扎营彭城西，沛公扎营砀邑。

战场之外，比的是谁家底厚、谁准备足；开战之前，比的是谁犯的错误少；会战之时，比的是谁勇气足、谁能坚定执行哪怕是错误的命令。会战胜利了，比的是下一次会战之前的骄气化为动力；会战失败了，比的就还是谁家底厚、谁底蕴足。物质够厚、精神够足的那一方，往往能够承受失败。这个回合，秦虽暴虐，胜在家底够厚。

相比之前自己没头苍蝇一样围着丰邑创业，沛公和项羽合伙干买卖的这一段经验无疑很是宝贵，声望有了，队伍也锻炼了，大阵仗也见过了，攻得下是为什么，攻不下是为什么，章邯、项梁、项羽咋个排兵打仗也观摩和学习了，在楚国最危难关头上的护驾军队，也有他一支。

秦二世二年闰九月（前208年秋），打败了项梁的章邯面临一个选择，是北上灭赵、南下破楚，还是东进灭齐。后来人们总是说，章邯应该先兜击彭城，乘势灭楚为先，那就和今天大多数平庸的人去评论赵括是个纸上谈兵之辈所以打输了长平之战一样。其实赵括比大多数同辈都高明，只不过碰上了白起；章邯也比大多数同辈都高明，只不过碰上了项羽。

赵国刚有武臣被杀之乱，陈馀捧出来的新任赵王赵歇是新立不久。李良的军队继续进兵攻打缩在信都的陈馀、张耳，攻城失败后跑去归降了章邯。他自然报告给章邯说，赵地只差一哆嗦了。而且北上攻打赵国有两条交通线可以支撑后勤，一条是沿黄河与漳水的水路，一条是由太行山脉出井陉的陆路，两条都掌握在秦军手中。秦国之前攻赵与灭赵一贯是上下夹击邯郸，这一次也不例外，秦军王离率领的一支主力正从井陉南下。

如果章邯不与王离合攻赵地，而是决定继续南下破楚，那才是不可思议的判断。南下需要再次拉长沿运河的交通线，楚人可以退过淮水，甚至退过长江避入会稽郡。旧韩国的南阳一带有韩王韩成与张良的游击军在袭扰，也不能保障武关、南阳至淮水的第二交通线的安全，况且越往南方水匪越多。

所以章邯选择北上灭赵，也是合情合理的最优选择。很快秦军势如破竹，平了邯郸。章邯命令从井陉南下的王离包围了逃到钜鹿城坚守的张耳和赵王赵歇，自己也北上把大本营扎在了钜鹿南边的棘原，还修建了甬道连接黄河，以供应王离的军粮。

对于任何一个将领来说，抵抗意志足够坚强的围攻战是比较难处理的，尤其在不接受列阵会战的情况下，通常攻克的最优手段是耗光对方的粮食。赵国已经向楚国的楚怀王、齐国的田荣、燕国的韩广派出了求援的使者，陈馀则跑去常山郡收罗军队，得到几万人之后，在钜鹿北面扎下营垒，双方就这么对峙下来。

还记得孙膑围魏救赵之时施展的"示弱"一脉的高超兵学吗？这时的形势，在那些只会耍嘴皮子的儒生和辩士们看来，就是如此：章邯的秦军与当初庞涓的魏军一样，虽然客场作战，但是以逸待劳，标准的围点打援、谁去谁死的态势。

预言了项梁死期不远的宋义，就是这么一位比大多数人都有点智慧的智者。结果？结果他还够不上孙膑的档次，孙膑算十步，他大概算三步，如此而已。

此时楚国丧失了将军项梁也不过两个月，项梁战死和秦军北上同时让楚怀王的宫廷松了一口气。项梁战死让楚怀王的宫廷谋士们自以为可以重组权力格局了，这些人合并了项羽和吕臣的军队，要知道项羽的人马是会稽郡带过来的渡江子弟，吕臣的人马是随着陈胜起家的淮北苍头军。这些人又出主意让楚怀王自任全军总司令，任命吕臣为楚国司徒，吕臣的父亲吕青为令尹，封沛公为武安侯，任砀郡郡长，封项羽为长安侯，再加封鲁公。

总的来说，随着陈胜起家的老革命一派在扶持吕臣这面旗帜，此外楚怀王的宫廷中大多是贤良或儒生，他们觉得项羽不过 25 岁，猛则猛矣，但残暴的口碑在外，还是大贵族出身，这种安排无可厚非。但这些人替楚怀王得罪了项羽，埋下了仇恨的种子，而这些人倚重吕臣，后来也确实没捞到半毛钱的好处。

等到齐国使者高陵君抵达彭城，把宋义的警告在宫廷上一番吹嘘，宋义就被封神了。而宋义通过实地观察得到的预言，被诛杀的却是项羽的叔父。彭城贵族们交口称赞宋义聪明、懂得兵法，最后少不得要加上一句："项梁要是听了宋义的劝告，便不会兵败身亡了。"

活在彭城圈子里的项羽听见这些议论，如同在内心仇恨的种子上浇水。这些议论的主要作用是坚定了项羽必须且彻底灭秦的决心，次要作用是让项羽更加看不上宋义这种口条和头脑都灵活的辩士。这一点也是日后项羽声威大振之下的各种游说之士前来归附、献策，他却不太买账的原因。

楚怀王是个心地善良的放羊娃娃，魏咎的弟弟魏豹前来投奔，他也给了几千人让魏豹回去复国，更不用说口条灵活的宋义了。几次交谈，江湖"老炮儿"宋义分分钟便看透了楚怀王，一番游说之后，便让楚怀王离不开自己了。赵国求援的使者来了一拨又一拨，楚怀王也面临一个选择，不过相比手握军权的章邯来说，楚怀王的选择不是军事选择，而是更复杂一些的政治选择：北上救赵军事行动与西进击秦军事行动的人选。

在楚怀王的宫廷和彭城的政治圈子看来，他们在名义上把两个动作都称为军事行动，但实际上把北上救赵当作一次军事行动，把西进击秦当作一次政治行动。救赵一定要安排最得力的人选去真干，这关乎楚国在六国盟友中的声望，于是楚怀王任命了他最看好的宋义为上将军。宋义在当时的称号是"卿子冠军"，那就是文武双全第一人的代名词了，虽然他仅仅预言了一次而已。最能打的项羽为次将，让楚怀王能够上台而且爱出主意的范增为末将，无论后来事情如何进展，这是真的要救赵。

而任命沛公西进，那是因为所有人都不觉得沛公真能打进咸阳。秦始皇帝的赫赫威名尤在，秦军出关肆意攻取的事迹比比皆是，在楚怀王宫廷的众多贤良的头脑中，还存留着被秦军蹂躏的印象，还存留着陈胜失败、项梁失败的印象，还存留着六国抱团咬牙取暖的印象，还存留着项羽攻克一城、屠灭一城的印象。

于是楚怀王宫廷赋予沛公西进的战略意义是政治的，为了巩固楚国在六国盟友中的声望，为了把陈胜首倡的薪火传遍关东土地，这才任命了沛公，让他作为一个德高望重的敦厚长者，举起仁义大旗去感染六国故地，能策反多少城邑就策反多少城邑。先入关中为王的许诺在当时看来就是一个高高在上的奖励——就知道沛公完不成这个任务，所以才设定了这个目标——要是没这个目标，这些人觉得沛公也不会去。

区别军事行动与政治行动很简单，看它的目标：军事目标一般都要切实可行，政治目标一般都是遥不可及。

于是任命经过楚怀王下达：宋义、项羽北上救赵，沛公西进攻秦。

沛公西进的队伍，除了自己的沛县家底，就是砀郡的民兵，另一部分是收集了陈胜、项梁兵败后散落在楚地的溃兵。他从砀出发，取道已被屠城的城阳西进。秦二世三年十月（前208年秋冬）在途径成武之时，围住了东郡郡尉，沛公击退敌军，樊哙斩敌首十四级，俘虏十一人，被赐爵五大夫。随后进抵杠里（山东武城县内）与守备的秦军对峙，在杠里又通过袭击的手段，击破了秦军河间郡守的军队。

不再绕圈子的沛公虽然有了目标，不过标记在地图上，还是围着黄河一条线，忽上忽下地波动，一方面是必须解决养兵的补给，一方面他还是在贯彻政治任务，到处尝试策反，目标远在西方。

宋义、项羽北进救赵的队伍也在同时期出发。简而言之，宋义的策略就是坐山观虎斗，聪明劲儿都用在了自己身家的小算计上。出使过齐国的宋义和齐国平民出身的田荣一脉的关系远较赵国贴切，有了预言传说而名气暴涨的宋义的儿子也被请去做齐国的相国，齐丞相田荣也勒令齐军静观，这都是停留在古老六国秩序下的贤良或者辩士们所能想到的最聪明的办法。围魏救赵这种孙膑的算计造诣，宋义是差远了。但偏偏越是聪明的书生，越希望把胜算理解为必须达到百分百的概率。

可是项羽并不这么想，更简单，更暴力，而成本也更经济，杀了宋义，会战解决一切。

同时，齐国宗室贵族出身的将军田都不顾丞相田荣的指示，率领自己的人马会合楚军救赵。毕竟在齐国贵族们看来，他们当初立下的旧齐国宗室法统的丞相和将军都在赵国境内，而现在的齐王田市、丞相田荣与将军田横都是平民。在项羽眼中当然也同样是这么认为的，田荣、田横一脉与项羽的祸根也就此埋下了。

秦二世三年十一月（前208年年底），项梁战死不过三个月，借着宋义在无盐（山东东平县）摆酒席欢送儿子宋襄去齐国做相国的机会，项羽捕捉到了时机，随后砍了"卿子冠军"宋义的脑袋，追入齐境砍了他儿子宋襄的脑袋，自立为上将军。诸将震恐臣服，项羽派使者向彭城的楚怀王通报了宋义与齐国阴谋叛乱被处死的经过后，继续率军北上。有了这种声势，齐国旧贵族一派的势力多有依附，除了将军田都自领人马之外，旧齐国末代齐王田建的孙子田安也在攻下济北地区后加入了项羽救赵的队伍。

相比孙膑把"示弱"一路的兵学演绎到了极致之后，项羽又把"示强"

一路的兵学演绎到了极致，恰恰两人的对手都是名将，这才是极致的含义。

此时王离包围钜鹿已经两个月了，钜鹿城内的赵王赵歇和张耳的粮食吃得差不多了。在钜鹿四周驻扎的有陈馀从常山郡收拾的几万人、张耳的儿子张敖从代郡召集的一万余人，还有燕国和齐国各自旗号的援军。张耳派门客去责备陈馀："后生仔，我跟你是刎颈之交，现在你坐拥大军数万却不肯相救，这也叫同生共死？大家一起和秦军拼了，还有十分之一二的机会活命。"陈馀答复张耳的门客说："去了也是送死，我所以不去送死，是要保住这些力量将来替大王和张耳报仇。"

陈馀可能是没有直说，当初在陈县一起看门的时候，他也是有血性的人，曾经想和吏卒拼命却被张耳拉住了——小不忍则乱大谋，现在自己正是在实践当初张耳交给自己的谋略啊。何况张耳的儿子就聚集着一万人在自己的大营边上扎营，张耳不责备自己的儿子，却责备外姓的兄弟，这怎么说理呢？

张耳的两位门客秉持死义，坚持要求攻秦。陈馀好歹也是名士，面子上实在过不去了，给了五千能战之人。这两位门客也没去陈馀隔壁的张敖大营再要点人，便带着五千人挑战王离，有去无回了。

孙膑当初所以围魏救赵，是因为只有城内的赵、城外的魏、自己的齐，但如今在项羽眼里的却是这么一个诸侯群雄作壁上观烘托出来的古竞技场，所以项羽才敢"示强"。项羽的人马杀到之前，当阳君和蒲将军的两万人率先渡过漳水。这两位一个至少是贵族将领，一个是项梁旧将，一番合战摧毁了章邯的沿河交通线。项羽本部的兵马破釜沉舟，在联军的十余座连营注视下，单独向秦军发起挑战。"九战"是个虚数，楚军向秦军阵地组织了多次突击，双方硬碰硬地绞杀之后秦军才终于溃败，杀声震天中摇旗呐喊的联军们才敢出营整队追击崩溃的秦军，虽然斩了秦将苏角、俘获秦将王离、逼得秦将涉闲自焚，但章邯的主力还能做到有序撤退。

孙膑围魏救赵，是不得已而为之。因为孙膑知道当时邯郸只有赵、魏对敌，再无他人。项羽破釜沉舟，很重要的一个因素是战场之外有海量的观众。秦楚搏杀，谁更勇猛谁就能让观众行动，要么黯然退军撤离，要么跟风下场拼杀。这是两场跨越时空、乍看态势一样、但实际情况迥异的战争。真的没了六国观众，项羽也不会孤军深入的，这是兵学中计算的奥妙所在。

项羽是很勇猛的，在当时的战场环境中可称无双；秦军是很凶悍的，在当时的国际环境中可称无双。张耳表达的意思与陈馀说的话都不是虚言，没有项羽首攻之举，这些摇旗呐喊的贵族群众们去了也是白给。

这道理如同陈胜首倡之功在社会上的道理是一样的。

钜鹿之战结束后，各国将领进入项羽的大营辕门，都不由自主地双膝跪地、匍匐而前以表达崇敬之意。各国的上将军一职，从此都只能挂在项羽的旗帜上了。

至于那两位名士，张耳和陈馀，也就此闹掰了。活下来的张耳见到陈馀说："我那两位门客呢？"

陈馀："您派来的那两位，用拼死一战来责备臣，臣就给了他们五千人，结果全军覆没。"

张耳："你把他们杀了吧？"

陈馀："没想到您对我的偏见这么深，是觉得我舍不得这颗将印吗？"说罢陈馀解下印绶要给张耳。张耳抹不开面子，没有接受。陈馀起身如厕，张耳边上的门客说："我听说天赐不受，那是违背天意，不祥。赶快接受吧。"

于是等到陈馀从厕所出来，更实际一些的当然是更年长一点的张耳，印绶已经带在了张耳的腰上。他接收了陈馀甩下的兵权印信，整编了赵国的军队，随后跟着项羽开始与章邯对峙，直到一路跟着项羽西进入关。至于年轻一点也耿直一点的陈馀，没想到张耳真的笑纳了自己的大印，只得心底暗骂一声："忒不地道。"随后一气之下，便没有跟随项羽去出力，领着自己本部几百人马沿着滏阳河去打游击了。

节十七

带路党指的是什么路

秦二世三年十二月之前（前207年年初），西进的沛公一直在淮泗、中原地区缠斗。在昌邑与彭越相遇后，联合攻打过秦军，战事不利，撤退到栗县，兼并了一股自己人之后，又联合魏王魏豹的两股势力合攻过昌邑，还是没有攻下。

当时一心复国的张良也在旧韩地与韩王韩成一起打游击，不在沛公帐前。沛公继续做着没头苍蝇，便放弃围攻昌邑，继续西进，经过高阳，恰好此地负责看管城门的郦食其也是个读过书的贤良，见到沛公军中的一位同乡豪杰骑马回家探亲，便请这位骑士代为向沛公引荐自己。

他对骑士说："各国将领从高阳经过的少说也有几十人了，全都内心狭窄，胸中没有什么见识，不过外表大气，讲究烦琐的礼节。我听人说沛公总是外表傲慢无礼，但内心平易近人，喜好远大的谋略，这才是我真正想要追随的人，只是苦于没人替我介绍。您帮我捎个话，就说自己的家乡有位郦先生，年纪已有60多岁，身高八尺。人们都称他是狂生，但他自己说并非狂生。"

骑士说："沛公一般见了头戴儒生帽子的人，就把他们的帽子摘下来，在里边撒尿。在和那些游说他的人谈话之时，动不动就破口大骂。所以您最好不要以儒生的身份去向他游说。"

年过花甲的郦食其对骑士说："我教你怎么说，你便怎么说。"

骑士回去之后，就按郦食其的嘱咐从容地告诉了沛公。沛公很好奇，但是老江湖除了好奇，还少不得一番打听，于是便召见了郦食其。当时沛公两腿叉开很不雅观地坐在床上，两个女子正在给他洗脚。郦食其于是斥责沛公："您是想帮助秦国攻打诸侯呢，还是想率领诸侯灭掉秦国？"沛公骂道："你个奴才相儿的儒生，天下苦秦已久，所以诸侯起兵，你怎么说话呢？"郦食其得到了话柄："您要是这种人，举起仁义大旗的话，就不应该用这种倨慢不礼的态度来接见长者。"被噎住了的沛公只得起身道歉，整理装束，以礼接待了郦食其。

这当然不是沛公和郦食其之间的主要故事，这是两人之间水面上的故事。

当初郦食其在高阳做看门人，县中的豪吏名士却都不敢欺负或使唤郦食其的原因，不是郦食其有多么仁义，而是因为他有个弟弟名叫郦商，那是当地以勇武闻名的豪杰。陈胜首倡之时纠集了一伙年轻人在附近拉人，得到了一支几千人的队伍。现在郦食其入伙了，郦商也率其部下四千多人加入了沛公的队伍。郦商是后来沛公所倚重的主要将领之一，其勇武可见一斑。与其说沛公以礼相待是看中了郦食其的谋略，或者说听信了郦食其的游说之词，不如说是更看好郦商的勇武与他的队伍。

要知道，都是看门人，陈县的名士张耳和陈馀可是被小吏侮辱来侮辱去的，高阳酒徒、破落户郦食其反而连豪吏都不敢惹？不是不敢惹郦食其，是不敢惹郦商罢了。沛公呢？看好郦食其是一方面，看好他弟弟郦商是另一方面，这是水下的故事。后来郦商论功封侯位列第六，可见沛公礼遇高阳酒徒这则美谈，精髓都在水下。

郦食其劝说沛公袭击的陈留，是沛公和项羽搭帮之时就攻打过的城邑，没攻下来。郦食其和陈留县令有着私人关系，不久陈留这座坚城就归附了。半个地头蛇的高阳看门人郦食其被封为广野君，弟弟郦商被任命为将军，沛公也得到了秦军储存的粮食。

项羽猛吗？面对陈留坚城，他和沛公当初面对丰邑小城一样"吃瘪"，但有了熟悉这套系统的带路党，陈留不过是一套可以破解的系统罢了。

但郦食其恰好只熟悉这一套系统，只认识陈留县令这一个人。除了这些凭借关系的游说之外，郦食其也没能提供什么其他的谋略了。沛公继续做着没头苍蝇。休整之后，秦二世三年三月（前207年春），沛公听了郦食其的话，前往攻击附近的开封城。这一次郦食其没有关系了，他不熟悉开封这套系统了，果然开封也没有攻下。但在开封以北与秦军的战斗中，樊哙击溃了秦将赵贲的军队，这位杀狗的屠户杀死秦军的军候一人，斩敌首六十八级，俘虏二十七人，被赐卿爵。

秦军之中以军功封侯的军官，那可都是实打实地靠人头攒出来的，樊哙斩了这种人，勇武自不必说，只能说沛公用得好樊哙，也用得好郦食其，沛公还是很有几把刷子的。郦食其在日后虽然并没有被沛公当作智囊来使用，却也被任命为外交使节，着力发挥了他口条游说的功夫。

攻不下开封的沛公北上白马（河南滑县）渡口和秦将杨熊遭遇，赢了合战，回军西进的途中在曲遇（河南中牟县）再次合战击败杨熊。杨熊逃入坚城荥阳，得到消息的秦二世派使者将杨熊斩首示众。

秦二世三年四月（前 207 年春），沿着黄河西进的沛公向南终于攻下了颖阳（河南襄城县东北），随后屠城，多半是为了解决军队吃饭的问题。随后再向西进，接近洛阳附近后，他先是攻下孟津，断绝了黄河渡口，目的是防止已经平定了河内郡的赵国别将司马卬（赵国剑术名家司马蒯聩的后代，西晋创始人河内郡温县司马懿的祖先是也）的军队渡河与他抢功，可自己又在坚城洛阳的东面与秦军合战失利，只得向洛南方向撤退。

也是在这个时候，没头苍蝇似的沛公和有心复国但无力回天的张良又聚头了。张良自八九个月之前带着一千多人辅佐韩王韩成前去收复韩国旧地以来，基本上就是在颖川郡一带打游击，围绕治所阳翟（河南禹州）附近的城邑与秦军往复争夺。

再聚首，相拥拍拍背，嘴上一抹笑，但心内泪两行。

从洛阳溃退的沛公，靠着张良的运作，得以穿过偃师、登封与巩义交界处的轘辕山险道南下，那是洛阳八关之一。而两人的再次聚头，更是让另一个化学反应发生了。原本沛公的脑子里，关于打进关中还是只有一条路线，就是沿黄河向西经函谷关的路线。他早年布衣去咸阳服徭役走的是这条路线，之前周文走的也是这条路线。沛公是否知道从旧韩国的南阳郡经武关也可以打进关中不去讨论，但至少他没去过。而张良却很熟悉这条线路，不但熟悉地理，还熟悉南阳郡一带的人情，毕竟他祖父与父亲两代人做了韩国五代国君的相国。

于是沛公和张良把韩王韩成安置在阳翟，沛公便带着自己的人马和张良的脑袋一路从颍川郡向南，进入南阳郡内。从实际意义上说，这既改变了沛公西进的战略路线，又帮张良的韩国规复了旧土。

所谓双赢，一定是1+1去瓜分3，这样1+1自然大于2。因为被干掉的3被1+1分了，这才有了1.5和1.5，或者1.8和1.2。如果仅仅只有1+1，没有那个3，那么1+1的唯一结果就是内讧，地球上不变的道理。沛公加张良，第一阶段，秦国就是那个3了；第二阶段，项羽就是那个3了。

如果大家都是带路党的话，郦食其给沛公带了一座陈留城，张良给沛公带了一个天下。之前宋义与孙膑的层次，基本上也是这么大的差距。

张良引导下的这条西进攻秦的交通线，由咸阳出发则是沿灞水、丹水向东南行，穿过秦岭、商洛山区，经过蓝田、峣关至商县、丹凤然后出武关，进入南阳盆地，再东抵达枢纽宛城，而宛城的冶铁，除了邯郸之外就剩下它了。从宛城继续南下可达楚国的旧都郢城及其所在的江汉平原，江汉平原被秦国占领后，楚国才迁都于陈县，这也是陈胜乃至陈胜死后的吕臣等人无论如何要夺回陈县定都的原因。从宛城继续向东便进入了华北平原的南端，由汝水、颍水流域再北上就可以到达韩国都城新郑，由新郑东进便是上蔡与陈县了。

六月，沛公在犨邑（河南鲁山）列阵打垮了接受挑战的南阳郡郡守吕齮的军队。吕齮退守宛城（河南南阳）。沛公本想直接西进攻击武关，在张良苦口婆心的劝说下，才决定先拔掉宛城，于是连夜折返，里外两层包围了宛城，摆出了浩大的阵势。一番攻势之后樊哙又是抢先登城，虽然并未得手，但宛城内的说客也如期前来谈条件。这要是项羽估计还得硬攻，沛公倒是从善如流，按照说客的条件，答应了给郡守吕齮一个官职并让他继续驻守本城。

七月，宛城开门投降，吕齮的军队也被收编。有了宛城这个传檄千里的示范效应，丹水、胡阳等地的秦人也开门投降。偶有不降的比如郦县（河南内乡东北），在樊哙等人的硬攻之下也都降了，此战樊哙斩首二十四级，俘虏四十人。

张良带着沛公开辟的第二战场，可谓是给沛公打开了一座大宝库。也是在这次南阳诸地的攻略中，沛公还遇到了早年在沛县时候跟过的大哥王陵。王陵带着几千人就在南阳一带混着，也很有些名气。这人没有文才，保持着战国时代的任侠尚气的风格，又和雍齿交好，所以此时遇到了西进的沛公，也就是江湖一抱拳，远远谈不上跟从沛公。但有一天王陵在沛公的军营中旁观军法斩首，见到一个待斩的犯人被拉上大大的砧板。这人被脱去衣服之后却白白胖胖、又肥又大。王陵出于惊奇之下，觉得这人必定有才，于是喊停了斩刑，去向沛公说情，救下了这人。

被从屠刀下救出的细皮嫩肉的高大胖子，叫张苍。张苍曾经在秦朝做过御史，主管各地上呈文书，在沛公路过阳武县的时候归附为沛公的门客。但张苍也没被沛公当回事，此时犯了军法，所以差点做了刀下之鬼。张苍不但精通刑法，而且更加熟悉咸阳城内丞相府中收藏的天下版图与户籍材料，另外还精于算术和律历。张苍从鬼门关下活了过来之后，便一路跟着沛公，立下了大功劳。后来耿直的王陵做了汉初的丞相，油滑的张苍也做过丞相，这是后话了。

在当时，过了宛城再向西便算是当年秦国的本土了，而沛公的风格也在南下之后有了根本性的变化。相比在黄河一带偶尔还屠城补给，在攻克了这些敢于抵抗的秦地城邑之后，沛公不但没有杀降，更加没有屠城，大军军纪还算严明，禁止掳掠。秦人惊喜，如此不但加深了传檄千里的影响力，而且秦人还主动供应大军的牛羊饮食。

这一次，经过三次圆圈和一次波动的沛公的事业，终于算是上轨道了。虽然距离他斩白蛇起事还不到两年，但"老炮儿"沛公的学习能力，是和他的年龄成反比的。张良之于宛城之事的原理，与蒯通当年在范阳城下给武臣出的主意是一样的，但沛公无疑比武臣执行得更出色。于是在看得见的财富之下，沛公捞到了更多的政治资本。

节十八
将道

项羽之印

秦二世三年八月（前207年夏）之前，钜鹿之败后的章邯在棘原的大本营扎住了阵脚，而项羽的大营扎在了漳阳河之南，两军就如此对峙了将近半年，偶有合战虽然总是秦军败绩，但大体上说双方是相持不下，互相比着粮食的消耗。章邯知道项羽非常牛，当初让王离一军面对项羽会战，是小看了项羽，但只要对峙不战，项羽也很难受，所以章邯开始下意识学习廉颇，但越是这样，越是已经滑向了失败。

唯一能改变战场之中虽有强弱但还对峙的因素，当然来自战场之外。

上一次，秦二世给弱势的章邯送去了关内的倾国兵将，那是因为当时大秦的官僚系统还在凭借惯性发挥着作用，如今李斯被诛，冯去疾、冯劫自杀，载着秦二世和赵高的秦国战车上的主要零件凋零殆尽。于是这一次，秦二世给弱势的章邯送去了使者的责问。

那个时代，使者入营，要么带去天子的犒劳，要么就只能动摇军心了。

战场千里之外的秦二世与赵高认为精锐尽出的秦军平叛为何还要旷日持久？他们是不知道项羽有多牛啊，已经出关平叛两年有余的章邯心内恐惧，派司马欣赶回咸阳述职。已是丞相的赵高闭门不见。司马欣出关也有年余了，如今回到咸阳的种种变化尽在眼底。这才一年，就物是人非了，那么高高在上的李斯都给赵高绊了，所以司马欣自然心知不好，便绕道出关赶回军营。果然赵高派出了捕手，但没有得逞。

司马欣回到棘原之上的军帐之中，向章邯报告很简单："胜也是死，败也是死，将军请您拿主意吧。"联军的各类游说书信也是雪片一样递到章邯眼前，一代名将章邯彻底怵了，派遣军官去晋见项羽，谈判投降的条件。

两军对战，只要是一方的胆气一泄，另一方就知道必胜无疑了。

就在前 207 年夏天的东方的黄河两岸上演的这一幕，在几年后的北非迦太基，同样上演了。前 202 年 10 月 19 日，古迦太基不世出的名将汉尼拔的军队在扎马平原上面对古罗马不世出的名将大西庇阿的军队展开战略决战，脆败。

因为？因为在意大利半岛上叱咤风云十六载的汉尼拔，在不得不回师迦太基本土与罗马军队决战的前一天晚上，主动邀约大西庇阿前来会谈，主题是关于和平。出于无奈的汉尼拔已经知道自己必败了，而同样的，大西庇阿也知道自己必胜了。

在战术上曾经以坎尼会战赢得不朽声誉的汉尼拔，知道第二天的扎马会战，学习了自己的大西庇阿也将赢得战术上的不朽声誉了。在战略上曾经以开辟第二线路而直趋罗马本土的汉尼拔，可能早在大西庇阿开辟第二战场直趋自己的西班牙拓殖点之时，就心里一凉，他可能想："完了，这孙子拷贝了我的本事来对付我了。"

这种将道的感觉，其实与决斗场上的快枪手在拔枪之前的感觉是一样的。谁先怵了，谁便输了。甚至有时候只要有了那个念头，将领本人便知道自己已经输了。当然，前提是这位乃是一员名将。

所以就在章邯派出军官去谈判的同时，项羽的部将也带着军队发动了突击，三战三胜，把秦军一直追过了汙水（河南临漳县境）。章邯所以堪称名将是三破三退而三不溃。当年被章邯追击的三战三败的周文，除了在陈胜面前吹牛之外，就是死无葬身之地。而章邯所以堪称名将者，在于他被项羽追击而不溃。

项羽追击章邯，就是你来和我谈，说明你怂了，我要抓住这个机会打垮你。章邯能在认怂之后挺住，就是我敢和你谈，说明我怂了，但是我要一条活路，行吗？项羽追击的脚步受制于他的交通线，双方在洹水南岸的殷墟（河南安阳）之上订立盟约，章邯率秦军投降项羽。

虽然章邯被项羽封为雍王，但章邯夹在项羽和降卒之间很尴尬。项羽手下的关东六国各路豪杰原来在关中秦地服过徭役与苦役的不在少数，关中秦地豪杰们欺压、虐待关东来的苦力们也是家常便饭，这是矛盾之一；不同于第一拨在秦国毫无产业的骊山囚徒，二次征发东进的关中秦军中不乏良民士卒，他们的妻女老小都在咸阳，随着项羽西进固然很好，但若是失败了结局也会很悲惨，这是矛盾之二；无论得胜的联军还是投降的秦卒都要吃饭，这是矛盾之三。这三个矛盾都是雍王章邯无法协调的。

项羽如同解决宋义的问题一样，很简单地解决了这三个问题。在西进到达新安之后，迅速处决了二十万投降秦卒。

首先，按照当时的观念来说，这次杀降没有什么应不应该的，这是很正常也很经济的一个决断。这个行动在当时至少唤起了六国的意志，除了占据少数的贤良们会指指点点之外，大多数六国豪杰与民众则会拍手称快。当然前提是项羽要明白，这是一个不得已的战术行为，而不是可以惯性使用的标准手段。但想想也知道，只要他活着，惯性就会持续下去，如同秦始皇给他儿子留下的轨道一样。

其次，因为以救赵为目标，所以处决宋义的问题是军事问题，战还是不战，不战就杀。但换成以灭秦乃至赢天下为目标，处决秦军降卒的问题就是政治问题了，再多的困难，如果是政治问题，可以行一时之杀，但必须随后增补一个非暴力的解决方案。周武王干掉了商纣王，第一时间呼吁的就是和解，周公虽然行的是霹雳手段，但对象都是叛乱在先的不德者。

于是，项羽杀降卒是一个致命的错误。但错误的原因不在于"不该杀"或者"不仁义"，而是项羽只知道当时"应该杀"，日后也保持了"想杀就杀"的爽快，更没有什么"不得不杀"之后的补救措施。

当然，如果项羽将来不是把天下当作蛋糕来切，而是定都秦地俯视六国的话，他坑杀秦卒的举措也可以说是无可无不可。总的来说，沛公犯了不少致命的错误，项羽犯了更多致命的错误，明明项羽更年轻，而沛公更年长，但实际情况是年长的沛公学习能力更强。

节十九
入关中 切蛋糕

秦二世三年八月（前207年夏），沛公的人马经郦县继续西进，赵高派去的使节向沛公提出平分关中，沛公便派了宁昌跟着赵高的使节回了咸阳。但章邯在中原投降项羽的消息也传到了武关之下的沛公军中，于是沛公和张良觉得不管宁昌和赵高谈得如何，武关还是要拿下的，所谓谈归谈，打归打。所以在张良的人脉安排下，由郦食其和陆贾来负责用财货游说，沛公的军队就一路打进了武关。

八月己亥，赵高指鹿为马的一番试验之后，把自己女婿咸阳令阎乐的母亲禁锢在丞相府中，才派阎乐带兵杀进了秦二世的宫中。秦二世那也不是没有学问的人，曾经屡次引用过韩非子的各种言论。二世说，"给哥们儿一个郡做王就行了"，没有回复；"万户侯就行了"，还是没有回复；"百姓总行了吧"，阎乐烦了："您是自杀还是我动手？"二世便自杀了。

九月，本想自立为王的赵高估计自己还是没戏，削去了秦宗室的皇帝称号，立了扶苏的儿子子婴为秦王，随后被子婴灭了三族。这位赵高是赵国王族的远亲，兄弟几个人都是生下来就被阉割的，但他精通刑法，办事能力很强，由秦始皇之手提拔为中车府令，终于也埋葬了秦国。

而一路西进的沛公已经过了商县，进抵咸阳的最后一道门户峣关（陕西蓝田东南）。秦王子婴派出了最后一点力量去增援峣关。沛公原想让自己的两万人马硬攻，张良说："这位峣关守将是屠夫的儿子，这种商人出身的人是可以赎买的。您稳稳坐在军帐之中，让士兵们去各个山头张挂旗帜以为疑兵，弄出五万人的架势，然后派郦食其拿着重金财货去收买守将就好了。"

沛公依言而行。守将果然叛秦，托郦食其带话给沛公，想与沛公联军合击咸阳，沛公又想接受这个建议，张良说："这只是守将自己的态度罢了，恐怕他手下的关中士兵不会顺从，士兵不顺从就有哗变的危险，不如趁着他们懈怠进攻秦军。"沛公依言而行，来了一次半偷袭性质的突击，大败秦军后向北追击到蓝田，再次合战，秦军终于彻底溃散。

秦王子婴元年十月（前207年秋），沛公屯军灞上，最后一次合战，樊哙阵斩秦都尉一人，斩首十级，俘虏一百四十六人，收降卒两千九百人，秦国就这么崩溃了。做了四十六天秦王的子婴乘白马丧车，脖系象征俘虏的绳索，带着皇帝的玉玺、符信和符节在咸阳西北的轵道亭旁投降。

至此，立国573年、称王133年、称帝14年的秦被灭国。

经过2年零4个月的反秦战争中崛起的大小诸侯首领们，首倡之功的陈胜已死，功劳最大是上将军项羽和沛公刘邦，两人都完成了当时人们认为不可能完成的任务。在此之前所有人比的是谁跑得快，谁做的正确选择更多，在此之后比的是谁跑得稳，谁犯的错误更少。

没有张良，沛公是不可能从秦、韩、楚交界的南阳一带打进关中的。开辟第二战场或者另辟蹊径这种道理，听上去玄乎其玄，但其实不过是知道了，哦，原来还有这么一条路可以走啊。

老故事，老的是故事，不变的是道理。

楚怀王三年十月（前207年秋），虽然属下多有建议砍了子婴的脑袋，但进了咸阳的沛公还是考虑到扶苏在秦地的人望，决定把扶苏这个同样仁义的儿子子婴连同他的妻子儿女们交给主管刑狱的官员。但是后来项羽入关，斩了他们。

进了咸阳之后，见到了满眼财富的将领们没有不动心的，大秤分金，小秤分银，但是萧何直奔宰相府，把山川地图和户籍档案抓在了手里。那个差点被斩杀的白胖的张苍功劳自然不小，熟悉这些业务的张苍在很多年之后也是一直在萧何的相府中担任计相，后来改称主计，做了 4 年的汉王朝第一任统计局长，又过了很多年，做了御史大夫，最后做到了丞相。天下太平之后的音律、律法之修订，都是这位无书不读、无所不通的张苍的功劳，后来被免去丞相职务之后，妻妾无数，逍遥快活，牙齿掉光了便以人奶为食，活到了 100 多岁。

古时候寻路难，旅行是一件极其困难并且充满危险的事情，除了可能遇见盗匪，还要提防山林川泽中的猛兽，甚至怀着对想象中的神鬼妖怪的恐惧，以至于甲骨金文中的"行"字，就是一个十字路口的象形字，字中充满了彷徨。等到了秦皇一统之际，除了极为稀罕但精确度并不甚高的地图之外，更实用的可能是写在简牍上的路书，或者叫作"里程表"。里耶出土的一片秦简上就记录着鄢到销一百八十四里，销到江陵二百四十六里，江陵到孱陵一百一十里，孱陵到索二百九十五里，索到临沅六十里，临沅到迁陵九百一十里。按照秦汉之际十里一亭、五里一邮、沿水二十里一邮的交通标准，只要不偏离大路，那么按照这类路书来安排行军，以亭或邮为标志来计算里程，找不到当地向导也不用太担心迷路或绕路了。至于每年各郡上报一次的当地户籍档案，也不仅仅有人口数量，还有各家的家底多少、是否欠债等附记信息。萧何收拢的就是这种珍贵的资料。

没有之前秦朝大吏张苍在小吏萧何身边的一路进言，萧何也不可能把当时最重要的土地和人口抓在手里，更谈不上为大汉 400 年的天下制定律令了；而王陵要是没有在刀下救了肥肥胖胖的张苍，张苍也不可能辅佐萧何了，更谈不上为汉家制定章程了，说来说去，还是要感谢王陵的母亲。

但毕竟除了少数人之外，沛公军中的大多数人面对奢华的咸阳都已经不能淡定了，沛公自己也被秦宫中的奢华器物与如云美女馋得不想挪步了，但屠狗的勇士樊哙竟然属于少数，虽然可能因为他是吕雉妹夫的缘故，但至少看上去觉悟极高。樊哙直言劝谏，沛公还是舍不得财货美女。张良又出来温言软语，晓以大义，沛公这才怏怏不乐地回了灞上军营。从善如流这一点上，沛公的觉悟也很高。

至于张良，可能是出于大理想；樊哙，很可能是感情偏向于吕后，毕竟他是吕后的妹夫，但屠狗的樊哙至少还有这么一点操守，也不容易了。

楚怀王三年十一月（前207年年底），沛公召集秦地各郡县的贵族和三老们，约法三章，巩固民心。秦人喜悦的心情溢于言表，除了杀牛宰羊供应沛公的军队之外，估计还有山呼海啸一般的呐喊——"秦王刘邦"。沛公本来是加分项的行动，也因此有点飘飘然了，再加上身边人的建议，于是犯了创业以来的第一次致命错误。

有时候，如果会错了形势，听错了主意，从善如流也能害了一个人。

此时平定了关外各地的项羽，带着各路诸侯西进关中。沛公派军封锁了函谷关，指望着立地为王。他唯一能够在法理上作为依据的，便是楚怀王许诺的"先入关中者王"。可是法理如果是唯一的，那么封锁函谷关岂不是多此一举？既然知道法理还需军队支撑，他又为何不掂量一下胜算几何？

见到函谷关大门紧闭的项羽，本来觉得这是很正常的一件事情。可获悉城头上的人马是沛公的，沛公已经取得了关中，还拒不让联军入关，项羽火冒三丈，让大将黥布轻松攻陷了函谷关，随后带领一众诸侯开进了关中。

楚怀王三年十二月（前206年年初），项羽大军抵达戏水古战场。从沛公起家之时便跟随在侧的左司马曹无伤应该是既能打仗又会算计的，他觉得沛公这个愚蠢的行为没救了。曹无伤派人密报西进的项羽："刘邦想称王，内定子婴当宰相，所有财宝全被搜刮了，请求加封的使节已经派去向楚怀王汇报了。"

项羽闻听大怒，范增则建议这种自犯错误的天赐良机必须抓住。于是联军特意加餐一顿，准备第二天就列阵合战。当时的下层人员，每天只有两顿饭。睡虎地秦简中记录，平时干重体力活的筑城劳作者早饭半斗粮，晚饭三分之一斗；站岗和其他劳作人员，早、晚饭各三分之一斗。所以加

汉刻：努力加餐饭

餐一顿，项羽是大出血，也是真准备灭了沛公的。

跟从项羽西进的，除了他自己的本部人马之外，还有已经复国的魏王魏豹的军队，有代表赵国的丞相张耳的军队、齐国宗室贵族一脉的军队、自立燕王韩广的军队。项羽联军四十万，号称百万。

六国之中，只有韩国因为张良的关系，从始至终坚定站在了沛公的一边。韩王韩成留守在阳翟，象征性的旗帜也没有给项羽，被张良找到的韩襄王庶孙韩信（后来接替韩王韩成的韩王韩信，非名将韩信）则以将军的身份跟从刘邦入关。张良自己兼着韩国司徒和沛公总参谋长的双重职务。沛公自己本部人马、韩国军队再加上整编的秦国军队，十万有余，号称二十万。

虽然曹无伤心向霸王，但霸王那里也有人惦记着沛公营里的张良。曹无伤在沛公这边顶多排进前十，那人却是霸王军中的二号人物项伯。

就在那天夜里，饱餐的士兵们都安稳睡去之后，心有不安的项伯惦念着曾经在下邳城里庇护过自己的张良。怀着这种至深的友情，项伯深夜策马去了灞上，对张良说："别跟着沛公一起死啊，跟我开路吧。"张良说："不去告别一下是不道义的。"

进了沛公大帐，张良说："就这个情况。"沛公惊了："咋办？"

张良问："谁给您出的这个馊主意？"

答："鲰生（无知愚陋之人）告诉我的，那孙子说函谷雄关拒诸侯，秦王矣。"

问："大王您觉得您干得过项王吗？"

沛公："……你说咋办吧。"

答："道歉呗。"

问："你跟项伯铁吗？"

答："废话，不铁他也不会来此地捞我，我俩杀人救命的交情。"

沛公显然此时已经冷静了下来，问："你俩谁的岁数大？"

答："项伯长我数岁。"

沛公："那就是我大哥了，快把我大哥请进来。"

张良出了大帐，见到项伯，温言软语，百般邀请。哪怕是项伯这样杀过人的汉子也架不住张良的忽悠，于是见了沛公。

什么叫作游说，这才叫作游说，你给我一张船票，我给你忽悠来整艘游轮，大概如此。

沛公恭恭敬敬地双手捧酒，对天发誓："大哥，自我攻入武关，再小的财货也不敢贪图，再美的美人也不敢占有，就知道收好档案，封好仓库，等上将军驾到，所以封锁函谷关，是为了防火防盗防关中内匪，请大哥您告诉上将军这一切。"临走还口头上结了亲家。

项伯很高兴："明早上，记着，一大早就来谢罪吧。"

回到楚军大营中，项伯给项羽的汇报中说："他有大功，杀了不义。"

沛公这一次的教训可谓深刻，财货可以舍弃，美女可以舍弃，但是见到终于可以称王的机会，还是没有忍住，结果差点见了阎王。

鸿门宴上，排定座次之后，项羽和项伯是列席主位的，坐西面东，最是尊贵；其次是范增南向；然后才是沛公北向——服软认错误的三等位置；最后是张良西向——侍从陪客的末等位置。

从阵营上看沛公只能待宰？可要是开了全图，沛公还是有惊无险的。项伯是项羽的二叔，看着项羽长大的。他既然保下了沛公，那无论七十老朽的平民范增怎么使眼色，事儿也成不了。贵族与贵族之间的语言是相通的。项伯把不义这种帽子扣下来，项羽便不能主动下手了。项庄舞剑指向沛公，沛公家里还有樊哙。剑拔弩张到消于无形，可怜了那对被亚父范增砍碎的玉璧了。玉璧何罪？不过承受人们无处发泄的迁怒之火罢了。

前208年夏天还是无名之辈的居巢老翁范增，不到一年半的时间，被项羽尊为亚父。第一项功劳是用楚国正朔否定了陈胜之功，第二项功劳是捧出一个楚怀王来代表正朔。再之后，他既不能辨出自己大帐中韩信的将才，又不能在项羽杀降之前厘清脉络，不过是一个很有心机且专注在清除异己

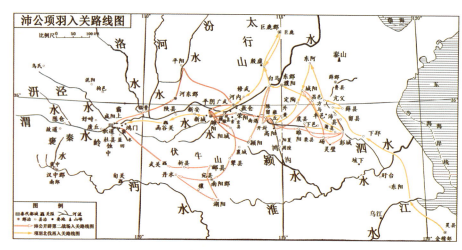

沛公项羽入关路线图

的老辩士罢了。至于鸿门宴上项羽不杀沛公，其实不是什么致命的错误，但流传到后世，成了一件霸王项羽替"老炮儿"范增背黑锅的事情。

鸿门宴后几天，项羽进入咸阳，第一屠城掠财，第二杀了子婴全家，第三焚了秦国宫殿。如果子婴被调换成秦二世，这三项都是加分项，可陈胜首倡的旗帜上都要添加公子扶苏，项羽斩了扶苏的血脉子婴，便三项都是负分了。不过这些都是小错，沐猴而冠更是一个笑料，无伤大雅。项羽的第二个致命错误，是错在了蛋糕如何来切这个问题上。

项羽所能想到的最宏伟的事情，就是守住旧的秩序——不是秦始皇刚刚开创的征服模式，而是旧战国根深蒂固的霸主模式。

能够和项羽有共同语言的，或者说被他所认同的，首先是项氏一族，其次是曾经在秦始皇征服模式下唯唯诺诺的六国贵族后代，最后才是跟着他西进关中的各路平民或者小吏出身的武装首领们。基于这种观念，天下的蛋糕放在了贵族项王和他的平民幕僚范增面前。项王是无意独吞整个蛋糕的，他觉得那是错误的，秦国不就是这么撑死的嘛，所以他觉得按照老六国的秩序模型，继续做霸主比较好。

于是项羽拿起了裂土的刀，开始切割天下这块蛋糕。

楚怀王三年正月（前 206 年春），项羽的使者问过楚怀王，能否把沛公封在除了关中之外的其他地方，毕竟沛公在秦地的声望最卓著、旗帜最具感召力。项羽本来是等着楚怀王象征性的同意，结果楚怀王回答他要遵守承诺。要知道曹无伤在叛变之时就说过，沛公的使者早就去往了彭城拜见楚怀王。结果鸿门宴上大气地放跑了沛公的项羽开始骂街，随后又把楚怀王升格为楚义帝，将宫廷迁往长江以南的长沙。这一系列表现又是负分，号称智者的范增呢？他除了鸡贼之外也就还是鸡贼了。说项羽不听范增的话？韩非说过，真正的游说是不分性格的，只是针对不同性格去游说罢了。范增连项羽都说不清、说不对、说不服，他又怎么能为项羽指点天下呢？

楚义帝三年二月（前 206 年春），终于切割完毕之后，项羽自己做了河淮之间最大的霸主，称西楚霸王，都彭城，包括旧楚国与旧魏国的九个郡，在地图上看去，除了南面是大本营的生路，有点三战之地的意味。

沛公刘邦是除了项羽本人之外，灭秦功劳最大的一个人。可项羽既不杀害他，又不感化他，项羽和范增还都忌惮他，更因为楚怀王的死扛，不得不把沛公封在了巴郡和蜀郡，因为这里也算是关中土地，不算背约。如果按照范增最初的计划来办，那么沛公的称号应该是蜀王，后来沛公称汉王，还要谢谢张良弄来了至关重要的汉中郡。

为了压住汉王，项羽把关中土地一分为三，章邯封雍王、都废丘，曾经做过栎阳狱掾并帮项梁平过事的司马欣封塞王、都栎阳，劝说章邯投降的董翳封翟王、都高奴。这三个人都是秦人，却都替项羽背着坑杀二十万秦卒的罪过。好处是只要项羽在，他们便不会叛；坏处是项羽不在，他们在自己封地毫无感召力。很明显项羽除了需要三王来维持统治，更需要他们压住汉王。只不过名将章邯的运气实在太背，又碰到了另一位超一流的名将——韩信。但总之，这几刀项羽都不算是犯错，预知天才这种事，不在本书讨论之列。

因为项羽把旧魏国在中原的土地纳入了自己的版图，魏王魏豹便被赶去了旧魏国迁都大梁之前的地方，大体上说是从河南赶去山西，封西魏王、都平阳（山西临汾）。魏王魏豹与他的哥哥魏咎一样，都是旧魏国宗室子弟出身，旧秩序下的霸主观念也已经根深蒂固，这个举措之后，他表示顺从而且没有什么危害。

本是赵相国张耳手下的随从申阳，因为项羽欣赏他的功劳，封河南王，建都洛阳；赵国别将司马卬因为屡立战功，平定了河内郡，于是在河内封殷王，建都朝歌；旧赵国宗室子弟赵王赵歇被请去往北，改封代王，建都代郡（河北蔚县）；随项羽入关的赵相国张耳封常山王，建都襄国（河北邢台）；被张耳夺了印信去打游击的复赵元老成安君陈馀，只封了围绕南皮的三个县。

燕王韩广被请去更北，改封辽东王，都无终（河北蓟县）；燕国将领臧荼随楚军救赵与入关有功，改封燕王，都蓟城（北京）。

出身平民、没有随楚救赵也不从楚入关的齐王田市被摘了齐王，封胶东王，都即墨；旧齐国贵族将军田都救赵入关皆有功，封为齐王，都临淄。旧齐国宗室田安归降有功，封济北王，都博阳（山东长清县）。

要了项羽命的，正是距离他西楚国最近的赵、齐、燕。他在这几块土地上的切割方案，埋下满满一箩筐的地雷。首先是以东方上国自居的齐国中，矛盾是两个阶级的——宗室加贵族面对士族加平民；其次是以北方大国自居的赵国中，矛盾是一个阶级之中的势不两立；最后，站在维护旧秩序角度上切蛋糕的项羽一刀下去，把所有赵、齐、燕三国的旧秩序又都打破了，在土地上有实力也有威信的旧王全部靠边站，在项羽本人面前有信誉的新王全部上了台。

至于在项羽自己势力之下的河淮以南的大后方，楚军中勇武第一的大将当阳君黥布，封九江王，都六邑（安徽六安县）；番阳县令吴芮率领百越部落参战，封衡山王、都邾城（湖北黄冈县）；楚义帝的上柱国共敖因战功封临江王，都南郡（湖北江陵县）。

至于旧韩国，远在阳翟老老实实听从张良安排而没有随着项羽入关的韩王韩成名义上还是老样子，被封韩王，都阳翟。

楚义帝三年四月（汉高祖元年四月，前206年初夏），诸侯从戏水之滨各自罢兵返回封国。之前汉王虽然拍着桌子骂娘，但还是听从了萧何的意见。临行巴蜀之前，汉王与张良依依惜别，送了张良黄金两千四百两，珍珠两斗，只求一件事情，让项伯递个软话给西楚霸王，把汉中郡弄到手，即将回转韩国做相国的张良连财货带话语，一分不留，全部转给项伯。随后，项羽准许汉中郡划拨汉王。如果说巴郡、蜀郡是一个瓶子，那么瓶盖就是汉中郡，如果说要压住汉王，那么雍、翟、塞这三块石头都不如一个汉中作为瓶盖管用，乃至几百年后三国乱战之时，之所以蜀汉政权可以抱着益州顽强生存50年，就是因为刘备占领成都之后仅三年便听取了法正之谋，倾全力夺取了汉中的缘故，而此时张良用财货便替汉王拿到了进退的主动权。

诸侯各自返回封土就国之时，项羽准许汉王领军三万，加上自愿跟从入蜀的豪杰，共有几万人，从杜县入蚀中（子午谷）启程。张良一直将汉王送到褒中（陕西褒城县）才返回韩国，临行时留言汉王烧毁栈道以防三秦突袭，也可向西楚霸王表明不再东归的心意。百里之内防身、千里之外攻心，张良可谓大牛人啊。

这场离别从表面上看可谓是伤离别，但是被张良找回来立为韩国将军的那位宗室庶子韩信却跟着汉王入了汉中，后来第一个向汉王劝谏的也是这位日后的韩王韩信："项羽把他的人封在楚地附近，把您封在这个犄角旮旯儿，这是羞辱啊，您手下都是关中勇士，踮着脚想回到故乡，不趁着他们锐气正在，黄瓜菜便凉了。"

这不能不使我们浮想联翩——纵使张良不觉得能够再见汉王了，出于天性，他也要留下点伏笔啥的。张良那是好聪明的人啊，他想一想西楚霸王那张切蛋糕的名单，就知道这事肯定还没完呢。

节二十

分蛋糕 人难做

　　诸侯带着项羽切好的蛋糕分配清单各自回到封地，其中被项羽封为齐王的田都带着人马赶往临淄，自立的齐国相国田荣听说项羽把自己的侄子田市从齐王改封胶东王，却让自己名义上的手下、贵族将军田都做了齐王，于是他像当年赶跑田假一样，在楚义帝三年五月（汉高祖元年五月，前206年夏初）直接出兵赶跑了田都，跟着项羽从战有功的田都直接逃去了项羽的西楚国，而田荣则让侄子田市继续踏踏实实做他的齐王，意思是出了事情叔叔给你罩着。

　　田市比较懦弱，本来就是被叔叔田荣按在王位上的，大小事都由叔叔来安排，结果田市慑于西楚霸王的大名，心里害怕，按照项羽的任命，悄悄溜走，跑到即墨就任胶东王，平民出身的田市也真的算是一个乖乖仔了。

　　楚义帝三年六月（汉高祖元年六月，前206年夏），田荣火冒三丈，出兵即墨，斩杀了这个不成器的侄子，自立为齐王，而且把齐国将军的印信给了流浪在梁地沼泽中的彭越。彭越那股势力聚众一万多人，没跟随项羽入关，却与汉王有旧，分封之时谁也没人替他美言，但真的很能打。拿到了齐国将军印信的彭越在七月击斩了济北王田安。

　　项羽的蛋糕切完才五个月，他封的齐王、济北王和胶东王就都没了，齐地归于田荣一统，彭越的军队还进入西楚国境内，击败了项羽派去的楚国大将萧公角。

　　与此同时，被勉强封了三个县的陈馀，只要每日想着常山王张耳的地盘便怒火中烧，反而是被转封代王的赵歇并没有什么意见。可陈馀已经打出了赵歇的旗帜，派人去找齐王田荣说："项羽分肉不公平，太荒唐了，有战功的将领都弄到了好地方，却把有法统的诸王踢到一边。赵王赵歇被赶去苦寒的代郡，这有悖伦常，不义，请大王派军帮忙攻击常山王，帮赵王复国，若是如此，赵王必将作为齐国的小弟，为您鞍前马后，捍卫西北边陲。"

田荣点头同意，从齐国借到兵的陈馀立即开始攻打常山王张耳。张耳闻风而逃。当时汉王已经从汉中杀回了关中，正在平定三秦。败逃途中的张耳思来想去，颇费了一番脑筋去思考到底是投汉还是投楚。张耳说："汉王和我是老交情，当年布衣时候就来向我求过道，但毕竟项羽强大，立我为王，我看还是去楚国吧。"手下甘公依托天象与仁义苦劝一番，张耳也掂量了一下私人的友谊、自己的分量与国际的形势，便没有跑向封他做常山王的项羽那里，反而是一路向西，投奔了有着老交情的汉王。

赶跑了张耳的陈馀从代郡迎回了被项羽改封的赵歇，重新立为赵王。借着这份功劳，陈馀终于圆了自己的封王之梦，被赵王赵歇封为代王。陈馀自己留下辅佐赵王赵歇，让夏说以相国身份去镇守代国。赵国已经在事实上成了陈馀的赵国。

老一代燕王韩广被项羽改封去了辽东做王，而他自己派去襄助楚军的将领臧荼带着燕国军队倒是混成了燕王，很是气愤，不准备听从安排去辽东就国。新一代燕王臧荼便带着军队攻打韩广，一直追着韩广攻击，八月打到辽东都城无终，杀了韩广的同时也顺便兼并了辽东土地。

楚义帝三年八月（汉高祖元年八月，前206年夏秋），心里不忿的楚义帝还是乖乖南下去了长沙就国。可项羽还是放心不下这个放羊娃娃，更嫉恨楚义帝信守"先入关中者王"的诺言，连带着当初宋义预言项梁、贤良排挤自己等等前仇旧恨，便指派九江王黥布、衡山王吴芮出兵埋伏楚义帝。十月，黥布接到项羽的命令之后，忠心耿耿地执行了命令，让手下追至郴县才在江中击杀了楚义帝。

齐地的事实、赵地的阴谋、楚义帝的遭遇，这些都算是大事故，但致命的事故却发生在项羽身边。韩国既没有跟随他救赵，又没有跟随他入关，在项羽看来韩王韩成寸功没有，韩相国张良又是汉王重卿，韩将军韩信又跟着汉王西去，韩国军队唯一的贡献就是成全了汉王进关中，于是小心眼的项羽当然会嫉恨有加，他让所有诸侯返回封土就国，唯独扣着老老实实的韩王韩成在身边。

张良以韩国司徒的身份追随在韩王韩成左右，虽然他向项羽禀报："汉王烧毁了栈道，不会回来了。"但因为项羽不是智者，所以这丝毫没有赎买到项羽的宽容。项羽倒是真的信了关于汉王的话，于是更加放开手干，把韩王韩成贬为了穰侯（河南邓县）。这对于张良的智商来说，是很大的侮辱，人家老老实实的韩王韩成听从了自己的谋略，结果正宗的七雄血统混到现在，连王位都不保，这有点过分了。

更过分的是，心里就是迈不过去那道坎儿的项羽，天天看着身边被贬为侯的老老实实的韩王韩成还不满足，七月找了一个借口，在彭城把韩王韩成给处决了。除了小心眼儿之外，实在没别的好解释了，力拔山兮气盖世的项羽啊，就此惹下了一个致命的恶因。

张良的复国意志，那可是情比金坚的。项羽还是小孩儿的时候，汉王还是百姓的时候，这哥们为了替故国复仇，就敢刺杀秦始皇。现在项羽把人家主上弄死了，这是彻底断了张良复国的念想儿，也彻底断了自己的生路啊。后来张良一句养虎为患弄死了项羽，不能说张良手段狠毒啊。最开始，他不过也是怀着旧秩序的念头想复国的啊。

汉高祖元年秋（前206年秋），就在项羽准备继续绊了张良的时候，张良抄小路跑了，跑回了汉王大营之中。此时的汉王，已经平定了三秦。

切蛋糕，从来不是一件容易的事。

从善如流 决断自下

　　楚义帝三年四月（前206年初夏）诸侯罢兵回国之后，东方诸国陆续上演了项羽切蛋糕之后的各类化学反应。汉王自己南下汉中的这一路，在行军到达南郑的时候，来自关东的将领和士兵们已经跑了许多。在韩国将军韩信（此人并不是名将淮阴韩信）的劝说下，汉王当然也知道自己再等一年半载的话，争天下的念想儿就凉了。

明修栈道，暗度陈仓

　　某一日汉王听说自己的相国萧何也跑了，大怒。直到两天后，食不下咽的汉王才见到萧何领着一位将领回转大营，汉王怒骂："你也敢跑？"萧何说："我月下去追韩信了。"

　　汉王大骂萧何扯淡，明明韩信就跟在他身边给他出主意要干事业呢。萧何说他追的不是韩国那位宗室将军，他追的是治粟都尉淮阴韩信。

　　东海郡淮阴人韩信还是平民的时候，家里贫穷又没有操行，没能被推选为当地的小吏，也不会经商谋生，总是跟着别人蹭吃蹭喝。他多次到下乡南昌亭的亭长家里去蹭饭吃，每次都是几个月。亭长的妻子烦透了，终于有一次早早做好饭吃了。等到饭点韩信去了，也就明白了意思，一怒之下，从此就断绝了关系。他在城下钓鱼，看来垂钓的水平也不行，饿到头晕眼花之时，边上几位漂洗棉絮的大娘中有个好心肠的，就给他饭吃，一连几十天直到漂洗的活儿干完为止。韩信说："我必定有法子重重报答您。"大娘也怒了："你个大老爷们不能自己养活自己，我是看你可怜才给你饭吃的，难道是指望你报答吗？"

淮阴城里有个年轻屠户看韩信长得高大，还喜欢佩剑，便当众侮辱韩信。这个屠户印象里佩刀挂剑的士都应该是不怕死的，于是傻乎乎地说："韩信你要是不怕死，就用剑来刺我；不敢去死，就从我裆下爬过去。"并不是说这个屠户自认为打得过韩信，韩信拔剑刺死了屠户，也就犯了法，如果韩信敢于刺，韩信必然会被法办，这就证明了韩信不怕死，是个士。这就是傻乎乎的屠户的逻辑，或者说他对于士的理解。韩信便从他的裆下钻过去了。街上的人都嘲笑韩信，认为他胆子太小了。

当项梁渡过淮河时，韩信带着剑投了项梁，没有什么名气；项梁战败之后，便又投了项羽，在项羽手下担任郎中，虽然多次献策，但都没有被项羽采用。

学示强兵法的一路人，都是看不惯学示弱兵法的一路人，大致如此。

直到项羽切蛋糕之后，汉王入蜀，韩信便从楚军逃了出去，投了汉王，开始担任管理粮仓的小吏。后来韩信犯了法，虽然没有说是什么缘由，但总之是斩刑，同罪的十三人都已处斩。轮到韩信时，他抬头看见了滕公夏侯婴，便为自己申辩："汉王不是想一统天下吗？为啥要斩杀壮士！"滕公惊奇韩信的言论，又觉得他相貌非凡，于是不但没杀，一番交谈后还很欣赏他，便推荐给汉王。汉王任命韩信为治粟都尉。

滕公夏侯婴，那是跟着汉王起家时候的发小，无论爵位头衔如何，这位大哥一直是汉王的太仆角色，也是列阵冲杀活下来的沛县元老之一。为什么其他被斩的十三人没有一个抬抬头或者为自己说些话的？也许有人抬了头，也许有人想求生，但这些人根本就不知道该怎么求生，于是就被斩了，只剩下韩信活下来了。

韩信即使没有死罪，也不过是个管理粮仓的小吏，得了滕公提携，刘邦直接任命他作为治粟都尉，也算是几个军需部长中最重要的一个职位了。一般意义上来说，汉王不算没有重用韩信。可是韩信觉得汉王这不算重他，于是便也找个机会跑了。

包括韩信在内，汉军将领逃亡了数十人，而与韩信聊过多次的萧何来不及和刘邦报告，就独独去追韩信一个，说明韩信还真不是一个只会花言巧语的假把式。萧何是从来默默无闻只专注干活儿的人，当初看不上汉王的是他，但进了咸阳先扑向宰相府抓地图与档案的人也是他。他去追的，一般都是有战略价值的，无论是物，还是人。

在萧何劝说下，懒散惯了的汉王用特别隆重的仪式设坛拜将，这当然有丰邑的影子在心中，但也是萧何的努力结果。仪式完毕，分宾主落座，汉王属下将领们还在震惊之中没有缓过神，汉王问韩信："咋办？"

韩信说："能做您的对手的，只有项羽。项羽虽然勇猛无双但不懂得如何任用挑选心腹臂膀，这是匹夫之勇；他懂得贵族的礼节，但不懂得舍出财货激励将官士兵，这是妇人之仁；他称霸天下但不懂得如何控制诸侯首领，这是没有见识；以楚为国却驱逐义帝，大失民心。以上这些是项羽的弱点，将来与他正面交锋的时候，处处针对这些弱点下手就可以了。但在当下，第一步是平定关中，现在三秦的主人相对于他们土地上的秦人来说，都有原罪在身，秦人看他们只会想到烧了咸阳的项羽，而汉王您不但对于秦地无伤，而且在秦人看来是忠厚贤良的解放者，只要一战击溃勇名为首的章邯，那么三秦土地可以传檄而定。"

汉王一听韩信把远近形势解释得如此清楚，便说："干！"

楚义帝三年八月（汉高祖元年八月，前206年夏秋），悄悄绕了一个大弯的汉王与韩信开始进军三秦，一路攻占了下辩（甘肃成县西北）、故道（山西宝鸡西南大散关东南）、雍、敖等四县，顺利越过秦岭，渡过渭水，进入雍王章邯的封地。没有萧何从咸阳搜集来的那些山川地图，汉王也好，大将军韩信也罢，都不会知道还有这么一条战略迂回的道路。章邯在仓促中率军至陈仓（陕西宝鸡东），以轻车骑列阵迎战，被打前锋的樊哙突破。于是章邯后撤至好畤（陕西乾县好畤村）扎住阵脚重新组织再战，又被汉军击败。章邯退回废丘重新组织人马，并向塞王司马欣、翟王董翳求援，他的弟弟章平死守好畤待援。

韩信让樊哙包围好畤，主力则沿着渭水河谷向东，直逼废丘。得到援军的章邯整队出兵至壤乡东部（陕西武功东南）和高栎（陕西武功东南）一线与汉军对峙。在双方列阵会战之时，正面的先锋灌婴击溃了秦将赵贲，而韩信早已让围困好畤的前锋曹参、樊哙率军南下，前后夹击之下，章邯等三王就此输掉了决定性合战。

章邯只能说生不逢时，挽救大秦的时候，碰到了"示强兵学"超一流的项羽，维护西楚的时候，又碰到了"示弱兵学"超一流的韩信，知道合战再无胜算的章邯只得退入废丘城中坚守。汉军将废丘围困起来后，东进占领咸阳，各自分兵夺取陇西郡、北地郡和上郡。章平退入北地郡征发人马与翟王董翳的残部又反扑了汉军两次，都被击溃。塞王司马欣与翟王董翳在汉军强大的宣传攻势之下，果然很明白自己已经无力抵抗，先后投降。

汉王另外派遣了将领薛欧、王吸出武关经南阳，与一直在当地活动的王陵配合，准备前往沛县把汉王家眷接回关中。项羽得到消息后派楚军封锁了阳夏（河南太康），汉军不能前进。项羽请来了王陵的母亲，在王陵的门客抵达军营之时，项羽让王母在东方上座，希望门客将自己的诚意转达给王陵。谈话完毕后门客告辞，王母私自向王陵的门客哭诉："请传话我儿，效忠汉王，汉王是位敦厚长者，不要三心二意，为了免得我儿为难，我让你亲眼看到我的死。"说罢抽剑自杀。项羽有点挂不住面子，下令把老太婆的尸体煮烂，这都不算是烹杀，而是烹尸了，这种侮辱比烹杀还要过分。

原本王陵是无心归附当年自己的小弟的，哪怕小弟做了汉王。可项羽这么干，彻底把王陵做个土豪游侠的念头断了。王陵于是只能死心塌地归汉。虽然日后因为和雍齿交好，硬石头一样的王陵只被封为安国侯，但再后来他还是做过丞相，在诸吕当权的时候保过汉家的天下。王陵去世之后，也做丞相的张苍，赶上自己的休息之日，都是要先去王陵夫人的府上送递食物、侍奉吃饭，然后才敢回家的。

太史公司马迁在自序中写下的除了皇族之外的汉家制度的四大奠基人——订立律令的萧何、订立军法的韩信、订立章程的张苍、订立仪礼的孙叔通。张苍直接受益于王陵，萧何直接受益于张苍。你说王陵的母亲她都死了，项羽还要把尸体煮了，这是多大的仇恨啊？抑或是只为了证明上天给自己的武力太勇猛了，所以只能让自己的心眼儿变得小了？

这时从项羽营中跑路的张良也抵达了关中，彻底入伙汉王，封成信侯，他为汉王修书一封，送给项羽说："汉王就是想得到关中，拿到原来该得的，不敢再东进了。"而且消息灵通的张良还把齐王田荣与梁地流亡军阀彭越之间的反叛文书，也一并送给了项羽，那意思是齐王田荣与彭越想一起灭了西楚国，齐国的后面还有赵国，赵国也是齐王田荣扶植起来的，梁地本属魏国，现在被您吞并了，田荣估计是向彭越许诺了大梁，这些都是在您眼前的事情，您看着办吧。

汉高祖二年的冬天（前206年年底），项羽果然北上攻齐，正月抵达城阳。齐王田荣勇气可嘉，带兵前来接受项羽的挑战，这一点上，他与被章邯斩杀的哥哥田儋是一样的。一番合战之后，总算知道项羽勇武的田荣败退，不敢向东北的临淄跑，向北撤至平原县。当地的齐人杀了田荣准备向项羽表明态度，但项羽实在是不太喜欢传檄千里那一套东西，不但没有领情，而且继续武力北进，一直扫荡到北海县，所到之处士兵活埋，妇女老弱掳掠为奴，房屋田产尽数摧毁。

城阳合战中活下来的田荣的弟弟田横，趁着项羽北进，收集了溃兵数万人，再度占据城阳反楚，而且也再次击败了项羽重新扶植起来的田假。田假又一次逃亡至项羽营中。项羽一怒之下杀了不争气的田假，在扫荡完齐地之后回师攻打城阳。田横这次知道厉害了，就是坚守不出。项羽围攻数次也不能打下这座抵抗意志坚决的城池，就这样，自己把自己绊在了齐地。

就在项羽平定齐地之时，汉高祖二年十一月（前206年年底），汉王响应张良的意愿，供给士兵和粮草，命韩国太尉韩信出武关，在张良伴同之下，一路闻风而降的有十余城。汉军突击到阳城（河南登封），击败了项羽立的韩王郑昌。郑昌投降后韩信被汉王立为韩王。

汉高祖二年正月（前205年年初），平定关中的汉军基本告捷，三秦土地上只有雍王章邯坚守的废丘城仍被围困。汉军俘虏了章邯的弟弟章平，关外的河南王申阳也投降了。汉王大赦罪犯，出关到陕县安抚关外父老，回到咸阳之后，碰到从常山郡跑路而来的张耳求见，汉王也优待有加。同时传檄各地，修缮整治河上要塞，那些秦国原来的苑囿园池，全部开放让平民们来耕种，另外告之各地的军事首领，带领一万人或者使一个郡投降的，都封万户。

汉高祖二年二月（前205年年初），汉王废除秦朝社稷，改立汉朝社稷。

汉高祖二年三月（前205年春），汉王率军从临晋关渡过黄河，进入魏国地界。魏王魏豹投降后跟从汉王东进。汉军继续攻下了封给殷王司马卬的河内地区，在朝歌（河南淇县）一番合战，俘虏了司马卬，设置河内郡。驻军修武（河南修武县）之时，汉王属下魏无知推荐了一位颜值爆表的美少年，叫作陈平。

陈平是阳武县户牖乡人（河南原阳），和兄长陈伯一起居住。陈伯每日耕田，支持不事生产的陈平出外拜师求学。陈平高大帅气，有人纳闷问陈平："你家那么贫穷，你怎么还能吃得如此肥壮？"陈平嫂子说："也就是吃糠咽菜呗，赶上这样的小叔子，不如没有。"话音传到陈伯耳中，陈伯把媳妇踢出了家门。

到了陈平该找媳妇的年纪了，没有富贵人家肯把女儿嫁给他。陈平又不屑于娶个贫家女，选来选去只有个当地富人的孙女，嫁了五次丈夫都死了，没人再敢娶她了，陈平准备揽下这门亲事。恰好乡里有丧事，陈平去帮忙赚些家用。富人在丧家见了陈平，看好陈平的相貌和身板。富人来到陈家，那里是靠着城墙的一处偏僻巷子的尽头，大门都是用破席子做的，不过富人也看见了门外又深又宽的车辙。富人知道这都是德高望重者的豪车车辙，便把孙女嫁给了陈平，告诫孙女："别因为人家穷就缺了礼数，侍奉陈伯如父，侍奉嫂嫂如母。"有了媳妇家的资产注入，陈平的交游才一天比一天更加广阔。

周市拥立魏王魏咎的时候，陈平辞别陈伯前往追随，后来又跟随了项羽入关。殷王司马卬一度叛楚，陈平带着在楚地的魏国人平定了殷地，汉王逐次攻下殷地。项羽知道后大怒，要诛杀前次平定殷地的将官。陈平吓得不轻，封了项羽给他的黄金和官印，托人还给项羽，自己只带着宝剑跑路了，渡过黄河之时还差点被船家绊了，宽衣解带证明自己一无所有之后，才保住性命到了修武投靠汉王。

得到拜见机会的陈平坚决拖住汉王，他知道如何不让机会随着夜晚溜走，不等过夜，当晚就是一番游说，展示了足够的才华。等到第二天，陈平已经得到了让汉军将领们妒忌的职位与头衔。汉王识人，陈平也明白轻重。虽然后来将领们开始攒材料，打陈平的小报告，汉王反而更信任陈平了。

随后汉军南渡平阴津，抵达洛阳。新城三老董公在路上拦住了汉王，告诉他义帝死因。汉王为义帝发丧，举哀三天，派使者通告诸侯："项羽杀义帝，大逆不道，出动关内所有军队，征召三河勇士，沿长江、汉水南下，率诸侯王攻打楚国那个杀害义帝的罪人。"战争性质已经变成了伐无道。

使节到了赵国，赵国丞相兼代王陈馀说："杀了张耳，我们出兵。"汉王碰到了当年项梁邀请齐国出兵之时一样的难题，不过他不觉得这是什么难题，找了一个容貌与张耳相似的人，一刀砍了，把人头送给了陈馀。赵国军队也就南下加入了汉王组织的伐楚大军。

联军抵达外黄，流浪的彭越已经发展到了三万人。汉王替魏王魏豹做主，任命彭越当了魏国相国，军权独立，随意夺取西楚国占有的梁地城邑。

节二二

补救致命的错误

　　汉高祖二年的春天（前205年春），汉王统帅着浩浩荡荡的五国诸侯联军，号称大军五十六万，分三路东进攻楚：曹参、樊哙、灌婴与郦商会合陈馀的赵军为北路，由围津（河南滑县东北）渡河，扫荡梁地、鲁地后进攻彭城；汉王与各路归附的诸侯为中军，由洛阳东下直取彭城；薛欧、王吸与王陵的军队为南路，出南阳，攻阳夏，进攻彭城。到了四月，联军打进彭城，汉王想不到胜利竟然如此简单，天下已经到手，便缴获了项羽私藏在库中的财货无数，接收了如云的美女，每天酒席宴会，坐等项羽前来受死。

　　被绊在齐地的项羽命令楚国将领继续攻齐，自己领着三万精兵南进，一路由鲁县经胡陵至萧县回援彭城。这条路线是一个迂回到汉军侧后的机动动作，项羽全军赶到萧县之后，饱餐一顿，拂晓就开始由西向东突击汉军大营。完全想象不到楚军会出现在自己侧后的汉军各营纷纷崩溃。三万楚军一路向东，中午就打到了彭城，大败汉军。被从后路兜击的各路汉军早已不成阵势，被追击的楚军赶着，四散泅渡谷水、泗水，死十余万人，剩下过了河的汉军无处可跑，继续向南避入山中。

　　楚军继续追击，在灵璧东的睢水边又赶上汉军残部，继续压迫。汉军再逃，泅渡睢水的过程中又死十余万，睢水因此一度被尸体堵塞而断流。只是因为忽然飞沙走石，汉王才带着几十号骑兵逃离战场，经过老家沛县之时，来不及找到家眷，楚军又至，仅仅在路上找到了儿子刘盈和女儿鲁元。汉王也是被楚军的凶悍吓坏了。毕竟上次钜鹿之战的时候，他正在关中干着事业，只是耳中听闻项羽的表现很牛，但脑子里还没有建立真正的概念。这一次体会到了之后，汉王担心车子跑不过楚军追兵，多次把儿女推下车，滕公夏侯婴总是把他们再捞上来。汉王一路飙出了各种脏话，甚至几次要把夏侯婴干掉，但还好的是，最后的结果很圆满，汉王总算逃脱了。只是走散的太公、吕雉和审食其等人，却遇到了楚军，被押回了项羽大营。

这是汉王犯下的第二次致命错误，相比上一次的更致命，所以逃生经历也比鸿门宴之时更惊险刺激。鸿门宴那一次是文斗练胆，败彭城这一次是武斗炼胆。

原本一块陪着汉王洗劫了楚地的五路诸侯立刻全部叛汉归楚，齐国田横见状也和项羽订盟议和，汉王抄小路跑到了下邑，吕后的哥哥周吕侯为汉王率兵驻扎在下邑。在马背上有了主意但没有人选的汉王问张良："舍弃函谷关以东的土地作为封赏来拉拢盟军，当下给谁合适？"

虽然项羽和汉王都在比着犯错，但汉王的问话明显表达了他的眼光和水平。关中是他的大本营自不必说，而关东那些土地上的主人们，汉王知道他已控制不住，控制不住就是浮云，正好拿出去送人。送出去的许诺97%的人看来也是明日的浮云，但也肯定会有3%的人知道，这是机会。看起来汉王送出去的是不属于他的土地，但实际上汉王送出去的是那些土地上现在主人们的命，这就是虚无的政治号召力怎么能够在失败中兑现为保命的现实力量的奥秘。但没有眼光与水平的人，或者眼光与层次不到火候的人，便不觉得这话有什么高深的地方，只是觉得汉王慌了。

张良说："九江王黥布是楚王勇将，但项羽平定齐地的时候出兵不情不愿，算是与项羽有隔阂，将这个矛盾利用起来，就给项羽自己的大后方埋了钉子，也断了他的左臂。彭越一直背靠着齐国在梁地反楚，这是天然的矛盾，可以牵制项羽的右肋，这两人都可以直接赎买。至于您自己的手下中，只有韩信可以放出去独当一面。要割肉就给这三位，楚军可破。"张良听得懂汉王在问什么，也能给出落实的计划，一个智慧型的杰出总参谋长。到了近代，拿破仑的总参谋长贝尔蒂埃又是另一种形态，那是因为拿破仑自己思维宽广，无论是张良，还是贝尔蒂埃，都是一个幕僚长可以观摩和学习的模型，贝尔蒂埃的事情已经是后话了。

听从了张良计划的汉王，从自己属下中物色了一个名叫随何的使者，出使游说黥布。汉王告诉随何："去六邑说服黥布叛楚，只要他牵制项羽几个月，我就能取得天下，行吗？"随何说："包在我身上了。"汉王帐下总是能够找出各式各样的战术人才来落实张良的战略规划，实在是一次又一次地补救了汉王捅出的窟窿。

汉高祖二年五月（前205年夏），一路由砀县（江苏砀山）向西经过梁地再到虞县（河南虞城）的汉军终于抵达荥阳坚城之中，除了路上收拢的溃兵之外，各路败军也陆续在此集中，楚汉便对峙于荥阳南面的京邑（荥阳南二十里）、索邑（荥阳北四里）之间。此时汉王却多次派使者回到关中慰劳丞相，有明眼人向萧何建议："汉王风餐露宿，还要多次派使者来慰问您。您不如把子孙兄弟能打仗的都派到军营中去支援汉王，加持一下汉王对您的信任吧。"

汉王的左眼盯着关外，敢于许诺关外，自然是右眼盯着关内，那是根本。于是在对峙中的汉王不断接收到萧何从关中征发的老弱士卒，加上溃兵，总算恢复了一些人气和声势。大将韩信也由关中被调往汉王大营襄助。楚军将至，汉王征求意见选择出战的统帅，众人公推秦国旧将李必、骆甲。两人也果然是善战之人，他们答复汉王："我们是老秦国的人，威信不在，请您从左右心腹中选一个精于骑术的作为主帅，我们保着他就行了。"

汉王任命原是睢阳贩丝小贩的灌婴为中大夫，李必、骆甲为左右校尉，指挥韩信整训过后的汉军在京、索之间与追击而来的楚军合战一场。势头疲累的楚军败退，于是战线便稳定在了荥阳一线。随后汉军筑起甬道与黄河相连，靠着敖仓运送的粮食与楚军继续对峙。当初豪杰反秦之时都只夺金银财货，只有宣曲一户任姓的大族，只购粮食，等到楚汉对峙荥阳之后，中原附近的年轻人被抽调一空，豪杰们的财货便都去了任家换购粮食。正因如此，任家发达几代之久。

出使淮南的随何到了六邑，托门路找到太宰去引见，而黥布避而不见。

随何对太宰说："您跟大王说，楚军强大，汉军弱小，这没错，只要让我见面把话说完，说对了，那是大王圣明，说不对，正好把我们一行二十多人在闹市处死，大王可以此来向楚国表明忠心。"于是随何便见到了黥布，他继续说："秦军二十万降卒是您替项羽坑杀的吧？楚义帝是您替项羽刺杀的吧？每次楚军冲锋之时您都是第一个，以少胜多那是常有的事，对吧？"

黥布："嗯。"

随何："这些可都是天大的功劳啊。"

黥布："嗯。"

随何："可惜啊，可惜啊，那都是过去的事了，您现在不过是因为杀了我便能和项羽表达忠心才终于肯见我。我听说田荣叛楚之时楚国伐齐，项羽亲自背着攻城器械前去，楚国的使节来了您这里几次，您才不情不愿地派去了四千人；汉王攻下彭城之时，您也袖手旁观，这些事都是现在的事，都是得罪项羽的事。项羽的心眼儿您也知道有多小，与其这样担惊受怕，不如出兵叛楚。汉王的手笔您也知道，到时候就不仅仅是这么一点点封地了。"

黥布："就听你的，但需要秘密操作。"

出了黥布府中，随何直闯驿馆，果然要求黥布出兵的楚国使者也在内。随何抢到上首，对楚国使者宣布九江王已经归附汉王。楚国使者愤而要走，随何对追来的黥布说："事情已经这样了，杀了楚国使者，跟着汉王干事业吧。"

就这样，黥布杀死楚国使者，起兵攻楚。得到消息的项羽顾不上北面的齐国和西面的汉王，带兵南下进攻下邑，让项声和龙且领兵进攻淮南。黥布果然拖住了楚军几个月，但攻入淮南的龙且列阵击败了黥布。黥布本想率军投奔汉王，又怕目标太大被项羽截杀，抄小路与随何一起投奔了汉王大营。

汉王同样派了使者去找彭越。自从兵败之后，彭越攻下的十几个梁地的城邑又被楚军夺了回去，他继续带着游击队在梁地沼泽群中蹲守。他想了想当年田荣利用他的时候好歹还给了齐国将军的印信，现在汉王又大手笔给了自己魏国相国的称号，还不干涉自己的军事自主权力，可项羽从始至终根本不把他当个人物，使节从来不派过来嘘寒问暖，自然汉使不费什么口舌，他就做了汉王的敌后游击队，专门袭扰从彭城到荥阳之间的楚军交通线。

彭越这支势力虽然是游击队，但却是非常致命的游击队。他就在梁地回旋，如同压在西楚国脊梁上的一根刺。齐国和赵国也都乐于见到彭越挡在他们前面隔离西楚国的威胁。

汉高祖二年六月初六（前205年夏），从荥阳返回都城栎阳的汉王立刘盈为太子，大赦罪犯，让太子守卫栎阳，把各路诸侯的儿子也都集中于此守卫。随后引开河水淹灌废丘。坚守将近一年的雍王章邯心知等待项羽没戏了，开城投降，然后自杀，一代名将就此谢幕。章邯的军队在会战之中败绩虽有，但从来没有一泻千里过，总是能扎住阵脚，保存主力退入坚城待援，这在当时除了项羽、韩信之外，我认为章邯足当第三了。

趁着项羽西进击汉与南下平叛的空档期，田横再度击败了项羽扶植起来的不争气的田氏贵族一脉，收复了齐地，效仿二哥立大哥的儿子为王，排行老三的田横也立了田荣的儿子田广为齐王，自任齐国丞相。但是田荣的另一面田横也当然全部吸收，专断国政，所有政事，无论大小，皆由自己决定。

被汉王用假人头忽悠了的陈馀知道张耳并没有死，彻底和汉王决裂，但是他也不会和项羽走得更近。

汉王回转关中之时，被汉军胁迫在前线的魏王魏豹打了报告，要请假回家探视患病的母亲，回到了魏地都城平阳（山西临汾），立刻叛汉归楚，重兵囤积临晋关（陕西大荔县）与蒲津渡口，并与楚国订立了盟约。

由关中通向东方的道路，除了笔直的由函谷关东进的黄河南岸一线以及由武关走宛城的一线，第三条主要交通线就是东渡黄河的晋南豫北通道。东渡黄河进入魏地之后，沿中条山北麓东行，从轵邑（河南济源）穿过太行山麓南端与黄河北岸之间的狭长走廊，即可进入河内郡，抵达赵都邯郸所在的冀南平原。走廊的西端为太行第一径轵道，山路狭窄险要，东端是修武城。长平之战后控制了这条交通线的秦军就是由此抵达井陉进入冀北平原，与河内郡的军队一起夹击赵国的。魏王魏豹控制的就是这第三条东西交通线，而且直接威胁到关中的汉王大本营与黄河南岸的汉军前沿阵地。

节二三
开辟第二战场的含义

汉高祖二年八月（前205年夏秋），汉王返回荥阳前线，关中的一切事务全部委任给萧何。他知道魏王魏豹投了楚国，便派骊食其前往游说。魏豹说得也很简单："我是正经的宗室贵族，受不了汉王那套不讲贵族礼节的态度，尤其是他脏话连篇。人生一世间，如白驹过隙耳，我就反了，怎么着吧。"骊食其只好返回荥阳，不过临走却是仔细观察了一番。汉王问他："魏帅是谁？"

"柏直。"

"小屁孩子，打不过韩信。骑兵谁指挥？"

"冯敬。"

"秦将冯无择的儿子，有才干的人，不过挡不住灌婴。步兵司令是谁？"

"项它。"

"好了，他也挡不住曹参，我放心了。"

韩信继续问："魏国会不会任用周叔当帅？"

"不会，用的柏直。"

韩信说："一个不成材的娃娃罢了。"

随后，汉王任命韩信为左丞相，灌婴、曹参为副将，进军魏地。

想当年汉王西进关中之时，一直在沿着黄河上下振动之时，得益于张良的带路，被动开辟了秦楚之争的第二战场，从南阳打进了关中。现在有了经验和中原山川地图的汉王，主动开辟了楚汉之争的第二战场，但都是为了解决当前僵持不下的问题。很多很多年后，20世纪初期英国人里德·哈特在《战略论》中总结的间接路线，想说而又过于晦涩地表达，也是这个道理。当然他也是在19世纪初期克劳塞维茨的《战争论》基础上的思考。说白了，克氏是胸口碎大石，哈特是以柔克刚。但后者能够执行迂回或者开辟第二战场的核心根基，在于第一战场或者当前主战场有一个沙包，说得残忍一点，谁牺牲了？说得狡猾一点，诱饵够吗？天下的道理都是如此，只懂"一"而不想"二"甚至故意忘掉"二"的人们，都失败了。

韩信在蒲津渡口前声势浩大地集结船只，让魏军看到汉军就是要在此强渡。魏军的烽火烧起，主力向临晋集结之时，汉军主力在北面百里之外的夏阳渡口（陕西韩城）已经用空瓶空瓮搭建了浮桥，完成了渡河任务，急行军袭击魏国都城安邑。

其实这也是开辟第二战场的一个战术应用罢了。韩信放在蒲津渡口的诱饵，不过是为了掩护向夏阳渡口的迂回。韩信学的是《孙子兵法》，掌握的不是胸口碎大石一脉的刚硬兵法，而是孙武、孙膑一脉的兵者诡道。没有蒲津渡口的大张旗鼓，是不会藏住迂回夏阳的战术企图的。魔术师并没有说让观众注意他的哪只手，但是魔术师总是让观众看到他不断运动的一只手，人都会被运动和变化所吸引的。

汉高祖二年九月（前205年秋），在蒲津渡口准备合战的魏王魏豹得到安邑被袭的消息大惊失色，回军迎战。列阵之后魏军被击溃，魏豹被俘虏，解送荥阳，会战失利的魏地其他城邑传檄而降。汉王于是将魏地置为河东郡、上党郡与太原郡。拿下魏地的韩信遣使荥阳，提出了无与伦比的左勾拳迂回计划，要求增兵三万，乘势攻击燕地、赵地与齐地，之后南下断绝楚国粮路，侧翼包围项羽。汉王批准了这个计划，让张耳率军增援。

汉高祖二年闰九月（前205年秋），韩信得到张耳的援军与门客的襄助，有兵、有粮，更有通晓地形的向导与熟悉人情的豪杰，顺利攻入代地，俘获了代王陈馀安置在代地的相国夏说。

汉高祖三年十月（前205年秋），汉王抽调了韩信、张耳在代地刚刚取胜的相当一部分汉军精锐士兵去荥阳抵御楚军，继续扮演他外表坚定、内心摇摆的沙包角色。而韩信、张耳的军队则继续向东挺进，开始进攻赵国。

汉高祖二年十月中旬（前205年秋冬），早已得到代地失守消息的赵王赵歇、丞相陈馀把军队全部集结在井陉口，对外号称二十万大军。广武君李左车向陈馀献策："您深挖战壕，高筑营墙，坚守拒绝会战，给我三万人从小道抄了他们交通线，他们在井陉附近的野外又一点东西抢不到，不出十天，韩信和张耳的首级就能献到帐下。"

相对于战场来说，陈馀当然是一个迂腐的书生，但偏偏又是一个自认为自己懂得作战的政治家，因为有些时候运用兵法的皮毛确实可以在政治上取得胜利。于是他说："兵法上讲，十倍兵力就包围敌人，双倍兵力就和敌人开战，现在韩信号称数万，其实不过几千可战之兵，从千里外来袭击我们，已经精疲力竭了，现在避而不战，以后更强大的敌人来了，怎么办？如果不打，在各路诸侯那里的面子上都过不去。"陈馀便没有采纳李左车的计策，其实他没说出口的是："我有心结，心结叫作张耳，现在跟张耳的恩怨终于可以来个了断了。我休养生息两年的赵国大军要是还坚守不出，张耳怎么看？天下怎么看？我以后只能整容过日子了。"

不过即使采纳了李左车的计策，汉军与赵军也最多就是互相对峙而已。韩信派人暗中去侦察，得知赵军大营一切如常，没有动作，这才敢于率兵进入井陉，距离井陉口三十里扎营休息，半夜才布置了会战任务。

井陉会战的设计，还是一个沙包加迂回的战术，很精彩，但不再赘述了。第二天一个上午的时间，会战结束。陈馀被斩杀在井陉河水边上，赵王赵歇被生擒。只能说被张耳和陈馀两人架上政治舞台的赵歇该享的福也都享了，就不能怪那些阴谋家利用他的血统了。随后拿下赵地的韩信在犹豫北上击燕，还是南下击齐，于是不耻下问地用礼节感召了李左车后，采纳了李左车的建议。全军在赵地休养生息，恫吓与外交手段双管齐下。燕王臧荼果然望风而降。韩信报告汉王，请求封张耳为赵王。汉王应允。张耳就是汉王派去韩信军中的老前辈，所以这也可以看作韩信的一个试探。

汉高祖三年十二月（前 205 年年底），为汉王做了几个月沙包的黥布跟着随何抵达荥阳之时，汉王正在洗脚，召唤黥布进去聊聊。黥布大怒，后悔来投汉王，本想自杀，可从汉王那里出来到达住处，发现自己的衣食住行和随从仪仗都与汉王住所相同，大喜过望，彻底爽了，赶紧安排人去九江迎回家眷。结果门客潜回九江才发现，项羽杀光了黥布的妻子儿女，人马也被项伯收编了。于是门客聚拢了黥布手下几千人带回汉地，黥布这算是彻底归附了汉王。

汉高祖三年四月（前 204 年春），已经与楚军在荥阳对峙了将近一年的汉王刚刚觉得形势有点好转。但项羽已经击破黥布，南方的威胁已经解决，北方齐国的田横还在处理自己的家务事。于是项羽抵达荥阳，汉军的压力陡增，不再是互相摇旗呐喊骂阵而已了。项羽开始多次袭击荥阳与敖仓之间的甬道。汉军战则不敢战，守又守不住，汉王遣使提出以荥阳划分东西，项羽说："你做梦呢吧？"

四二节

看问题的层次

直到发现汉军怯懦，楚军开始越发凶悍。困守荥阳的汉王只得再次遍问帐中智囊，这一次汉王问到了屡屡被手下将领攻击私德不好的陈平："咋办？"

陈平说："项羽是贵族，讲究老秩序下的贵族那一套。您是布衣起家，您的随便在贵族看来是无礼，在可上也可下的士族看来是傲慢。士族中向往贵族而讲究礼节的那路人就去投靠项羽的鞭子，士族中向往实惠而被礼法压制的那路人才会投靠您。您两位谁能取得对方的长处，或者谁能攻击对方的短处，天下不过唾手可得。"

汉王："别分析了，我懂，但我的毛病已经改不了了，直接说你的计划。"

陈平："挑拨离间。"

汉王："给你黄金四万，随便花去吧。"

陈平针对了项羽手下还能够被他信任的几个人——亚父范增、大将钟离眛、龙且和周殷，开始花钱。钟离眛等人迟迟不能封王的怨言开始泛起，龙且打败了九江王黥布的功劳总是被提起。他们心寒了，于是效法黥布准备与汉王联合以便各自称王瓜分项氏的流言也传入了项羽耳中。钟离眛被疏远了。小心眼儿的项羽不信任身边人，还要派去使节到汉王那里观察，却并不是观察人，而是观察场景。偏偏场景都是摆给愚人看的，汉王又是相当会演戏的，面对楚国使者摆了一桌丰盛的宴席，说那是给范增的使者准备的。然后项羽放逐了老头，老头也在那年春暖花开之前，死在了回彭城的路上。

但是项羽军事上的硬实力是毋庸置疑的，盯准了荥阳与敖仓之间交通线狠打的项羽，很快逼得汉王即使花费再多财货也没了用处。虽然韩信、张耳刚刚攻下代地之时，军队就被汉王抽走调到了荥阳以壮声势，但只要汉军不敢出门会战，那不过是增加了许多吃饭的嘴巴而已。

汉王再次调集智囊群策群议，这次轮到郦食其出谋划策了："现在这个形势，必须学习三代的古人圣贤，以德服人，给六国后人授信，以德义施行天下。这样的话，楚王项羽必然衣冠恭敬地前来朝拜。"

汉王听着有道理，决定采纳这个建议，赶制了印信，准备让郦食其带着印信去搞外交。就在郦食其还没出发之时，张良从外面回来，正在吃饭的汉王把这事告诉了张良。张良说："谁忽悠的这个主意？陛下您的大事完了。"汉王问："为啥？"

张良说："来不及讲礼了，请准许我借用您面前的筷子为您筹划一下当前的形势，咱讲理。"

张良接着说："商汤封夏桀的后代在杞，是估算着随时可置夏桀的后代于死地，现在陛下您能够置项羽于死地吗？"

汉王："没戏。"

张良："武王灭商纣而封他的后代在宋，是揣度着随时能割取商人的头颅，现在陛下您能够割下项羽的头吗？"

汉王："没戏。"

张良："武王打赢了灭商的战争，才入殷都拜访商容里巷，释放囚牢中的箕子，堆高比干的坟墓封土，尊敬那些已经失败的人的成功祖先，是为了让活着的失败的人低头臣服。如今陛下您能有这么大的威信去聚敛那些观望成败的贤者或智者吗？"

汉王："没戏。"

张良："武王给殷都民众发的是纣王从各地聚敛来的粮食与钱财，收买了贫苦殷人的心，花抢来的财富不心疼，还有一种高尚的感觉。如今陛下您能打开自己的府库给贫穷的人们发福利吗？"

汉王："没戏。"

张良："武王削平了殷商，才拆了战车改为华车，倒置兵戈，上覆虎皮，向天下表示和平秩序降临了。如今陛下您能偃武行文吗？"

汉王："没戏。"

张良："那想必您也不能马放南山吧？您也不能放牛桃林吧？跟着您的都是天下的游士，他们离开家人，舍弃祖坟，丢下故旧，跟您到处奔波，就是日夜想着得到一点点封地。如今您要是拥立了那些旧六国的后代，天下的游士便都各自回去侍奉他们的主子，您和谁去夺取天下呢？当前的办法很简单，就是不停地削弱项羽，然后等待机会跟项羽死磕。要不然？要不然您封了六国血统的后人，六国也还是会屈服于项羽，而不是您。事情就是这么个事情，道理就是这么简单。"

汉王停下吃饭，把嘴中的食物喷了一地，这才飙出了脏话："竖儒，几乎败坏了老子的大事。"

随后汉王开始认真考虑张良说的战略如何实现。他内心敏锐地意识到，打也打不过，顶也顶不住，发动群众的时机还不到，那么就应该开始琢磨如何逃跑的问题了。

汉高祖三年五月（前204年春夏），汉将纪信报告汉王："荥阳已经不再能够支撑了，城破朝夕之间。您想办法，我替您死节。"

此时陈平再出一计，当然不是去救牺牲品，而是如何保存战斗的旗帜。他在半夜从荥阳东门放出了两千名女子充作军队，随后纪信用黄缯竹旗的王车仪仗缓缓驶出东门。楚军战鼓雷动，高喊："粮没了，汉降了。"楚军随后发动袭击，才发现这是一支娘子军。同时汉王和陈平连夜从荥阳的西门出走，临行任命了韩王韩信、沛县老人周苛、俘虏的前魏王魏豹驻守荥阳。

汉王刚去，守将们一番商议，还是不太信任作为俘虏的魏豹能够誓死坚守荥阳，便杀了魏豹。顺嘴说一句，本是魏豹女人的薄氏，被汉王偶然看中，收入后宫。薄氏生了一个儿子叫作刘恒，嗯，就是后来的汉文帝。

而楚军那边项羽当然也是空欢喜一场，焚死了汉将纪信。又一次逃得生天的汉王先到不远处的成皋收集溃兵，整肃军纪，随后回到关中，再次征发士兵准备东进。

就在汉王准备出发再战的时候，一位日后不知名的辕生建议："您跟项羽在荥阳耗了这么久，一直劣势。是不是换个战场？不要东进了，由东南出武关袭扰。项羽听到消息肯定南下去找您，那时只需要坚守营垒，不但能让荥阳、成皋战场休息一下，还能让韩信更安全地对付燕、齐。"

同样还是开辟第二战场的思路，有时候是为了进攻，有时候是为了存活，但目标都是为了赢。活下去才能赢，胜利者只有一个。

汉王采纳了这个建议，带上黥布抵达宛城、叶县一带，收集士兵人马。

这片土地自从被韩王韩信平定之后，没有太多战事的负担，地力与人力都恢复得不错。项羽听到汉王在宛城，立即率军南下。汉王在宛城中任凭骂阵，就是坚守不出。

就在项羽很烦躁的时候，梁地又传来了不好的消息。汉王的敌后游击队长彭越本来是在四月渡过睢水，为了声援荥阳的汉军，开始袭扰楚军的交通线。项羽派去了将军项声和薛公角前去平定。彭越原来就打败过薛公角，所以并不忌惮这支楚军，在下邳列阵合战，不但大破楚军，而且斩了薛公角。项羽不得不放下在宛城龟缩的汉王，命将军终公驻守成皋，监视荥阳，自己亲自率军东进攻击彭越。

汉高祖三年六月（前204年夏），攻下赵国并降服燕国的韩信正在休养生息，项羽引兵东进在梁地追击彭越。听了辕生建议而在宛城一带休整的汉王，原本打算放弃荥阳、成皋的战线，把荥阳城内久战的士卒后撤到巩县、洛阳屯驻休养，郦食其提出了新方案："敖仓是天下粮食转运的基地，根据我的情报，楚国人并不重视敖仓。项羽带着主力去了东边，让带罪士卒看守成皋。您现在不能退，正好趁着项羽不在，依托荥阳坚城，收复敖仓，阻塞成皋，据守太行山的飞狐隘口和黄河上的白马渡口。"

汉王："我倒是想呢，问题是占了守得住吗？"

郦食其："先占了是为了造声势，声势壮了，我就可以游说了。您看韩信已经平定了赵国、燕国，只有齐国还没攻下。齐王田广和丞相田横那也是手握二十万军队的一股势力啊，我请求出使齐国，您的军事行动配合我的外交攻势，咱又多一个盟友。"

汉王想想有理，便让郦食其去了齐国，自己又发动了一次突袭。项羽不在，楚军控制的敖仓、成皋陷落。不过郦食其还在前往游说的路上，而项羽已经赶跑了彭越，听说汉军又占领了成皋，大怒，回军西进首先猛攻荥阳。

汉高祖三年秋（前204年秋），荥阳陷落。楚军生擒了守将周苛和韩王韩信，项羽向周苛许诺了上将军的官职和三万户爵位的封赏。从沛公打败泗水郡郡守、郡监之后，周苛与堂弟周昌就跟从了沛公，进了关中周苛更是被封为御史大夫，他自然不降，不但不降，还要大骂。项羽也没有太多耐心，把周苛烹杀了。另一位守将韩王韩信倒是投降了项羽。郦食其的外交和游说功夫是没得说，但是看问题的角度，却屡屡差点害死他的主上，因为他为自己想得太多了。

汉高祖四年十月（前204年秋冬），拿下了荥阳的项羽又迅速包围了占据成皋的汉王。汉王知道成皋也是守不住了，时隔半年又一次跑路，和滕公夏侯婴悄悄地从成皋北门溜出，一路向北，渡过黄河，乘夜赶到了修武城的驿站悄悄投宿。第二天清晨汉王自称使者，直入驻扎在此的韩信、张耳大营，入卧室夺了至为重要的印信，用军旗召集众将后，这才让人通知韩信、张耳该起床参加军事会议了。

汉王总是能够在犯了错误之后汲取经验，更能够在犯了一次又一次的致命错误后忍辱偷生，卷土重来。相比鸿门宴后的忐忑之逃、彭城之败后的落荒而逃，荥阳之逃与成皋之逃都是主动为之。荥阳之逃后进入关中立了太子，稳固了后方，这次成皋之逃更是就近解渴。尤其是汉王在小技巧的处理上，也表现得越来越不慌张了。遥想当年几次要把儿女踹下马车，内心之慌张一览无余。可如今心里再慌张，也能静静挨过黑夜，直到天色大亮才进营夺印，将一场黑夜中可能发生的兵变永远留在了可能之中，军心定矣。

随后，韩信、张耳的军队第二次被汉王补充到了自己的中原战场上。汉王命令赵王张耳巡行各地，巩固战果，加封韩信为相国，征发、收集赵地的士兵，前往攻齐。

经过输血的汉王又一次获得了滋润，南下进抵黄河岸边的修武小城。从成皋陆续逃回的将领们也在此集合，汉军声势复壮之后，汉王本是准备渡河与占了成皋的项羽再战三百回合的，身边的郎中郑忠劝阻汉王："您这刚又弄了点翻本的筹码，别得瑟了，深挖壕沟，坚守壁垒，和楚军对峙吧，让将领们带着精兵绕点道，赶去和彭越一起袭扰梁地，折腾项羽吧，咱们把沙包的角色演好就行了。"

汉王总是这么从善如流，有些时候害了自己，有些时候又救了自己。汉王派出最亲信的发小卢绾和同族堂兄刘贾带着步卒两万，骑兵数百，渡过白马津，会合了游击队长彭越，开始骚扰梁地。自己领军进驻巩县，在巩县、洛阳一带继续设防。

这时候郦食其也抵达了齐国，凭着三寸不烂之舌的游说，让田广、田横认为自己说得很对并且同意归附汉王。原本田横听说韩信在赵地招兵买马准备南下，他也征发了二十万齐人由将军华无伤、田解带领屯驻历下（山东济南西）防备韩信。有了郦食其的保证，历下的军队便被大量解散了，而田横则与郦食其日日畅饮，尽情作乐。

刘贾找到彭越，合兵一处，进入梁地，在彭城到成皋之间的交通线上反复袭扰，先在燕县西面打败了楚军，又烧毁了几处沿途的楚军粮仓。项羽派出将领前去平定。只要不是项羽亲至，刘贾就与彭越坚守营垒，成掎角之势。一旦楚军松懈，汉军就出动攻城略地。彭越接连夺下了睢阳、外黄等十七座城池。

节二五

当时谁也没错

汉高祖四年十月（前204年年底），项羽不得不再次率军东进平定梁地。临行之前，项羽对驻守成皋的海春侯曹咎说："小心守住成皋，不管汉军如何骂阵，只要监视他们的动向就好了，给我十五天时间，必将平定梁地，再回来和将军相会。"

于是项羽东进，一路进攻陈留、外黄。外黄开始还敢于抵抗，一时没有攻下，几天后外黄投降了。他对梁地总是反叛不太满意，对外黄敢于抵抗再投降的态度更加不满意，于是从投降后的外黄县城中拉出了所有 15 岁以上的男子，本想一了百了地活埋了。外黄县令家臣的儿子，不过 13 岁，却盯着项羽一番苦口婆心地劝说，算是救了一县的男子们。

在河内郡、巩县一带驻防的汉王听说项羽走了，立即列阵向驻守成皋的楚军挑战，日日派人骂阵。汉王阵中从来不缺口舌灵巧之徒，项羽约期十五天，结果汉军只骂了五六天后，曹咎心中的怒火终于爆发，出兵渡过汜水准备列阵接受汉军的挑战。结果汉军半渡而击，曹咎、董翳、司马欣都在汜水之上自刎。

当初作为秦朝蕲县狱掾的曹咎与栎阳狱掾司马欣，是因为帮项梁平事才得到了项氏的信任，与名将章邯和秦将董翳一样，脑中都秉持着六国之时的秩序观念。所以最终作为将领，无论水平高下，也都殉了霸主项羽的秩序。

项羽赶跑了彭越，收复了那些城池，在睢阳之时得到了海春侯被打败的消息，匆忙率军赶回西边的前线。但汉军已经攻占了成皋，取得了敖仓的粮食，直到项羽已经回军向西的消息抵达汉军之中，本来在荥阳东郊围攻楚将钟离眜的汉军军心震恐，撤了包围，迅速退守周边险要关隘。项羽赶到西线，将大营扎在了荥阳东南的广武，又与龟缩起来的汉军开始了对峙。

在广武对峙的楚军因为失掉了敖仓的粮食，自彭城等地输送的粮食又屡屡在梁地被彭越的军队袭扰，而汉军任凭骂战就是坚守不出，不耐烦的项羽做了一个特大的砧板，把汉王的父亲太公放在了上面，阵前通知汉王："不投降，烹杀你爹。"

汉王："当年在楚义帝面前你我情如兄弟，现在我爹就是你爹，你要真舍得烹杀，别忘了分我一碗汤喝。"

僵持不下之时，还是项伯明智："杀了不祥，毫无益处。"项羽这才罢手。如此看来项羽当然不是不听劝，正如同前文韩非子《说难》里叙述的，除非先获得信任，否则说了也是白说，获得信任之后再说，才考量的是能否层层推理，细致入微。顺序弄反了，哪怕说得在理，也只能收获反作用。项伯有了第一条，便不在乎第二条了；范增不在乎第一条，第二条便不重要了。

越加不耐烦的项羽向汉王喊话："生灵涂炭只因你我互耗，没意思。咱俩对面肉搏，一决雌雄，解救一众受苦的父老吧。"

汉王："跟你，我只斗智，不斗力。"

汉王与项羽对峙的军营如今尚在，项羽驻军的东广武城就是现在的霸王城，汉王驻军的西广武城就是现在的汉王城，各自在一个山头之上，距离两百余步。不过时至今日，汉王城与霸王城的北端大半部分也随着广武山的被侵蚀而冲塌入河中，汉王城残址南北长度三百米，楚王城残址南北四百米，古荥阳城便在敖山东十五里。

此时韩信召集的军队还没有从平原津渡过黄河，听说骊食其已经说降了齐王，便打算罢兵了。那位当年的范阳辩士蒯越游说韩信："首先，将军奉汉王命攻齐，骊食其奉汉王命说齐，但将军并没有接到汉王命令停止攻齐，这是法理上的依据。其次，骊食其不过一个辩士，趴在车上凭着三寸不烂之舌说下了七十座城邑，将军您兴师动众，一年多才平定赵国五十多个城邑，到了结账的时候，可是用功劳换土地的，这是道理上的依据。您看着办吧。"

韩信觉得有理，趁夜率军渡河，突袭历下，一路打到临淄。齐王田广、齐相田横大怒，认为骊食其是一个大骗子，要骊食其去劝退韩信。骊食其的骨气也很硬："办大事的人自己不会小心谨慎，老子也懒得去说了。"田横便烹杀了骊食其。随后田广逃往高密，派出使者向项羽求救。田横跑去博阳，将军田既跑去胶东，各自收拾残兵。韩信平定了临淄，继续一路向东追击跑去高密的田广。

不细究的话，是韩信害死骊食其，深究一层，辩士害死辩士。再深究一层？骊食其自己害死自己罢了。

齐国使节跑到了楚军营中，项羽听说韩信已经打败了齐国，下一步就要攻楚了，派出他最信任的龙且领军去救，号称二十万，在高密与田广会合。有人建议龙且说："汉军异地求战，退了便是死。楚军救齐，齐国被征进军队的本地人熟悉地形，只要稍微受挫，便各自知道往哪里逃跑。速战对齐楚不利，不如坚守对峙，发动使节传檄各县反抗，绝了韩信速战的念头，挫了汉军的锐气，然后齐地定矣。"

龙且说："我当将军之时韩信还是个菜，这是可战之一；我带着这么多人来救援齐国，要是没有战功而是通过消耗让汉军投降了，将来论功怎么封我？这是可战之二；一战定江山，我能封到半个齐国，这是可战之三。干！"

龙且不是不能打。想当年黥布屡立战功之时，韩信确实还是个菜。而黥布反后，龙且出兵列阵击败了黥布，黥布之猛是无须赘言的，龙且之猛，尤在其上。所以是龙且而不是韩信受宠于项羽，关键是项羽、龙且，乃至黥布与韩信的兵法，大家不是一路的。

韩信攻齐和龙且救齐的想法都是一样的，想法没有对错，决定对错的是做法。

汉高祖四年十一月（前204年年底），齐楚联军跟汉军隔着潍水列阵对峙。半夜之时韩信让士卒以布袋装满沙土在潍水上游筑坝，截流之后的下游水位适于涉渡。会战开始之后，汉军一半渡河挑战，一半扎住阵脚，卖了破绽就开始撤退。龙且见到汉军阵势已溃，脑中韩信受过胯下之辱的记忆越发清晰，认定这是将怂怂一窝的表现，发动追击。楚军进入河床之时，上游的汉军掘开了沙堤，发动反突击。过了河的龙且被斩，没过河的田广与楚军一哄而散。汉军追到城阳生擒了田广，灌婴的先锋进抵博阳。在博阳的田横听说田广已死，自称齐王，反攻灌婴，在嬴下（山东莱芜）合战，被灌婴击败之后流亡梁地，投奔了彭越。随后灌婴在千乘（山东高苑）斩了田吸，曹参在胶东斩了田既，齐国全境就此平定。

汉高祖四年冬（前204年年底），韩信让使者将彻底平定齐地的消息带给汉王，同时也带去了小小的要求："齐民狡诈反复，请封代理齐王。"有点肉疼的汉王在张良和陈平的指点下，大大方方地封了韩信真齐王，由张良带着印绶前去加封。

同一时间，龙且被斩、齐地归汉的消息也传到了项羽的营中，项羽也赶紧派了使者武涉去游说韩信："您帮哪边，哪边就赢，您为何不叛汉联楚，三分天下呢？"韩信怎么说不重要，因为韩信已经是齐王了，不需要叛汉联楚，已经是三分天下了，所以这种游说丝毫没有让韩信动心的理由。

站在项羽立场上的武涉怏怏走后，站在韩信立场上的蒯越有点明白机会所在了，继续游说："我会看相。"

"说说看。"

"希望单独谈。"

"其他人走开。"

蒯越说："首先，三分天下已成；其次，您帮哪边，哪边就赢。"

"这话怎么和武涉说得差不多？"

蒯越说："情况本来就是这么个情况。武涉把顺序说反了，或者是故意反着说，所以第三就是，不要帮助汉王打仗，也不要帮着项羽打仗，帮他们罢兵。谁不罢兵你打谁，为天下偃武而出兵打仗，占领道德制高点便不算叛汉。"

韩信说："我知道了。"

蒯越又游说了几次，韩信终于没有答应，自认为泄露了天机的蒯越装疯卖傻转行做了巫师。其实韩信虽有军威，但号令天下的威信却并不足够，麾下将领灌婴、曹参都是铁杆的汉将，齐地刚刚平定，赵王张耳在北方经营，田横流亡在彭越军中。即使蒯越所说的事情有些道理，韩信一番计算，他觉得那是相当冒险啊。

韩信刚刚称齐王之后，也不得不派出请战的灌婴单独率军去鲁北攻打楚将公杲的军队。韩信封王了，手下众将又有哪个不想要战功呢？按照蒯越说的坐山观虎斗，于情于理众将都不会干，按照武涉说的叛汉更是很不靠谱。

在广武对峙中的楚汉两军，项羽阵中倒是没有太多骂阵之士，只得日日派出勇士挑战。楚军几位勇士出营挑战，被汉军一位从关中征召的楼烦部落的神射手接连在战场上射死。项羽大怒，亲自披甲持戟出营挑战。楼烦正要瞄准，项羽怒目一瞪外加大喝一声："你瞄啥？"

楼烦的内心一惊，在弓弦上的手一颤，硬是没敢回一句："瞄你咋了？"一路踉跄地跑回了营寨，不敢露面了。汉王派人打听之下，才知道挑战的是项羽本尊。

一日复一日的对峙之后，终于有一日，双方使者约定之后，汉王与项羽隔着广武涧对话。项羽还是坚持一对一，汉王也还是唠家常。直到汉王瞅准机会，酝酿情绪之后，大声抛出项羽的十大罪，条条有理，条条诛心。项羽大怒，弩机击发，一箭射中了汉王胸口，汉王栽下坐骑，却顶着箭伤之痛，抱着脚说："那土匪射中了我的脚趾。"随后张良建议汉王硬挺着伤痛视察了军营，稳住军心之后，这才回转成皋休养。

汉王箭伤转好后又前往关中巡视，把塞王司马欣的头颅挂在栎阳闹市中服众，几天后带着更多的关中士卒抵达广武前线。

在智者眼中，勇者最可怕的就是他的勇气。勇气最不怕的就是不断的挑战，勇气最害怕的就是不断的等待与虚耗。

汉高祖四年八月（前203年秋），汉军后方的交通线上一路畅通，大本营里有萧何的组织，兵源与粮食源源不断。项羽后方的交通线上有直接袭扰的彭越，还有侧翼虎视眈眈的韩信，虽然土地广大，但大本营里并没有一个能够把资源组织起来的丞相。此时返回前线的汉王声势大壮，接连派出了陆贾和侯公游说项羽。陆贾在汉王眼里已经是杰出的辩士了，但第一次游说项羽后惨遭失败。侯公出马之后，抛出了鸿沟划界、中分天下的和约，还把太公和家眷都从项羽手里忽悠了回来。

汉王的父母妻儿回转汉营之时，汉军山呼万岁。汉王加封侯公为平国君，但也躲起来不肯再去见他："这人是天下的辩士，所到之处一张口就能让国家倾覆，所以称为平国君。"汉王知道，项羽手里最重要的筹码是太公。汉王能够抛出项羽的十大罪诛心，是站在了道德的制高点上，而如今道德价值最沉重的太公已经不在项羽手里了。

至于项羽，勇气被消耗殆尽之后，面对汉王，他也许只希望尽快结束这场噩梦罢了。

汉高祖五年十月（前203年秋冬），鸿沟议和之后，项羽引军东归。汉王松了口气，觉得大半个天下到手了，也想回到关中。张良、陈平说："养虎必为患，一定要追击。"随后开始追击项羽，很不讲究地一路追到阳夏，派出使者去联络齐王韩信与游击队长彭越，约定日期合击项羽。汉军整队进抵固陵，说好了的韩信、彭越没来，楚军掉头反突击。汉军大败，继续挖壕固守。

汉王问张良："约好了反悔，咋办？"

张良："上次本来就没约好，您派去的使者都是游说之人。将军靠战功，说客靠约定。如果韩信、彭越明确拒绝了，说客才会返回来告诉您事情办砸了。哪怕人家是模模糊糊地不表态，这些口条之徒也会回来告诉您事办成了。这就是人头和口条的区别。人家传递的是有条件表态的信息，到了您这儿就变成无条件支持了。"

汉王："咋不早说呢？现在咋办？"

张良："击败楚军就差这一哆嗦了。但鸿沟议和上写的是您和项羽一人一半，现在韩信和彭越要是出兵，赢了全是您的啊。您好歹给个说法，告诉二位吃下的楚国那一半是给他们的，他们必然前来。没说法，谁跟您来啊。您想想彭越，梁地都是彭越平定的，当初是有魏豹在，所以您封了彭越做魏相。现在魏豹死了，又没有后代，就封彭越做个王吧。至于韩信，齐王的名义有了，齐国的地界到底多大，也要说清楚啊。"

谁让项羽当初弄死了韩王韩成，把张良这么一个一心恢复旧秩序的贵公子给生生逼成了自己的挖坟掘墓之人，就如同他把王陵这么一个硬石头生生逼成了当年小弟的手下。

汉王："忘了走这个形式了，吩咐下去，合力攻楚。楚败之后，陈县以东直到大海归齐王，睢阳以北直到谷城归彭相国。"

使者再次通告韩信、彭越后，这一次带回了态度明确的信息。韩信、彭越说："请求立即出兵。"随后韩信自齐地出兵，连克薛县、沛县、留县，攻占了彭城，俘虏了留守的楚柱国项佗，转而西进准备与汉王会师；彭越也自梁地出兵，与汉王会师于颐乡（河南鹿邑东）。

汉高祖五年十一月（前203年年底），刘贾领军进入楚地，包围了寿春。黥布遣使策反了楚国大司马周殷。周殷在舒城召集了军队屠灭了六邑的抵抗力量，重新控制了黥布原来的老地盘，召集了九江士卒迎接黥布。黥布一路屠灭城父县，与刘贾在寿春会师，进抵垓下，项羽封过的九江王也被汉王拔高到了淮南王。

汉高祖五年十二月（前202年年初），由固陵退至垓下的项羽被几路大军包围，而长江以北的西楚国已经全部被汉军控制。

在垓下战略决战的战场之外，有几路诸侯们各自扎营扼守，最终如同钜鹿之战一样，并不是吹吹笛子唱唱歌就能打赢会战的，无论再怎么包围，最终还是要通过会战来决一雌雄的。在战场之上，韩信自领中军三十万与楚军正面对阵。他的部将孔将军指挥左翼，费将军指挥右翼，汉王自领后军，周勃与柴将军殿后。楚军数量大约十万，韩信的中军先上，消耗了楚军的气力，但也打不过楚军，开始撤退。楚军跟随惯性便开始进入追击，汉军左翼孔将军与右翼费将军出动夹击，楚军两翼顶不住了便只得撤退。韩信的中军再度反突击，楚军大败。

韩信与章邯是一样的，训练士卒的关键是扎住阵脚，可以组织佯败，真败也可以稳住，不会因为退而溃，不会因为溃而散，所以是名将的称号。

项羽是另一种型号的将领，一半的将领通过训练来凝聚自己人的勇气，通过计谋来削弱敌人的勇气，而天然具有勇气的将领更多是直接摧垮敌人的勇气。当年在钜鹿之战时，秦军在战场之上虽多，但楚军在战场之外还有很多观众。如今在垓下之战，汉军在战场之上很多，楚军在战场之外却没了观众，所以无论项羽带头怎么冲锋，汉军的堤坝又厚又结实，楚军的大浪拍打之后便只能退去了。

楚军会战失利后，回营休息，没有什么十面埋伏这种伎俩，只有十面驻军这种无奈。夜晚皓月当空，项羽才听到四面楚歌，脑中只有古时候霸主秩序的项羽这才信心崩溃，饮着苦涩的美酒，看着美人的苦舞，唱出了《垓下歌》："力拔山兮气盖世。时不利兮骓不逝。骓不逝兮可奈何！虞兮虞兮奈若何！"

随后，项羽虽不情愿，却也希望求生，便试了一下汉王卷土重来的功夫，率领死士八百多骑，乘夜突围南去。天亮后，楚营崩溃。汉军这才发现项羽跑了，一边平定楚营，一边展开追击。缺了将领的军队便是溃卒，缺了项羽的楚军更是如此。前一天汉军还要如临大敌般地车轮大战，现在只需屠戮便可，杀八万楚兵，平定楚地。

追击项羽的任务，交给了骑将灌婴。项羽渡过淮水之后，身边只有一百多骑了，赶到阴陵，一时迷失了方向，询问一位农夫，农夫骗他往左，他便陷入了大沼泽中，被汉军追上。继续突围向东的项羽抵达东城之时，身边只有二十八骑了，而汉军一路追赶到此的能战之士，有数千人。

项羽之霸道绝对无双，他说："干事业八年了，用铁戟谈判了七十多次，这次是天要亡我，非战之罪也。纵然决死，也要为诸君快战。你们看着，我冲锋三次，必三胜之，为诸君突围、斩将、拔旗，让你们知道是天亡我，非战之罪也。"

这话远比那首委委屈屈且凄凄怨怨的《垓下歌》要体现霸王的本性，项羽这个人从来就不是为了吹拉弹唱而生的。到了这个时候，能够留在战场上的，无论楚汉，才都是可战之士。项羽损失了两个人，换了汉军上百人，乃至他瞪一瞪眼，汉军将领杨喜也要退出数里。

终于到了乌江，不像河淮之间的那个农夫故意给项羽指了瞎道，这位亭长还要渡项羽过江。原因也很简单，这哥们儿怀着敬仰之情跪拜在了杀戮的勇名之下，那位农夫是跪拜在了杀戮的痛苦之下默默垂泪。总之，越往南方，战事的波及越少。相比中原那算是太平的地方，所以对项羽的感觉也越好，这就是人之常情。项羽注定学不来汉王的本事，虽然他开始尝试着想学一学，最终还是放弃了，就如同他每次都试图温言劝慰别人投降，但最终都不耐烦地把人家烹杀或者活埋一样，这种感觉对霸王来说太累了。于是项羽把座下的千里马送上了船，回头步战又杀了几百人，然后自刎而死前，很大气地跟汉军将领们说："给你们一些福利，听说我的脑袋能换到万户侯。"

他把跟随他的马看得比人还重要，每个时代足以称为贵族的人都会有如此的表现，只是影响的程度大小不同罢了。

曾经切割天下的项羽，他的尸体被五个人切割了，随之封地也因此划分为五份：吕马童为中水侯、王翳为杜衍侯、杨喜为赤泉侯、杨武为吴防侯、吕胜为涅阳侯。

汉高祖五年正月（前202年春），汉王以鲁公封号为项羽发丧，鲁国的士族这才放弃了抵抗，降了汉王。可当年灭鲁的不是邻居齐国，正是日薄西山的楚国。才过了一百多年，鲁人就奉楚为正朔了。这在今天看上去可笑，但在当时却合情合理。项氏发家的会稽郡，曾经也是越地，所谓项氏门下的八千江东子弟，他们的祖先中未尝没有曾经被楚国吞并的吴越血脉在内。所以，莫笑先人痴痴傻傻，只不过先人自有一套当时的文化信仰的价值评判体系罢了。

随后，汉王策马驰入齐王韩信军营收了将军印信，改封韩信楚王。

汉高祖五年二月甲午日（前202年春），汉王辞让再三，实在推辞不过，才说："既然诸位认为合适，那我就为了天下这样做吧。"于是上尊号，在汜水北面的定陶即皇帝位。

汉高祖五年五月（前 202 年夏），天下偃武，士卒复员。到了七月，楚汉争霸之时默不作声的燕王臧荼反叛。高祖亲征，郦商以将军的身份随从高祖征讨，在龙脱围城战中郦商率先登城，九月汉军俘虏臧荼。高祖回军洛阳，大会诸侯，按照通候名册点名，颍川侯利几因为点名未到，高祖亲自讨伐平定。

原本是在梁王彭越庇护下的田横，参考后来淮阴侯韩信要了钟离昧人头的事迹，多半也是被彭越半推半送出去的。于是田横和手下人从齐地出了海，跑去海岛之上居住。但这伙平民出身的人终究和那些贵族宗室不一样，野性是天生的。第一次田儋自立，被章邯击杀，田荣立了田儋的儿子，又趁机平定了齐地；第二次被项羽切蛋糕忽视，被项羽扶植的势力威胁，田荣直接干掉了软弱的侄子自立，又能趁机平定了齐地；第三次田荣被项羽摧垮，田横还是能趁机搅乱齐地，又立了田荣的儿子；第四次终于被韩信打垮了，也不投降，而是去依附彭越。高祖知道这里面有危机，也想见见这伙人，便派人去海岛上召唤田横。

高祖的使者第一次去，田横辞谢："我曾经烹杀了郦食其，现在郦食其的弟弟郦商是汉朝大将，我就想做一个海岛上的平民。"高祖的使者第二次去之前，特意下诏给卫尉郦商："田横进京，谁动他们一个手指头，斩且灭族。"使者持节告知田横并确保："你上京，大封王，小为侯。"于是田横和他的两个门客这才随着使者一路坐上马车前往洛阳。

距离洛阳还有三十里路的尸乡驿站之时，田横对汉使说："人臣拜见天子，应该沐浴一新。"进了门对他的两个门客说："第一，我家也是布衣，汉王也是布衣，大家原来都是南面称孤的王，如今北面称臣，莫大的耻辱。第二，我烹杀了郦食其，与他的弟弟郦商服侍一个主人。今天因为诏命这事过去了，但这事终究过不去，包括在我心里。"于是割颈自刎，两个门客手捧他的头，跟随使者飞驰入朝。

这种场景，从田儋自立不去响应傲慢的景驹之召唤而甘心亲自领兵去救誉满天下的魏国相国周市，便注定了。平民最恨贵族，但也甘愿为贵族而死。新秩序渴望着推翻老秩序，但无不以老秩序中的优良传统而效仿，便是这种道理。

高祖看到疾驰而至的田横首级说："真他娘的有气节，从布衣平民之家，兄弟三人更替称王，可称贤人了。"于是任命他的两位门客为都尉，发兵两千人，用王者的礼仪安葬田横。随后两位门客在田横的墓穴旁挖了两个洞穴，也自杀了。高祖继续派使者去岛上召唤其余的五百人，那些人得知田横已死，便也都自杀了。

也许其中的大多数人，本有求生的意愿，但田横之死，被田横的死士们说成了迫害，夸大了高祖不放过他们的决心，夸大了高祖手下郦商不会原谅他们的决心，他们便也就都死了。今日尚且如此，何况古时候呢？纵使关中不去迫害这些人，在齐地之上，那些曾经被深深伤害了的齐地旧贵族们能够放过这些平民豪杰？

贵族互殴，如同神仙打架，平民死伤受过，但是贵族可以握手言和。如果是平民与贵族打架，那么一般是要不死不休的。当年追杀吴起的至少是七十家楚国贵族，而追杀商鞅的秦国贵族恐怕更多。所以田横的五百壮士不下岛，留得美名让后世的贵族去歌功颂德，也算是一个好结果了。

楚王韩信回到封国，找到了下乡亭长，赏赐百钱，说："你啊，是个小人，做了好事却有始无终。"这不过是人之常情罢了。当年高祖总是带着一众江湖人去大哥刘伯家里混吃喝，大嫂也是故意把饭食留个锅底，结果高祖很不情愿地才封了大侄子刘信为羹颉侯，给两个县，意思是锅中残羹用勺子刮的侯，表达的都是一个道理。

韩信又召见了当年给他一口饭吃的漂洗大娘，赐以千金，这是活下去便要感恩的道理。

韩信最后召见了那位曾经侮辱过自己的屠户，让他做了楚国中尉，无论韩信说了什么，估计他心里知道那哥们儿的行为让他获得了动力。想要前进，动力总是来自仇恨，能从仇恨中汲取动力而善于运用的，才有资格赏赐别人。无论是高祖仇恨暴秦，还是韩信不耻现状，都是这个道理。但把仇恨作为力量而用得不好的，比如下乡亭长的老婆看着韩信每日蹭饭而恨得牙根痒痒，就极不可取了。

汉高祖六年十月（前202年秋冬），有人告发楚王韩信谋反，高祖左右建议讨伐韩信。高祖用陈平计谋，伪装云梦巡游。十二月高祖在陈县会见诸侯，捆绑韩信，行至洛阳，念及功劳，降为淮阴侯。

节二七

告诉我为何要迁都

汉高祖六年正月（前201年年初），高祖放弃洛阳，迁都关中。

建议高祖定都关中的娄敬，不过是个齐地的戍卒。他被征发远去陇西屯戍的路上，到了洛阳碰到正想要建都洛阳的高祖，三言两语就说服了高祖。高祖当日就动身迁都关中。这三分之一是戍卒娄敬的山川地理见识好，三分之一是高祖听得进去话，三分之一是张良给了肯定的背书。

高祖在定陶即皇帝位。当时的定陶是天下之中，经济最发达的地方，比之项羽的彭城还要富庶。但高祖自然比项羽眼界开阔，放心不下关中那块秦朝旧地，于是决定往西一点，在关东的经济和关中的安全中间找一个点，就是洛阳。从这里到关中与到东海之滨差不多远，也是周王室的东都旧地。出于经济考虑，东边来的贡物到这里可以比关中少走一半路；出于安全考虑，关中的危险在这里也可以及时发现。更何况咸阳被项羽一把火烧了，外加几年的战争消耗，使得关中的粮食都要靠着汉中巴蜀来接济。

高祖这么想，有道理吗？计算的因素充分吗？

娄敬对高祖说："您这里，现在洛阳这地，如果有德行号召力的话，就是王！没有，就是亡！您就是一个沛县的布衣，三千人起兵灭秦，秦人恨您吧？与项羽死磕荥阳，一片生灵涂炭，中原人恨您吧？打仗靠的是巴蜀的粮食，巴蜀人恨您吧？大战七十才灭了项羽，楚人恨您吧？这些年天下父子暴尸荒野无数，哭泣之声不绝于耳，您和周王代商怎么好比？他们那会儿也许比您这时的暴行更甚，但是时间过去太久了，人们也就淡忘了，于是只记得他们的好处。而您是开国之君，要是定都洛阳，四战之地，您那德行的旗帜会好使吗？当然不会。但如果定都关中，哪怕是花费百万之众运粮，却可保社稷无忧。一旦关东再乱，大军只要扛着旗帜出了函谷关，六国旧地只会闻风而降罢了，这就叫高屋建瓴。"

这还不算完，娄敬接着说："迁都关中，那也不是踏踏实实享福的地方。您要知道，虽然都说匈奴的白羊王、楼烦王距离咸阳有七百里之远，但我告诉您，匈奴的轻骑快马朝夕可至。所以您要是都关中，当然解决了东面六国旧地的问题，可也要面临北方匈奴的威胁。但您要是不都关中而选洛阳，那么一旦匈奴占据了关中，这些匈奴就是第二个秦国，随时可以向东拿下洛阳。"

高祖听懂了，所以迁都关中，那魄力也只有后来明成祖朱棣迁都北京勉强可以比拟。这个选择的奥秘是，高祖考虑选洛阳的出发点是鱼和熊掌兼得，既得中原经济之利，又希望兼顾关中与北疆防御。而娄敬的意思是如果选洛阳，那么鱼和熊掌全没了。一方面六国造反，可以从四面八方会攻洛阳；另一方面匈奴入侵关中得手，想从洛阳反攻关中难上加难。看起来两全其美，实际上自己为自己制造了两个威胁。如果定都关中，那么首先保证了六国这条鱼被放在了砧板之上，只需要一只眼睛盯着它，两只手却可以全部用来对付北方的匈奴。

高祖继续问了这个匈奴的威胁咋办，娄敬说："上了新台阶自然要面对新问题。第一，对匈奴和亲认怂，休养生息，把问题留给后代；第二，把关东各地的土豪迁徙到关中，如此输血来恢复关中当地的经济，这就是所谓的休养生息。关中被滋润了，以后才有力量对抗匈奴。所谓的鱼和熊掌兼得，应该是这么个道理。"娄敬说得很清楚，高祖听得很明白，于是两个办法当时都被立即执行了。

后来东汉光武帝刘秀面对这个选择，折中选了洛阳，匈奴虽去，羌患又来，终于失控，直到盛唐才又定都关中。北宋赵匡胤面对同样的选择，一心想要定都关中，最后折中选了开封，结果也就那样了。当时没有来自海上的威胁，敌人只来自于陆上北疆。凡是敢于靠近敌人的，自然时时保持一颗警惕的心，所以也都赢得了属于自己的辉煌时期。而为了经济便利与制衡危险采用折中办法的，最后会发现其实哪个目的也没有保住，鱼也没了，熊掌也没了，自己都被抹去了。

节二八
平天下 安天下

汉高祖六年正月十三，已经迁都关中的高祖大封功臣二十余人。其余争功未赏的将领们，聚在过道上三三两两地窃窃私语。高祖问张良："什么原因啊？"

张良说："大家认为是天下的土地太少了，不足以人人封侯，但又不敢言明，恐怕因过及诛，于是聚在一起，搞不好就会谋反。"

"哦，咋办？"

"找一个陛下您最不喜欢的，群臣也都知道这人是您最不喜欢的，先封。"

于是汉高祖六年三月戊子，雍齿受封汁方侯，食邑两千五百户，叙功第五十七。所有人都知道高祖早年和雍齿的切齿之恨，大家听说雍齿都被封了侯，再想想自己的功劳，便踏踏实实地等着受封了。一场窃窃私语可能引发的危机消于无形。

另外，早年听了母亲话让贤于项梁的陈婴，继楚柱国之后，又被封为堂邑侯；归降的项伯赐姓刘氏，封射阳侯；楚将项它赐姓刘氏，封平皋侯。

汉刻君车

汉高祖六年九月（前201年秋），被高祖调去北方戍守匈奴的韩王韩信被匈奴冒顿单于包围在了马邑，当初被项羽俘虏还要逃回归汉的韩王韩信便投降了匈奴，合兵南下越过句注山（山西代县北）攻击太原郡，向河东地区推进。

汉高祖七年十月（前201年冬），得到消息的高祖率军三十二万亲征，在上党击败了韩王韩信的军队，斩其部将王喜。韩王韩信逃入匈奴，部将王黄与白土人曼丘臣入赵地立了赵国后裔赵利为王，又与匈奴左右贤王合兵，抢占了广武，兵锋直抵晋阳，与汉军交战，又被汉军大败。汉军追击到了离石城，再次击败匈奴，一路追击至楼烦（山西宁武），当时的气候变化之下，汉军士兵冻掉手指的十之二三。

士气正盛的高祖命令二十万大军翻越句注山继续向北追击，自己带着前锋骑兵进抵平城，结果在平城东南的白登山被诱敌深入的匈奴主力包围了七天，因为陈平的计谋，贿赂得脱，这才撤军回到广武。而韩王韩信便从此流落塞外，之后为了在匈奴讨口饭吃，不得不继续引领匈奴袭扰汉界。

汉高祖七年十二月（前200年年初），匈奴攻击代国，被高祖立为代王的二哥刘仲弃国逃跑，独留樊哙在代地维持局面。

汉高祖八年十月（前200年冬），匈奴再度南下，高祖组织了一次反击，未能阻止匈奴的劫掠，主要目标还是追击东垣的韩王韩信残部。十一月，下令从军战死的士卒做小棺归葬本县。

汉高祖九年冬（前199年冬），未央宫建成，高祖大宴群臣。高祖举起玉杯向太公祝寿，说："老爹您常说儿子我是个无赖，不能治产业，不如大哥刘仲勤快，今天我的成就与刘仲比起来，如何？"群臣高呼万岁，大笑为乐。

自从高祖定鼎天下之后，高祖的个性就是放纵不羁，爱玩耍。吕后年老色衰，一儿一女也都长大。高祖和各种夫人的玩耍中，与最会撒娇的戚夫人也玩出了孩子，取名如意。高祖的年岁也大了，便觉得这个孩子可爱，想废掉太子，改立如意。吕后发动各种舆论去诤谏，高祖都没有给个准话儿，吕后便只能去求御史大夫周昌了。

周昌是周苛的堂弟，哥哥周苛在高祖进关中时候就受封御史大夫，在荥阳城中高祖跑了，留下周苛果然死节，他的堂弟周昌也是如此，在高祖面前耿直而敢于有力直言。萧何、曹参都要怕他三分，敬他三分。

周昌进宫，高祖正抱着戚夫人玩耍。周昌转身就走，高祖追上去骑在周昌的脖子上，问周昌："我人品咋样？"周昌说："夏桀、商纣那种货。"不过高祖虽然敬畏周昌，但并不打算听周昌的，还是要换掉太子。周昌继续在朝堂之上极力诤谏，高祖知道他有口吃的毛病，就问周昌："你说个理由我听听？"

周昌说："我嘴里说不出，但我心里知道那么做不行。"高祖逗弄周昌开心了，换太子这事便暂时搁置了。东厢房里偷听的吕后因此感激不已，事后跪谢周昌："没您，太子就废了。"但是吕后转身也知道这事儿没完，忠直的大臣不过是堵住了高祖心中的洪水，还是要找到彻底疏导洪水的法子。这时候有人对吕后说："麻烦事儿，找留侯。"

张良促成了定都关中并跟着高祖入关之后，太史公写道："留侯性多病，即道引不食谷，杜门不出岁余。"乍一看，这张良虽然聪明，可毕竟还是迷信啊，就算天生体质弱，也不能学道炼丹辟谷啊，还闭门一年多，吃了那么多丹砂还没出现问题，也是奇迹。但太史公续写："上欲废太子，立戚夫人子赵王如意。"哦，难怪张良躲在家里不出来，原来他早知道朝堂之上涉及立储了，大老婆和小老婆要开始会战了。

　　吕后急得不行，不得已，就让建成侯吕泽亲自去"绑架"了张良。吕泽说："出出主意吧。"有些事，想躲都躲不开。

　　张良："这是今上的家事，宫廷之上都一百多人去说了，没用啊。"

　　吕泽："必须出个主意。"

　　张良："我在今上身边的时候，听说有四位老人，都是因为今上的大嘴巴老是骂人而不买账、不做官的，这四个老头没啥水平，但是他们的行为让今上高看一眼，只因为今上的眼里得不到的都是最好的。今上已经得到了天下，这些老头原本是要烂死在山里的，今上不会请他们，他们也在山里眼红着财货但又不能下山。你让太子恭恭敬敬地给他们一个台阶，用四匹马的安车载上财货加上口条顺溜的辩士把他们拉下台阶，养在府里，让他们懂得意思，关键时刻安排他们上朝，去见今上，就行了。"

　　吕泽："这四位的名字是？"

　　张良："告诉你名字你就不会亲自去了。你派下人去，带着再多财货，人家觉得你不给面儿，也不回来。你吃了闭门羹，以你的做派，估计会随便找四个人来冒充。这样就弄巧成拙了，要知道这些清高的人，虽然也爱财货，但骨子里有傲气，演是演不像的。"

　　于是，吕泽带着太子的手书，准备了丰厚的财货，言辞谦卑地召唤到了四位老人。再怎么说，太子的面子还是大过财货的，四位老者虽然觉得太子没有亲至，看在财货的面子上也就凑合了。东园公、绮里季、夏黄公、角里先生便被养在了建成侯府中。

　　高祖那边也没闲着，先封了小儿子如意当赵王，然后继续整天琢磨着怎么把太子给换掉。高祖这种能看五十年江山的人，又怎么会不知道眼前这些宫廷内的事情呢？他担忧的是，万一小儿子立不了太子，别说做太平王爷了，小儿子的性命都会成问题。所以高祖还是不放心，压力太大而忧虑的时候就放声悲歌。大臣们都不懂得，或者装作不懂得从高祖的嘶吼中听到高祖的心眼儿，唯有周昌的手下赵尧听懂了，上前问："是赵王年岁太小，戚夫人斗不过吕后会祸及赵王吗？"

高祖："是这么回事。"

赵尧："您给赵王派个防火墙去做丞相，足够吕后、太子和大臣们敬畏的。"

高祖："谁？"

赵尧："我顶头上司周昌可以。"

高祖："好。"

周昌哭了，跟高祖说："您起兵时候我就追随您，您怎么忍心把我扔到诸侯属国中去？"高祖说："我知道这是降级使用，可赵王是我心头肉，这位置除了你别人不行。"周昌走后，稍稍踏实了一些的高祖不再放声悲歌了，把玩着御史大夫的官印，盯着赵尧说："你以前也有军功和封邑，不过这主意出得我很爽，就你了。"

汉高祖十年十月（前198年冬），淮南王黥布、梁王彭越、燕王卢绾、荆王刘贾、楚王刘交、齐王刘肥、长沙王吴芮都亲自来到长乐宫朝见高祖。

黥布是这里面最霸道的，毕竟是跟着项羽的正规军做过前锋的，不管在什么地方，他必须有块地方。彭越是这里面最坚韧的，毕竟是跟项羽的正规军游击厮杀多年的，他只想守在梁地老家不想换地方了。卢绾是这里面最得宠的，毕竟是跟高祖同年同月同日生于沛县丰邑对门的小伙伴。鄱阳秦吏出身的番君吴芮虽是黥布的岳丈，但也是张良的密友，高祖眼中的忠直之人。

汉高祖十年七月（前197年夏），太上皇刘太公驾崩于栎阳宫，梁王彭越、楚王刘交都亲自前来送葬，高祖派了使者去叫赵国召唤陈豨来出席葬礼，陈豨称病不去。

陈豨，宛朐人，早年从高祖军中至霸上，并无显著功绩。从高祖破燕王臧荼，又从征韩王韩信，再到高祖被围平城解围之后，才被封为列侯。他的主要功劳都来自这两次在北疆的平叛，尤其是白登之围。后来他的职位是赵国的相国，监管赵地、代地的边疆军队。那么，第一，这人与当地的豪霸交情不浅；第二，这人掌握着赵、代之地的边贸生意；第三，这人算是半个商人，与匈奴的商业交流来往广泛；第四，这人很可能在高祖被围白登、贿赂单于老婆的时候出了大力气。

陈豨做了汉朝属国赵国的官之后，赵地是高祖小儿子刘如意的封国，正牌的中央大吏周昌也在这里做丞相。陈豨的架子是豪杰的架子，请假回老家路过邯郸之时，周昌看见陈豨与门客、宾客和从者的车队足有一千多辆，竟然把邯郸所有的馆舍都住满了。陈豨前脚直返代地之后，周昌后脚就去了关中汇报。听了汇报的高祖派人调查这位独揽兵权的陈豨，发现陈豨门客们的财产来源，果不其然都牵扯到陈豨本人。被中央调查惊吓到的陈豨便去联络韩王韩信的将领王黄、曼丘臣。

汉高祖十年九月（前197年秋），使者一个往返之后，这位赵国的相国陈豨便在代地反叛。高祖亲自率军东征，军至邯郸，高祖说："陈豨竟然不在南方占据漳水，北方守住邯郸，我已经知道他不能有什么作为了。"告发陈豨谋反的赵国丞相周昌请求杀掉常山郡守、郡尉："常山有二十五座城池，陈豨反叛之时，就失陷了二十座。"

高祖问："郡守、郡尉参与反叛了吗？"

周昌说："没有。"

高祖答："这是力量不足的缘故。"

随后高祖赦免了他们，并让他们依然担任郡守、郡尉。高祖继续问周昌："赵国有勇士可以担任将领的吗？"

"有四个人。"

"带过来。"

周昌领着四位赵国勇士前来拜见高祖，高祖骂道："你们这几个小子能当将领？"四个人羞愧地趴在地上。

高祖封给他们每人一千户食邑，任命他们做将领。身边人进言："跟随您入蜀和讨伐项羽的有功将领至今还没有全部受到封赏，这四个人凭什么功劳封赏？"

高祖说："这不是你们能理解的。陈豨反叛，邯郸以北地区都被他占据，我用急文传递征调天下的军队，还没有一个赶到的，现在只有邯郸的军队可用，我怎么能吝惜四千户封给这四个人呢？这样正好慰藉赵国的子弟。"

高祖又问："陈豨的将领是谁？"

答："韩王韩信的旧部王黄和曼丘臣，以前都是商人出身。"

高祖说："知道了。"

当时从关中随着高祖出征的灌婴、郦商、樊哙等人自不必说，燕王卢绾也立即出兵。陈豨派王黄去匈奴求援，卢绾也派了使节张胜去匈奴。卢绾的意思是：告诉匈奴人，陈豨已经败了，别再多事。但张胜到了匈奴，之前被镇压的故燕王臧荼的儿子臧衍也在匈奴逃亡。臧衍开始煽动："第一，张胜你自己被燕王卢绾重用，只不过是因为你熟悉匈奴的情况。第二，燕王卢绾之所以被中央重用，是因为诸侯王屡屡造反。所以，为了保全你们自己，你应该回去建议燕王卢绾坐山观虎斗。"

张胜觉得有理，便开始帮着王黄怂恿匈奴出兵救陈豨。消息传到卢绾耳朵里，卢绾上奏朝廷要把张胜灭族。等到张胜从匈奴回到燕国，详细说明了他吃里爬外的原因，卢绾觉得有理，便找了别人顶罪，放了张胜家人，让张胜专注联络匈奴，还派了密使范齐去陈豨那里，鼓励陈豨去长期流亡骚扰，只要保证战事连年不断。

汉高祖十一年冬（前197年冬天），陈豨手底下那些多年从事边贸生意的将领们，在一番贿赂之后多有叛离。汉军在曲逆城下斩陈豨的将军侯敞、王黄，在聊城击败陈豨的将军张春，斩首一万多人。高祖自己率军硬攻东垣，东垣投降之后被改名真定。太尉周勃也使用带病从军的张良计谋，把据守马邑老巢的韩王韩信引诱出城合战，列阵击溃了韩王韩信。韩王韩信在败走半途与陈豨残部相遇，一起逃往楼烦。汉军追击不止，韩王韩信与陈豨只得继续北上向参合溃逃。

汉高祖十一年正月（前196年春），淮阴侯韩信在关中长安企图策应陈豨谋反，被吕后灭三族。

汉高祖十一年的春天，逃至参合立足未稳的韩王韩信与陈豨被追赶而至的汉军包围，被迫合战。在参合会战之前，韩王韩信回复招降他的汉将军柴武说："陛下把我从民间提拔起来，南面称王，这是我的荣幸。荥阳会战之时，周苛被烹杀，枞公死节，我没能奋战而死，罪状之一。匈奴敌寇进攻马邑，我没有坚守，献城投降，罪状之二。现在我替匈奴领兵，与将军您争夺一旦之命，罪状之三。文种、范蠡无罪尚且难道一死，我想归汉，就如同盲人忘不了曾经的光明一样，我的时势已经不允许了。"

合战之中，韩王韩信被柴武斩于参合，叛将王黄被俘虏。直到孝文帝前元十四年（前166年），匈奴老上单于提兵十四万大举入侵汉朝之时，韩王韩信的儿子韩颓当与孙子韩婴才率领部下投降汉朝。后来在景帝朝平定吴楚七国之乱时，弓高侯韩颓当立下战功第一。韩颓当的庶孙韩嫣与韩说，到了汉武大帝之时，又得"宠幸"。

周勃则擒获了陈豨部将宋最。陈豨逃向雁门，汉军继续追击。陈豨往来流窜于雁门、云中等地，一面与燕王卢绾的使者张胜保持联系，一面不断引匈奴骑兵袭扰汉界。而高祖在匈奴反复袭扰之下，也只得放弃了恒山以北的代地，将代国迁至山南，立皇子刘恒——即后来的汉文帝——为代王，以晋阳为都城。

汉高祖十一年夏天（前196年夏），几个月前邯郸危机之时，几个异姓诸侯王中最讲义气的梁王彭越也许是太老了，也许是没想到陈豨谋反的问题因为匈奴牵扯进来了而有那么严重，总之没有亲自挂帅响应高祖的传檄征召，仅仅派了部将不急不忙地去响应。高祖大怒，派了使节去责备彭越。彭越想亲自去谢罪，部将劝彭越反了。彭越最终的选择是没有去谢罪，但是也没有反汉，只是继续称病。直到他在自己的地盘上想惩办自家的太仆，这位太仆去了高祖那里告黑状。高祖派使节抓了彭越，交到有关部门审理。有关部门审理完毕，认为彭越有谋反的迹象，奏请依法处理。高祖赦免了彭越，贬去蜀地青衣县做平民。

由梁地坐着大车西行的彭越走到郑地，见到了从长安东行的吕后，向吕后哭诉自己无罪，只请求把流放地改为自己的故乡昌邑。吕后答应了，便拉着彭越一起向东去了洛阳。吕后见到高祖说："这是壮士，把他送到蜀郡，就和当年项羽送您去蜀郡一样。他思念东方故土，对您来说是自留后患，不如杀之。于是妾身我就让他和我一起回来了。"随后彭越的门客再度举报彭越，廷尉判结，彭越灭宗族。

彭越固然值得惋惜，但是对比一下传檄之后的齐王刘肥，曹参以齐国相国的身份率领军队出兵，攻击陈豨的部将张春，高祖不满梁王彭越的心情也就不再赘述了。大封同姓王的举措也就不难理解了。

彭越的全族在洛阳城外集中处决，官吏通告："有敢于收尸的，依法论处。"吕后买通的彭越门客有敢于告发他的，梁国的大夫也有敢于收尸的。梁国的大夫栾布从齐国刘肥那里出使回来，得知彭越已死，抵达洛阳，在彭越的人头之下，先是汇报了他的出使经过，然后焚香祭拜，放声痛哭，把该走的礼节都走了。

官吏抓了栾布，上奏高祖。高祖破口大骂，要烹杀栾布。曾是臧荼部将的栾布说："您在彭城、在荥阳、在成皋，所以项羽搞不死您，就是游击队长彭越坚定驻守在梁地，一根筋地死磕项羽，没有彭越的游击队，韩信完不成他的左勾拳，您更做不到这个位置。不过是一次征兵未到，您就屠了彭越三族，天下寒心。"

高祖下令，赦免了栾布，任为都尉。

当年韩信在被处决的抬头一刹那，见到了滕公夏侯婴，那是一位宽厚的贵人。高祖的这位司机不但保住了高祖的儿女，也从屠刀下发掘了韩信。

如今彭越在被放逐的路上也是抬头一刹那，认出了吕后的车驾，结果？绝了自己的生路。吕后确实可以算是一个狠毒的妇人了。高祖的这位老婆不但送走了韩信，又送走了彭越，之后再送走了黥布。其实论起来，高祖本人也是她送走的。

节二九
大风歌不是辞世诗

高祖任用敢于为彭越收尸的栾布，是要栾布为新的秩序服务，天下也本来已经进入了新的秩序。彭越的尸首被剁为肉酱，分发各国。使节到了寿春，正在狩猎的黥布见了这罐肉酱，心下震动。黥布在汉六年去陈县朝见高祖，七年又到洛阳朝见，九年去长安朝见，可到了十一年，他发现春天淮阴侯韩信没了，夏天彭越也没了，下一个还能是谁呢？

跑去检举彭越的，是彭越的太仆；跑去检举黥布的，是黥布的中大夫贲赫。原本黥布怀疑贲赫与自己的姬妾有奸情，可他还没动手之前，贲赫已经闻到了杀机。于是贲赫果断乘坐驿站的车辆，直奔长安告发黥布谋反。贲赫之于黥布，与黥布之于高祖，其实原理是一样的。

汉高祖十一年七月（前196年夏秋），长安派去寿春的调查还没有结果时，黥布已杀了贲赫全族，起兵反叛。消息传到长安，高祖问众将怎么办，众将异口同声说："速速发兵活埋了这孙子，还能咋地！"

已是汝阴侯的滕公夏侯婴一如既往地冷静，从自己的门客中找了一位能人薛先生推荐给高祖问话。这位薛先生做过楚国令尹，高祖问："黥布会是什么路数？"

薛先生："上等策略东取吴郡，西夺旧楚故地，再夺取齐鲁，号召燕赵反叛，然后固守，不再进攻，因为您已定鼎秦地。若是凭着河淮一线的大本营，煽动关东六国对秦的旧恨，您很麻烦。中策是东取吴郡，西夺旧楚故地，直击中原腹地的魏国和韩国旧地，占领敖仓，封锁成皋，不管黄河以北的齐国、赵国如何变化，只与您对峙天下之中，胜败两可之间。"

高祖问："下策呢？"

薛先生："东取吴郡，西夺下蔡，把劫掠的财货转运后方，与南方的长沙王吴芮结盟。黥布是一个骊山囚徒，必用下策，您可以高枕无忧。"

青铜斧车

黥布的反叛，高祖本是想让太子体验一下战场的感觉，被养在建成侯府中的商山四老敏锐地察觉到了危机，游说建成侯："太子出征，赢了还是太子，输了正好被换掉，跟随太子出征的大将们都是他爹的勇士，太子统军无异于羊入虎口。我们听说戚夫人日日被宠爱，您让吕后找机会对今上哭诉，就说黥布天下猛将，善于用兵，哪怕今上有病，也比太子强些，要哭得死去活来一些，这样今上勉力还是会去的。"

然后高祖听烦了吕后的哭诉，大骂一顿："我就知道这小兔崽子不堪任用，还得老子亲自去干。"于是高祖征调关中上郡、北地、陇西三地的骑兵，又征调了巴郡与蜀郡的步卒以及中尉卒三万人，不过不是为了出征，而是为太子保驾，屯军灞上，又让张良辅佐太子。然后高祖这才大赦天下，征发死罪以上的囚犯从军，并征调诸侯兵，亲征黥布。

高祖出征之时，群臣送至灞上。张良当时重病，不过强打着精神也要送一程说："楚人彪悍，希望您怂着一点，不要争锋，赢了就好。"

黥布果然向东进攻，与将领们说："今上老了，厌恶打仗了，一定不能够亲自带兵前来，只会派遣将领。那些人只听过淮阴侯与彭越的名头，如今两人都死了，老子天下第一。"黥布一路击杀了高祖的宗族荆王刘贾，之后北渡淮水攻击楚国。早忘了怎么打仗的楚将脆败，高祖的异母弟弟楚王刘交逃入薛地。

黥布继续西进，灌婴以车骑将军身份首先率军出征，在相县击败了黥布的部将，斩杀副将、楼烦将领三人，又进军击败了黥布的上柱国与大司马的军队，继续进军再击败了黥布的别将肥诛，亲手俘获左司马一人，部下斩杀小将十人。

黥布的主力在蕲县以西的会甄与高祖的军队相遇。这一次，从齐王刘肥的地盘中，齐国相国曹参又出兵车骑十二万人与高祖会合攻击黥布。高祖见黥布摆出的军阵与当年项羽的一样，心中极其厌恶。战阵之上，高祖喊话："为啥造反啊？"

黥布说："想当皇帝啊。"

高祖大怒，骂了一顿脏话，两军大战。以右丞相身份随征黥布的郦商受命攻打黥布的前锋方阵，攻陷两个方阵，立下第一战功。习惯了战阵快感的高祖被流矢射中。不过黥布的军队败退，叛军渡过淮河，又组织了几次反击，终于被尾随而至的汉军打到崩溃。黥布与百余死士过了长江，随后被长沙王吴芮的孙子吴回诱骗加拐带，去了番阳，在民宅之内死于当地豪杰之手。

汉高祖十二年十月（前195年秋冬），会甄合战之后，大事已定但挨了一箭的高祖就不再关心追击的事情了，回师的路上在老家沛县驻留了下来，把父老乡亲们都请来一起纵情畅饮，挑选沛中儿童一百二十人，让他们唱歌。高祖酒到酣时，慷慨击筑长歌："大风起兮云飞扬，威加海内兮归故乡，安得猛士兮守四方。"乡亲们泪水一行一行。直到欢乐十余日后，高祖说："我手下人口众多，沛中父兄不要留了，你们管不起饭。"

沛县父老送了又送，高祖停下搭起帐篷，继续痛饮三天。父老们说："沛县有幸得以免除赋税徭役，丰邑却没有免除，希望陛下可怜他们。"高祖说："丰邑是我老家中的老家，最不能忘，只因为当初丰邑人跟着雍齿反叛我去帮助魏王，才这样的。"沛县父老仍旧坚决请求，高祖总算答应把丰邑的赋税徭役也免除掉，跟沛县一样。

临行之时，高祖封了年轻有为的宗室子弟刘濞为吴王。人生经验丰富如高祖者，抚摸着刘濞的脊背说："该铲除的异姓我都铲除了，你小子有反相，汉家五十年后东南有乱，难道是你吗？天下同姓一家，你要慎重，不要造反。"

也是在黥布竖起反旗的同时，除了灌婴、郦商等人从军南下征讨之外，樊哙被派去北方剿灭流窜代地的陈豨。樊哙的士卒总算追到灵丘，斩杀了陈豨。而投降的陈豨部将也供述，两年前陈豨反叛之后还能流窜于代地的原因就是燕王卢绾纵容，并供出了陈豨与密使范齐的谋划。

樊哙带着这些罪状回禀高祖，高祖派出使节去征召卢绾。卢绾称病，他和自己的内廷宠臣说："异姓王现在就我和长沙王了，族灭韩信与诛杀彭越都是吕后的主意，今上病重，这吕后太狠了，现在还是继续称病吧。"

高祖再派一位列侯与御史大夫赵尧一同前去调查，卢绾的话便溜到了赵尧的耳朵中，被带回关中。从匈奴那里前来投降的人也报告了流亡在匈奴的张胜正是燕国派去的密使，也与陈豨一直在保持联系。于是高祖大怒，认为他最亲密的小伙伴也反了，再命樊哙去征讨燕国。樊哙临行之时，有消息报告高祖说樊哙准备平燕之后就回师对付戚夫人和皇子刘如意，于是高祖换了周勃为太尉，带军平定了燕地。燕王卢绾带着自己的家眷和数千死士一路跑去长城脚下，安顿下来准备等高祖病好了，亲赴关中请罪。

汉高祖十二年春（前194年春），自楚汉之争后又7年，一共爆发了五场削平异姓诸侯王的战争，高祖亲征其四。返回长安而箭伤不愈的高祖越来越想更换太子了，这次是铁了心要换，哪怕是张良的临朝劝谏高祖也听不进去了，订立制度的叔孙通引经据典高祖还是听不进去。在高祖最后一次临朝大摆酒宴之时，建成侯吕泽府中被养了多年的"商山四皓"终于出场了。

四老上殿，望去都是80多岁的老人了，高祖大为惊奇地问："我追寻先生们好几年了，你们都躲避我，如今为何自愿与我的儿子交游呢？"

四老理直气壮地说："你爱骂人，太子仁孝，天下归附太子，如同当年扶苏一样，因为这等仁义我们才肯归附。"

高祖说："那么，就请诸位先生善始善终，调教保护太子吧。"

节三十

高祖的辞世诗

四老祝酒完毕，一路小步快跑着离席而去。高祖命人召来了宠爱的戚夫人，指着四老说给戚夫人："我想换，有这些人辅佐，羽翼已成，吕后真而主矣。"

高祖没说的是，这四老自报家门之时，无论真的假的了，吕后为了儿子是花了本钱了，下了功夫了。能知道传说中的这四个名字在我心底里的分量的，也就只有那么几个人而已。韩信已经死了。萧何？没那么聪明吕后也不会找他。张良？抱病来到灞水送我，估计是他了，他都从了。总之，吕后是下功夫了。于是，高祖那一天就决定把天下还是交给吕后吧，比交给这个身边一直哭泣的戚夫人靠谱多了。自己放心不下戚夫人与如意母子，但让自己更放心不下的这份天下基业，还是交给吕后吧。

戚夫人以为自己听懂了高祖的话，唯独没注意听那最后一句"吕后真的就是你日后的主人了啊"的弦外之音。高祖其实是对他的小情人说："戚夫人啊，我走之后，你可长点心吧，想活命就别和吕后对着干了。"

结果戚夫人果然没听懂，后来成了"人彘"。

高祖那天也是醉了，一旦下了决心，高祖这种人就会很豁达。他继续对着没听懂的小情人说："为我楚舞，吾为若楚歌。"大致的意思就是，算了、算了、爱咋咋地吧。我都能看透你之后啥结果了，现在留个念想儿吧。能做的安排都已经做了，周昌在那里顶着，随他们去吧，自己到点儿了。

项羽故去之后 8 年有余，高祖同样是美酒在手，同样是美人相伴，同样是身不由己，在戚夫人的舞蹈下，唱出了自己的辞世诗歌。

"鸿鹄高飞，一举千里。羽翮已就，横绝四海。横绝四海，当可奈何！虽有矰缴，尚安所施！"

翻译成 21 世纪的内心独白？

"人家为了儿子有出息，花了血本。如今血本化为铁翅，也就牛气已成了。牛气已成，你就不要再争夺什么了。到了这个地步啊，只要我在，就如同风筝还有线。总有一天我不在了，你就没辙了。唉，我全看到了，说了也白说。"

读懂了意思，你才知道，真是豁达之心胸啊。

汉高祖十二年三月（前 194 年春），吕后找来名医。高祖拒医，破口大骂："老子布衣提三尺取天下，此非天命乎？命乃在天，虽扁鹊何益！"赐金五十，停止治疗。

洒脱的高祖便这样驾崩了。临终之时，让陈平、灌婴领军十万出关中驻守荥阳，据天下之中而安定四方。

节三一

留侯之谢幕

高祖去世后，吕后派使者去召唤赵王如意。赵国丞相周昌坚持赵王有疾，任凭使者三次召唤而不去。吕后足够聪明，便改为使者召唤无病的周昌。周昌赶赴关中，防火墙解除。随后再召唤赵王，小孩儿果然老老实实地前来，抵达长安一个多月后，被毒药伺候了。周昌就此告病，老实人守着老道理总是玩不过那些聪明人。周昌看着吕后，估计还在想几年前这个老娘们还要跪地谢我，如今立场换了，獠牙也出来了。周昌，很可爱，虽然有些口吃。

过了一年多，萧何去世，齐国相国曹参入替。曹参离开齐国之时，对入替他的人说："诉讼狱和交易市一定要保留，没有了这两个地方，坏人又去哪里谋身呢。这两个地方可以让善恶并容。"

萧规曹随三年后，曹参去世。

又四年，张良去世。

一个时代便结束了。

张良说："我家世代做韩国的相国，韩灭而不惜万金替故国复仇，所以才天下振动。如今以三寸之舌成为帝者之师，封万户、位列侯，此布衣富贵之极也，我知足了。自此愿弃人间闲事，与赤松子遨游罢了。"

张良是个愣头青的时候，为了心中的旧秩序，刺杀秦始皇帝嬴政是他的手笔；开创新秩序的时候，西楚霸王项羽的辞世歌其实也算是他的手笔；维护新秩序的时候，汉高祖刘邦的辞世歌还是他的手笔。秦、楚与汉的三位得天下者都被他计算过，这个弱不禁风的男人很了得啊。

当初那位授予张良《太公兵法》的老者是否真有其人？总之张良说 13 年后他与高祖经过济北之时，在谷城山下见到的那块黄石便是老者。张良也果然取回家中奉若至宝，一直祭祀它。张良死后，黄石也被一并葬了。张良的后人每逢节日上坟扫墓，祭祀张良的同时，也祭祀黄石。

往事勿追思，
追思多悲怆

如同张良帮助高祖一样，肯定也有人帮助过张良。

高祖是硬派的洒脱，留侯便是婉约的洒脱了。

节三二

下一个时代前的碎语

秦始皇还活着的时候，他采用了一种理论，来向当时的知识分子们说明，他的天下是合乎法理的。那就是齐国人邹衍系统性总结的五德终始之说，金、木、水、火、土五德转移，当运者兴隆。原本这套理论是为齐威王、齐宣王准备的，但包括齐国在内的六国被灭了，原来当运的是秦国。于是根据五德理论，周既然是火德，秦代周德，水以克火，所以秦为水德，又因为周有赤乌之符，再借一个秦文公出猎捕获黑龙的故事，秦国改服色为尚黑。

至少这套解释，在公元前的时代，还是很说得过去的。那时候全世界的人们也都在角落中思考着为什么成功，总结着为什么不成功，期盼着一个印象中的秩序。

陆贾是楚人，高祖入关前就一直跟随，论口才他不输于老狂生郦食其，但他不像郦食其那样有个相当能打的弟弟，且又能凭着自己"地头蛇"的关系为刚刚西进的高祖弄到陈留，所以在楚汉战争中并没有封侯，一直出任高祖的职业外交家。

不过这人也很稳重，没有像郦食其一样出了馊主意差点玩坏高祖，也没有像郦食其一样因为过于渴望得到游说的功劳而主动请缨去游说齐国。郦食其去齐国没有得到说服一国的功劳，反而把自己玩坏了。陆贾倒是在汉王朝天下定鼎之后，前往自立为南越王的故秦军尉赵佗的首都番禺，真真正正说服了一国。赵佗接受了汉朝赐予的南越王印，称臣奉汉。

陆贾出使，没有太多的咋呼，以至于聊到后来，赵佗觉得陆贾还不错。赵佗说："我守着这几十万的蛮夷，整天连个值得说话的人都没有，直到您来了，说了很多我过去听不到的东西，有意思，留下玩几个月吧，大家一起喝酒。"陆贾走时，赵佗给的各种赏赐价值两千金，回到朝堂。高祖也很高兴，给了太中大夫的官职。

在陆贾的启发下，高祖碰到了两个问题，在这两个问题还没有作为课题来系统性阐述之前，陆贾老让高祖看书："您看看《诗》《书》吧，补补学问。"

高祖照例骂人："你老子我骑在马上得天下，用个屁《诗》《书》！"

陆贾："马上打天下，马上却不能治理天下。文治武功并用，才是长治久安的办法。"

然后，高祖就意识到这两个问题了。

第一个问题，怎么治理已经得到的天下，这是迫在眉睫的事情。既要适用于天下布衣，又主要针对那些和他原来布衣之时一样不喜欢看书、别人一忽悠就自己卖自己的强横之徒。

第二个问题，怎么解释得到天下的原因，这是长远的事情。针对那些心里爱琢磨的聪

汉瓦长乐未央

明人，包括识字懂法的诸侯、游士和官吏们，要有一套理论让他们信服，这样官吏们才会去执掌教化，游士们也不会动辄妖言惑众。

高祖知道这两个问题不解决，长治久安那是扯淡。就如同当年自己在中原黄河沿线一通乱撞，碰到张良才偏师南阳打进武关的道理是一样的。于是高祖对陆贾说："你有能耐是吧，你写写秦为什么失天下，我为什么得天下。"陆贾写了十二篇，每上一篇，高祖看了都很爽快，身旁的人听了也很有道理，于是山呼高祖万岁。这书叫作《新语》，后来被收录在《陆贾》之中。到了宋时本已亡佚，明朝弘治年间又足本复出，分别是道基第一，术事第二，辅政第三，无为第四，辩惑第五，慎微第六，资质第七，至德第八，怀虑第九，本行第十，明诚十一，思务十二。

吕后专权之时，陆贾看见只有朝堂诤谏，没有军队将领的支持，称病回家，觉得好畤的土地肥美，可以安家，把五个儿子叫来，把南越王赵佗

给的珠宝卖了千金，各分两百，让儿子们自谋出路，自己坐着驷马安车，后面跟着唱歌跳舞抚琴奏瑟的侍从十人，身上挂着一把价值百金的宝剑，对儿子们说："跟你们几个约定，我去你们那里，你们供养我人马酒食，骄奢淫逸那是不能少的。但十天我就走，我死在谁家，谁得我的宝剑、车骑和侍从。一年之中，我还要遍游天下的老朋友，到你们家里不会超过两三次，放心，见面多了就不新鲜了，你们也用不着因为我待得时间太长而厌烦我。"

陆贾就这么洒脱地游戏人间，有一天去了丞相陈平的家中请安，直进庭院坐下。陈平正满脑袋想着怎么对抗诸吕呢，没看见陆贾。陆贾说："想啥呢？"

山东肥城汉代鼓乐马车拓片

陈平说："你猜？"

"你丫是丞相，三万户的列侯，还能有啥烦躁的，诸吕呗。"

"咋办？"

"太尉绛侯和我开玩笑开惯了，我的话也就不正耳朵听了。你还是和太尉走动一下，加强团结，将相和嘛。"

后来陈平与周勃精诚合作，嗯，就像高祖遗言中的定论一样，安了刘氏的天下，要知道当初在高祖面前告陈平黑状的就有周勃一个。后来陈平把奴婢一百人、车马五十乘、钱五百万给了陆贾作为饮食费，陆贾也果然把这些费用玩在了公卿之间。即使到了晚年，他的游说功夫也没扔掉，不辞辛苦又去了一趟南越，一番功夫之下，南越王赵佗削去了帝号，不再称制。

陆贾去世之后，他原本粗粗写就的《新语》十二篇，倒是被后人继承了下来，越来越作为一个正式课题去研究。陆贾本人讲究道、法、儒各用其长，《新语》的开篇就是《道基》，陆贾认同道是万物运行的根本，如同老子写的："道可道，非常道。"这些根本的原理可能说不清，不能精确地解释它们为何如此，但首先还是奉行这些从经验中得到的原则，以此为基础去论述天下的治理。随后篇章中他总结了他能知道的大多历史事实，用他那个时代自己的思考工具给出了判断和因果。他觉得仁义、尚德当然是治理天下的方针，所以他认为谁更仁义、谁更尚德便是得到天下的原因。

到了汉文帝即位，他继续要追问这两个问题："得天下的解释"与"治天下的方法"。贾山承袭了陆贾的思想，又写了《至言》；随后更有名的是贾谊，在前人的思考沉淀后，写了《过秦论》，名噪一时，已经透露出了"天人相感"的思想。

贾谊是洛阳人，向汉文帝推荐贾谊的是廷尉吴公。吴公曾经和李斯是同乡，也跟着李斯干过工作，治理社会、判断是非、以法定刑的素质自然没得说，因为在汉朝做两千石河南郡太守的政绩天下第一，所以被刚刚即位的汉文帝任用为廷尉。吴公进入长安掌廷尉之后，便将郡中才子贾谊推荐给汉文帝做了博士，而贾谊也确实博览群书，看了各家记录下来的思想与观点。

汉文帝与贾谊的这点事情过去一千年后，晚唐大艺术家李商隐（约813年至约858年）结合自己的人生际遇与自己时代中的环境，造了一首为贾谊鸣不平的诗："宣室求贤访逐臣，贾生才调更无伦。可怜夜半虚前席，不问苍生问鬼神。"便坐实了汉文帝的老糊涂形象。大多数称不上伟大但是以艺术家为头衔的人们，为了创造便需要汲取能量，呼唤灵感或者说共鸣，可是大多数这类人的共鸣，更多是借别人的皮为自己鸣。所以职业是艺术家的那些人也是人，与布衣的心态从原理上说是一样的，只不过表达更委婉一些，这种委婉叫雅。

与李商隐一样也挺有名的王勃也是这类心态，也造了一首为冯唐和李广鸣不平的艺术创作："冯唐易老，李广难封。"李广为何难封的事情，是后话了。

后元七年六月（前157年），汉文帝在未央宫去世，留下遗诏说："我听说天下万物出生后就没有不死的。死是天地常理，万物规律，没什么可以特别哀痛的地方。可如今世人喜生厌死，厚葬以致破产，长期服丧以致伤害身体，不可取。我做了二十多年皇帝，很不贤德，也没帮到百姓什么。现在去世了，又让他们长期服丧痛苦，伤害老幼心灵，减少饮食，断绝对鬼神的祭祀，更不可取。现在我谢幕了，还能有幸被奉入高庙，知足了。命令天下接到消息后，哭悼三天就除去丧服吧。不要禁止娶妻、嫁女、祭祠、饮酒和吃肉的事。自家办丧事的，也不用光着脚，不要让车驾和兵器披带孝布，不要让男男女女到宫殿哭祭，宫中早晚各哭十五声就好了，不是早晚禁止哭泣。后宫嫔妃奴婢，遣散回家去吧。"

汉文帝的思想还是黄老态度的无为而治，询问鬼神之事，本来就是一种好奇。黄老道家的发源本也是观察自然未知的现象，鬼神不过是那时的人们对超自然现象给出的一种解释，那试图理解这种解释或不满意既有解释而寻求更好的解释，用现在的视角去看，当然也是一种有益的探索。

到了公羊学派的董仲舒（前179年至前104年），这位也是博采各家而集大成者，终于缔造了完整的"天人感应"理论体系，圆满解决了当时"释天下"与"治天下"的两个问题，比西方宗教改革之后的"君权神授"理论早了很多年了。

春秋战国时期的孔、孟儒家理论，是"士"这个阶层中的思考者写出来的社会治理工具教材，教材版本可能有孔子版、孟子版，但核心价值是用于和平时期的社会治理。

孔子与孟子想问题的角度、看问题的视野与谈问题的思路肯定是不同的，而且孟子必然汲取了孔子思想中的知识，再结合自己的时代做出了思考与拓展。

在春秋末期孔子的时代，因为技术发现、灌溉普及、农耕渔猎增产、人口增长与土地资源兼并等因素使得土地争霸形态的战争呈现上升趋势，所以孔子觉得礼崩乐坏，不过是共主秩序被推翻的前奏。所以孔子与他的门徒们根据社会所见所闻，提炼了他们认为该如何进行社会治理的思想。孔门思想的出发点，是站在"士"的阶层上，考虑如何恢复原有的秩序，并在老秩序下进行社会治理。

在战国中期孟子的时代，因为共主秩序已经崩溃、土地争霸形态让战争的烈度与规模都呈现倍增趋势，由此产生的能量让战争艺术迅速发展，所以战争也就越来越残酷。目睹了战争残酷的孟子痛恨霸道，他根据之前所学以及当时社会所见所闻，提炼了他的理论。孟子的思想对于儒家视角来说，好比站在一个比孔子更烂的时代，更加热切盼望和平到来并进行社会治理。可是孟子依然给不出切实可行的恢复和平的方法，倒是在假想的和平之后如何进行社会治理的问题上，孟子取义比孔曰成仁有了一定的拓展。

孔子的理论，对春秋时期大小诸侯用来治理自己的封地都是不错的理论；但孟子的理论，已经只适合给霸主或者至少是大诸侯以上的土地领主来使用了。总的来说，春秋战国之际的孔、孟思想是一套基于和平时期的社会内部治理工具，这一脉思想者的本源就是设身处地在为君主、诸侯与领主们去考虑封地治理与社会秩序，所以不具备攻击性。

关于春秋战国时期的战争艺术，因为社会发展——开渠普及灌溉、开矿制造农具、商业流通加剧、手工业发展，等等——武器有了突破，弩机搭配农民的数量优势代替了需要长期训练的射术武士，一部分春秋时期"士"的阶层中懂得利用这种资源的军事家改变了组织原则，原有的农归农、战归战的小规模贵族军事竞赛形态被打破了。在孔子之前的战争形态是封地疆域纠纷引起的惩罚性质战争，但孔子至孟子时期，农战合一、军功获地、贵族近似军官、农民便是士兵，战争形态经过声望争霸再到土地争霸最后变成土地征服性质的战争。

在征服的过程中，尤其是战国后期，大家都掌握了开渠、灌溉和垦荒的农业技术，大量草原被开垦，树林被砍伐，用现代术语说叫生态环境破坏，于是泥沙被更多地输入黄河，黄河下游河床明显被抬高，这些人口、粮食和物质资源在当时被用来完成征服事业，但也改变了黄河在先秦时期相对乖巧的脾气，到了西汉开始加速泛滥，水灾频仍，这同样是西汉继承来的一份负分遗产。

所以到了战国晚期，人的因素、环境的因素和自然的因素相互作用之下，孔子、孟子那些空中楼阁式的老版本儒家教材，终于演化成了很具有代表性的荀子思想。在争霸已经进入征服阶段，新的共主秩序可能建立的情况下，荀子汲取了儒家的思想，有道德立足点，但相比孔孟，使用了法家的分析方法，论述了之前几位霸主失败的原因。此时已经不是孔子时代的恢复老式和平了，也不是孟子时代的设想新式和平了，荀子时代是具体探讨如何走向和平了。

在荀子基础上融入了更多事实分析与实用主义的韩非理论，算是做到了内部社会治理与外部农战扩张的最好落地。李斯的实践或韩非的理论放在其他六国的成功概率很小，甚至可以说没有。原因很简单，秦国的农战体系已经被时间夯实了。秦国是征服意志的，六国是争霸思维的；秦国谈判是为了割地，六国割地是为了谈判。即使秦嬴政没有统一六国，还会有下一个带着征服者思维的秦国国君征服六国的。

同样的道理，带着争霸思想的项羽与六国思想如出一脉，划地而治、天下共主，这也就是项羽所能想到的最大的理想与他所知道的最好的秩序了。而刘邦从一开始就是要征服包括项羽在内的众多诸侯的，当然这并非刘邦从一开始就知道，更加可能是他手下的张良、陈平们的指指点点之后的结果。

在地中海世界中又如何？古希腊的城邦拓殖者们，同样是因为在地中海东岸的爱奥尼亚地区首先变得富裕了，米利都作为一个城邦崛起了，这些拓殖者们需要更高级的追求，吟游说书人的《伊利亚特》与《奥赛罗》便诞生了，这些神话故事自然充满了对上古英雄口口相传的崇拜。随后听腻了神话的贵族中，总会有些人希望知道更多，或者探寻这些英雄之前的事情，仰望星空的米利都的泰勒斯无疑是西方被记录下来的第一位思考未知的人。

与老子一样，泰勒斯也与数学有联系。但凡是仰望星空、考虑未知而看不见脚下社会的人，一般都是有钱有闲的，夜晚周而复始的星体们解决了这些先贤最重要的一个难题——计时。在那么璀璨的银河之下，偏偏每个星体又是那么准确，吸引着他们去思考这些东西为什么会那么准确。这些东西不但可以记录时间，还可以指导土地上发生的一切，何时适合战争，何时开始耕种，去何处游历，该何时加衣。

无疑土地上的一切都是被天空指导了，那么老子与泰勒斯自然也就没有兴趣再去看社会上的那些事情了。当然在老子和泰勒斯前后，两个文明中专注于土地上的社会治理的政治家层出不穷。在西方的佼佼者有梭伦，在东方的佼佼者有管仲，两人出身际遇虽然迥异，但有一点是相同的，都长时间地游历过社会。没有类似这些人创造出来的社会制度，自然也就不会解决从生存到追求的迈向富裕的台阶。

能够让这些人停下仰望星空的悠闲的原因，当然是野蛮入侵。米利都乱了，继承了泰勒斯的知识或者受到他影响的人们便跑去了西西里，在那里的拓殖点上继续悠闲下来。一旦战乱来临，脑子里装着知识和口袋里装着财富的两类人总是跑得最快，因为他们嗅觉最灵敏。在平民的眼中，这些从来不知道坚定为何物的学者与商人们，唯一的区别是，学者见到未知的难题眼睛发光，商人见到潜在的利益眼睛发光。

在毕达哥拉斯的西西里好时光过去之后，那里也乱了，知识与财富再一次溜去了希腊半岛之上。希腊半岛也乱了，无处可逃的知识才战胜了财富。总会有些人，虽然也是智者，但不再关心夜晚的星空了，开始将那些从星空中悟到的知识转移到社会治理之上，比如苏格拉底呼唤道德治理，到了柏拉图已经开始试图把如何道德治理解释清楚。在东方，老子之后不再淡定的孔子也同样将视线拉回到了社会，不知道哪个或者哪些农夫发现了更好的耕作方式与灌溉方法，也不知道哪个或者哪些工匠发现了弩机这种武器，有了粮食的诸侯可以让军事家训练原本无用的自耕农开赴战场。战争规模扩大了，血腥程度增加了，军事艺术产生了，社会进步了。但在悲天悯人的社会学家的眼中，古老的不那么血腥的象征着荣誉与竞赛的战争走样了，于是他们陷入了思考。虽然当时他们能够利用的工具不多，但大体都在致力于创造一种能让大家冷静的方法。他们拼命向着战场呼喊：大家要冷静，我们坐下来思考一种让大家都满意的秩序吧。

事实也证明了，他们都值得尊重，怀着一颗朴素且善良的心，但他们的洞察力远不如亚里士多德与荀子——用冷酷视角注视着社会上所发生的一切，用分析的方法来肢解事情的脉络，用尽量精确的语言来传达事实的真相。

在亚历山大的征服时代，他的视线中南方隔海是盛产粮食的埃及，东方有爱奥尼亚的希腊城邦作为前进基地，还有波斯帝国的无尽财富等待挑战，所以他从没有将视线转向近似蛮荒的西方，那里除了西西里与南意大利半岛上的几个希腊拓殖城邦外就没有什么其他目标了，罗马在那时候还在与附近的城邦较劲，与从伦巴第南下的蛮族拼命。

经过了蛮族洗礼之后，公元前 264 年，罗马人应西西里岛上的锡拉库萨僭主的邀请，踏过墨西拿海峡与迦太基人以争霸开始了第一次布匿战争，在公元前 146 年以征服结束了第三次布匿战争。立国 700 年的迦太基古城在小西庇阿的注视下焚于烈火之中，犁庭扫穴之后还要在土地之上撒盐，非如此不能彻底磨灭腓尼基人的抵抗意志。在那一年同时被焚毁的还有科林斯城与马其顿城，腓尼基人、希腊人和马其顿人也就此接受了罗马的秩序。在那个时代，大家也确实都不知道还有什么更好的办法。

农战形态的罗马人虽然是带着争霸的心态开始，但随着时断时续的战争演化，罗马人已经转变为征服的心态了。而迦太基人看上去始终保持了一颗争霸的心，小动作不断，但又不够专注。哪怕是汉尼拔空前顽强的抵抗意志，也不能拯救这个虽然古老却很富庶的国家。在罗马本土上坚持了 16年却不曾得到来自北非的哪怕一个援兵，更加让汉尼拔显得悲剧色彩十足。

不过汉尼拔除了复仇意志之外，还是为西方人留下了丰富的军事遗产，尤其在会战的战术原则上。公元前 216 年的坎尼会战，两翼包抄颠覆了罗马人原有的军事常识。不过一旦证实这种技术有效，罗马人也迅速通过不断失败而掌握了这些技术。直到公元前 202 年的扎马战役，大西庇阿的罗马军队早已学会了这些变化。所以公元前 146 年开向东方的罗马军团面对还是停留在推土机战术的希腊方阵，或者加强型推土机战术的马其顿方阵之时，胜利便像是家常便饭了。

当然，坎尼会战的模型在很多年后经常被呆板地理解或使用，但并非每一个知道它或运用它的将领都能成为名将。一个小小的细节是，坎尼会战前，汉尼拔注意到清晨从沃尔图诺河吹来的风中裹着沙粒和尘土，与别的河上吹来的风不一样，于是他部署作战线时力求部队背向风沙。随后在会战中，卷风直吹罗马人的脸面和眼睛，灾难就发生了。

在教室里知道坎尼会战的模型，算是通了军法的规矩。可亲临战场能够利用风中的沙尘，才算是通了兵学的运用。

罗马人不傻，只不过汉尼拔更加会算计罢了。

可以说战争是一切具备斗争性质的碰撞行为，这种碰撞产生了能量。两个种族为了生存而搏斗是不是一场广义的战争？是。夫妻两个为了感情而吵嘴是不是一场广义的战争？是。一个穷人为了生存而奋斗是不是一场广义的战争？是。一个艺术家为了创造而内心拧巴是不是一场广义的战争？是。

战争只有能量的大与小，并无所谓的好与坏。揭示、测量并表达能量的大与小，是数学家和物理学家的本职工作。放在公元前，这就是道家和法家讨论的层面。

治大河靠疏堵，这是道法自然的真理。

至于定义一场广义的战争，到底是好还是坏，那是社会学家和行为艺术家们的事情。比较客观的社会学家会说这能量有时候是个好东西，立新、创新、革新；但也会说这能量有时候是个坏东西，破坏宁静、破坏秩序、破坏既得利益格局。至于悲天悯人的行为艺术家们，总是说和平万岁。放在公元前，这就是儒家和墨家讨论的层面。

治人心靠情绪的疏堵，这还是道法自然的真理在社会层面的一个映射运用罢了。

这是说道法自然高了儒墨仁义一等吗？不是。这是说不懂得观察和总结大河真理的人，不能够体会军法所以为基础、为规矩、为准绳的人，他们只以军法为教条罢了。

这是说道法自然高了儒墨仁义一等吗？是的。这是说不懂得观察和总结大河真理的人，不能够体会军法需要常常修订、时时增补、日日翻新。

踏破铁蹄无觅处，得来全不费功夫？题眼在一个觅字。在寻寻觅觅之心。在主观能动性之上。没有那颗寻寻觅觅之心，你踏破一万双铁鞋，不过是老板要求你原地踏步罢了。人家寻寻觅觅，东踏踏、西踏踏，同样踏破一万双铁鞋，蓦然回首，那人只在灯火阑珊处。

战争，每个人，他只要活着，就避免不了。

国与国之间叫作战争，以灭国为目的。

企业与企业之间叫作竞争，以兼并为目的。

社群与社群之间叫作斗争，以吸纳为目的。

人与人之间叫作拼争，以生存为目的。

这其中都蕴含了能量，白白浪费了这种能量的一方，最终都被历史淘汰掉了。

在亚历山大大帝之后，罗马与迦太基进行地中海大战的那个时代，东方的汉王与楚王也在进行亚洲大战，怀着征服者心态的刘邦战胜了仅仅只是称霸心态的项羽。再进行一万遍复盘，项羽的霸王心态与他的西楚霸国还是要被取代，不一定是刘邦，但肯定是一个与刘邦有同样心态的诸侯。只要秦始皇帝做到过第一次，总会有人能够按着那个目标去做到第二次，或者直接超越这个结果。

踩着迦太基人尸体登上地中海霸主地位的罗马人有了这次历练之后，接下来的扩张就是顺理成章并且十分自信的了，有些严重的内乱不过是拓殖过程中的插曲。在对外农战扩张的同时，需要一个更适合开动军事机器的政体与一套更有效的社会治理工具。恺撒与庞培的内战不过是做出了这个切换罢了。

一旦对内的政体、行政体系与社会治理工具磨合完毕，古罗马帝国相比它之前的几个帝国来说，可谓更有效率地利用了战争中的杀戮。而且有了理论基础与文化输出，被征服土地上的人们，从神祇、法律还有习俗上便都与帝国同步了。同步之后的罗马人因为其文明理念的先进性，便能够在和平时期让这些被征服的地方感到温暖，从而得以长久、牢固并相对和平地统治地中海世界。

这与东方的汉帝国通过讨伐异姓王、削掉同姓藩国之后完成帝国政体巩固，并出击到外线，战胜并彻底击垮北方的匈奴是一样的。自信随之而来，拓殖顺理成章，虽有胜负起伏，但留下了秩序，等待下一次的卷土重来。汉帝国、罗马帝国乃至波斯帝国萨珊王朝的崛起都是在身前不远处有个榜样，也都是身边有个足够强横的对手，至于崩溃，都是从扩张接近极限而转为收缩的那一刻就注定了。

但当事情过于复杂之后，思想家们有必要把过于纷繁的线索通过归类来简化，从而让一个决定或者一系列决定能够解开当前复杂无序的局面。但当思想家们不能够通过精确的语言来把这些思考过程记录并梳理为一本好的教材的话，他们指引的教士们在面对复杂问题之时，便会陷入混乱，要么放弃思考继续原始的图腾崇拜，要么归于神秘而简单的未知宗教，要么继续在前人的基础上试图解释未知——如果引入了新工具或发现了新方法，那么也许可以创造出新的理论，如果使用老工具或老方法但从来不根据环境而做出改进的话，那么也许就会被淘汰掉。

当社会已经动乱的时候，基于道德的思想家会考虑如何恢复到记忆中美好的昨天，基于逻辑的思想家会考虑如何开创一个更美好的明天。而当社会已经建立了一种秩序的时候，又是另外一种完全相反的情况，充满情绪的道德家们在和平之时会更加激进，经过计算的逻辑家们在和平之时却趋向保守，完全信任其中任何一方都会招致灾难。

但往往和平又归于战争的原因，在大多数情况下，竟然是来自于道德情绪的呐喊。可一旦战争被这些人点燃，这些怀着炙热的道德情绪的人，又会迅速转为恐惧与疲惫，然后又开始希望恢复到记忆中美好的昨天。就在这种循环往复中，道德家们会觉得这是一个平面的圆——治乱更替，或者天下大势、分久必合合久必分之类——之后他们便不再多想了。而逻辑家们想通了之后，便觉得这是螺旋式的立体几何进步，前提是能够汲取混乱或者战乱中的能量作为前进的动力。

简单说，道德总是在和平时期点燃战争，又在战争时期向往和平，而且认为这是理所当然的。这种现象总是存在也不曾消失，直到人们总算摸索出一些规律，那就是在社会层面，道德不可或缺，但也需要法制来规范。无论道德自我认为自我的培养有多艰险，但在无数自我的社会中，道德确实在法制的管道中流淌。

如果当时的法适合那个时代的社会伦理道德体系，那么就是好法，也可以说是好的管道，可以疏堵结合去引导社会的情绪。所谓社会伦理道德体系，不过是无数情绪的集合，来自不同视角、不同背景、不同目的。反之，无论落后还是超越了那个时代的社会伦理道德体系，那么就是恶法。

所以无论是在遥远的古代，还是在最近的变革时代，解释战争、战略与战术的问题，永远比解释社会、道德与法制的问题要简单许多，但其实两者除了变化的复杂程度以及由此带来的计算量之外，并没有任何原理是不同的。

以军事变革为起点开始一个循环，以社会变革为终点结束一个循环。下一个循环的战争更残酷，不过之后的社会也会更美好。

攻略如火

节三三

周亚夫和刘濞

周亚夫之印

周礼代殷鬼、秦法代周礼之后，秦法周礼并用的汉家制度，最终在汉武大帝刘彻（前156年至前87年）手中缔造完成。

公元前156年至前130年，是刘彻的早期成长阶段。前16年他在舞台之外观察汉家天下，之后10年在舞台中央初掌汉家天下。汉武帝在位54年，那是一条漫漫天涯路，尤其在位前几年走得着实艰辛。第一次是政治上的大挫折，第二次是军事上的大挫折。他为什么能忍过去，又为什么能挺过来，我们来拆解一下挫折前的成长。

前156年，这位日后的雄主走出娘胎，呱呱落地，取名叫彘。彘，古时泛指各类猪科动物。汉武大帝这个乳名"彘儿"，放在今天亲切唤来就是这个意思："小野猪，乖。小野猪，别哭。小野猪，你饿了吗？"

当年高祖宠姬戚夫人被吕后弄成了"人彘"，那是挖眼、灌耳、割舌、砍掉四肢，像个棍子一样扔进厕所才解恨的酷刑。以"人"成"彘"和"人"昵称"彘"，都是人干出的事情，前者最恶毒，后者最慈爱。唉！

每念及此，不禁黯然。想来想去，还是把这一段写上吧。汉武大帝和高祖看来还是很有缘分的。

前154年，"小野猪"刘彻刚刚2岁。父亲汉景帝刘启刚刚即位3年，一场"七国之乱"爆发，经过三个月被中央政权迅速平定。每个想上赌桌的人都是出于欲望，但赢得赌局不是靠祈祷，而是靠技术。

强横如秦皇不崩，楚地不会有反旗。同样，贤良如汉文帝不崩，封国吴、楚也不敢有任何异动。

汉文帝之时，受贾谊影响，治法讲究温柔——分而割之：齐分为七、赵分为二、淮南分为三。前157年，31岁的汉景帝刘启即位，受晁错影响，治法讲究刚猛——削而夺之。于是七国之乱也就因削藩而起。

汉景帝即位之始，就把晁错由中大夫提拔为左内史。在文帝朝之时，晁错已经因为屡次上书戍边、整军而得宠于内廷，但也得罪了大批朝臣。如今在景帝朝工作的第一年，晁错更加红得发紫，想要挖坑敲掉他的宰相申屠嘉反被气死了。随后晁错又被景帝继续提拔为御史大夫，削藩的建议得到批准，同时配套法令也相继出台。

楚王刘戊服丧期间玩女人，免了死罪，削去一个郡；赵王刘遂犯法，削去一个郡；胶西王（山东胶州）刘卬私卖爵位，削去六个县。这些中央的措施让那些封国中的刘姓王爷们大为恐慌，其中资历最老、国力最强的吴王刘濞便开始大规模串联，准备造反了。

很多年后的明朝，燕王朱棣造侄子建文帝的反，也是因为削藩。朱棣成功了而刘濞失败了，在于汉孝文帝给儿子留下了周亚夫，明太祖朱元璋却把孙子身边的大将都杀光了，只留下一群书生。

没有能打仗的将军，书生用嘴皮子是削不成藩的。

被高祖在五十年前下了预言的吴王刘濞，和景帝刘启是有杀子之仇的。当年刘濞的儿子、吴国太子刘贤去长安朝见，和当时是中央太子的刘启一起下棋博戏寻开心。但是刘贤争胜之心太强，几番口角之后，惹火了刘启，刘启就用木板棋盘把刘贤拍死了。

这事在文帝时期不了了之，但现在景帝削藩终于削到了刘濞头上，中央下令收回会稽、豫章两个郡，于是新仇旧恨一起算。各位同姓藩王也就在刘濞的串联下，以"清君侧、求诛晁错"的名义，发动了武装叛乱。

前154年，汉景帝三年正月，关东各国分成旧齐国、旧赵国与旧楚国三个战区各自开始了行动。

在旧齐国战区，主要组织者是失去了六个县的胶西王刘卬。他原本联系了另外五国君主，包括胶东（山东平度）王、菑川（山东寿光）王、济南（山东历城）王、齐（山东淄博）王和济北（山东长清）王，确定任务是首先进攻汉郡治所临淄，继而扫荡齐地，然后与吴、楚联军在洛阳会师。结果答应一起出兵的齐王胆小，拒绝行动且闭城戒备，后来直接喝毒药自杀了。而在济北国之中当家做主的是中央派驻的郎中令（封国禁军司令），于是济北郎中令借口城墙损坏还没有修好，直接按住了济北王。这样便只剩下了以胶西王为首的四国在旧齐国战区围攻临淄。这个战区从一开始就是一盘散沙，看上去更像是和中央敲锣打鼓闹别扭。

在旧赵国的土地上，赵王号称要联络匈奴，由邯郸走代地，穿越晋北攻击长安的北大门萧关（宁夏固原）。但实际上赵王仅仅是派出了使节去联络匈奴，出兵溜了一圈儿就缩回了邯郸固守。这个战区用好了可以壮声势，可以分散中央的精力，仅此而已。

真正有能量的还是刘濞。

刘濞联络了汉境之外的闽越、东海势力，倾尽吴地的豪杰士卒二十万，诈称五十万，从广陵城起兵。他向西渡过淮河之后，与楚王军队会合，攻破了棘壁（河南柘城）。随后，刘濞发布檄文，公示重赏措施，声势非常浩大。

至此，消息才传到中央。在晁错的建议下，汉景帝任命中尉（长安总司令）周亚夫领太尉（全国总司令）职衔，掌管皇后及太子家事的詹事窦婴为大将军，带领关中将军三十六人，出兵抵抗吴楚联军。周亚夫对付吴楚主力；窦婴屯驻荥阳，镇守三河地区，保护周亚夫的后路，并监视齐地和赵王的军队；郦商的儿子曲周侯郦寄率军自山西过太行山进攻邯郸。

这三个应对处置方案相当合理，晁错不是泛泛空谈之辈。以关中土地控制六国土地的秦汉时期，一共发生了七次围绕荥阳、敖仓与成皋为主题的大型战争。其中，五次属于关中胜利，都是因为抢先夺下了这片核心战略要地；两次属于关东的胜利，却都是因为西进主力与关中军队在中原对峙的同时，另有偏师从南阳出武关打进关中的缘故——第一次是灭秦之时高祖打入关中，第二次是绿林军灭莽新打入关中。

不过就在中央政府各军还未出发，汉景帝与晁错正在朝堂之上筹划军粮之时，被晁错挤出了宫廷政治圈的前大臣袁盎因为曾经做过吴国的国相，被汉景帝招去询问吴国大将军田禄伯的情况。于是，晁错的死期到了。

袁盎虽然曾经也建议削藩，且与晁错两人在那个时代都算有才。但稍稍有才而更会做人的袁盎因为晁错而失宠，更差点被晁错法办，于是趁着这次朝堂奏对，先是屏退了晁错，之后单独向汉景帝献上了一条很有针对性的退敌之计："既然七国求诛晁错，那么为了江山，陛下您就斩了晁错吧，七国之兵自然消解。"

于是一切安排妥当，袁盎被派遣动身出使吴、楚军中。为了不让汉景帝担上恶名，丞相、中尉、廷尉联名上书弹劾晁错。汉景帝借此台阶批准了行动。毫不知情的晁错穿着朝服被骗上车，被腰斩于长安东市。只不过实际已经脱离中央控制很久的七国王爷们听到袁盎带来的这个消息，却并没有罢兵的意思。不到长安非好汉，那就继续打吧。

晁错，又一个谋国而不谋身的悲剧人物。

中央军还在筹备而没有出发之前，正月里，就在刘濞檄文传到中央的时候，别说黄河沿线的诸多郡县了，就是长安城内，上至权贵，下至平民，也算是人心惶惶了。这就不得不先说被封在梁地的梁孝王刘武了。

梁孝王刘武，汉景帝的亲弟弟。窦太后生了两男一女，刘武是她的小儿子、心尖宝贝。孝文帝二年（前178年），刘武先被封为代王，得益于贾谊的一句"淮阳足以禁吴、楚"，两年后被孝文帝改封淮阳王。贾谊可谓洞若观火。孝文帝十二年（前168年）刘武被封为梁王，下辖四十余县，占着东西要冲，同时富甲一方。

此时此刻，正是刘武的封国挡在了吴楚叛军的西进要道之上。在最初的几十天中，他虽然也吓得够呛，但坚决执行了甘做沙包的任务，前后陆续派遣了八位将军列阵，与吴楚联军死战。后来，他见叛军实在强横，于是坚壁清野，死守都城大梁。他为关中出兵争取到的时间，至关重要。打虎亲兄弟，上阵父子兵，这话没错，但前置条件是还没出事儿的时候，文、景两代都对梁王刘武宠爱有加。

就在吴楚叛军与梁国对峙在睢阳之时，刘濞的大将军田禄伯向刘濞建议："请领军五万，沿淮河、长江一路收服淮南国、长沙国，然后由商县进击武关，与沿黄河西进的正面部队两路夹攻。"这么英明的决定，效仿高祖灭秦的路线，却被刘濞拒绝了。至于原因，是刘濞的儿子因为知道反叛不是好事，出于对忠诚的考虑，建议父亲不要任命外姓将领率军单独作战。

所以信任，对于很多人，始终是个难解的问题。这么担忧自己的大将反叛，当初自己又为什么要反叛呢？

自从刘濞被高祖封在吴地，他搞了几十年的独立王国，带甲造反二十万，自然除了匪徒之外，还是很养了些能人的。另外有一个少年将军桓给刘濞提了个建议："咱们都是步兵，而汉军多骑兵、车兵，如果咱就在这坚城之下步步为营地耗着，等汉军主力来了，在平原之上展开决战，咱就只能洗洗睡了。请求蛙跳式作战，抛下这些被声势震住的城邑，直取关外天下第二大的洛阳武库和敖仓粮库。"

刘濞咨询了手下的老将军们。老将说："这是少年冲锋的把戏，不可取。"于是刘濞果断放弃了这个建议，继续屯兵对峙于梁地，每日估计也就是到城下叫阵骂街。可是任吴王玩命骂街，梁孝王就是死挺着龟缩不出，日子就这么一天天过去了。

在汉景帝的亲弟弟和堂叔对峙之时，人心惶惶的帝国首都长安中，晁错已被腰斩。他的父亲因为他的一系列看似荒唐的举动自杀了，不过他定下的出兵策略还在按部就班地执行。所谓执行，不是皇帝一张嘴，周亚夫就点齐了三十六名将军统率关中健儿出兵了，那是评书，没什么意思。

关中各地的官方在筹措粮草，太尉周亚夫在考虑平叛策略，而赶到军队中从征的上至列侯，下至走卒，这段时间最发愁的事情是筹钱、借钱。借到了钱，才能置办甲胄、马匹、器械和口粮。一方面，这些东西是上战场必备的，这是生存需求；另一方面，从征者不乏布衣豪杰，希望借到钱上战场立功封侯受赏。高祖定天下之后立的规矩就是"战功封侯"，有汉一朝，都被坚定执行的这条祖训实在可算是汉文明存续发展之根本。

但是手握重金的关中富豪对于五十年前高祖灭秦的记忆太深刻了，于是他们对关东目前处于胶着状态的战争都保持观望态度，大多数不愿意借钱，心态如同那些在钜鹿之战中作壁上观的诸侯们一样。只有一个被太史公记录的，叫无盐氏的关外富豪，拿出千金放贷。结果战争三个月结束，一年之后，他收获了十倍的利息。

天下的道理，其实都是一样的。距此一百年后，古罗马的恺撒征服高卢炼出的那支精兵，一样是靠借贷。至于是否能够还贷，有些债主是靠赌博，有些债主是靠计算了。

一番上下筹措之后，三路中央大军终于依次出发了。

周亚夫与刘濞最大的区别，并不在于是否听从别人的建议，而在于是否有足够的经验判断这个建议是可行还是不可行。周亚夫率领大军行至灞上，一位叫赵涉的陌生人拦车献策。周亚夫判断之后，觉得确实如此。于是汉军绕蓝田，经武关，走南线沿洛水抵达洛阳，这样虽然多走了几日，但相比北线沿着黄河过崤山、出函谷关，不但更加安全，而且还收到了出其不意的效果，毕竟函谷关外三百里的崤函官道上处处都可能是险情，桃林塞的宽度仅有一车可过，选择偏师而出的周亚夫却还可以顺道检验武关至南阳的柔软腹地上有无叛军的动向。

由南线出击的周亚夫随后派出探马搜索了崤函山谷，将崤函官道两侧山中的吴楚伏兵歼灭，这才一路疾奔到达洛阳。不过抵达洛阳之后，周亚夫反倒是没有着急前往荥阳，他知道洛阳的武器库和成皋的粮仓安全了之后，转头先去寻找剧孟，一个当地知名的大游侠。直到周亚夫获悉剧孟没有投靠叛军，胜算这才基本落袋了。

洛阳，当时在西汉各郡县中的经济地位，可以大致理解为今日上海之于中国或者纽约之于美国，和平时期富商大贾云集，算是全国物资集散和流通中心了。而剧孟就是洛阳一带的游侠首领，或者说民间大哥。不管他做不做生意，他是民间秩序维持者；不管他有没有钱，追随他的门客们有些很有钱，至于没有钱的那些人，一部分是豪杰，一部分是地痞流氓。于是，剧孟手下三教九流的各色门客在战役情报、战场信息以及后勤物资保障上的种种手段，才是周亚夫所谓"得剧孟胜一国"的根本。

而吴、楚叛军的经济资本是贩盐、炼铁，刘濞这样的资源型矿老板兼盐老板，碰上了流通和资本属性的大土豪剧孟，已经天然输了好几筹，就如同今日的土豪煤老板面对金融市场的资本力量，也只能低下傲娇的头，是一样的道理。当然，原理如出一辙的例子，还有汉武帝中期的东郭咸阳、孔仅和桑弘羊的故事，那是后话了。

后勤有了保障，心下踏实之后，二月初周亚夫到了荥阳会师，又采纳了另一位参谋的策略，没有直接支援梁孝王刘武，摆出阵势与叛军死磕，而是进抵战场东北方向的昌邑（山东巨野），扎下营寨。

已经被叛军搞得心烦意乱的梁孝王屡次上书汉景帝，要求周亚夫出兵退敌。周亚夫只当作没听见，扎紧营门拒战，却以骑兵出击泗口，袭扰吴楚后方至吴国广陵城大本营之间的粮道。在梁国城下叫阵了月余的凶猛叛军，粮道被断，军心涣散，只能鼓起余勇从睢阳移师百里去乘夜攻击昌邑的汉军营寨，做殊死一搏，结果强攻不得只能撤退，撤退途中反被周亚夫跟踪追击，于是一败涂地。

在这场梁地战役中，不过是一个缩小了时间与空间规模的楚汉战争。梁孝王就是当年高祖的沙包角色，吴王刘濞算是项羽的角色，周亚夫自己做了韩信的角色，他扎稳阵脚之后派出去的袭扰骑兵，则是做了游击队长彭越的角色。

至于齐地的战事，四个叛王合力攻击临淄城三个月，没有攻下，等到汉军到来，各自回国。齐故都临淄城的遗址现在青州之北、淄博市之东的淄河之畔。因为紧邻淄河，所以叫临淄。都城级别的临淄分为内外两城，外城南城墙2821米，北城墙3316米，东城墙2143米，西城墙2812米。城墙全部用夯土版筑，夯土之中还加入圆木以求坚固。四面城门共十一座，当年规模之宏大可想而知。四个叛王不是没有齐心合力，只能说有心无力罢了。冷兵器时代的围城战，如果是这种像临淄一样的坚城，而抵抗意志又很强烈的话，三个月的叫骂却攻不下来，很是正常。

同样，对于第三片区坐守邯郸的赵王，汉军也是围攻了十个月而不能得手，直到通过围困把抵抗意志消磨干净，游说使者进城谈判，赵王自杀，郦寄才算胜利。面对虎狼之师，在冷兵器时代，只要粮草、水源有足够保障，据守坚城待援，往往是最佳选择，但粮草、水源之外，对于交战双方抵抗意志的判断，则是潜在的胜负手。

七国之乱被三月平定的细节场景大致如此。周亚夫是名将，但招式也不新鲜：对参谋人员的建议从善如流，对军队士卒令行禁止，对江湖豪杰多方把握，最终自己决断而已，说起来容易、做起来难。很多很多年后，左宗棠平新疆，一样也是要靠胡雪岩的筹措。但纵使有了胡雪岩筹措来的高利贷，也不一定是个什么将领都能平定新疆的。这也是为什么名将和将领用同样的招式，但注定了收获不同的结果。

对于良善百姓来说，七国之乱当然是一场灾难；对于汉景帝来说，这也是在位初期的一场磨难。这场战争的最大潜在受益人，是此时只有 2 岁的刘彻。

经此一役，外藩封国的刘姓王爷们各自收敛了小算盘，不但不再可以掌兵，而且被大肆削减了封国的官员配置，裁撤封国内的御史大夫、廷尉等监察和司法职位。及至刘彻登基之后行推恩令，梁分五国，齐分七国，赵分六国，淮南分三国，如此种种，使得终西汉一朝，大国十城，小国十里，外藩从此只存在理论上的潜在威胁，而这种潜在威胁更像是被皇帝问罪的理由，实质上已经失去了挑战中央政府的能力。

其实推恩令的分拆效应，和现代遗产税的作用原理是一样的。自古所谓的守成之难，其实难在古人不理解"固态守成"从来是空中楼阁，日月星辰无时无刻不在运动，血脉流动环绕全身，怎可能固守而成？几代而言，要么在守成中进化创新，要么在守成中萎缩枯寂；就个人而言，不再具备学习和改进能力的人，从心理上说已经老了。

因为力助周亚夫有功，剧孟得以善终。类似剧孟这类的大游侠，进一步侠之大者，退一步为祸一方。他的手下也是一半侠客豪杰，一半流氓地痞。侠客豪杰们喜欢去长安结交显贵，地痞流氓们则游窜于封国王爷的境内。于是，汉景帝在位时期做的另一件事就是任用了几名酷吏，比如郅都、宁成，严厉打击了关东中原一带的很多类似游侠们。于是伴随着刘彻的孩童时期，帝国政治层面上，七国之乱扫平了外藩；帝国社会层面上，各类游侠与散士多有收敛。

作为刘彻继位前的景帝时期的大将，周亚夫确有国士之风，但因为战略需要而拿着梁王做沙包，招致了梁王的嫉恨，又因为自己公卿的身份与倔强的性格而屡次诤谏，驳了窦太后的面子，驳了汉景帝的面子，最后出将入相的周亚夫在前143年终于因为自己坑爹的儿子招致了冤狱。受不得屈辱的周亚夫在廷狱之中，绝食吐血而亡。

如果说周亚夫有国士之风，诤谏乃是为国的话，那么窦太后的侄子窦婴，就是典型的一员只适合战争年代的战将了。窦婴早年任吴国相，熟悉吴国地理地形。景帝继位时他任詹事，作为窦太后的侄子甚至窦太后本人都不待见他，但七国之乱的战事爆发，皇族和外戚中只有他够勇猛，于是担任大将军，随周亚夫平叛有功。窦太后于是屡次向儿子汉景帝推荐自己的大侄子当丞相。连周亚夫都容不下的汉景帝，自然更容不下窦婴这种暴烈性格，于是拖到47岁驾崩，也没有给窦婴丞相的位置。

刘武后来又在梁王位置上坐了十年，其间可谓极度膨胀。他在前144年先于汉景帝三年而去世。对于非常想接任皇帝位置的刘武来说，终于没有给亲哥哥添麻烦，也没有让大侄子刘彻伤脑筋，还保住了自己的名节，生逢其时，死得其所。

西汉景帝后元三年正月，前141年的春天，16岁的刘彻作为太子刚刚行完加冠礼。甲子日，汉景帝刘启驾崩，刘彻即皇帝位。站到了历史大舞台上的年轻皇帝发现，帝国境内，千里国土上的外藩、朝堂之内的大将、社会基层的游侠，这三类势力或者被汉景帝扫干净了，或者因为寿数已到而退出了历史舞台。

什么样的舞台呢？就土地说，长江以北沿着黄河两岸铺开，至多二百一十万平方公里土地，其中还有自治的郡国。就人口说，去掉几个最高估计，去掉几个最低估计，史学界的平均数在三千万上下。

节三四

汉武来兮

在刘彻还是太子的时候，一次廷尉带上一个囚徒，叫作年。因为年的继母陈杀了年的父亲，所以年又杀了继母，于是年被司法官吏定了大逆之罪。汉景帝对这个案子比较困惑，按照法家的成法，法不容情；按照儒家的伦理，情有可原。于是，汉景帝把刘彻叫来问询。

刘彻说："这种情况，年的继母对于年来说，所以挂了一个'母'字，是因为年的父亲的缘故，继母所以挂了一个'继'字，是因为她并不是年的真正母亲。现在继母先作孽，下手杀了年的父亲，则继母下手之日，'母'字蕴含的恩情就已经断绝了。这个案子，应该依法判处年杀人之罪，而不应该以大逆之罪论处。"

汉景帝听了仅仅 14 岁的刘彻的一番分析后，年以杀人罪被弃市。如此看来，刘彻是一位天资聪颖且条理清晰的太子。

但是？没吃过苦头，没受过挫折。

前 141 年，刘彻从太子成了皇帝。十月，刘彻以"建元"为年号。皇帝以年号纪元，自此始于刘彻。这位少年天子即位之初，便是一番大有作为的派头，诚如后来太史公所说："汉兴五世，隆在建元。"

站在汉武的角度上，放眼帝国周边，虽有北方的匈奴不时袭扰，但有持续几十年的和亲政策作为保障，还有边关农贸市场作为辅助手段，算是安宁踏实。回头再看看自己的身后，宫廷之内有窦太皇太后掌舵，秉持黄老治道。除去依附祖母的窦婴及一干老人们，就是仰仗母亲王太后和舅父田蚡的一干新人们。至于姑母大长公主和妻子陈阿娇那一脉，也不过是祖母的跟班，不成气候。

于是初登帝位的汉武准备撸胳膊、挽袖子，大干一番了。

可16岁的少年天子随后就吃了一次大亏，这是一次很大的政治挫折，只因为汉武帝看到的是表面上的风平浪静。

首先说当时的社会背景。

挟"七国之乱"的威名，汉景帝虽然把该扫除的障碍都扫除了。但汉武帝即位之时，他的奶奶窦太皇太后还在。窦太皇太后除了喜欢小儿子梁孝王刘武之外，还喜欢黄老学问，这也是她的意识形态。

建元元年（前140年），16岁的汉武帝刚一即位，立即下令招贤，重用纲领是加强中央集权的儒家、法家，也就是思想渊源于贾谊和晁错这两脉的人士。他在位的第一任御史大夫赵绾、第一任郎中令王臧，也是他当太子时候的主儒学思想的启蒙老师。看上去，年轻的汉武帝准备开始"大有为"了。

结果？汉武帝即位第二年，年轻天子的一番新政还没走出第二步，赵绾仅仅上书建议皇帝处理国事不必请示太皇太后的东宫，赵、王两人就被处理到了狱中，然后自杀。同时愣头青一样的丞相窦婴、投机家一样的太尉田蚡全部免职。

这出戏怎么比喻？一个马上就要跨入成年人行列的16岁官二代，迫不及待地想要做点大事业，可一番大动作被自己的保守派奶奶迅速镇压。挑事的干掉，没头脑的皇亲斥退，小机灵的国戚斥退。官二代受到了大挫折，才明白自己是名义上的天子。

这么干的结果，有三种：一种是受了政治挫折，从此在经济上花天酒地——浪、叛逆、折腾和对抗；一种是受了政治挫折，从此在政治上循规蹈矩——怂、顺从、唯唯诺诺、被吓倒了；最后一种是受了政治挫折，但保持政治态度，不过学到了政治教训——忍、观察、学习和分析。**汉武帝是最后一种**。

这件事情之后，紧接着，建元二年（前 139 年），淮南王刘安献书于朝廷。这本书叫《淮南子》，是淮南王刘安召集众多知识人才汇编而成的，成书于景帝朝后期，一部百科全书式的著作。但它的主体思想是黄老道家的，当然内容是包罗万象的，博采了战国以来的非儒之外的百家言论。

政治含义？《淮南子》表面说的是"黄老无为"，同时批判了儒家和法家。除了迎合窦太皇太后的口味，更重要的是它的实际目的——要达到"维持现状"的功效，要巩固和加深长安的意识形态，要让长安认同一个观点：维持刘姓诸王的裂土自治现状。

对此，汉武帝也做了一个回应，与朝臣复议晁错之案，以冤案论，为晁错平反。可见忍耐不是认怂，是软中有硬的，是绵里藏针的。

这段时间汉武帝没事就去终南山射猎，自称"平阳侯"。少年天子在雄性荷尔蒙分泌之下，践踏农田无数。结果平民骂声一片，大致翻译成白话就是："你个横行霸道的富二代。"当然汉武帝也有他的小算盘，这些与他共同狩猎的骑射者，就如同很多很多年后康熙大帝的摔跤小伙伴们一样，是为了将来所储备的。汉武要用这些人对抗宫廷诸窦，康熙则是要用那些人对抗鳌拜群党。

到了建元六年（前 135 年），窦太皇太后病危的消息传到淮南国，睿智如淮南王刘安说："天上有彗星扫过，天下将有大乱了。"这话当然不是淮南王真的夜观天象看见彗星才这么说的，他是要借用彗星来控制自己淮南国内的人们支持他——修整兵甲，积累财帛，准备武装叛乱。因为在朝廷里的支柱没了，他感到了危险。

同一时间，被免去太尉职务的武安侯田蚡被启用为丞相。为什么说田蚡是个投机家，因为田蚡和刘安也说着悄悄话："今上无太子，有一天要是出了意外，诸王中除了您老，还有谁能当立？"

这就是汉武帝在当时社会背景下的政治实践——一个政治大挫折之后的"忍"字。哪怕是后来田蚡操控了百官任命，但汉武帝也只是偶尔嘴上骂街，不过继续忍耐，这时他才22岁。

建元六年（前135年）窦太后去世，忍到了皇权在手的汉武帝在次年立刻改了年号为元光。可见第一个6年中，汉武帝对苦尽甘来的体验有多么深刻。

元光元年（前134年）五月，汉武帝第三次召见了董仲舒，这一次的意思很简单："儒生，听说你有学问，你告诉我，皇帝要治理天下，而不是忍看天下，该如何下手。"

于是学兼法、墨的公羊派大儒董仲舒，以"天人关系"开始，连续上了三篇对策，后称"天人三策"。文之尊儒，功不在董仲舒一人，但原理上，如同前文所叙之陈胜有首倡之功是一样的。

当然汉武帝采纳董仲舒的"天人三策"，并不是认同了董老夫子的理论，而是发现了这理论的工具性质，可以满足他的实际政治需求——对付郡国自治的那些势力手中的黄老理论或纵横技术。

后世名曰"罢黜百家，独尊儒术"，其实有点过于抽象了。当时的汉武帝没那么抽象，百家之中的九十八家都是陪绑的，只有两家是真实的消灭目标。第一是黄老无为的道家意识形态，这种意识形态被郡国既得利益者拿来作为"维持现状"的护身符；第二是擅长往来游说、挑弄列国君心的纵横家，这些人没事都能挑出事情来，所以是要彻底消灭的。

至于目录上的其他九十八家，汉武帝并不实际针对，只是作为一种掩护手段，以免因为仅仅打击黄老和纵横，反而惊了各地的诸侯王，导致群起叛乱，同时也会惊了那些纵横家。要知道，这些游士惯于提前隐蔽在里弄之中去做看门人，比如张耳、陈馀、郦食其之流。

汉武帝的时代就这么在跌跌撞撞中拉开了序幕。他接手的是一个平台运行良好的帝国，但如何顺意操控则还需要时间。所以他的初期十年，只有两个关键词：帝国磨合与权力过渡。

第一，所谓帝国磨合，乃是汉武帝本人与帝国平台的磨合期。十年之内，汉武帝通过举贤用郎的行动，顺利地将无效率的行政体系转变为他可掌握的高效率行政工具。军事准备上，通过对帝国军事人才的遴选和尝试之后，汉武帝不但整顿了帝国军事机器，而且幸运地获得了他的天赐宝贝。随后在军事机器即将开动之前的军事动员过程中，帝国又为商人与游士创造了经济需求和外交需求。

汉武帝对外交需求的鼓励和支持，不但辅助了军事，也在帝国境内悄悄拉动了商业流通和经济增长。后一点尤其重要，因为经济上的需求，汉武帝在中期从无序到有序，半推半就地又开启了各项经济改革。

第二，所谓权力过渡，则是汉武帝实际接管帝制权力的过程，表面看起来四平八稳，而究其实质又格外幸运，恰到好处，在汉武帝登基之后的宫廷政治圈的势力起伏走势，其中三个事件可以作为阶段性标志。

首先，建元元年（前140年），刚刚继位的汉武帝就任命了奶奶窦太皇太后的侄子窦婴为丞相，母亲王太后的哥哥田蚡为太尉。投机家田蚡准备巴结汉武帝，于是怂恿愣头青窦婴挑战窦太皇太后的权威，失败后两人双双被罢官。从政治角度的得失看来，老一代外戚兼大将窦婴的损失要比新一代外戚田蚡惨重许多。靠着祖母辈纽带的窦婴作为战场上的战将，太容易被当作一杆长枪了。

其次，建元六年（前135年），窦太皇太后逝世，田蚡迅速起复为丞相。汉武帝的母亲王太后的指示是必然的。随着太后党的崛起，田蚡独揽朝政，百官附和。此时早已有了经验的汉武帝，不过是再忍一次罢了。当然，忍田蚡的难度远远逊于当初忍让奶奶窦太皇太后。忍田蚡是忍一只贪腐的臭虫，忍让奶奶却是两种意识形态之间的尊重和角力。所以田蚡时期，汉武帝一边启动顶层改革，一边观察田蚡就可以了。其时闽越攻东瓯，东瓯使者求援于汉。汉武帝问田蚡，田蚡怕得罪窦太皇太后，说不足以救。于是，汉武帝已经看透了田蚡的斤两。

第三，元光五年（前 130 年），愣头青兼暴脾气的窦婴因为庇护同样猛将出身的灌夫，终于死磕田蚡，招致牢狱之灾。他在冬季被丞相田蚡提前处死以免后患，可几个月后田蚡也于春季病亡。至此，老一代政治势力消于无形，随后廷尉张汤又以雷厉风行的手段惩办了皇后陈阿娇的楚服案。长安宫廷政治圈内的老中青三代外戚，全部在合适的时间以合适的方式退出了历史舞台。历史没有如果，只能说对于完成了帝国权力过渡的汉武帝，他确实有些冷冰冰的幸运。

同时期，虽然朝野内外的大贪不在少数，而且奢侈之风日盛，但得益于休养生息的宏观政策，帝国的经济运营堪称富足，境内商品流通顺畅。矿业发达意味着铁器的充足，中央鼓励畜牧业的发展意味着马匹的增长，未来多年内的先进武器和充足军马的供应链在此时期内逐渐形成。

借用汉武帝身边算不上大将的四个人，来细细观摩一下这十年中的社会风景吧。他们是老年派高官韩安国、壮年派高官王恢、青年屌丝派的唐蒙和张骞。前两人，让汉武帝又品尝了他人生中的第一次军事大挫折。

最后闲话一句，董仲舒"天人三策"的长远影响，好处多多。

第一，建明堂，行礼制，确立社会伦理道德体系，约束地方上大大小小的割据势力。这是内核为社会提供的凝聚力。

第二，立太学，选贤良，修文章，开通有智慧的知识分子在这个社会之中的上升通道。春秋战国之时的游士们，也不用抱怨怀才不遇了，不用穿着儒生服装却满嘴纵横术地往郡国去跑了，都来中央吧。这是内核为社会提供的上升通道。

第三，天人学说的后门，用来在法理上约束皇帝。哪怕是法理不行，还有各种天灾的借口可以吓唬皇帝。皇帝被推翻了，是老天爷的意思，谁让您是天子呢。这是内核为社会提供的重启机制。

这一套君权神授的理论，在 2000 多年前被董仲舒论述出来，那是不得了的学问。他当然不是拍脑门就想出来的，他所汲取的智慧，也是春秋战国以来的各家诸多思考。

用今天的眼光来看，我认为《老子》是一本什么著作呢？它是用天文学来规范人世间，用物理运动来归纳社会行为的著作。所以，其中蕴含了自然哲学的思想。今天看来，怎么解释都通，所谓道行天下。

而《论语》《孟子》是什么著作呢？是就事论事，讲自我约束，以自身对事情的感悟来训导和规范社会行为的伦理学著作。所以，其中蕴含了人类自身的道德观，自然容易博得人们的同情。

那么《韩非子》又是一本什么著作呢？是用法学来规范人世间，用过往的社会行为经验来指导当下社会行为的著作。它针对的是社会，适用于政府或组织，蕴含了强制管理和控制的思想。

至于在当时，韩非集大成而至晁错那一脉的思路，是纯法的。只论是非，不论人情。而西汉初年陆贾、贾谊直至公羊派董仲舒这一脉，是更多继承了荀子理解的儒家思想，即伦理人情的自我约束加上物理是非的强制手段。

第三五节
韩安国与王恢

人生的悲喜剧，就在一念之间。但一念之间的思考和算计，却是多年人生积淀的结果。人皆如此。

韩安国，早年出身梁国睢阳，学的是《韩非子》的学问，另外也知道一些杂家的知识，在梁孝王刘武的封国里做事。

赶上七国之乱时，他作为梁军将领立下了平叛战功，还留下了老成持重的名头。后来做官几起几落，死灰复燃的典故就是这位仁兄。关于战役中韩安国的战功，考虑到梁军是死守对峙叛军三个月，且野战指挥官是张羽，

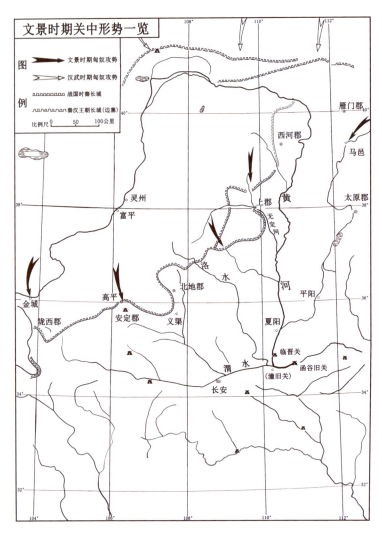

文景时期关中形势一览

则我推测身为梁国内史（大梁市长）的韩安国大概是作为后勤部长和督师大员，获得了保障有力之功。

此外，韩安国的口才是没得说的。在七国之乱中他的主公梁孝王功劳太大，又是窦太后的小儿子，于是很有些翘尾巴。这些事被当哥哥的景帝知道了，自然心里很不爽。直到刘武尾巴上了天，为了泄私愤竟然派出刺客去长安行刺了中央重臣袁盎。窦太后就这么两个宝贝儿子，一个是皇帝，一个是外藩王爷，开始颇为此事犯难，后来也埋怨小儿子不懂事，再后来连梁国派去的使者都不见了，此时的中央就差大兵压境、问罪于前了。这个节骨眼上，韩安国出马了。

韩安国到了长安，没有直接去拜见窦太后，而是找了大长公主。听了一席有理有据有节的情况说明之后，大长公主再转头汇报给窦太后。窦太后便心情舒畅了，又一转头告诉了景帝，梁孝王这事儿就烟消云散地过去了。韩安国也在长安落下了人脉。

后来梁孝王去世，韩安国又一次失官赋闲，等到汉武帝继位后，走了田蚡的后门，花了五百金，以北地郡（甘肃庆阳）都尉又得起复，前138年出任大农令（农业部长），随着田蚡出任丞相。前135年，韩安国随着田蚡前后脚晋升为三公之一的御史大夫。

王恢，早年燕地人，边郡官吏出身，非常熟悉匈奴的脾性。这些经历无疑算作他的业务能力，但能够让他日后进入长安中央，从寂寂无闻的边郡官吏，一跃而成为九卿之一的大行令，这当然不是主因。

大行令，就是原来的典客职位，景帝中元六年改为大行令，汉武帝太初元年改为大鸿胪，2000多年前是掌管各蛮夷部落相关事务的九卿之一。前136年王恢能够出任此职位，正史中几条支离破碎的记录或者可以供我们推测王恢的仕途轨迹。别看王恢在正史中连"传"都没有，可其实这哥们儿差点成为历史性关键人物，而且他的行为确实促成了历史性的关键转折。

第一条可能的路径是郡内举荐。汉武帝登基当年即下诏举荐贤良，此后5年中又两次要求各郡举荐，在宗正和郎中令的幕下分别开辟了人才池，宗正下面设置博士。"老鸡贼"公孙弘走的就是这条路线。而郎中令下面有文职大夫，也有武职郎官，王恢有可能是走的这条"侍中"路线。

第二条更可能的路径，考虑到王恢在大行令露面之前唯一被提及的身份是燕地边吏，通晓边疆事务，而太仆灌夫在前138年做了燕相，所以王恢有可能走的是灌夫这条推荐路线。此时窦太皇太后还在世，身为列侯罢官在家的窦婴和田蚡还没有闹僵。

第三条可能的路径，考虑到王恢日后第一时间找田蚡买命，所以他也有可能走的是田蚡这条推荐路线。

总之，在前136年的前后，熟悉匈奴情况和北疆事务的王恢得到了汉武帝的重用。

究其原因：其一，时势，不管是上述哪条路线，都赶上了汉武帝登基以来的连续几次举贤令，受到社会大形势所驱动，很有口才的王恢被发掘出来了；其二，这哥们儿有钱，且在北疆燕、代之地也有些有钱的朋友，而资本充足确实很重要，从身边围绕着经营畜牧马匹的土豪朋友，到日后出得起千金找田蚡买命，不难想象；其三，这哥们骁勇不见得，但却是一个主战派。于是有资源铺垫台阶，赶上了时势也对上了汉武帝的胃口，王恢登场了。

大行令王恢与大农令韩安国在公元前135年有过一次军事合作，汉武帝应南越国王赵胡的求援，派遣王恢由豫章（江西南昌）出兵，韩安国由会稽（江苏苏州）出兵，攻击入侵南越的闽越。结果大军未至，闽越内乱之后就顺道投降了汉朝。

次年六月，随着田蚡升任丞相，韩安国也从大农令晋升为御史大夫，恰逢匈奴使者前来要求和亲。汉武帝在朝堂议会上征求意见，激进派的王恢建议出兵攻打匈奴，稳妥派的韩安国建议保持和亲政策，并且采取防御姿态，毕竟主动出击有高祖白登之围的不堪记忆。于是大多数官员也就附和了韩安国，继而汉武帝同意和亲，但是汉武帝发出的信号已经很明显了。

此时的汉武帝对于匈奴的记忆，不妨说一个早年的小段子。

前元五年（前152年），刘彻刚刚5岁，被立为胶东王才一年。汉景帝将自己的二女儿、刘彻的胞姐南宫公主嫁给了匈奴军臣单于。这是汉朝开国以来第一次将真公主和亲给匈奴。此前有记录的六次和亲，自前176年至前155年之间，五次是宗室女，一次是诸侯王女，都出自《汉书》。唯独这一次百分百的真公主和亲，不出自《汉书》，而出自北宋百科全书《册府元龟》卷九七八。可以想见，东汉班固对此事必然耿耿于怀。那么与南宫公主算是同代人的刘彻，只会更加引为大耻。这大概就是年轻的汉武帝发出的信号中所蕴含的情绪。

前133年，捕捉到汉武帝这种情绪的王恢，终于有了机会，而且是自己创造的机会。

王恢在地方上的土豪朋友——代郡马邑人（河北朔县）聂壹，是在边关农贸市场上与匈奴做生意而积累财富起家的当地土豪游侠，与匈奴的贸易做得很大。估计聂壹是深知王恢的心愿的——出击匈奴立下战功。于是小伙伴聂壹献上了计策一条：既然皇帝有心攻击匈奴，阻碍不过是朝廷官员多数不愿冒险出击塞外，那就效仿当年李牧在代郡围歼匈奴的事迹，采用诱敌深入的办法，将匈奴骑兵引入长城内包围歼灭，这样主和的多数派便没有了劳师远征的借口。

这个计划的具体操作是由聂壹凭着多年贸易积累下来的信任，去匈奴诈降，抛出重大利益——马邑城——为诱饵，约定以马邑长官的人头悬挂在城门之上为信号，诱惑匈奴单于前来肆意劫掠，这样汉军即可就此围歼匈奴主力。

王恢一听，这个计划相当靠谱，而且有过成功案例，便欣然同意。于是，聂壹通过王恢上书汉武帝。汉武帝就此再次在朝堂上征询意见。同样，主战激进派王恢与避战稳妥派韩安国再次朝堂论战。韩安国再次提出了出击匈奴的各种弊端，而有备而来的王恢恰恰针对此点，指出此次计划乃是诱敌深入之法，汉军不用出塞，在长城境内即可将匈奴主力包围歼灭。马邑是匈奴人经常前来劫掠的主要目标之一，不但驾轻就熟，而且当地民间交流广泛，这次匈奴见到劫城的机会，自然也不会有什么疑心。

总之，不管是土豪聂壹献计高官王恢，还是高官王恢借手土豪聂壹，汉武帝就此批准了作战计划，并为此从全国调集了战车、马匹和辎重粮草，动员了车兵、骑兵、步兵及后勤人员合计三十万余人。至此，马邑围歼战役拉开了序幕。

同年六月，根据战役需要，汉武帝任命御史大夫韩安国为护军将军（设伏军团总司令）、李广为骁骑将军（骑兵总司令）、太中大夫李息为材官将军（步兵及辎重粮草总司令）、太仆公孙贺为轻车将军（战车总司令）。大军埋伏于马邑山谷之中，静待匈奴主力入网。

同时王恢为将屯将军，指挥三万人进抵代郡，准备在汉军伏击匈奴之时，包抄匈奴后路。一切准备停当，战役从准备阶段进入了实施阶段。

聂壹到了匈奴营地，按计而行。四任单于栾提军臣大喜过望，脑海中霎时浮现出无数的布帛、钱粮、奴隶和女人，于是亲自下达了全军动员令。聂壹也返回马邑，以死囚人头充作马邑县令和县丞的人头，悬于城上。匈奴探马见了信号，立即回禀单于。得到消息的单于屁颠屁颠地亲自率领十万匈奴骑兵穿越长城南下。

匈奴大军过了武州塞（山西左云县），已经到达了距离马邑百里左右的地界，却看到牛羊遍地而荒无人迹，这时起了疑心，顺手就近攻击了一个汉朝边塞上的武装哨所。从俘虏的一个低级官吏嘴中，匈奴得知了汉朝整个庞大的伏击计划。我的编辑问我，为什么这么一个低级官吏会知道汉军的整个计划？我只能说《史记》就是这么记载的。而且我承认在我下笔之时，也真的没思考过这个问题。想想要是这位编辑来负责马邑之围的组织细节，那么历史可能便要改写了。于是我仔细思考了一下，合乎逻辑的解释是，那个下级官吏并不知道伏击全貌，但对于匈奴来讲，能够做大单于的人，日日与猎鹰为伴、与苍狼为敌，对危险有天然的敏锐嗅觉吧。所以那个下级官吏的只言片语，对于大单于来讲信息就足够丰富了。

于是匈奴知道这个庞大计划之后，开始撒蹄子疯狂撤退，早于汉军合围之前，安全地撤到了长城之外。原本预计关门截断匈奴后路的王恢，看看手头三万人，再看看已在长城之外的十万匈奴骑兵，怂了一口气，没敢贸然狙击力战，于是汉军只得各自班师。

事后赏罚阶段，王恢认罪待审，廷尉判处死刑。王恢拿出千金来求宰相田蚡予以疏通。田蚡不敢亲自出头，绕路搬出了皇太后田蚡说情。可汉武帝不但杀意已决，而且早就对丞相兼舅舅的田蚡擅权心怀不满。王恢得知消息，绝望自裁。

至此，这次不成功的马邑围歼战役落下帷幕。

终汉武一朝54年，虽然把匈奴汗国彻底拖垮并加以分化，但也有且仅有两次机会，汉军有可能全歼匈奴汗国的单于本部以及活抓单于本人，这是第一次，而且是几乎将单于本部的十万骑兵全部装进口袋。

就性质来讲，这场战役与七国之乱可以等量齐观。七国之乱迅速平定了外藩叛乱势力，而马邑之围则开启了十年北击匈奴的外线战争——"外线"这两字很重要。

历史总是在过程中惊人地相似，但结局未必一致。高官周亚夫与亦侠亦商的剧孟堪称天作之合，名留青史；而高官王恢与同样亦侠亦商的聂壹则就此打住。王恢和聂壹无疑策划了一次几乎完美的战役，不过哪怕是一个再完美的计划，如果在执行阶段没有应急预案，出了一些问题又没有果断赌上全部筹码，那么落实在历史上，也就是一次声势浩大的筹谋不周全的失败战役而已。王恢不但断送了仕途，也断送了性命。

七国之乱成就了周亚夫，而马邑之围却埋葬了王恢。同时经历了这两事的韩安国得以享有不错的名声。这便是王恢和韩安国之间的政治经验的差距了。韩安国几起几落，看上去仕途磨难颇多，还留下死灰复燃的典故，自然也就政治经验丰富了。他能从丢官赋闲一跃为御史大夫，看起来五百金走通田蚡的"后门"是关键，可我倒是觉得朝野内外的口碑才是他能走通田蚡"后门"，且随着田蚡走到御史大夫的关键所在。

相比于老成持重，或者说老奸巨猾的韩安国，以激进为标签的王恢虽然没有那么多政治资本，但作为在23岁的年轻皇帝身边当差了3年多的重卿，他至少应该知道这位大老板的脾气秉性了。况且自高祖被围白登之后，十余次被匈奴大规模劫掠北疆，60多年来第一次准备大规模接战匈奴，汉武帝是把君权的威严赌在了王恢这个少数派的身上。那么一旦开战，哪怕打败了，也是要拼死上的，更何况关门打狗的那支后门锁就是王恢自己率领的。

对于王恢自己来说，第一条件是许战不许退的，第二条件才是许胜不许败的。第一条件决定他的性命，第二条件不过是决定他的仕途罢了。相比于千金买命而不得的下场，王恢如果率领三万人主动出击，拼死狙击匈奴，哪怕是迟滞匈奴，纵然战死沙场，反倒落个好名声，而如果在出击接战的同时，长城之上烽火报信，甚至史册会记载——王恢死战不退，迟滞匈奴，援军赶到，匈奴大败等等，可惜历史没有如果。

只能说王恢同志的军事判断力低下导致作茧自缚，而政治上更显稚嫩，买命于田蚡无异于自求速死。

韩安国后来随着前130年田蚡病亡，短暂代理过丞相，没几天因跌伤腿脚而免职，养病好了又赶上匈奴大肆入侵劫掠渔阳郡，被调去做边郡郡守，差点命丧匈奴之手，被援军解围得救后，最终病死边郡。

悲剧性的王恢有些可怜，令人想起那句老话——可怜之人，必有可恨之处，而且运气还很不好，相当不好，如果晚上几年，汉匈战火燃起之后，别说这种无损失的死刑，就是损兵折将吃了败仗的死刑，直接花钱缴纳政府，就可以买命贬为庶民了。

只差那么一哆嗦……汉武帝可以这么想，也可以这么说。但是对于汉武帝的某位将军，这实在是最悲哀的只差那么一哆嗦。

要知道少年天子吃了这么大一次军事挫折，无论如何是要消化一阵子的。后来很有得胜军事经验的杨广选择再伐辽东、三伐辽东，结果亡国。初次受挫的汉武帝倒是放着万贯家财，忍下了一口恶气。雄才大略和好大喜功，面上的行为好像一样，可实际上差了十万八千里。

不过此事之后，朝野上下也都知道了，年轻的汉武帝喜欢的是，要么死战不退，要么战死沙场，这与汉武帝对内喜欢使用干净利落快的干吏和酷吏，可以说并列为汉武帝的两个重要执政特征，那么汉武帝的性格也就无须赘言了。

历史仅仅记载了周亚夫得到剧孟之助，剧孟到底为周亚夫做了什么我大体猜测在前文中，而聂壹为王恢和帝国做的事情无疑代价沉重许多。汉朝反击匈奴的史诗长剧因为聂壹的计谋而开始，可序幕才开，他已谢幕。他即使在马邑之围后还活着，畜牧生意也别做了，这是舍业；估计他也上了匈奴单于的黑名单，这是舍命。就聂壹与他的宗族来说，真正算是一个彻底的悲剧。燕赵多慷慨悲歌之士，自然不是虚言。

周、剧与王、聂的对比，对于今日中国各种在仕途和事业上爬坡的人士还是很有借鉴意义的。居下位者，想出一个主意虽好，却还要掂量自己的执行力；而居上位者，如果是接受了一个主意，更要掂量所部人员的执行力了。

相比于韩安国和王恢这对位列三公九卿的重臣之间的对比，我们还是来看看两个当时的小人物——唐蒙和张骞。他们都没有千金，也都与喜欢卖官的丞相田蚡够不上关系，这两人只能拼命了，不过他们也都立下了泽被后世的功绩。

第六节
唐蒙与张骞

公元前 130 年，一个冒险计划在唐蒙的脑中形成了。

唐蒙，5 年前在王恢和韩安国讨伐闽越之时，任番阳（江西鄱阳）县长。按汉制每一县百里上下，万户以上为县令，万户以下为县长，而番阳县在没有征服百越之前，属于汉朝南部边郡下的小县。那时的唐蒙不过是一个中下级南疆官吏。

县长唐蒙被当时驻屯番阳的王恢派去出使南越（广东番禺），在南越人的招待会上尝到了蜀地出产的一种蒟酱饮品，与今天的茅台、五粮液有没有关系姑且不论，当时的南越人告诉唐蒙，这好东西是由蜀地沿牂牁江而被商贩们运来的。

斧车出行图

　　唐蒙对蒟酱印象深刻，念念不忘，回到长安，找了成都商人来问。成都商人除了告之产地和配方，还顺嘴告诉唐蒙，商贩们还把蒟酱大肆贩卖到牂牁江畔上游一个叫夜郎国的国家。唐蒙再问夜郎国的来历，商人们就讲解了一下夜郎国：夜郎国经常向南越进贡，说明他们物产丰富，但南越也无力征服夜郎国，说明夜郎国的军力尚可。

　　唐蒙的冒险计划，就是关于这个夜郎国的，这个计划，分成两部分。

　　第一部分，是上奏汉武帝的部分，"顺江而上，征服夜郎国并形成有效控制"。汉武帝批准了计划，提拔唐蒙为中郎将，拨给军队一千余人以及可供万人的粮草。唐蒙就带着这支探险队伍从当时的边塞巴郡（重庆）出发了。

　　第二部分，是翻山越岭，到达了夜郎国，但并不是出兵征讨，而是靠着大汉的威名，以使节的身份见到了夜郎王多同，献上礼物，宣传了汉朝的强大，要求夜郎国接受汉朝官员的管辖。这样有了大汉皇帝的庇护，自然就不用向南越进贡了。而且大汉朝在此处设县，县长可由多同之子担当。

　　今天看起来是有一点欺上瞒下的味道？关键看计划怎么执行了。

　　被唐蒙牺牲掉的是南越的利益。同时在布匹绸缎这些当时的绝对奢侈品的利诱下，外加以往商人和现在唐蒙嘴中的大汉强大军事力量的威胁下，夜郎王于是同意接受了汉朝管辖。唐蒙回朝复命。夜郎国王心底的小算盘也很精细，他自认为天高皇帝远，设县挂个名还是自己的儿子当县长，同时省了进贡南越的财货，当然是划算的买卖。

于是，唐蒙的冒险计划成功了。

不过当初唐蒙在自己脑子里孕育这个计划的时候，最多也就是为了博得皇帝的提拔，同时顺道开了商路也可以赚些利益。但唐蒙没想到他可以如此成功，因为汉武帝没有设置一个县，而是设置了一个郡——犍为郡（四川乐山），并且差遣唐蒙负责修通了犍为到牂牁江的官路，附近四川西南部、贵州、云南等地的大小部落闻听接受汉朝管辖就有奢侈品可领，还不用向南越进贡了，于是纷纷要求加入管辖范围。汉武帝派遣司马相如持节，各地废除边塞，开放关卡，逐一立县，由蜀郡来名义管辖。

后来唐蒙要么太过急于求成，要么是没处理好各方利益，总之，因为修建官路的过程中，征用民力太多，导致蜀郡各地民怨沸腾，唐蒙被上书弹劾。汉武帝派司马相如前去问责，唐蒙从此也就不见于史书了。但是他的一次成功冒险计划，以及其主持的由巴蜀之地向广大西南部落修建的官路开通后，带来的一系列汉朝向西南方向的扩张，性质既相对温和，意义又特别深远，汉朝的名义领土向西南有了极大扩张。

唐蒙的时代虽然在 2000 多年前，但其实和五六百年前的大航海时代一样。在汉武帝的鼓励下，大批汉朝使者，或者叫冒险家也可以，四处游历，虽然不外乎上博功名，下通利禄，可拿着生命换回来的还有地图。于是地图之后是修路，修路之后要么互利互惠，要么汉军天降，而且西南疆和西域因为没有形成中央集权的王国，往往汉朝使节带着大汉符信与少量精兵，通过联合诸多小部落，便可控制突发局势，也可长久掌握区域态势，并不需要投入大量人力物力，这是有汉一代的一个重要特征。这种特征也是一种权力和威信，没有北破匈奴、南灭百越、东征朝鲜的赫赫威名，又哪里会有这种绵延数百乃至上千年的持节特权呢？

这一年，汉武大帝 26 岁。当然，他喜欢接触并提拔有冒险精神的下级官僚的习惯，不是这一年才露出端倪的。下面这位就是后世大名鼎鼎、当时默默无闻的张骞。

早在唐蒙冒险之前 8 年，前 138 年，刚刚继位 3 年的 18 岁的汉武帝就派出了张骞。张骞在汉武登基时期被举荐入宫为郎官，算是预备役才俊。在短短一两年的郎官生涯中也没有什么其他特别技能被记载，既不善骑射，又不善投石，估计那时在一众郎官里面也就是个中等人。

汉武帝登基初期，从匈奴归附汉朝的人传言说："二任单于冒顿击败了祁连山附近的月氏王国，三任单于击杀了月氏王国国王，月氏人民西逃。如果找到月氏族人，必可夹击匈奴，但沿途要经过匈奴控制区，路途凶险。"

汉武帝听闻此言后，前 138 年，开始征募愿意出境向西寻找月氏部落的志愿者。26 岁的张骞应声而和，以郎官身份应募，带领一百多人由陇西郡（甘肃临洮）出发向西，在途经月氏王国旧地、已被匈奴控制的河西走廊时，被匈奴俘虏并押送到当时还在漠南的匈奴王庭（呼和浩特），见到了四任单于栾提军臣，也就是后来在马邑差点被"包饺子"的那位。

这也从一个侧面印证了，如果今天护照很重要的话，当时"持节"就很重要了，有了节，这就是使节团，即使被匈奴抓了，碰到暴虐的单于自认倒霉，碰到理智一点的可能被各种威逼利诱要求归附，但总之，不会被匈奴骑兵们随手充做奴隶。这当然是国家声望的体现，无论同时代远在几万里之外的地中海古罗马秩序圈，还是亚洲大汉王朝生态圈。

相比于后来的强硬派外交大牛人苏武，张骞属于务实派外交官，被匈奴软禁了 11 年，其间半推半就地接受了匈奴妻子，还生了孩子。不过，张骞始终保留着大汉符节，就等着有机会逃跑的那一天。

前 129 年，唐蒙冒险之后一年，37 岁的张骞终于趁匈奴戒备松弛的时候，抛妻弃子，带领随从，逃了出来，而且毅然决然地继续踏上了向西的道路，带着他压在箱底 11 年的大汉符节，继续寻访月氏王国。

所谓老师说的"气节"，还有君子说的"道德优越感"，其实对于普通人来说，都是浮云，是孔子嘴中礼不下庶人的原因。太玄妙了，他们可以崇拜，但是他们不懂。

他们，史不留名的这些生命，不过盯着贵族们的表现罢了。他们眼中的贵族不投降，他们中的大多数才会被贵族行为所感召而不投降。贵族舍生，他们轻生，道理就是这么简单。贵族的道德水平真的高了，他们中的大多数也跟着学，然后就跟着提高了。

可事实证明，古往今来、海内中西的大多数贵族，因为非打之功，乃是生而贵族，所以气节和道德都是表现在承平时代用来指责那些仰慕他们的普通人的。非如此，不能体现这些贵族的贵。非如此，不能表达那些寒族的寒。

真像苏武那样虽然手无缚鸡之力，但却刚烈地抹了脖子也不投降的，在汉唐以后便稀少了。宋明之时，文士求死都要对着敌人说："我很有名，我要名气，我又不敢死。哦，说错了，身体发肤，受之父母，我不能自残，你要么弄死我，你要么饿死我。"唉，崖山一跳，我是不惋惜陆秀夫的，只是那个小孩子无错，理论错了啊。

苏武的父亲苏建是战将出身，是跟随卫青凭着战功封侯的，这种打出来的荣誉在危难关头，从来都比念经念出来的荣誉要强。所以苏武虽然是个书生，但他的家庭环境决定了他的性格特征。

苏武更适合普通人作为精神图腾的崇拜偶像；家世没有那么显赫的张骞，也许更适合普通人作为生活实践的模仿对象。张骞在十年的半匈奴化、半软禁期间，对于西域周边的势力变化一直是有所留意的。所以月氏王国的敌人乌孙王国在匈奴的支持下，向西继续攻击已经西逃的月氏王国的情况他也有所耳闻，而且月氏族人被迫又从今天的新疆伊犁河流域，继续西迁，进入咸海附近的妫水地区，同时征服了当时的大夏王国，并在新的土地上定居下来的信息他也大概了解。

总之，十年间张骞不管是旁敲侧击还是顺耳偷听，大概知道将来逃出去了该怎么办。于是逃离匈奴的张骞一行，经车师国后没有向西北伊犁河流域进发，而是折向西南，进入焉耆，再溯塔里木河西行，过库车、疏勒等地，翻越葱岭（帕米尔高原），克服了一路上戈壁飞沙、大漠困顿，挺过了数十日的跋涉，才勉强抵达大宛国（今乌兹别克斯坦费尔干纳盆地）。

一路上，靠着与他一起出长安的仆从堂邑父的善射，各种射杀禽兽，才算没有饿死。而11年前一百多同行的随从此时还有多少，已无记载。总算见到了大宛国王的张骞，拿出了大汉符节，甩出了汉朝金字招牌，说明了出使月氏的王命以及沿途遭遇，希望大宛能派人相送，并承诺如果返回汉朝，定奏皇帝，赐予财物，重重酬谢。

大宛国王与西南夷诸王一样，本来早就风闻东方汉朝的富庶，很想与汉朝通使往来。但苦于匈奴阻碍，无法通商，而今大汉使节意外到来，大宛国王除了满口答应并且盛情款待之外，临走还派遣了向导和译员，将张骞等人送到康居王国（乌兹别克斯坦和塔吉克斯坦境内）。康居王又遣人终于将他们送至月氏王国。

不料此时的月氏王国，由于新的定居地点十分肥沃，物产丰富，远离匈奴和乌孙王国后，已经多年了无战事，所以出乎张骞的意料，月氏王国无意向匈奴复仇了。同时月氏王国对于汉朝也没有什么地理概念，以为汉朝离月氏太远，如若联合攻击匈奴，不但平添事端，而且利少弊多。张骞在月氏王国逗留了一年有余，却始终未能说服月氏人与汉朝联盟，夹击匈奴。

在此期间，老计划虽然因为新变化而落空，但张骞越过妫水南下，抵达大夏王国的蓝氏城（阿富汗汗瓦齐拉巴德），里里外外把中亚地区仔细考察了一番。前128年，张骞一行动身归汉，为避开匈奴控制区，特意变更了归途路线，计划通过青海的羌人地区，以免被匈奴人阻留。于是，重越葱岭后，他们不走来时的塔里木盆地北道，而改行沿塔里木盆地南部，循昆仑山北麓的南道，历经莎车，于阗（和田），鄯善（若羌）地区，进入羌人地区，又丰富了西域的信息，开辟了西域南线和北线两条道路。

但羌人此时已经沦为匈奴的附庸，张骞等人再次被匈奴骑兵所俘，被扣押了一年多，不过却是见到了妻儿。

前126年，四任单于栾提军臣死，匈奴内乱。其弟自立为五任单于，进攻四任单于栾提军臣的儿子栾提于单。栾提于单在争位失败后出逃汉朝，被封王后数月死去。

张骞便趁此机会，带着自己的匈奴族妻子和堂邑父，继续逃亡，踏上返回长安的旅途，追兵之下，他的匈奴族妻子和长子再次消失在铁骑狼烟下，从此再也没有相见过，而幼子则死于回程旅途之上。

从前138年组团一百余人出发，历经13年，再次回到长安之时，使节团仅剩40岁的张骞和仆从堂邑父两个人了。

从出发时间上看，探索西域的张骞早于唐蒙探索大西南8年；从出发人数上看，张骞更是少于唐蒙十倍。至少从我的眼光看来，张骞的功绩以及其出使旅程的曲折程度，不但值得大书特书，而且简直就是一部充满了冒险、悬念、爱情、动作和励志的史诗级电影素材。

以唐蒙和张骞为代表的使节们，虽然有些为了名利，有些为了财货，有些是迫不得已，但他们无疑抓住了历史赋予他们的机会。

强汉之强，首先在于汉军的一时威名，但能够让它长久持续下去的，倒是那些汉朝使节们。

汉武帝登基后的十年，就是这么过去的。

每个时代都会赋予那个时代所有人以机会，没有例外。只是这机会中"你能决定的部分"和"你不能决定的部分"各自占比多少的问题而已。

王恢选择去考虑他能决定的部分。他设计了一个宏大的计划，放在当时来讲，不能说他不够坚决地执行，但历史让我们有机会看到他还是不够坚决。在王恢那个层面，如果事情的主动权已经拿在手里了，就必须谨记开弓没有回头箭。

韩安国选择去考虑他不能决定的部分。放在当时来讲，他善于谋身而且有自知之明。他不像晁错那样看见了未来却没有活到未来，也不像王恢那样有一个美好的计划，但是执行起来发现力有不逮。在韩安国那个层面，他总是小心翼翼地去等待拿到主动权的机会。几年后汉军在主动出击外线作战时，养成了总是额外增加军马携带的小心习惯。一个半月的出击计划尽量带两个月粮草的规矩，都算是类似于韩安国的保守派们的功劳。

下级官僚唐蒙其实倒是最贴近今日的普通人，没有那么多牵挂，没有那么多信息。就和大航海时代的诸多西欧冒险家一样，要么是"想了，做了，成了"，要么是"想了，做了，沉了"。

总之，只要是顺应时代潮流，哪怕是被动顺应了，也许到了最后，既充满了荒诞，又可歌可泣；既诗意，又算计；既看似不可能，又一切皆有可能。

至于张骞，他用生命和意志熬来了封侯。但他确实不是一个战将，日后独立指挥一军，因为和李广的配合导致失期坐法，缴纳金钱贬为庶人。这样的张骞才更真实一些，没有苏武和玄奘那么一身圣人的味道，挺接地气。

在这四位来自不同阶层和拥有不同背景的人物活跃于汉武帝初期十年的同时，汉武帝的两件天赐宝物正在被静悄悄地打磨着、淬炼着、等待着，他们登上历史舞台的那一刻即将到来。

节三七
卫青与霍去病

说、帅师无图。

答、长平七征。

问、胡马胜地？

叹、汉家故道。

说、策马无镫。

答、冠军六举。

问、韶之未尽？

叹、封山饮海。

汉刻仪仗图

在汉武帝为天下人搭建的华丽舞台上，拉开了帝国最恢宏的 20 年史诗篇章的两个天才，一个叫卫青，一个叫霍去病。这是站在天平两端的指挥风格迥异的两位天才将军、帝国双璧。这两人的演出，只能说一直被模仿，从未被超越。

前 129 年至前 117 年，是汉武帝 27 岁至 39 岁的中期统治第一阶段，在位的第 12 年至第 24 年，北击匈奴是它的主旋律。这一阶段，以卫、霍为核心的新兴军事贵族群逐渐形成。卫、霍两人成于军旅，兴于战功，也消散于军事之后。同时期虽然各种干吏和酷吏也在兴起，但那些人不过是汉武帝的工具，随手取用，用过丢弃。

只有观察了一个人在青年时期的性格形成过程，才会对此人有更好的理解。说起卫青，不妨先提曹参。

曹参，汉朝开国第二任丞相，被汉太祖刘邦评定为开国功勋第二，"萧规曹随"的曹大人是也。曹参的智慧以及他对于无为而治的理解，在他离开齐相职位去做汉丞相之时已经展露无遗。这种家风自然带入他的平阳侯府之中。高祖之时封了一百多个侯，大多都是两代除国，曹参的平阳侯国能在山西临汾传了几代，想必规矩是主因之一。平阳侯位传到曹寿之时，曹寿娶了汉武帝的姐姐阳信长公主，即后来的平阳公主。

卫青的母亲卫媪，是平阳侯府内的奴婢。卫青是卫媪与县吏郑季私通所生，但"青为侯家人"，大致是以家奴的卑微出身在侯府内度过了童年。

卫青的少年时代，一度回到生父郑季家中去牧羊，饱受一番嫡母儿子们的冷眼之后，又回了侯府。这时期他经常跟随侯府下人出入当时的皇家园林甘泉宫。直到青年时代，因为材力过人，卫青做了平阳侯府的骑士，日常随从平阳公主。

要不是郑季按照当时的惯例"潜规则"了一个女人，历史上就少了一位大将军。要不是郑季老婆按照当时的态度冷眼对待了一个少年，历史上就少了一位大将军，而多了一个叫作郑青的庶人。结果机缘巧合，青天生就不是庶人郑某，青被上天踢回了奴仆的身份。青去牧羊，是为了要庶人的身份；不是冷眼太厉害，青是不会去重新为奴的。天下间的道理，莫不如此，所以这才有了大将军卫青。

前140年，17岁的汉武帝去灞上祈福除灾。归途中路过平阳侯府，他在胞姐安排的酒席上独独看中了卫青的姐姐卫子夫。于是卫子夫得一夕宠幸，事毕汉武帝龙颜大悦，赏赐平阳公主一千金。平阳公主便把卫子夫送进了宫中。随后一年多的时间，卫子夫再也没有得到宠幸。恰逢汉武帝遣散无用的宫女出宫，卫子夫也坚决要求被遣散。汉武帝怜惜她，便再次宠幸了她。这一次却有了身孕，从此深得汉武帝宠爱。

被送进宫中的女子众多，但为自己主动争取机会并获得了命运垂青的却只有卫子夫。卫子夫如同韩信，其他宫女却如同当年一起和韩信等待被斩首的十三人一样。也许有时候只是抬抬头，也许有时候只是表达一下态度，但毕竟也是一种主动的姿态，所以机会才会砸下来。

至此，卫子夫的哥哥卫长君、弟弟卫青才进宫做了侍中。此后卫子夫一连生了三个女儿，直到前128年为汉武帝生下长子刘据，她便被册封为皇后。

卫青在刚刚进宫之时，当时皇后陈阿娇的母亲大长公主为了报复卫子夫，就派人抓了卫青。大长公主的怒火可不仅仅是出于一位丈母娘的角度。想当年汉武帝还是胶东王的时候，太子是栗姬的儿子。栗姬自己嘴欠，景帝找她聊天，她骂景帝是老狗。而那时刘彻还不到7岁，嘴却很甜，在姑母大长公主的膝盖上留下一个金屋藏娇的典故。于是大长公主也嘴欠了一把，为了自己的准女婿，在景帝耳边把栗姬一番褒贬。结果栗姬嘴欠害了儿子，大长公主嘴欠帮了女婿。所以大长公主的怒火还在于，从她的视角看去，汉武帝的皇位都是她赚来的。

可此一时、彼一时。如今大长公主为了泄愤直接就要绊了卫青，可想而知，她的皇后女儿陈阿娇的脾气如何。幸亏卫青的好哥们公孙敖带着壮士把卫青抢了出来，那时候卫青还不太出名，而公孙敖已经是个郎官小头目了。

这事儿应该发生在前138年左右，卫青于是幸免一死。汉武帝听说后，便让他入了建章宫做侍中，算是把他保护了起来。以侍中起步，说明卫青除了材力过人之外，至少是识字的。与卫青一样的侯府家奴千千万，材力过人还肯于识字的真不多，万分之一吧。汉武帝14岁就通晓律令可以断案了，不好学的"大老粗"是入不了他的法眼的。

总之，卫青除了与生俱来的军事天赋外，成长阶段的诸多苦难经历是必须提到的，这对他的性格形成极其重要。小时候见过天庭富贵，也受过人间冷眼，这不但使他处事低调，为人谦和，也或多或少影响了他的军事指挥风格。相比汉武一朝诸多全军覆没或者血战尽没的战例，卫青除了七战七胜的奇迹之外，更值得注意的是，他竟然每次孤军深入之后都是班师而归，核心因素之一就是"求全"。

大多数人对于卫青的评价是"求稳"，那不过是一种印象。卫青的出击可以说是次次快刀，"求全"才是卫青的特征。一字之差，天壤之别。当然，卫青"求全"的性格在日后看上去苦了李广，但其实更苦了自己，这是后话。

卫青的军事生涯，也就是汉帝国外线北击匈奴汗国的缩影。

之前的赵武灵王是分化瓦解北方各族，李牧是内线诱歼匈奴，蒙恬是凭险抵御匈奴。到了楚汉战争结束，匈奴在北疆的军事集权悄然完毕，国运蒸蒸日上；汉朝经过几十年的休养生息，中央集权也已经打造完毕，一场强强对话就此开始。这种态势自然不是中原列国外交斗地主了，这是两个互不认同的强大权力之间为了谁征服谁的问题，面对面、硬碰硬。

世界很大，但容不下两个主人。

卫青的第一次出击战役，是前129年（元光六年）的直捣龙城战役，得胜。此时他的外甥霍去病不过11岁，仍然在汉武帝身边熏陶着。

这次四路外线出击的背景是匈奴劫掠了上谷郡（河北怀来东南）。作为报复行动，汉军从东向西分别是卫青出上谷郡，公孙敖出代郡（河北蔚县东北），老将李广出雁门（山西右玉县），汉武帝最亲密的小伙伴太仆公孙贺出云中郡（内蒙古托克托东北）。四路均是一万骑兵，目标是汉朝和匈奴边境上的各个农贸交易市场，虽然史载不详，但每路骑兵所配套的步兵辎重部队估计也要上万人。

这是自前133年马邑围歼战与匈奴撕破脸皮之后，时隔4年，汉军第一次对匈奴的大规模主动出击战役。汉武帝并没有特殊照顾卫青，哪怕汉武帝宠爱着卫子夫，哪怕卫子夫又一次怀上了龙种。对于汉武帝来说，这就是一次尝试，试试手气而已。他安排了四路出击，他要观察一下谁能拿回成绩，谁能表现勇气，谁是一个废物。这种老道的用人手法，如同他喜欢提拔年轻人一样，是贯穿汉武帝漫长统治时期的重要特征。

所谓雄才大略的前奏，往往是谨小慎微。

这时候的汉武帝不过27岁而已。他的意思是，给你们每人一样的筹码，去吧，玩儿去吧，我就在长安看着。

四路出击的战斗结果是，第一路公孙敖损失七千人马大败而回，庭审死罪，缴纳财货赎为庶人；第二路公孙贺没有收获也没有损失，但肯定是浪费了粮草，无罪也无赏；第三路李广被俘后在担架上诈死，觅得良机抢了战马向南狂跑得脱，至于所部一万余骑兵和辎重人员，史载"匈奴兵多，破广军，生得广"，损失未提，庭审死罪，缴纳财货赎为庶人。

只有第四路卫青，一路杀到匈奴王庭所在地龙城，斩首并俘虏七百余，引军班师，但是同样损失并未提及。不过卫青被赐爵关内侯，等同中央政府认可了这次胜利。一般情况上说，损失应该是小于或者等于战果的。这对于初次奔袭作战的卫青来说，已经是不小的胜利了。退一步讲，哪怕是损失大于战果，而卫青庭审论功依然被赐爵关内侯，那也是一种信心上的胜利。这种军事自信至关重要，从下一年马上继续出兵塞外，可见一斑。

"秦时明月汉时关，万里长征人未还。但使龙城飞将在，不教胡马度阴山。"王昌龄的诗是好诗。有人说这诗其实是在说卫青，但细细琢磨后两句，王昌龄确实是在说李广，因为后两句的意思就是防御性的。诗人是在歌颂那个史载长期担任过七个不同边郡长官但是都强调内线防守任务的李广，只是借用了卫青的龙城功绩和李广的"飞将军"名号来合辙押韵。

所以说这首诗，正是因为战争的形态变了。卫青的时代，是告别了内线防御的时代，是要去陌生的外线邀击匈奴的时代。这种改变也埋下了老将李广的悲剧，他是一个勇将，但却不太重视情报收集和行军向导使用，这是后话了。

当然卫青从上谷郡出塞，四路中最右翼的一路，也是紧挨着右北平郡的地界。宋刊本王安石的《唐百家诗选》中将"龙城"写作"卢城"，右北平郡在唐时改为平州，治所就在卢龙，靠近河北喜峰口一带。所以卫青第一次出塞，带着一万骑兵袭击的是卢龙边关贸易市场，也是很有可能的。毕竟传说的匈奴祭天的龙城，远在今天外蒙古鄂尔浑河西侧的和硕柴达木湖附近。但后来李陵从居延塞出击，撤退时又是寻觅着卫青的龙城故道，所以到底是卢龙还是柴达木湖，是历史的疑问，不去深究了。

另外，公孙敖出塞的代郡、李广出塞的雁门郡，都是汉朝与匈奴贸易的主要地区。匈奴熟悉两地的风土人情，也不乏当地的信息来源，所以这两路汉军损失惨重也未尝不是匈奴早有准备的原因，再联系公孙敖的指挥水平以及李广的行军之散漫，史载不详的事情也就可以想象了。

对于汉帝国而言，相比于4年前的那场三十万人伏击战，如今的第一次出塞运动战从战果上以失败告终，无论是战略目标还是战术目标。公孙敖的七千损失以及李广的一部分损失，换来卫青直抵龙城斩杀俘虏七百，数据上是得不偿失的。

但是、恰恰在于这个但是，汉武帝治下对匈奴的第一次主动出击作战，因为卫青的战绩，使得汉武帝本人收获了不一样的信心。何况有着雄厚资本的汉武帝本来就是在选将，那么优胜者继续。

如果说汉武帝对于武将喜欢死战，对于文官喜欢利落，那么在人事上的最大特征就是不但知人，而且总是循序渐进地使用。他看似喜欢并随意提拔新锐，但却有着极其谨慎的逐渐加码式的使用方式。

至于卫青本人，作为汉武帝在位第二个十年中的统军领袖，其第一次出击战役，最大的收获在于赢得了汉武帝对其独立指挥上的信任。

此次出塞四位将军各统一军，除了李广及卫青之外，两位公孙将军——公孙贺与公孙敖——是与卫霍一脉关系极其密切的，此处简单一说，后文另有所著。

公孙贺是汉武帝的小伙伴，北地郡义渠县人。公孙贺的祖父公孙昆邪是秩二千石的公卿，做过陇西太守，因平定七国之乱有功而封平曲侯，任典属国之时还保护过李广，留下过著作十余篇，所以公孙家族是典型的军事贵族。汉武帝当太子之时，公孙贺就是太子舍人，随侍左右。汉武帝即位后公孙贺出任太仆，掌管畜牧，也就是最重要的军事资源——战马。随着卫氏崛起，公孙贺又迎娶了皇后卫子夫的姐姐卫君孺，这是一个有能力也有关系的牛人，如同高祖的太仆夏侯婴一样，汉武帝也有一个好司机。

损失七千人的公孙敖，也出身义渠公孙一族。景帝时期他在宫中为郎，汉武帝初年被提拔为骑郎将，救过卫青一命，也凭借卫青显贵。他是一个没能力有关系的勇士，也是一个串联了卫霍一脉与陇西李氏一族的题眼性人物。

汉武帝继马邑之围后对匈奴的再次尝试有喜有忧，对于他来说，因为心意已决，自然感到喜大于忧。所以过了一年，前128年，也就是卫子夫生下皇子刘据、得封皇后的那一年，汉武帝开始了又一次尝试，理所当然地让卫青第二次领兵出击。生于贫贱的卫氏家族的辉煌时代就此开启。

前128年（元朔元年），匈奴再度攻击辽西郡和渔阳郡，烧杀一番而去。

于是，之前被贬为庶人的李广再度被汉武帝启用为边郡太守，驻屯右北平（内蒙古宁城县西南）。当年秋天，汉军也分为两路出击进行报复。卫青率领骑兵三万出雁门郡，李息出代郡。卫青斩杀和俘虏数千人而归，二出塞外，得胜。

从此次战例结合日后汉武帝的几次部署和指挥就可以看出，汉武帝确实是一位足不出户的军事家。他敏锐地把握到了李广的能力所在，果断地把他放在了边郡首长的位置上，在帝国的东北边境组织防御，这是李广所长。同时李息出兵代郡，作为卫青的僚机，虽然没有战果，但是卫青的右侧翼有了保障。于是卫青的第二次出击，战果依然不错，斩杀并俘虏的数量是十倍于去年，更加巩固了汉武帝的信任，也磨砺了自己的兵团指挥能力。

前127年（元朔二年），匈奴再次入侵辽西、上谷和渔阳郡，杀了辽西太守，还掳走了渔阳两千人口。作为报复，车骑将军卫青由云中郡第三次出击，渡过西河（内蒙古鄂尔多斯东南），直抵高阙（内蒙古巴彦淖尔盟杭锦后旗），歼灭两千三百人，俘获三千零一十七人，驱逐了一直盘踞在河套地区的楼烦王和白羊王，俘获牛羊数十万头，并一路向西南扫荡至陇西，最后全师而还。

这一战，如果今天开车从西安到巴彦淖尔的高阙汉塞遗址，单程是一千零四十公里，卫帅威武且辛苦啊。

这一战，汉帝国收复了河套地区，在故秦九原郡的基础上设置了朔方郡。而卫青收获胜利的原因，不外乎是懂得利用匈奴人来反击匈奴人，利用熟悉外线的人来攻击陌生的外线。此战之后，卫青获封长平侯；跟从卫青的校尉苏建——苏武的父亲——封平陵侯，并主持修建朔方城；校尉张次公以战功封岸头侯。

于是中央政府决定招募十万黄河流域的贫民，由政府负责迁徙费用与食物，在当地还配套产业，开始占一地就固一地地屯边开荒。当然这也是拜黄河水患所赐，战国时代在崤山以东的中原地区大量农耕拓荒的结果，就是西汉继承了这份沉重的生态负分遗产。

关于秦之九原或者汉之朔方的经营，在秦始皇之时，虽然征发去的都是戍卒或囚犯，但也要从内地运去大量的粮食，甚至还有从东海之滨购买并运输过去的。到了汉武帝在开拓朔方、河西之时，除了迁徙流民，也一样要从内地运去大量给养，远则三千里，近则一千里。持续不断地输血之后，到了昭帝、宣帝之时，这些屯戍的边民才把西北边疆经营了起来，这些地方不但可以自给，偶尔还有大量余粮可以内输。可见只有战争而不加经营，那么战争当然是累赘与负担，但在战争之后善加经营，战争便有利可图了。这一点，无论是在曾经的农战时期，还是现在的商业时期，都是如此。

汉武帝让卫青进行的第三次尝试，不但战果相当不错，而且从战略意义上来说，已经大大超出了预定目标。朔方城的兴建，如同一颗钉子一样，越过黄河，就此钉进了匈奴的脊柱。卫青本人此时在汉武帝的心目中，早已是完全有资格作为统领军团级别进行外线作战的将领了。

前126年（元朔三年），四任单于栾提军臣亡，弟弟栾提伊稚斜和儿子栾提于单内斗。栾提于单投奔汉帝国，封王后数月亡。与此同时，困于匈奴的张骞也借此内乱之际，终于得以逃归汉朝。而栾提于单归附汉朝为王的寥寥数月中，必定又留下了不少关于塞外的情报。

同期，中央政府因为地方民力和经济原因，暂停了持续开拓4年的对西南夷各郡的经营，转而全力建设朔方郡。除了期间两次黄河水灾造成的中原流民需要迁徙河套地区的压力，也有匈奴连续保持每年入侵的袭扰压力。前126年匈奴杀代郡太守共友，前125年又掳走各郡人口数千。

但汉武帝已经彻底收获了在北疆的军事自信。自此三年左右的时间，从国家战略目标的设定，到各项战略部署的筹备，再到最终战略物资的筹集，汉帝国完全倾斜到了北击匈奴的方向。与此同时，从张骞等各路使节的报告中，汉武帝也收获了西域诸国、西南诸部落以及闽越、南越各藩属国的详细信息。

前124年（元朔五年），连续两年被匈奴在边郡烧杀掳掠的汉帝国，已经完成了自上次战役后的全面战争动员，由车骑将军卫青节制全军，开始了第四次主动出击战役。

卫青领三万骑兵自出高阙。卫尉苏建为游击将军，左内史李沮为强弩将军，太仆公孙贺为骑将军，李广堂弟、代国相李蔡为轻车将军，全部由朔方出塞，受卫青节制。另有大行令李息、岸头侯张次公，出右北平，三路合计十余万人。

从出场阵容上可见，这是一次军团级别的大规模出击。此役卫青出塞七百里，准确捕捉到了匈奴右贤王大营，俘获小王十余人，男女一万五千余人，牛羊牲口百万头，取得汉朝对匈奴深入追击作战的第一次大捷。

汉武帝派遣使者至塞，在军中授大将军印信给卫青。受此鼓励，几十年间从征出击匈奴的将士们，不乏各个封国中的大小贵族、游侠，乃至贫民志愿从军者。

如果说周亚夫得剧孟便获悉了关东土地上的情报，外线作战的卫青想必也是如此。信心在一次又一次的磨砺中，在汉武帝和他的第一个天赐宝物——大将军卫青之间，共同滋生着。

从这由小到大的四次战役不难想象，跟着汉武帝熏陶多年的卫青当然不仅仅只会步步为营，其间不乏深入追击作战的案例。但最重要的是**每次卫青都可以准确索敌，完成歼敌，同时保全主力班师，这是卫青作为一个统帅级别的将领所至关重要的能力。**

终汉武一朝，除了更加天赋异禀的霍去病之外，再没有任何一个将领能够接近这种指挥水准。

卫青的第四次出击战役，他本人是从汉军左路出击的。作为绿叶的中路和右路虽然没有杀敌记录，但公孙贺、韩说、李蔡等数位也都封了侯。护军都尉公孙敖因为调节各部（常护军）、团结将校（调校）有功，三从大将军出塞外，得封合骑侯。

本战击溃了作为匈奴汗国三大主力之一的右贤王部，与两年前投降的那位匈奴王子一样，汉武帝礼遇了这些匈奴归附者。

前 123 年（元朔六年），春季二月，大将军卫青率领左将军公孙贺、中将军公孙敖、右将军苏建、后将军李广、强弩将军李沮、前将军赵信等六将军，第五次出击外线。从定襄郡出发，共计斩杀匈奴数千人，得胜。这是为了夏季作战的一次预热。这次出击中，17岁的霍去病已经随军出征。

霍去病，神一样的存在。

一般情况下，称呼霍去病为"大司马冠军侯"就太俗了。唐朝大诗人们一般都不说"冠军"二字，这是明摆着的，不提也罢。唐朝大诗人们一般都要说"霍嫖姚怎么样怎么样……"这样下笔就显得和霍去病特别亲切。到了今时今日，人们都要说"霍少怎么样怎么样……"同样也是为了显得亲切。

在民间，关二是武圣的符号。武的下品，是武功之武，保护自己人和欺负自己人都要先会武功，关二就是这个层面的。武的极品？是尚武之武。抵御外人欺负和消灭欺负自己人的外人，霍去病就是这个层面的军神符号。

当然，还要谢谢一代雄主汉武帝提供了这么恢宏的舞台。有了舞台，霍少登场。匈奴未灭，何以家为？令古今过客神往。

霍去病前140年出生，是卫青姐姐卫少儿与平阳衙役霍仲儒的私生子。但不像舅舅卫青还在生父身边受过几年牧羊之苦和主妇冷眼才进宫当差，幼儿之时的霍去病就已经跟随卫氏一族进驻了长安宫廷之内。在他懂事的时候，卫氏已经显贵了。霍去病在汉武帝身边最少也被熏陶了十余年，而且起点更高，这种背景下他的性格可想而知。

汉武帝继位之后，除了下诏纳贤以选拔自己的行政官吏之外，还在前138年前后改组了长安禁军系统。先后组建了期门郎、羽林郎两支尚武善战的侍卫亲军，期门军是由长安附近的陇西以及北地等边郡选拔的能骑善射的良家子弟组成，鼎盛时的编制在一千五百人；羽林军由战死将士的遗孤子弟组成，父子承袭，世代为兵，鼎盛时的编制在两千人。

这两支军队名义上归于郎中令（即日后的光禄勋）统辖，但实际上郎中令统辖的郎卫禁军是隶属于中尉麾下的南军系统，而这两支军队不过是挂靠在郎中令名下，是由汉武帝直接掌握的绝对效忠于自己的军队。这些人中的大多数都是直接以中层骨干军官的身份与北军一同参加征战的。另外汉武帝在长安郊外还有供给归附匈奴人的土地与食邑，并专门组建了匈奴骑兵。霍去病便是与这些人一起为伴长大的。

元朔六年春季战役结束后一个月，汉朝就发动了夏季战役。大将军卫青再率六将从定襄郡出击，斩杀俘虏一万余人，这也是卫青7年内第六次出击，六战六胜。

也是在这次战役中，汉武帝亲自下诏命令将八百精锐骑兵交予霍去病指挥，算是一个小考验。很多年后汉武帝在观察李陵的时候，第一次也是给了八百精锐骑兵，记忆的轮回啊。

于是17岁的霍去病终于作为独立将领登上历史舞台，以骠姚校尉的身份率领八百骑兵远离卫青主力几百里，追击匈奴。最终不但斩杀并俘获了两千余人，而且其中包含了一干匈奴贵族。战绩包括斩杀五任单于栾提伊稚斜的祖父辈一人——栾提产，生擒叔父辈一人——栾提罗姑比，霍去病因此加封为冠军侯。这也是汉武帝称霍去病为"双料冠军"的原因。

卫、霍二人自然是有很好的情报与向导，否则不可能是每次都撞了大运得到大彩。经此一战，初步奠定了霍去病在汉武帝心目中的地位——小伙，你很能干嘛。

不过此战右将军苏建与前将军赵信的三千混编骑兵遭遇了五任单于栾提伊稚斜的主力。激战过后，本是匈奴小王投降汉朝的赵信率领八百残兵再度归降匈奴。而苏建死战之后，只身逃回中军大营，缴纳赎金之后免死贬为庶人。

也是在同年，已经六次伐北的汉武帝迫于经济压力，开始通过诏书形式，昭告天下，可以通过捐献来买官和赎命。汉匈战争的揭幕策划者王恢要是赶上此时，也就不用到处托关系了。

本年匈奴只有一次大规模骚扰。张骞在向汉武帝详细描述了西域尤其是身毒（印度）王国的所见所闻后，再次开启了34岁的汉武帝对西南方向的好奇与壮志，任命张骞组织使节从西南蜀地四路寻访身毒王国。

由于霍少的崛起，已经六出塞外的卫帅暂时告别了军事舞台，接下来带领汉军出征的统帅，直接变成了冠军侯霍去病。汉武帝用人之大胆不疑，可见一斑，当然前提是试人之时的谨小慎微。在当时的外人看来，霍去病是横空出世的惊艳，但估计在汉武帝的内心中，那不过是百炼出山罢了。

霍去病第一次出击是跟随着舅舅卫青作为部属适应战场，第二次出击是独立指挥八百骑兵别动队小试牛刀。元狩二年（前121年）春季，霍去病第三次率一万骑兵从陇西出塞，已经是独立大部队的部队长了，越过五个王国之后，又机动作战六天，机动范围一千余里，斩杀折兰王、卢侯王，捕获浑邪王的儿子以及相国，夺得休屠王的祭天金人，合计斩获首级八千余人。

对比卫青由小到大的战役案例，霍去病的军事生涯轨迹明显继承了卫青索敌准确和歼敌有力的优点，而且在索敌阶段更快速，在歼敌阶段更凶狠。当然，这些特征的出现，自然也得益于汉军骑兵们在卫青麾下积累的日渐丰富的对匈奴作战的经验。汉武帝无疑对他亲自培养出来的这把更快的刀甚为满意，到了夏季，霍去病有了一次更为疯狂的表演。

元狩二年（前121年），夏季，继春季扫荡了陇西匈奴附庸国后，霍去病第四次出击。军队规模骑兵数万，继续从陇西郡、北地郡一带出塞。霍去病率领精骑先行，而公孙敖随后跟进。与此同时，李广和张骞率领两万骑兵以同样的梯次配置，从右北平出塞，作为北路军，进击匈奴左贤王部。

先说李广与儿子李敢一起，以四千骑兵为先锋，脱离张骞率领的一万余骑兵北进，遇敌时李广与张骞相距数百里。李广被匈奴包围后死战，只剩千余人的时候，张骞主力赶到，匈奴撤退，北路军班师。事后，张骞因为行军延误判斩，缴纳赎金沦为平民；李广因为死战不退，杀伤多于自损，不奖不罚。

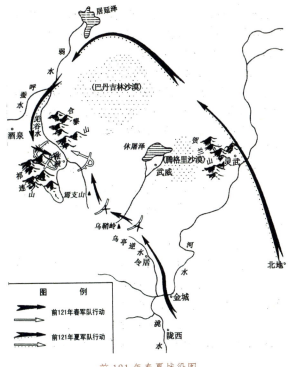

前 121 年春夏战役图

继前 129 年作为四路主将之一出击外线被俘逃回后，李广又一次冒进，勇则勇矣，但其不善于也不注重收集情报的边郡守将风格，被这两次出击作战无限放大，但他自己并没有意识到这个问题。

再说霍去病这一路，发生了一样的情况。骑兵突进的霍去病与公孙敖率领的殿后大部队同样失散，于是霍去病也很干脆，索性直接穿越居延海，抵达小月氏部落。在小月氏向导的指引下，继续行军两千里，兵锋直抵祁连山下，生擒匈奴单桓王和酋涂王，另有将相若干，副王小王七十余人，斩杀及俘虏三万两千人后班师，汉军只损失了十分之三。

此战跟随霍去病的鹰击司马赵破奴得封从骠侯，而点背的合骑侯公孙敖则因为行军延误判斩，第二次缴纳赎金后沦为平民，好不容易跟着卫青混来的侯爵就这样丢了。更悲催的是博望侯张骞，用十余年冒险生涯换来的侯爵也丢了。在那个年代，想要准时真的不容易，但霍去病和李广的进击，都是各自在等不到大部队之后的决断。霍去病一战封神，李广则等同冒进。**外线作战，情报啊情报，最重要的还是情报！**

纵观此次夏季战役，张骞和公孙敖率领的部队，更接近于半主力和半辎重押运部队，而且大概平均算来，每一个类似于贵族的骑兵主力对应二至三个出身于边塞的贫民或者各地方征调的平民。于是这些掺杂了后勤人员所组成的大部队想要跟上骑兵司令们的轨迹，当然比较困难。很多很多年之后，康熙征噶尔丹之时描述动员和行军过程的诏书，佐证了这一点。

另外要想在茫茫戈壁中发挥骑兵快速包抄和突击的威力，就必须解决补给衔接和寻路索敌的问题。霍去病在第一点上给出以战养战的答案，第二点上给出了重视情报的答案，并且在其指挥的大小战役中，来去如风的指挥风格简直就是以匈奴之道反制匈奴，绝不给匈奴截断后路并包抄自身的机会，这或多或少是得益于他麾下的众多匈奴归附战士们。

前121年，霍去病春夏两次连续出击并大获全胜的战略意义是直接导致了匈奴汗国的信心开始崩溃。继而引发了一个至关重要的事件——五任单于栾提伊稚斜恼火于匈奴诸王的溃败，要治罪浑邪王和休屠王，于是两王叛投汉朝。其间，休屠王反悔被浑邪王诛杀。随后霍去病率军渡过黄河纳降，诛杀了八千匈奴逃兵后，浑邪王率两部合计四万众归顺汉朝。这个重要事件使得从此十五万平方公里的河西走廊纳入汉朝，匈奴汗国右贤王部被彻底打垮，汉帝国的疆域和影响力从此直达西域。

史载霍去病匹马入营纳降，我觉得更应该理解为身先士卒、率军突击更合适一些。霍少能震慑群狼而后受降的原因，自然是先杀了一些呲牙咧嘴的狠狼吧。在此次战役后，一方面中央政府在消化着胜利果实，前120年继续将黄河沿岸灾民迁徙至新建的朔方郡以及水草丰美的河西走廊地区；另一方面，为了筹备更大规模的出击作战以彻底全歼匈奴汗国，前119年，三个当时帝国超级富豪阶层中的人物——齐国大盐商东郭咸阳、南阳郡大矿主孔仅、洛阳富商之子桑弘羊——进入了汉武帝的执政圈子并开始操盘帝国经济改革。

东郭咸阳与孔仅分别担任大农令和大农丞，主管制盐与矿产，而桑弘羊则谙熟商业流通环节的任何细枝末节，三人朝堂之上商议出的政策，就交给拥有超级执行力的御史大夫张汤来执行。

元狩四年（前 119 年）夏季，名垂青史的漠北战役，拉开序幕。这是卫青第七次出击，霍去病的第六次出击。

战役准备阶段，匈奴采纳了降将赵信远走蒙古沙漠以北坚壁清野的策略，而汉帝国决定穿越沙漠进行追击战役。经过审讯俘虏，得知匈奴单于本部在东北方向，于是微调并确定了卫青出定襄走中路，霍去病出代郡走北路，由霍去病军团来歼灭匈奴单于本部。

为此汉武帝调集了十万匹精细黍米喂养的军马配给骑兵部队，还有帝

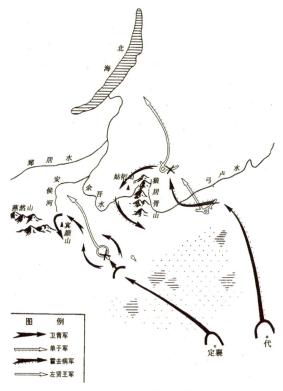

前 119 年漠北之战图

国境内志愿从军的勇士自备粮草的战马四万余，合计战马十四万匹，运送粮草的马匹更不算在内，配套的步兵及辎重人员另有十余万。

汉武帝的意思是，毕其功于一役。

卫青和霍去病各自统领五万骑兵及配套后勤部队，其中更为精锐的骑士都归属于霍去病军团，以期达到歼灭单于本部的战略目标。但事后已知，前期的情报还是有些偏差，所以走中路的卫青对上了单于本部，霍去病出北路碰到的是匈奴左贤王。

出击之前，卫青军团所辖的五万骑兵和配套后勤部队，左翼交给公孙贺，后卫交给曹襄，右翼交给赵食其。出于年过六十的李广的强烈要求，汉武帝勉强准许李广担任先锋。出击之后，卫青将李广所部与赵食其所部合并为右路军，先锋交给公孙敖，实际与卫青本部共进，这里关于汉武帝、李广、卫青和公孙敖之间的一段公案留待分析李广一族之时再去细论。

左路的公孙贺被卫青安排从五原出塞，沿长城运动到陇西，由张掖、酒泉路过小月氏王国再直插居延海，作为中路大军的左翼屏障，这势必要分兵一部，但史载无确数多少。

而右路赵食其及李广所部与卫青主力一起从定襄出击后，穿越沙漠的途中就迷失了方向，在经过一个右勾拳的轨迹之后，直到卫青已经班师，才两相会合。李广所部占掉的兵源，史载依然无确数多少。

于是在分兵左右两路之后，卫青军团的本部主力向北开始了穿越千里沙漠之旅。终于出了沙漠尽头，五任单于栾提伊稚斜亲自率领的匈奴军团就等待在那里。双方照面，汉军以武刚车环绕围成大本营，之后双方骑兵接战，史载汉军出动五千骑兵，而匈奴接战的有一万余骑。战况惨烈，中途遭遇沙暴。卫青顺势命大本营留守部队沿左右两翼包抄迂回，单于见到穿越沙漠的汉军竟然有如此数量，且战意颇高，不但完全没有被沙漠拖垮，而且装备精良，于是骑着骡子与亲兵数百撤离了战场。至此，血战一天的主战场原本伤亡各半的双方，变成了汉军对四散奔逃的匈奴展开追杀，共斩杀及俘获一万九千余人。

入夜前的战场上，卫青获悉单于遁逃后，以轻骑兵展开追击。虽然一夜追击二百里，但单于还是趁着夜色在熟悉的地形上逃出生天。

卫青于是整军直抵赵信城（蒙古杭爱山南麓），停留一天，收缴所有城内粮草，焚城，班师。卫青回程途中在沙漠南部，遇到迷途失期的李广所部。李广在卫青幕府长史的责问之下，自裁于军中。武将碰到这种问题，惯例是要自裁的，进监狱走司法解释的观念在那个时代是一个侮辱，李广当年的领导周亚夫便是这种代表。

至此，继前133年王恢那次"马邑包围计划"之后，这是汉武一朝的第二次，也是最后一次野战击杀匈奴汗国大单于的机会，当然更是卫青在军事舞台上的谢幕战役。

可因为早期情报有误，出击前又分兵李广但失期未遇，以及本部千里穿越中的损失，导致了汉军与战略目标再次失之交臂。卫青接战之时只有五千骑兵出阵，即使按左翼、右翼同等数量，外加一倍的预备队估算，卫青本部在会战之时，可用骑兵也应该不超过两万。

于是在班师之后，中路军虽然在战术上沉重打击了单于本部，焚毁了匈奴在漠北的基地赵信城，但算上自身的花费和损失，也只能说战术上虽然胜利了，可战略上却输了。这从汉武帝对中路军卫青以下所有将领没有任何赏赐可见一斑。

大将军卫青，帝国伟大的军事家，作为汉武帝北击匈奴时期的开创者，自前129年初阵以来，十年七出塞外，七战七胜。第三次战役中收复了河套地区并设置了朔方郡，与单于对阵一次，斩杀、俘虏累计五万余人。直到15年后，深居简出的卫青在前106年病逝。

霍去病的北路军，则没有设置副官，只临时选取了一些中层武将作为部队指挥官，其中包括李广的儿子李敢，并且大量使用了当年自己纳降的浑邪王部落的匈奴骑士。主力从代郡过白登出长城，而右北平郡长路博德的部队也能够按期与霍去病的主力在梼余山会合，随后向北开始了两千余里以战养战的索敌歼灭战。

霍去病一路上尽可能少地携带粮草辎重，保持骑兵机动速度，沿途不断俘虏匈奴人作为向导伴随前锋进军，跨过大漠，渡河之后与匈奴左贤王所部陆续接战。第一战活捉单于大臣，诛杀北车耆王；第二战转攻左大将双，缴获敌人军旗战鼓；之后越过难侯山，渡过弓卢水；第三战抓获屯头王、韩王等三人，将军、相国、当户、都尉等八十三人，自身战损一万余，前后共斩杀及俘获匈奴七万零四百四十三人，彻底打垮了匈奴左贤王部。之后继续北进，在狼居胥山祭祀天神（蒙古肯特山），在姑衍山祭祀地神（蒙古肯特山以北），最后到达瀚海（俄罗斯贝加尔湖畔），这才得胜班师。

霍去病在前119年的那个没有马镫的时代，在漠北戈壁中来去如风转战数千里取得了这一丰功伟绩，为什么？

两位归顺汉朝的匈奴王在战后因从战有功而封侯，时年21岁的霍去病可以从容驾驭这些匈奴降将；右北平郡长路博德和渔阳郡长解都在规定时间到达了规定地点从战有功而封侯；首战梼余山及时达到了以战养战的目的，而抓到的俘虏又提供了靠谱的行军路线，保障了骑兵部队在给养枯竭前都能寻到敌踪，继续以战养战。

至于很多很多年后，拿军中蹴鞠来攻击霍去病不够体恤士卒的书生，不足挂齿，确实是没有从战经验罢了，蹴鞠也算是兵技巧的一种嘛。

前117年夏季，霍去病早逝。虽然短暂人生如流星划过，其轨迹却只能说堪称完美，其功绩亦堪称震古烁今。

之所以说卫青的中路军在当时的战略上应该算是输了，只要看看整个漠北战役的汉军损失，也就能够体会到了。卫、霍两部各路合计出塞十四万匹军马，入关只余三万，人员战损霍部最少一万余，卫部最少五六千余，而在追击和归途中的非战斗减员虽然无法追寻，但真实损失自然也非常惨重，作为战略目标的单于遁逃，实在可惜。

经过此役，汉武帝的北击匈奴时期辉煌落幕。十年内卫、霍两人的连续出击，匈奴汗国虽然还在，但大单于这个统治位置的威信却彻底跌入谷底，而游牧部落以武力为强制凝聚的架构，一旦首领被击败，各个部落便蠢蠢欲动了。到了这时，分化游说的外交制衡和财货贿赂的挑逗内讧才有了用处。如果没有汉武帝十年不惜血本的硬碰硬打出的威信，又哪里会有日后的外交空间呢？

随着冠军侯霍去病的去世，本来已在筹备中的下一次更大规模塞外出击战役就此搁置。从来只把官吏作为工具使用的汉武帝，知道还得再去养一个天才了。后人着重总结汉武帝的工具论，却不知道他眼里工具和天才的拿捏分外准确，他对汲黯的话应该这么理解：大多数人就是工具，随用随取，如同流水线上的商品一样，那又有什么好珍惜的呢？另外，他没和汲黯说的是：天才可遇而不可求。因为说了汲黯也未必懂得什么意思。

可惜，汉武帝再也没有找到这种天才，他一辈子做了 54 年的皇帝。54 年中，战争不断，工具不缺。可在军事上，他仅仅、有幸、魂牵梦绕一般，就遇到了这么两个堪当大任的超一流天才。

终汉武一朝，对匈奴再无类似"漠北之战"这等深度——而不是规模——的用兵了，本质原因乃是无将，只看看史书评论就以为是国力吃紧和马匹短缺，那就太肤浅了。汉武末期之后仅仅几年的休养生息，昭帝之时六将军出塞的动员规模可见一斑。没有汉武兴师动众，哪有后来的西汉国力之强盛，一直延续到王莽篡汉前夕的元始二年，人口规模已经达到四千六百万。

霍去病天纵奇才，除了汉武之外他谁的话也不听，除了剿灭匈奴之外他什么事也不想。"冠军霍少"和人情世故是天然绝缘的，很辉煌、很灿烂，但说实话，也很冰冷。流星只应天上有。

卫青贵极人臣，总是既得战果、又保全师。他姐姐是皇后，他外甥是太子，他幕府之中走进走出的宾客故吏遍天下，游说算计如主父偃、江湖侠客如郭解。除了汉武之外他还不得不倾听很多别的话，除了剿灭匈奴之外他也不得不考虑很多别的事。所以长平烈侯是求全心苦。

霍去病之印

节三八
李广难封

说卫、霍，就不能不提李氏一族三代：李广、李敢和李陵。我们分析一下，世称一代名将的李广为什么难封吧。

李广，陇西成纪人，祖上为秦国将领李信。虽然统帅一个军团展开决定性会战的能力是李信不具备的，但李信传下去的杀伐武功确实厉害。到了李广这一代，因为家学，他骑射皆精，尤以射箭为业务专精技能，著有《李将军射法》。

汉文帝十四年（前166年），匈奴老上单于率十四万骑兵自萧关犯境之际，李广以良家子弟身份从军抗击匈奴，开始了长达47年的军旅生涯。他的生年已经无迹可寻，但自裁于前119年漠北之战后的班师途中。

李广凭着家传过硬的箭术技能，在战场上以匈奴首级和俘虏战功当上了郎官，任骑常侍，而且经常随汉文帝出游打猎、射杀猛兽。他的弓马骑射以及胆识勇武有汉文帝的亲口背书，这在汉初郎中令、卫尉、中尉的三级禁军体制中，可谓是起点不低。

更值得李广骄傲的是，文帝说："可惜啦，小子，你没赶上好时机！要是赶在高祖那会儿，你分分钟就能封个万户侯。"但这句话却成了李广的心结，让他纠结了一辈子。

人只要在奋斗，机会总是层出不穷的。李广的入门机会，是自己凭本事和性命换来的。前157年，汉景帝继位，20多岁不到30岁的李广升为骑郎将。于是，李广的第二个机会来了。

三年后的七国之乱中，骑郎将李广以骠骑都尉的身份，跟随太尉周亚夫和大将军灌婴前往平叛，不但阵上夺旗，还在昌邑城下立了显赫战功。本来应该得到封赏的，结果身为汉军将领的李广，却私自接受了梁孝王刘武授予的梁国将军印，这算是犯了大忌讳，于是没有特别赏赐，但也仍然被调去边境上谷做两千石的太守。

　　此时应该接近 30 岁的李广，因为这件犯忌讳的事情，军旅仕途一下变了节奏。此后在景帝一朝剩余的 14 年中，他一直在陇西、北地、雁门、云中等各边郡的郡守职位上度过。在汉武帝还没有开疆拓土的年代，两千石边郡太守虽然是中央任命的大吏，但封侯又是另外一回事了。

　　李广 40 岁之前的边郡长官生涯中，几件被史家记录下来的轶事，无一不显示出他的性格，胆大勇猛好战，格斗经验丰富，箭术造诣高超，每每搏杀战斗，总是命悬一线，直到力竭方退。细看之下，不由得在脑中浮现出一个身先士卒的孤胆英雄形象。

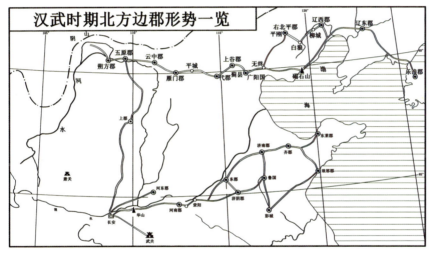

汉武时期北方边郡形势一览

　　摊开地图就会发现，不考虑那些虚虚实实的轶事，李广沿着长城北境一线，基本把各个边郡的太守做了一个遍，长城线内的地理地形应该是谙熟于心了。这一本事，在文景二朝，成就了李广的名将声望。但在汉武帝一朝，开疆拓土的时代来临了，战功封侯的机会也有了，可在出击外线作战的大环境下，李广的老战法不适用了。

　　没有时势，哪有英雄？时势来了，英雄老了，战法旧了，结局惨了。

　　汉武帝登基后，对于文臣武官的提拔和任用看似相当激进，其实暗藏玄机，先给你小机会，再给你大机会，循序渐进。属下们在历练中可以展现能力，也会暴露缺点。

就像汉武帝给予王恢、卫青和霍去病等一干将领们的尝试机会一样，王恢自己捣鼓出一个庞大的机会，但失去了机会，只能自裁；卫青和霍去病由小到大，逐渐抓住了机会，最终成了一代名将；而李广，自然也得到了属于他的一系列机会。

《汉书》九卿列表中记载，前134年（元光元年），一直在外做官的陇西太守李广调任中央，出任卫尉。此时，距离前166年的军旅生涯之始，已经过去了32年，他终于得到了第三个机会。

要知道，汉武帝是出了名地喜欢提拔年轻人。壮年之后有一次去郎署巡视，见到一个老翁，须鬓皓白，衣服不整，武帝问："先生啊，您是啥时候的郎啊？大汉用人紧迫，可您怎么会这么老了还做郎呢？"老翁说："臣姓颜名驷，江都人也，文帝那时就做了郎。"武帝问："为何这么老了还不受任用呢？"颜驷说得着实心酸："文帝那会儿喜文而臣我好武，景帝那会儿喜老而臣我正少，陛下您喜欢用少而臣我已经老了，所以三世而不遇。我苦命啊，只得老于郎署。"武帝被感动坏了，擢拜颜驷为会稽都尉。

汉武帝就是这么一位喜欢提拔年轻人的雄主。李广能够调任中央，当然是因为他的勇名，但他不知道调任归调任，并不代表汉武帝已经信任他的军事能力了，这只是汉武帝考察他的开始。刚刚调任卫尉之后，他就与中尉程不识在春夏之季各自率军分别屯戍云中和雁门郡。

关于两人此次演习中的行军及做事风格，感情上倾向于李家的太史公做了详细记述：李广所部松懈散漫，士卒随性，但是因为远远派出斥候，所以没有遇到危险；而程不识所部行军谨慎，防范骑兵的刁斗广布，文书烦琐，士卒叫苦，也是安全班师。说好听点，李广是名将，不拘小节，谋略气度尽在心中；说难听点，李广可谓治军不严。领军屯戍在李广看来就不是个事儿，但这事当时也肯定传入了汉武帝的耳中。

也是在这次屯戍之中，刚刚上书"罢黜百家，独尊儒术"理论的董仲舒，借口天象，上书汉武帝，希望阻止谋伐匈奴。他觉得那是不可想象的，结果差点因为妄言被诛，于是自请以军吏的身份，跟在中尉程不识的军中去了雁门。汉武帝传达的信号已经很明显了。

李广在前133年参与了马邑包围计划，虽然没有接战，但以骁骑将军跟随韩安国出阵。这说明李广在汉武帝心目中相比于公孙贺和李息来说，作战能力更强一些。

随着外线出击作战的开始，李广的第四个机会来了。作为第一波接受考验的四名独立指挥官之一，已经年过五十的李广由卫尉身份出任骁骑将军带领一万骑兵出雁门郡，所部因为遇到了匈奴大部队而被击破，自己被生擒，但是诈死抢马逃脱，回朝后论罪当斩，缴款后赎命贬为平民。

这是平生大小七十余战的李广第一次外线出击，虽然被整建制地消灭，但也情有可原，经验都是在失败中学习的嘛。虽然公孙敖仅仅被歼灭七千，但是，根据个人性格来推测，李广估计是死战不退被全歼，公孙敖估计是一战击溃被追歼了七千。

就地理上说，卫霍时期是最艰难的，地图不全，地形不熟，气候略知，初期的信息大部分来源于出访使节们和边郡关市上的商人们。直到后来随着卫霍不断胜利，信息才丰富了起来。信息来源有高祖时期跑出去又主动归附的汉人，还有匈奴汗国零星投诚的骑士与成部落建制归顺的首领。

就出击上说，2000年前的成建制几路出击的目的除了中后期几次大规模作战直指匈奴三部老巢之外，其余两三万人以内的中小规模出击都是规定了出击期限，往返不超过三个月；规定了出击路线，需要沿既有路线出击和返回；也规定了出击目的——沿途索敌，在到达了水草丰茂的匈奴游牧区之后，做一圈示威性巡游，或者报复性劫掠，然后班师。

就战斗来说，匈奴以人员适应性和骑兵机动性见长，熟悉地形，有猎鹰侦察，但没有什么战法阵法，就是往来突击且来去如风，虽然善射，但是与配备弓弩的汉军相比，技巧和威力都不占上风。汉军则在装备威力和战阵训练上都远远强于匈奴，组织性更强。

汉朝的战功认可制度是高祖立下的"无功不得封侯"，包括后来的李广利出征大宛，贵为皇帝的汉武帝面对祖宗规矩，也不得不让李广利先有战功才能封侯。战功，就是敌人首级或者俘虏、战事结果或者国土。哪怕战斗失败，甚至全军被歼灭，但如果杀伤多于自损，依然有功或者功过相抵。于是在当时的尚武价值观下，全军覆没并不是最不可接受的结果，不战而逃或者消极避战才是最不可接受的结果。这也是王恢自裁而李广死战的一个间接因素，当时的社会价值观就是如此。

有了第一次外线的失败之后，随着战事铺开，头衔上被贬为平民的李广接任了右北平郡太守。任上，李广镇住了右北平附近的匈奴。之前匈奴攻入辽西郡，又不停袭扰掳掠渔阳郡，派去镇抚的韩安国不但镇不住匈奴，还病死在边郡任上。李广的"飞将军"美号也是在这段时期获得的。

前123年，右北平太守李广调任郎中令，他的又一次机会来了。春夏两次战役随卫青出击匈奴，大多数随军将领都累积够了战功标准，李广所部却毫无战功。此时的李广已接近60岁了。

他最重要的一次机会也接踵而至。前121年，伴随霍去病从西路出击的同时，李广与张骞从右北平出击匈奴，两人合计至少一万五千人马。结果李广率领四千骑兵与张骞率领的一万余中军互相失散，李广所部被匈奴左贤王包围，李广与儿子李敢死战了一昼夜，待张骞赶到，才算得救。事后裁定，张骞误期，论罪当斩，缴款后赎命贬为平民，而李广虽然又是全军覆没，但相比于8年前，此次杀伤敌人与战损两相抵消，不赏不罚。

个人性格特征加上当时的普遍战争理解，使得李广拼了老命，为自己争取到了最后一次机会。这次机会便是前119年的漠北之战。《史记》和《汉书》中《李广传》《卫青传》和《匈奴列传》中关于此战中路军的记载各有出入，但是在几个关键的环节，大致保持了一致。

首先，李广数次请战。汉武帝除了嘴上安慰老将军年事已高，心里也知道李广勇则勇矣，但外线作战的条件下如果单独指挥作战估计凶多吉少，一次不许，两次不许，三次不许。终于，还是准了。李广担任先锋前将军。

这一条史实，从关系上讲，是汉武帝与李广两人之间的；从动机上讲，李广求战只为捍卫自己的武者荣誉，而汉武帝勉强首肯，要么爱惜李广的荣誉，要么不认可李广能够胜任这个位置。依我个人的推测看，以当时37岁的汉武帝韬略来说，心里是不认可的，而嘴上是要留情的，他的意思是坏人丢给主帅卫青去做吧。

其次，公孙敖在此前跟随霍去病出击的过程中因为失期，导致好不容易跟随卫青拿到的爵位没了，身份也变为平民了。卫青看着老哥们如此境况，有心提携一把，于是让自己大将军幕府的长史下达文书给李广的幕府，说："速去右将军的军部报道，照文书行事。"虽然卫青调开了李广，但同时也等于调开了李广的本部人马去右路和赵食其合并进军。随后卫青让公孙敖挂个前将军的名头与自己本部一同进军。如此一来，五万骑兵除去配给公孙贺和赵食其的左右军之外，配给李广所部的先锋骑兵也不在战斗序列之中。最终再经过长途跋涉的损耗，面对单于本部接战，卫青本部区区五千骑兵不但没有能力包抄，而且随即陷入苦战，使得单于遁逃。

这一条史实，从关系上讲，看似牵扯汉武帝、卫青、公孙敖和李广四人，但实际不过是作为统帅卫青自己的选择而已。可以说汉武帝抛给了卫青一个大麻烦，但同时也给了卫青便宜行事的权力。如果卫青真的如同普遍理解是"求稳"的话，那么只会直接去人留兵以保证胜利。最终卫青的性格决定了他的选择，"求全"而不是"求稳"。他在汉武帝的目标、公孙敖的友情和李广的荣誉之间，选择了尽量顾全三面的做法，给了原本跟随中军的公孙敖前将军的名分，也给了李广对等前将军位置的军队，那么注定只能牺牲他自己的胜利概率了，而他是大将军，是汉武帝的目标执行者。

再次，即使最恶意地推测《史记》所载的李广说"军中无向导"的话（《史记》说"军亡导，或失道"，而《汉书》说"惑失道"），也很好理解。原来公孙贺的左军与赵食其的右军就是做做样子的僚机，配不配向导全看将军本人幕府中的实力和经验了。但李广从来就不善于，或者说不屑于收集情报，与匈奴作战一生的老贵族出身，更视匈奴为异类，杀之还来不及，更别说养而用之了。所以没有向导、不善于俘获向导、最后失期，自然就不算什么奇怪的事情了。类似的几位将领的几次失期中，唯一一次只差池了一天就找到并救了李广性命的，还是大名鼎鼎的地理冒险家张骞。最后，因为无向导而愤怒的李广带领本部相应人马与右路军赵食其的部队一起出发，结果穿越沙漠果然迷路，不但没有与卫青本部会合，甚至与一同出发的赵食其也断了联系。走来走去，反倒是向南走出了沙漠之后，李广才遇到了已经班师返回的前将军公孙敖和同样迷路的赵食其。

这一条史实，从关系上讲，看似牵扯李广、卫青和赵食其三人，同代人太史公的《史记》所载是"没有向导所以迷路"，有意维护汉武帝与卫青的东汉班固的《汉书》所载仅仅是"迷路"。但这不过是李广自己一直存在的外线作战问题，至少他作为一个兵团级别的指挥官，是第五次栽在了冒进和迷路的难题上。在汉初，一个独立指挥官都是拥有自己幕府的，一个兵团级别的指挥官可以不会处理人际关系，但是不能没有基本的军事指挥素养和基本的幕僚群。于是，冷冰冰的结果是，李广羞愤交加而自裁。

不过太史公的《史记》偏向李广，班固的《汉书》又维护卫青，这一点倒是可以确定。有没有向导的问题放在一边，《史记》说："大将军使长史急责广之幕府对薄。"《汉书》说："大将军长史急责广之莫府上薄。"

只有一字之差，但阐述的关系迥异，刀笔可畏啊。杀一字与杀一人，又有什么区别呢？李广怕受辱于刀笔小吏而选择自杀而死，周亚夫怕受辱于刀笔小吏而选绝食而死，也都是出于这个原因吧。

大将军卫青自己分兵带来的结果是，加上穿越沙漠带来的骑兵损失，最终没有拿下擒杀单于的战略目标。最有知人之明的汉武帝终究还是漏算一环，原本卫青这路也不是对付单于主力的，在关键时刻给了求全的卫青一个大包袱。卫青也按照自己的做人准则进行了选择。但没想到情报出错，卫青对上了单于。如果是霍去病，估计直接把老将军的面子驳了，漠北之战中从征的路博德就完成了约期。不能不佩服汉武帝那个"数奇"的评价——老将军李广啊，点儿背，认死理儿。

汉武帝的肠子估计悔青了，倾国之力出了，可他又不舍得下手去做坏人而让卫青当坏人，虽然老将军的面子给了，可最后老将军死了，歼灭单于本部或者诛杀单于本人的战略目标也错失了。

卫青作为统帅，可能因为轻敌，也可能因为性格，才想着兼顾求全，这本是统帅的优点，但如果兼顾求全之中，误算了公私权重，反倒使优点变成了缺点。哪怕只此一次而已，偏巧这次却是最关键的一次。

李广作为战将，勇猛是其优点，这是仅仅作为战将而言；一旦上升到了名将的层面，仅仅勇猛就是鲁莽，优点同样变成了致命缺点。

公孙敖其实最无辜，他的层面最低，而他的奢望也不高。因为有了他，卫青才没有死在大长公主的牢狱内，才有了卫青被汉武帝发掘，才有了对匈奴线外出击的连战连捷的汉军信心。只是这哥们牵扯进的事情实在太大，而他自己又不是很争气罢了。又过了很多年之后他的一句话，直接导致李广的孙子李陵被屠族。公孙敖就是卫霍与李氏恩恩怨怨一连串纠结中的最开始的那位奇葩啊。

李广的大儿子叫李当户，二儿子叫李椒，三儿子就是李敢。和父亲李广一样，三人都是入宫为郎，起点很不低。李当户去世很早，留下一个遗腹子就是李陵，先放在一边。李椒在汉武朝曾出任两千石的代郡太守，但也比李广先去世。

李广的三儿子李敢，曾经在前121年和李广一同死战匈奴，前119年漠北战役中以校尉身份跟随着霍去病从北路出击，一路奋战一路战功，左贤王的帅旗和战鼓就是他所部缴获的，军功无数，战后赏赐关内侯，且接任了父亲李广的郎中令一职。不能不说，汉武帝对李氏一族的战斗能力是相当看重的。

前117年，血气方刚的李敢因为怨恨是卫青导致了父亲李广的含冤而死，于是泄愤击伤了卫青。卫青倒是隐瞒了这件事，他还是希望做事圆满。此时一个是在汉武帝身边待了两年正当红的皇帝随行司令李敢，一个是因为战果不尽如人意而深居简出的大将军卫青，事情应该也就这么过去了最好。偏偏，这件事情被更当红的全国武装部队总司令霍去病知道了，当年跟着自己混出战功的部将竟然敢于逆上，结果直接在李敢侍奉汉武帝打猎的过程中，射杀了李敢。事后，汉武帝以"鹿触杀之"一语带过。过了一年多，标志着一个时代结束的事件就发生了，骠骑将军霍去病也病故了。

卫青的仁慈，看上去是一种仁慈，但实际对所有人都不仁慈。

首先，那些跟着卫青出生入死大战匈奴单于还能活着回来的将士们没捞着封赏；其次，死在戈壁的那些人也没有抚恤；最后，自以为尚能饭的李广也自杀了，还用自裁诅咒了卫青，也诅咒了自己的儿子。

日后李敢受到这股情绪的影响，为了报仇伤了卫青。霍去病为了报仇杀了李敢，弄出一个被后世指指点点的事迹。

日后卫青闭门谢客，被汉武帝雪藏了13年。除了身体原因，这与战役中的这次判断失当不无关系。求全有些时候真的害死人啊。而且事情要是就这么过去了最好，又偏偏……又偏偏李广的长子李当户有一个遗腹子，叫作李陵。

李陵，生年已经不详，但作为遗腹子，出生应当晚于李当户去世一年之内。而李当户之名，经考证很大可能在于李广当年俘虏了一名匈奴当户，于是李广就此为自己刚出生的长子取名当户。再依据李广从军前后的记载和西汉兵役制度加以推敲，李陵大致生于前134年至132年，比霍去病就小了七八岁而已。

也就是说，前117年左右，李陵大致15至17岁左右，而史载他在20岁之前已经入建章宫为郎。于是，在霍去病去世后的几年内，一直沉浸在痛失霍去病的悲伤中并在身边的各种才俊中苦苦寻觅霍去病第二的汉武帝，终于又有了一个重点栽培对象。

过了几年，李陵就迎来了汉武帝给自己的第一次机会——八百骑兵的单独指挥权。其含义不言而喻，当初汉武帝也是给了霍去病不多不少，八百精骑。

于是，李陵作为骑兵小分队的指挥官，出塞直抵居延海——这是霍去病当年抵达过的地方。李陵深入匈奴腹地两千里，查勘了地形，可是没有遇到匈奴，于是班师。这件事发生在前117年骠骑将军霍去病去世和前106年贰师将军李广利征伐大宛之间。寻路难的症结依然困扰着老李家，长安遍地是归附的匈奴贵族，汉军中更是多有归附的匈奴军官，在卫青、霍去病和路博德等人看来都不是问题的问题，李陵还是不知道怎么解决。

作为汉武帝找来替代他心中的卫青和霍去病的末代将军二人组——李广利和李陵的事还是留在后面分析吧。

李广之印

从李广与廉颇的例子中，很明显的一点是，只要说出"尚能饭"的老将领们，最好使用他们的经验。但如果他们的经验不适用于新的战场形势而他们自身又不再具备学习能力的话，这些人就变成了"老宝贝"，只能成为阻力而已。

节三九

张汤与桑弘羊

抛开政治谈经济，那是数字游戏，而抛开政治和经济去谈论战争，那是兵棋游戏。对于刚刚经历了辉煌外战十年后的汉武帝，在39岁雄心勃勃之时，却痛失了自己一手培养铸造的天之骄子霍去病。他除了哀恸之外，也搁置了一切北击匈奴的计划。他在位的第三个十年中的前三年，把更多精力放在了帝国的经济运营之上。具体负责这件事的，是汉武帝的行政将军张汤和经济将军桑弘羊——一个工具，一个天才。

第一个十年是汉武帝成长的十年，第二个十年是汉武帝辉煌的十年。曾经和卫青谈过改弦更张想法的汉武帝，在第三个十年中继续沿着惯性保持对外扩张。放眼这一时期的帝国军事舞台，可以说酷吏齐飞、庸将乱舞。但偏偏帝国的收获，远远大于之前和北方匈奴的硬碰硬战争。

其实在 1000 多年后的普鲁士，也是一样的现象。

普鲁士国王腓特烈二世砸锅卖铁、穷兵黩武，打了两次西里西亚战争、一次 7 年战争。侥幸活下来的普鲁士王国在腓特烈二世的晚年，却用政治与外交手段就和奥地利、俄罗斯一起瓜分了波兰，获得的土地与人口利益是之前战争获得的几倍有余。同样的原理之下，西方人大多尊敬这位国王；而东方人非要给汉武帝扣上一个毁誉参半的评价，原因乃是两宋以后的"饭士"实在是太多了。

之前不用鲜血浇筑勇名，哪有之后的动动嘴皮子就坐享其成的？如果有，那一定是痴人说梦。有大佬的威风，当然可以不战而屈人之兵。但大佬之所以是大佬，在于年轻当小弟的时候，拼得比别人更狠。

汉朝正是因为北击匈奴的勇名以及之前十几年撒出去的各种带有冒险精神的使节团反馈的信息，才有了第三个十年的轻松收获。

此时的汉武帝一边遴选着人才，一边把目光逐渐转向了张骞走遍的西域诸国、唐蒙串联的西南夷诸部落、东南方向的闽越王国和南越王国。但要开边，就要先弄钱，这道理和想致富先修路是一样的。

弄钱的工作，就是张汤和桑弘羊前赴后继完成的。张汤是无序的粗放型经济改革，桑弘羊是有序的国营化经济改革。

先说张汤。在汉武帝身边当工具是一个高风险的职位，因为工具坏了就要扔了。这从汉武帝的历任丞相的悲催下场就可见一斑。但是这么多工具中，张汤最出色，也最廉洁守法。

汉初之时，丞相、太尉、御史大夫，这是协助皇帝治理国家的三驾马车，即三公。

丞相统领百官，处理大小国政，有丞相府。这个位置在汉武时期，是仗着太后面子颇为跋扈的田蚡，接下来是"老油条"韩安国和"老好人"薛泽，再之后是"老鸡贼"公孙弘。从公孙弘病死后，汉武一朝的历任丞相就是自杀或犯案的重灾区，怎一个惨字了得啊。

太尉掌管武事，汉初不常设。平七国之乱周亚夫任太尉之后，直到卫、霍横空出世，汉武帝先置大将军授予卫青，又置大司马加将军号把卫青和霍去病并列为全国武装部队总司令。因为卫、霍，大司马大将军逐渐替代了太尉的职务，军权从政府中渐渐脱离出来，掌握在皇帝的内廷手中。

御史大夫，即副丞相，掌文书、监察百官，但并非丞相的属官。而御史大夫有属官两人，其一称为御史中丞，办公地点在宫廷之内知名的"殿中兰台"。皇帝的意思，先告之御史中丞，再由御史中丞转告御史大夫，随后御史大夫转告丞相。在汉武时期，这个职位一般被用来制衡丞相。行政将军张汤后来的最高职位就是御史大夫。

三公之外，自然就是九卿。

太仆，掌管车马，负责全国牧马及车辆管理的装备总司令。刘邦的司机就是那位贤良的夏侯婴，汉武一朝挂衔这个位置的，一直是公孙贺。直到公孙贺后来出任了丞相，由他的儿子公孙敬声接任。这位公孙贺与卫青姐姐卫君孺生的官二代却实在坑爹，留待后话。

典客，汉武前期称为大行令，后期称为大鸿胪，掌管蛮夷事务的外交部部长。王恢就是在这个位置上想要更进一步，结果高估了自己的执行力，低估了汉武帝的忍耐度。

治粟内史，汉武前期称为大农令，后期称为大司农，农业部长兼地税局长。郑当时与桑弘羊是前后两位出任者，郑当时虽然没有想出弄钱的点子，但是举荐了有能力有点子的人。

少府，皇帝私人金库局的局长，掌管山地海洋池泽的税收。章邯就是这个岗位上走出来的一代名将。

廷尉，后世叫大理，掌管刑狱，全国最高司法长官。张汤就是从这个职位上发迹而走向御史大夫的。

卫尉，掌管宫廷治安，长乐宫、建章宫、甘泉宫的皇宫警备司令。

中尉，掌管京师治安，首都警备司令。原不在九卿之内，汉初置。

宗正，掌管皇室亲属。

奉常，掌管祭祀、宗庙以及礼乐医卜。汉武初期招纳的许多儒生贤良都封了博士，即隶属于奉常府中。

郎中令，汉武后期改名光禄勋。汉武时期府内录用的文职有中大夫、太中大夫，谏大夫，武职有议郎、中郎、侍郎、郎中，武装禁卫军有汉武登基初期成立的期门军、羽林军，鼎盛时期将近几千人。这里可以看成是汉武帝自己筛选取用的庞大预备役人才库。

那么张汤是如何干上廷尉的呢？

张汤的父亲是长安县丞，辅佐县令掌管文书及仓狱的下级官吏。也正是张汤的父亲发现了儿子审案、断案和判案的天赋。

父亲因为老鼠偷肉责打了张汤。张汤委屈，于是挖开鼠洞抓到贼鼠，提取了证物剩肉，拷打审讯盗肉之鼠后，记录了文书，最后肢解老鼠结案。父亲见到文书老练，程序严谨，又惊又奇，开始让张汤学习刑狱文书。

张汤和李斯，当然是李斯更有名。两人都是以刀笔小吏起家，靠刑名法学晋升。但李斯羡慕粮仓中的硕鼠，而张汤解剖了偷肉的老鼠，所以李斯的妥协让他族灭，张汤的依法让他的家族富贵两汉。

抛开史官的润色加工不谈，张汤的成长过程是伴随着刑名法术渡过的。父亲是干文书和审判的，那儿子必然也日日沉浸在这种环境中，而他后来的差事也正是司职刑法。另外，从张汤母亲的寥寥几字看来，想必也是一位相当够格的严母，廉吏的家风使然，这有汉武帝的亲口背书。

父亲死后，打下了扎实的审讯和断案功底的张汤，任职长安县吏，开始了基层公务员的工作。而他所负责的监狱中，恰好此时关着一位侯爷——周阳侯田胜，即太后武安侯田蚡的弟弟。张汤非常关照田胜，随着田胜出狱、恢复侯位，张汤的机会来了，仕途开始步步高升。

田胜把一些长安城内的要人介绍给了张汤，其中就有张汤的顶头上司内史（长安分为三辅之前的行政长官，首都市长）宁成。宁成是景帝时代冒头的天字第一号酷吏。张汤就这么开始从一个县基层公务员进了内史府，做了宁成的属下。再之后宁成把张汤推荐到丞相府，任茂陵尉，主管汉武帝的陵寝修建。

前135年，随着田蚡出任丞相，张汤被调回丞相府中做事。田蚡把他推荐给了汉武帝，于是张汤转隶御史府，在御史中丞手下担任侍御史，侍在皇帝身边。至此，张汤算是完成了开赴战场前的历练。过了几年，张汤在行政战场的第一个机会就来了。

前130年，在陈皇后阿娇的"楚服案"中，张汤雷厉风行且挖地三尺的业务处理风格得到了汉武帝好评，从侍御史晋升为太中大夫。太中大夫隶属于郎中令，张汤由外廷进入内廷，与同属郎中令的中大夫赵禹一起修订法律条文。

前126年，张汤被汉武帝放到了最适合他的岗位上，晋升为廷尉。

前124年，正是连年北击匈奴的用兵关键时期，淮南王（江西九江）刘安与衡山王（湖北黄冈）刘赐却准备起兵反叛。两人正在紧锣密鼓地串联之时，淮南太子刘迁的手下雷被因为在舞剑之中伤了主人，害怕被诛，于是逃入长安告其谋反。之后刘迁的庶兄子建因为失宠也向长安打报告。

消息永远是从身边走漏的，堡垒也永远是从内部被攻破的。这位刘安算是智慧出众的诸侯王，在位时编撰了《淮南子》，但他想得太多了，所以前122年，淮南案爆发，连锁引爆了衡山案。张汤以风卷残云的速度和掘地三尺的力度完成了扑杀。又过了一年，江都王（江苏扬州）刘建谋反，江都案爆发，张汤再次迅速完成了扑杀。

前120年，淮南、衡山、江都三大案之后，张汤升任御史大夫，由司法层面走到了国政层面。

张汤在廷尉时期的铁腕，保障了帝国北击匈奴之时的内部社会稳定。但做了御史大夫之后，张汤面临的是一个新的问题：逐年用兵的军费、筑城开郡的资材、水灾流民的赈济，满眼望去全是钱窟窿。丞相和御史大夫的首要任务就是两个字——弄钱。

当时"老鸡贼"公孙弘刚刚病死丞相任上，擅长逢迎溜须的李广堂弟李蔡继任，李蔡犯罪自杀后老奸巨猾的庄青翟继任。但无论是李蔡、还是庄青翟，自己弄钱很热心，为国弄钱没兴趣。

自己弄钱可以养人、可以送人、可以放贷，从平民兜里掏出来，得罪的是平民，总之不会得罪同僚。为国弄钱，这种事不但不利己，还会得罪同僚。这种当坏人的事，还要看张汤。

张汤弄钱，秉承了治狱之时的作风，八个字概括就是——程序正义、执行有力。他看民生和经济问题，确实有眼光。主父偃上奏的屯边朔方计划，实际上是张汤酝酿的。他解决经济问题，首先是立法——这就是程序正义，继而依法强硬执行——这就是执行有力。

不立法而取财，无论对象是富人还是穷人，都叫作抢劫。立了法取财，无论对象是富人还是穷人，都只能叫作剥削。张汤立的法、或者说出台的政策，指向了有钱人，是无序且蛮横地剥削。毕竟张汤在社会经济领域的专业知识还很粗糙，比富商环境下长大的桑弘羊确实差多了。

张汤设计的缗钱令（算缗告缗）和白鹿币，表面上的作用是剥削皇族、富豪和劣绅等既得利益者，用富人的财产来充实国库，维持战事和民生需要。但实际上司法经验丰富却没有经济运转经验的张汤不知道，这不过是金融借贷改革和货币改革的问题。

于是，千百年后的打仗靠向富豪借贷与融资的金融变通方式，在法官张汤的设计下，就改为直接"咔嚓"一下没收了。不过依靠着张汤的执行有力，汉朝把各项增收政策发挥到了极致，经济难关渡过了。

但是张汤也基本上把既得利益阶层都得罪光了。不难想象的一个常识就是，如果没有足够效率的监管，那么依靠行政力量杀富济贫，结果只不过是通过富有者间接杀死了贫穷者。这样的结果是，张汤本来同情的赤贫阶层，也恨张汤入骨。

同样是因为没有足够效率的监管，出于人性的原因，张汤自己的基层队伍中，那些各级小吏们，也必然是良莠不齐，于是张汤又把中下层的有产者们得罪光了。

这才是张汤被后世称为酷吏的原因。闲话一句，很多年后王安石搞熙宁改革，拿着桑弘羊的课本，但是犯了张汤一样的错误。因为王安石虽然行桑弘羊之法，但其实王安石本人的性格特征更接近于张汤罢了。

不过在当时的汉武帝看来，为国弄钱的张汤解决了大问题，于是对张汤宠爱有加。张汤的权势一时风头无两，包括丞相庄青翟在内，满朝都要让他三分。

前115年，做了6年多行政将军的张汤，被丞相庄青翟伙同门下三长史朱买臣、王朝、边通诬陷。张汤谙熟律条要走程序辩论，但负责审理他的正是他的老上级赵禹。

汉武帝派赵禹审张汤，这就是要保张汤一命的意思。

首先，庄青翟诬告张汤的罪名如果坐实了，只要张汤豁出去脸面，不难缴纳赎金免死。可问题在于张汤是汉武帝找来对付丞相府的工具，张汤出了问题，打脸的是汉武帝。况且张汤真没钱，还很要脸面。

其次，审理的法官如果真的是个铁面无私之人，依法审理此案，那么张汤的案情也就水落石出了。或者审理的法官如果真的是个通晓上意之人，依法审理此案的同时给出酌情申诉的机会，那么张汤的案情同样可以水落石出。但赵禹是个循吏中的庸吏——介于耿直和机灵之间的一个人。

赵禹以铁面无私自居，可又偏偏暗自揣摩过上意，建议张汤不要自掉身价去争辩，皇帝派我来就是要给你留情面的。赵禹把汉武帝让他要么查实法办、要么查情留命的意思，给体会成了折中的查情自裁。

赵禹这话说出口的意思就是：你自裁是皇帝给你的恩赐，你自裁是保住了自己的脸面。赵禹这话没说出口的意思就是：皇帝主观已经认为你就是有罪了，所以我也认为你就是有罪，基于你有罪的前提，你自裁就保住了皇帝的脸面。

赵禹就这么在心底里耍着小聪明，把张汤逼上了绝路，不过他自己还并不这么以为。不过类似赵禹的人何时都不缺乏，往好了说叫作好心办坏事，往坏了说叫作小人装大人。

同样用李斯来对比，李斯是咬紧牙关要挺到司法辩论，而自认无愧于心的张汤留下了最后一份报告，愤而自裁，以死证明了自己的清白和对大老板的忠诚。张汤死后，身价总计五百金，还都是出自赏赐和俸禄。仅有的一些门人和故吏想要厚葬张汤，张汤的母亲说："张汤是天子大臣，如今被冤屈而死，又怎么能厚葬呢？"

于是张汤下葬有棺无椁，事情传到了汉武帝的耳朵里。汉武帝留下一句慨叹："有此母才有此子啊。"接着重新调查之后，三长史问罪处斩，丞相庄青翟自裁。

汉武帝怜惜张汤，继而着力栽培他的儿子张安世。张安世的成长是在汉武帝后期的宫廷环境之下，所以他与父亲张汤的风格正好相反，锋芒内敛。这使得张氏一族，在西汉一朝都保国持宠，甚至历经莽新而绵延东汉。

纵观张汤一生，少年时代打下的扎实业务基础，配合青年时代的贵人台阶，逐渐走到了帝国行政舞台的中央。除了刑罚业务能力之外，他确实有三件法宝：程序正义、执行有力和洁身自好。

张汤早年掌管各级刑罚业务期间，凡疑难大案，必向汉武帝分析各方面缘由，再由汉武帝给出轻重缓急的定夺；汉武帝要重判的交由酷吏侦办，汉武帝要从轻的交由循吏过手；遇到豪族富商必严打，遇到贫民犯案则上奏汉武帝裁定。而其对刑法条文的修正与增补也源自汉武帝裁定，或者依附经典，以及既有判例。御史大夫任上，哪怕是明火执仗地为了战事和民生搞钱，也先修立法令而再行剥削，在2000多年前那个尚武的年代，可谓程序正义。

站在道德制高点的酸儒总是指责张汤之酷，且不知奸佞而有才的主父偃用嘴皮子就毁了两个封国；大儒似奸的公孙弘用嘴皮子就把主父偃和郭解屠族，用几句诛心的话就放逐了董仲舒和汲黯。倒是张汤虽然断命无数，却都是皇族与豪杰；敛财无数，却都用作了保障战事开支的花费。

遍观史册中的事实，可以指责张汤不像桑弘羊一样有着经济知识，用法手段有些过猛。但如果指责张汤的道德瑕疵，我还真没看出来。可偏偏儒生写就的评论中，恰恰就能把提携寒族子弟指代为结党证据（其实范文正等宋儒后来都这么干），礼遇九卿重臣指代为内藏油滑（其实范、韩、司马等人干得更彻底），修撰完善律令法条指代为刀笔酷吏（其实范文正的庆历新政就想干这个）。归根结底，一时坏人、收功后世的历史角色，普遍都是这种评价待遇。不用说理，了解就好了。

直到今天，裹脚布撕去了，大家还是要回到依法治国的老路上。根据今天的新情况，来完善法律制度。这种行为曾经被道德家们抨击为故意设置律令，曾经让很多军事将领们不屑伤及荣誉而自杀。可最终事实证明，礼在法下，是法的合理补充，便是这种道理。

2002 年，在西安郭杜镇西北政法学院南校区进行的考古发掘，一共清理了战国、秦、汉和唐古墓八十八座，其中 M20 就是张汤墓。墓主实在朴素，唯有印章两枚表明了他的身份。令我黯然一叹的是，张汤墓恰恰坐落在政法学院之中，也是冥冥中自有定数吧。

就在张汤自裁后的次年，桑弘羊出任大农丞（帝国财政副部长）。桑弘羊是一个天才，但首先让他的天才得以发展的土壤，也是来自于家庭环境和社会实践。

桑弘羊，大致生于前 155 年前后，洛阳一位超级富商的儿子。景帝末期，将"市井之子孙亦不得仕宦为吏"的禁令开了一条门缝。于是桑弘羊在 13 岁"以赀为郎"，弄到了身份。家庭环境优越的桑弘羊入宫前已经有了良好的基础教育，在西汉初期五方、六甲、书记之类的工程和算数类知识便是有钱人的小学课程。而桑弘羊入宫之后接受继续教育。汉武帝继位前后，史载桑弘羊是因为能够心算，所以逐渐崭露头角。大致在前137年前后，18岁的桑弘羊经过郑当时的举荐授"侍中"，算是步入仕途了。

做了侍中之后，年轻的桑弘羊就开始"计数不离于前"了，基本算是汉武帝的随身计算器。以至于当时以贵族文学之士自居的董仲舒不但看不惯这个市井小辈，且颇有微词。

当时的洛阳，前文已述，经济地位就相当于如今的纽约，除了海边贩盐和矿山炼铜、炼铁而起家的占地利的资源型富豪外，大部分凭借物资流通，东买西卖起家的流通型富豪都在洛阳一带，也就是今天的河南中原地区。少年时代的桑弘羊就是在这种环境下长大，商业流通的知识和计算的能力可谓与生俱来。

直到前120年，漠北之战前一年，35岁的桑弘羊还是个出入汉武帝身边的不起眼的侍中。但看似不起眼，桑弘羊却可以悄悄地、潜移默化地把洛阳的资源和汉武帝的权力联系在一起。

还是那个老掉牙的原因——没钱了，而汉武帝需要能够搞到钱的能人。于是，郑当时又向汉武帝推荐了两位能人——齐地以煮盐起家的超级富豪东郭咸阳和南阳以冶炼起家的超级富豪孔仅——担任大农丞，来规划盐铁收归国营的政策和执行办法。

于是身为侍中的桑弘羊的机会来了。

前119年，朝堂之上，东郭咸阳和孔仅根据自己的专业知识规划了盐铁专营的各项改革措施，从行政框架的变革到实施细则的法令，面面俱到。而作为汉武帝的特派使者，桑弘羊的计算功力派上了用场，他需要把两位大富豪的方案在社会流通层面的过程和后果逐一计算，然后作为汉武帝拍板实施的参考。

这时的桑弘羊，还算不上汉武帝的经济将军，应该说是经济观察特派员。

同年，张汤最早提出的缗钱令正式颁布，从日后桑弘羊主持了经济工作之后对这一政策的贯彻力度来看，作为一项张汤式的打击土豪劣绅兼做敛财的法令，我猜测在其出台之前很可能也经过了桑弘羊的缜密计算。

前 115 年，孔仅担任大农令，而桑弘羊出任大农丞。从此，38 岁的桑弘羊由幕后汉武帝的特派员转变为帝国经济操盘手，登上了帝国经济舞台并从此把持了 35 年帝国经济的运营，留下了那句"民不益赋而天下用饶"的名言。

无论当时是因为什么原因，也许主动，也许被动，但总之资源型的东郭咸阳和孔仅渐渐退出了历史舞台，而具备流通环节背景并且精于计算的桑弘羊留了下来。他是否看到了扩张期带来的商贾流通加速的作用谁也不知道，但相比于有野路子贸易经验的王恢和有行政法制经验的张汤来说，桑弘羊兼具两者的知识，懂得什么是贸易流通，也懂得什么是政治刑法。总之，桑弘羊把张汤时代的无序剥削转化为了有序开发。

但这套方法玩得转的一个根本原因在于，敢于随着使节团冒险的商贾们能够得到利益与实惠，而随着军队出征的平民们能够得到土地与赏赐，这无疑与 1500 多年后的大航海时代的原理是一样的。

什么原理？不扩张，毋宁死。

杀富济贫但适时有度，是一个亘古不变且行之有效的法则——前提是必须因为扩张而产生财富。无论这扩张是伸向未知的发明，还是伸向自然的索取，抑或是伸向已知的改革。

总之，扩张产生流动，流动产生财富，一旦拓殖不能持续下去，这套方法就玩不转了。即使文明前进到了今天，最文明的玩法、道德上最无懈可击的说法，也一样是用科技创新来保持向外输出的扩张力。创新产生需求，需求产生动力。

无论何时，对于没有创新属性的资本，它的性质都已经不再是文明的肌肉了，只能看作文明的脂肪，甚至是文明的毒瘤。古今中外东西，概莫如此。

一旦扩张的发力趋势暂时转为收缩蓄力，又没有一个强制的退出管道来将当下的脂肪烧去、炼出新的肌肉，那么势必一段时间之后，脂肪便成了毒瘤。汉武帝那个时代的推恩令与今日西方的遗产税，究其原理，不过都是出于这种目的罢了，只是表面上针对的目标不一样而已。

汉武帝天汉元年（前 100 年），55 岁的桑弘羊出任大司农。汉武帝后元二年（前 87 年），汉武帝去世之前，68 岁的桑弘羊以搜粟都尉（原大司农之职）晋升为御史大夫，与丞相田千秋、左将军上官桀一起组成了外廷政府。汉昭帝身边的内廷则以大司马大将军霍光、金日磾为主。

双方因为汉武帝改弦更张的遗策的推行产生角力，终于在汉昭帝始元六年（前 81 年）爆发了争论帝国未来路线的盐铁论战。表面上一方是主张继续开边兴利的 74 岁的桑弘羊，另一方是主张休养生息、仁礼治国的贤良群儒，实际上一方是要保持扩张惯性的后汉武帝时期的外廷，另一方是要贯彻改弦更张策略的汉昭帝及霍光的内廷。

盐铁会议的爆发不仅仅是一次治国政策的讨论，也不仅仅是几股主要势力的争权，那是汉武帝晚期终于用《轮台诏书》定下的治国遗策的酝酿结果。而《轮台诏书》又是汉武帝中期就开始内心思考的改弦更张的形式体现。

汉武帝统治末期的巫蛊大案集中表现了这段时间汉武帝内心的反复与犹豫，因此留待后话。这里只是说明，桑弘羊虽然是个天才，但他在汉武帝的内廷起家，托孤之时被放在了与内廷关系最好的御史大夫位置上，最后他却忘了汉武帝为何把他放在御史大夫的位置上了。他本身很会兴利，又渐渐与外廷一派紧密捆绑，到了时势改变之时，不得不成了一件牺牲品。

如果汉武帝托孤的人是张汤的法官性格，那么御史大夫就是皇帝插进外廷的一根针。可惜桑弘羊是商人性格，于是他的结局就注定了。他只得身不由己地被卷入内廷和外廷之间的权争漩涡了——无论他多么会算计。

人类社会的历史发展从不以个人意志为转移，是因为它过于复杂。人脑是迄今为止最精密的计算设备，那么无数人脑组成的人类社会，其复杂程度自然可想而知了。

汉昭帝元凤元年（前 80 年）九月，被卷入燕王刘旦和上官桀父子谋反案件的桑弘羊坐案死。

剥除了包括桑弘羊本人的这一波既得利益者之后，桑弘羊的治理思路依然被原汁原味地保留了下来，这才是对于他的思想的肯定。

盐铁论战中，实践经验丰富的桑弘羊说得有理有据，而那些文学、贤良们的辩论今日看来就是车轱辘话来回说，正着说有理，反着说有理。这些人的特征是言治则称尧、舜，道行则言孔、墨。大体上就是既"往来浮游，不耕而食，不蚕而衣，巧妯良民"，又想"非君子莫治小人，非小人无以养君子"的一群饭士罢了。

不过在语言的解释功能还不完备的 2000 多年前，这项工作当然不是那些教化一县的儒生们所能胜任的，"授之政则不达，怀古道而不能行，言直而行枉，道是而情非，衣冠有以殊于乡曲，而实无以异于凡人"，大致如此。

后来绵延到北宋以后的理儒体系下，桑弘羊留下一个暴敛名声，但依然不妨碍王安石、张居正等人效法桑弘羊。

《汉书·元帝纪》中记载了一段对话，当时的太子、后来的元帝问汉宣帝（前 91 年至前 49 年）："陛下您用刑法治国太过了，应该多用儒生。"

汉武帝的曾孙、饱尝过民间疾苦的汉宣帝刘病已说："汉家本以霸王道杂之，汉家制度就是要周礼和秦法并用。纯粹使用文学儒生以德教化，想走回周朝的老路吗？况且儒生还分大儒与俗儒，俗儒狗屁不通，只会是古非今，使人眩于名实，不知所守，用他们是要败家的！"

最后宣帝还是发了一句牢骚："乱我家者，太子也。"

总之，法官思维的张汤和商人思维的桑弘羊，顺序刚刚好，一前一后地用告缗算缗和盐铁国营帮助汉武帝渡过了北击匈奴战后捉襟见肘的艰难时光。桑弘羊改进了以剥削贵族为目的的货币政策和以保障社会为目的的平准均输，这算是经验主义时代的原始金融政策，进一步调理了汉武帝中后期帝国虚弱的经济命脉。

节四十
杨仆与荀彘

汉刻斗兽图

前 117 年至前 106 年，是汉武帝 39 岁至 50 岁的中期统治第二阶段，在位的第 24 年至第 35 年。

有下面三件事情可以说明这一时期汉武帝更趋成熟的心态。

首先，元狩四年（前 119 年）的东郭咸阳、孔仅和桑弘羊的朝堂经济会议。这之前是汉武帝启动他的军事机器，但战争太花钱，很快汉武帝发现靠着积蓄打仗是不够的。于是这次会议之后，支撑军事机器的经济体系，从张汤时代的无秩序、无效率、无节制的取富，向着有秩序、有效率、有节制的敛财转型。这次会议之后，汉武帝可以从容转动他的军事机器了。启动如点火，瞬时功耗很大；转动如飞行，看上去快，但那是惯性的功劳。

其次，元狩六年（前 117 年）霍去病英年早逝，汉武帝的天赐宝物被上天收回。于是汉武帝果断终止了一次更大规模的向北出击行动，强强对话告一段落。他在自己的身边开始寻找可以替代霍去病的天才。日后他把李广的孙子李陵和爱妃李夫人的哥哥李广利从内心里映射为又一个霍去病和又一个卫青，大概就是在这个时候形成的心结——来自于曾经成功的经验。

再次，元狩六年四月乙巳日，汉武帝同时册封了三个皇子为诸侯王：王夫人生的刘闳为齐王，李姬生的刘旦为燕王、刘胥为广陵王，写给他们的册文很有意思。39 岁的汉武帝已经不是那个马邑之谋时候的愣头青了，此时的他在册文中对他每个儿子的洞察可谓中肯。

给齐王的训令是："你小子拿着这包青色社土，要知道天命不是固定不变的，做人要有美德，不行德义，远在东方又喜欢做生意的齐地聪明人你就拢不住。严守中庸之道，恭谨慎重去做王吧。"

给燕王的训令是："你小子拿着这包黑色社土，那地方与不讲伦理、喜欢劫掠的蛮夷接壤，将军们舍命征讨，打跑了大头目，剩下的酋长们才得以降下旗帜归顺，要知道对外不能与异族结仇，国中也不要放松军备，身边更不要招揽不知礼仪的人，恭谨慎重去做王吧。"

给广陵王的训令是："你小子拿着这包红色社土，古人们说长江以南的人心轻狂，行政与教化都难以扎根民间，要知道扬州是保卫北方的边疆，也是你自己要经营的要塞，不要贪图享乐，一切遵守法令，合乎规范，恭谨慎重去做王吧。"

总之，在霍去病病故、卫青深居简出之后，除了在漠北的匈奴之外，军事上汉朝已经没有对手。得益于诸多敢于冒险的使节们，将四周地形勘探齐备，并且将汉朝军威宣传到位，汉武帝把目光投向了百越、西南、朝鲜和西域等地，同时北部边境保持有序的筑城和屯田等巩固领土的措施。直到前106年卫青去世之前，汉朝在凭着惯性继续征服的这十年中，只需要描画两个人就好了——杨仆与荀彘——他们可以算是汉武帝依靠的两类军事工具的代表。

杨仆，河南宜阳人，以千夫为吏。

前123年，为了筹措战争经费，汉武帝出台了卖爵政策，设"赏官"，称为"武功爵"，分成了十一级，初级为造士，价值十七万金，每上一级则加两万，其中"千夫"是第七级，杨仆捐钱二十九万金买到的就是这一级别的爵位，相当于秦汉二十爵第九级的五大夫。

从第五级武功爵"官首"开始，就可以补吏，但要先试用。而买到第七级"千夫"，则直接可以担任下级官吏。于是杨仆至少在此政策出台之前，还是一个平民，这也是为什么《汉书》在关于杨仆的记录中，买爵之前除了籍贯之外，就再无其他细节的原因之一了。

所以说之一，是还有第二个原因。

今日洛阳郊区人杨仆最开始买了千夫身份出任小吏之后，得到时任河南太守的举荐，以御史身份在家乡关东（崤山以东）一带剿匪。

史载杨仆的手法以敢杀敢干著称，在《酷吏传》中记载其凭着剿匪的战功得到了汉武帝的赏识，升迁至主爵都尉。而他升迁至主爵都尉那一年，是前119年，漠北之战那一年。在《汉书·百官表》中记载，杨仆由中尉丞晋升为主爵都尉。

主爵都尉，后来改称右扶风，在汉武太初元年官制改革后，与左冯翊、京兆尹并称三辅，算是京师三大行政长官之一。也就是说短短三四年间，花了二十九万金买官的小吏杨仆因剿匪而连续升迁到了重要行政长官的位置。

考虑到杨仆家乡就是富商云集的洛阳郊区，再加上二十九万金的捐献数目，杨仆要么早年经商或者有些富商朋友，要么是游侠惯匪或者有笔不义之财，要么是世家大族或者有乡邻资助。而最后一项世家大族的推测因为其背景的史载语焉不详而最先排除，而从其效仿尹齐（以杀人多而文采少著称的酷吏）在函谷关以东剿灭盗贼的手法，以及汉武时期的多数酷吏都是盗匪转正的情况（还有一部分是刀笔吏逐级升迁）来判断，这位仁兄多半是盗匪出身，也就是与同时期的酷吏王温舒的发家经历差不多——先是盗匪出身，然后捐钱洗白身份，然后转身华丽丽地剿灭昔日的同行们。

倒是《兵书略》中提到，杨仆买爵之后，干过军正，也就是在军阵中执法的官员。汉初张良、韩信编排兵法，观察了一百八十二家，去芜存菁之后，留下三十五家。后来吕后当政，皇室收藏的兵书大多被吕家的人偷走。汉武帝曾经让杨仆整理家底。杨仆整理过一个目录，叫作《兵录》，但是具体各项，班固没有说，如今这个目录早已亡佚。总之杨仆确实是一个小吏出身，但不仅仅是读书识字懂律令的书笔小吏，还干过宪兵队长，并且很有严谨录事的作风。这从他日后的军事风格来看，也是八九不离十的。

前114年，杨仆上书汉武帝，以更好地控制关中为由，将贯穿战国秦汉的一代名关——函谷关，从河南灵宝向东迁移了三百里到河南新安，旧关废弃，而新关从此失去其战略作用，不过倒是终于将杨仆的家乡宜阳南湾村归入了关内，杨仆也终于如愿以偿地摆脱了"关外侯"的身份。

从其模模糊糊却有迹可循的成长经历来看，杨仆的第一个机会是买到的，但后续的台阶是自己凭本事挣得的。豪杰莫问出身，这在那个战功决定一切的时代，无可厚非。

秦末宗室将领南海郡尉赵佗（恒山郡真定县人）在番禺建立了南越王国，因为陆贾两次游说，向汉称臣。南越王赵佗享年103岁，在汉武帝继位4年后才去世，将王位传给了二代君主赵胡。赵胡继位之初，立足未稳之际，闽越入侵。赵胡上书汉武帝求援。于是，王恢和韩安国两路大军直抵闽越维持治安。作为答谢，赵胡本应入长安朝见汉武帝，却因畏惧而称病，只是送来了作为人质的太子赵婴齐。

赵婴齐在长安为人质的12年间，汉武帝曾经赐给他几名汉女。其中一个邯郸女人樛氏非常得宠，并且为赵婴齐生有两个儿子——赵兴和赵次公。南越二代君主赵胡病故后，赵婴齐回到南越继位，并且上书汉武帝要求册封樛氏为皇后、赵兴为太子。汉朝使节则建议赵婴齐先去长安朝见汉武帝后再行册封。赵婴齐如老父赵胡一样称病而迟迟不入长安，一直拖到了前113年病故。

赵兴继位成了南越四代君主，而樛氏也顺理成章做了南越太后。此时，汉朝使节安国少季出场了。安国少季与樛太后本来是一对老情人，到了南越就开始与樛太后和国王赵兴商量着内附汉朝作为封国之一，但还来不及行动就被南越丞相吕嘉一并杀了，而前往南越镇抚的汉军两千士兵也在番禺外围被设伏的南越军队全歼。

于是，杨仆的第二个机会来了。

前112年秋季，汉武帝任命路博德为伏波将军，出桂阳（广东连县）；任命杨仆为楼船将军，出豫章；另有南越降将戈船将军"严"，出零陵；南越降将下濑将军"甲"，出苍梧，沿途征调囚犯与民兵；南越降将驰义侯"遣"，征调巴蜀囚犯和夜郎国民兵，一共五路大军开赴南越。诏书训令要求五路人马在番禺会师。

此时，闽越王骆余善在汉军进击南越之时，向汉武帝上书示好，表示要配合杨仆一同奔赴南越助拳，可是兵抵广东揭阳后，他内心的小九九开始活动，一边密探南越战事，一边观望汉军动向，还在犹豫到底帮哪边能够大小通吃。

于是，南越平叛战役就在最先赶到的杨仆兵团的抢攻之下，拉开了序幕。

战役第一阶段，杨仆所部攻陷了寻陜（广东曲江），继续南下攻陷了番禺门户石门（番禺外二十里），此时路博德所部赶到，两军会师，包围番禺。

战役第二阶段，杨仆所部猛攻城东南，而路博德所部则在城西北招降纳叛，发给印信，再遣送回城纳降城内残军。入夜，杨仆所部攻入城中，而逃兵自西北被路博德截击俘虏。至天明，全城投降。

战役第三阶段，南越丞相吕嘉与伪王沿海路遁走，路博德派出船只追击生擒伪王，而吕嘉被自己属下生擒扭送汉军，南越灭国。

在这次战役中，骠骑将军霍去病的旧部路博德就不太看得上酷吏出身的杨仆。路博德是正规军出击外线打匈奴起家的战功封侯者，杨仆是保安司令剿灭境内叛匪起家的战功封侯者。在路博德眼中，杨仆那个战功也就算个芝麻粒罢了。汉武帝使用的这两类工具就因为这种根深蒂固的观念而互不兼容，不但注定了两人日后的命运，还可以用来解释另外两人的命运，一位就是曾经跟在卫青麾下的荀彘，一位就是当时还寸功没有的李陵。

随后，汉武帝在南越设置九郡，其中广东、广西、海南岛从此纳入中国版图，交趾郡（河内）、九真郡（义安）、日南郡（顺化）则在未来帝国版图中几次易手。

直到战役结束，另三路南越降将的人马仍在进军路上，而前来助拳的闽越人马则一直在坐山观虎斗。杨仆上书汉武帝乘胜挥师东进闽越，老辣的汉武帝果断命令各军撤回江西驻地休整。于是杨仆屯兵江西豫章和梅岭（大庾岭），自己带着战功在前112年的年底，大摇大摆地回了河南宜阳的老家。

未赶到战场的驰义侯"遣"的巴蜀军团，倒是在西南方向派上了用场。

驰义侯"遣"在夜郎国征调民兵之时，引起了且兰国（贵州平越县）

酋长的恐惧，担心汉军要用兵西南。于是且兰国酋长联合邛都国（四川西昌）和筰都国（四川汉源）的酋长，斩杀了路过的汉朝使节，还袭击了犍为郡，阻断了前往滇国和身毒（印度）的使节道路。

于是汉武帝敕令巴蜀兵团临时抽调了一部分兵力，交给刚刚从南越战场平叛回途的卫青部将郭昌和卫广，就此进军且兰国。战事顺利，郭昌和卫广击斩三部落酋长，且兰国附近置牂柯郡，邛都国附近置越嶲郡，筰都国附近置沈黎郡，冉駹国附近置汶山郡，白马国附近置武都郡，西南诸部落臣服。从此，四川西北部、贵州以及甘肃南部纳入汉朝版图。郭昌和卫广其后又在前 109 年，击破滇国的附庸劳深部落和靡莫部落。滇国投降，置益州郡。

当初唐蒙探索这些地区的时候，以小利小惠赠给这些酋长，换来了两样东西——第一是地图，第二是郡县的名分。地图保证了军队可以开到那里，郡县的名分保证了战争的正义性质。名是关系、分是义务，接受了天子的礼物，就意味着也接受了汉朝的秩序。

前 111 年，闽越王骆余善终于将他的小九九付诸行动，任命驺力为"吞汉将军"，武装入侵汉朝江西驻郡，攻陷了白沙（江西鄱阳）、武林（江西余干）和梅岭，连斩三地的校尉。之后，过于乐观的闽越王骆余善自称"武帝"。

汉武帝下诏杨仆进剿。本来杨仆因为南越战事的功绩，还是很有些骄傲或者懈怠的。可随着诏书一起送到的，还有汉武帝关于杨仆的一功五过：唯一战功，乃是拿下了寻陜和石门两处要地；而逮捕投降者充作俘虏，挖掘陵墓以为收获，这是一过；放南越丞相与伪王入海而不追击，这是二过；不体恤士卒反而怀揣三个印信——本职"主爵都尉"、军职"楼船将军"、获封"将梁侯"——还乡炫耀，这是三过；贪守妻妾晚归却以道路险阻为由欺骗皇帝，这是四过；想要装备蜀刀，皇帝问价格几何，明明武器装备每日出库，却佯装不知而暗捞差利，欺骗皇帝，这是五过。

于是，杨仆才真正知道了汉武帝的厉害之处，火速集合队伍出武林（江西余干）。而同期横海将军韩说出句章（浙江慈溪）沿海而下，中尉王温舒（这是史载盗匪起家的另一个酷吏）出梅岭，戈船将军严出若邪（浙江绍兴），下濑将军甲出白沙。又是五路大军齐发。

元封元年（前110年），闽越战役的戏码和南越战役相差不多。杨仆所部在一阵抢攻之后，闽越内讧；骆余善被属下诛杀，闽越投降。汉武帝迁徙闽越民众至长江淮河流域，从此福建纳入中国版图。

西南夷的酋长们是害怕被大鱼吞并，所以先下手为强。闽越王是过于贪婪了，想吞并大鱼，所以先下手为强。不一样的动机，一样的结果。

至此，46岁的汉武帝看着诸位将军们拾掇来的大好河山，意气风发，在泰山行封禅大典，意思是我该办的事都办完了。之后他又亲统十八万骑兵，自云阳（陕西淳化）北上，经上郡（陕西绥德）、西河（内蒙古伊盟东胜）、五原（内蒙古包头），出长城，登单于台（内蒙古托克托），再经朔方（内蒙古伊盟西北），抵达黄河，行程一万八千里。然后他派出使节告诉六任单于，大致意思是："你要敢出来列阵，天子就候在边境上等你，不能战还是降了吧。"

单于接到文书暴跳如雷，但慑于漠南旌旗千里，想了想还是缩头了。只是苦了大汉的使节郭吉，被押送北海。

如果说安国少季不小心引发了南越战役从而导致了南越国变成了南越九郡，驰义侯"遗"不小心引发了西南战役从而导致了西南部落变成了西南五郡，那么出使卫满朝鲜的涉何就是不小心引发了朝鲜战役从而导致了朝鲜汉四郡。

不小心？其实都是仗着汉朝的威名，故意的。主人再小心，如果故意要找茬，还是能够挑起战争的。赢得战争，靠将军的能力；把战争控制在什么范围下，是君主的决断。

朝鲜战役就既考验了将军的能力，又考验了君主的决断。

当年商纣王的叔叔箕子带领殷商遗民，从黄河北岸的殷墟跋涉千里到了辽东，立都平壤安家落户，开创了一个绵延千年的箕子朝鲜，号称"东方君子国"。

战国时代燕国鼎盛时期，箕子朝鲜是作为燕国的附属而存在的。直到秦灭燕，箕子朝鲜臣于秦。而汉灭秦，汉高祖刘邦把燕地封给了同乡加部将的卢绾。可箕子朝鲜还没来得及臣于汉，燕王卢绾叛逃匈奴。其部将卫满就率领千余人东进，并且招募了一些燕地和齐地的亡命之徒，一路攻入王俭城（平壤），推翻了箕子朝鲜，于前195年建立了卫氏朝鲜。

卫满之后，卫氏朝鲜传到了孙子卫右渠，并且随着国力日盛，公然阻断了朝鲜南部各部落派往汉朝的使节团。于是朝鲜南部各部落上书汉武帝，要求解决朝见无路问题。汉武帝遂于前109年派遣涉何出使卫满朝鲜。卫右渠态度蛮横，拒绝谈判。于是，涉何只能返回。但是涉何在即将渡过浿水（清川江）的时候，心想自己寸功没有，回去也无封赏，便在离境之时，刺杀了监视他离境的朝鲜小王，一路奔回关中，并且上奏汉武帝："卫氏拒不听命，咱家一怒之下，斩了他家的大将。"

汉武帝觉得涉何说得有理有据有节，还有杀将的美名，便没有追问，提拔涉何做了辽东郡都尉。卫氏听说涉何还敢跑回辽东做官，怨恨之下，出兵突袭辽东，击杀了涉何。汉武帝闻讯大怒，想法也很朴素：有冤枉来关中上访就好了，敢入境攻杀汉朝官吏就是大错了。于是他决定出兵问罪卫氏，敕令楼船将军杨仆赶赴山东，征调死囚从军，由山东半岛渡海出击，同时也任命卫青部将荀彘为左将军，在燕、代之地征兵后，出辽阳从陆路出击卫氏，水陆两军共计五万。

不过，这一次机会，却高过了楼船将军杨仆的天花板。

荀彘，太原广武人，雁门附近的边郡出身，因为善于驾车，得以任侍中，作为汉武帝的御用随行车夫之一，后来升任校尉，又以校尉的身份跟随大将军卫青数次出击匈奴。前109年，荀彘出任左将军，从陆路进军卫氏朝鲜。这位的名声虽然不如伏波将军路博德响亮，但是发迹却与路博德一样，科班出身，既跟过皇帝，又任过侍中，还是北击匈奴的外战军功起家者，所以心态和路博德一样，是不大看得起杨仆的。

在朝鲜战役的第一阶段中，杨仆还是如同之前一样的手法——抢攻、或者说抢功。

杨仆在前 123 年之后，赶上了政策的好时光，买到了爵位，可除去在关东剿匪的经历之外，在朝鲜战役之前的两次兵团级指挥经验中，第一次进攻南越，不等待路博德所部到位就抢攻寻陿和石门，成功了（汉武帝斥责其一功五过中的唯一一功）；第二次挥师闽越，不等待韩说和王温舒所部到位就抢攻武林（江西余干），依靠敢死队中的钱塘猛士辕终古击杀闽越主将，又成功了。于是这一次继续抢攻的杨仆，从山东渡海之后，仅以七千人上岸，被预先设伏的卫氏大败。杨仆只得花费十余天，才把逃入山林的散兵重新收集成军。而此时荀彘所部才刚刚到达浿水，卫氏已经调军回头，以逸待劳了。荀彘渡江进攻，没有能够击破卫氏的营垒，战事便僵持下来。

在朝鲜战役的第二阶段中，汉武帝惊讶于初战失利，决定动用外交手段。

他派遣卫山作为使节，持节出访。两路大军（虽然杨仆那一路军容不整）在侧，卫右渠一反压制涉何时的蛮横态度，客客气气地接待了卫山，表明了之前反抗只因为没有见到皇帝的"节"，而如今持节使者到达，也就不担心荀、杨两位将军是在使用诈术了。于是卫右渠表达了投降的态度，并且派遣太子跟随大汉使节前往长安朝见皇帝，并且献上军马五千，一切粮草由朝鲜供应，同时调遣一万军士护送。

卫山没见过万人护送这种阵仗，害怕有变，和荀彘商量一番，在即将渡过浿水进入汉朝境内的时刻，告之卫氏太子："您跟我去长安谢罪，咱就用不着这一万军士护送了吧。"卫氏太子自然担心过了江就要被干掉，于是毅然而然地拒绝了过江，领着队伍班师回了王俭城。

卫山回奏，汉武帝大怒，知道卫山可能是怕事，但也知道荀彘是想要战功，只是斥责使节卫山误事，随后处斩。卫山所以死，并不冤枉，他不知道汉武帝派他去前线，就是要他持节专断，调和荀、杨两军，结果他反被荀彘当了枪杆。

在朝鲜战役的第三阶段中，外交不成，便继续硬攻。

荀彘乃是汉武帝身边混出来的正规科班出身，平日又很受汉武帝宠爱，自然知道汉武帝的脾气秉性，如今自己绝了后路，那么只有取胜一途，便二话不说，挥军强渡浿水，击破朝鲜守军，直抵王俭城城下，从西北两面包围了王俭城。而收容了逃兵的杨仆则趁势包围了南面。卫右渠困守孤城，只得死守。

双方僵持数月之间，荀彘率领的燕、代彪悍人马连续猛攻，而杨仆手下的山东囚犯们由于被朝鲜军队狙击的心理阴影尚在，于是畏首畏尾，消极怠工。两人本来观念上的矛盾便直接体现在了作战意图上。

一边是杨仆不停地派出使节劝降卫右渠，另一边是荀彘不停地催促杨仆约定时间开始总攻，还有一边是卫氏官员不停地响应杨仆的投降谈判。对朝鲜来说，有了缝隙才有了运作的空间。而荀彘和杨仆之间的猜忌慢慢发酵，既然杨仆不攻而谈，荀彘也同样派出使者纳降。可惜，卫氏只希望投降相对温和的杨仆，毕竟杨仆是曾经的手下败将。

与此同时，远在长安的汉武帝对于两位将军已经失去了耐心，再次派遣南郡（山东历城）郡长公孙遂持节前往调查。可公孙遂也是不解上意，荀彘乃告之"王俭早该破，只因杨仆不愿总攻"。于是公孙遂认同荀彘，持节召唤杨仆到荀彘军营共商军事。杨仆一到，荀彘直接扣押杨仆，合并杨仆所部，急攻卫氏朝鲜。公孙遂回奏汉武帝，汉武帝斩公孙遂。

一旦指挥统一之后，朝鲜战役之后的戏码，就如同南越战役和闽越战役一样，扛不住汉军急攻压力的卫氏朝鲜出现了内讧，各路卫氏高级官僚们一通合议，终于斩卫右渠，举城投降。前108年，卫氏朝鲜灭国，设置汉四郡——乐浪郡（平壤）、玄菟郡（咸镜道）、真番郡（开城）、临屯郡（高城）。

同年，汉武帝召荀彘回长安，因"违背朝堂外交劝服的计划，争功相嫉"而被斩于市，真正争功冒进的杨仆虽也因为"擅攻致损"而论罪当斩，但没有"违背朝堂外交劝服的计划",所以缴纳赎金后贬为庶民,直到病故。

纵观杨仆的用兵轨迹,剿匪很顺利,得以凭借此战功而踏上帝国军事舞台,而汉武帝中期第二阶段的三大战役他都作为主帅之一参与了,第一战南越与其配合的是霍去病旧将路博德,第二战闽越与其配合的是卫青旧将韩说,第三战朝鲜与其配合的还是卫青旧将荀彘。杨仆三战如出一辙,抢攻是他的标志性战略意图,不过仅仅是为了从友军手里抢功而已;组织敢死队冲锋则是他的标志性战术手段,类似匪徒的亡命作风在剿匪时期奏效,在人心惶惶的南越和闽越攻略时期也还奏效,但是遇到了地形与气候都和江淮流域相差极大的朝鲜战场,首战抢攻遇挫之后,基本他就颓废了。不过这三大战役倒是检验出了汉军招牌的含金量。

相比野路子出身但经常汇报的杨仆,皇帝近侍且是正规军从征出身的荀彘作战能力是没得说,但两次操纵中央的持节使者,第一次把游说解决的事情强行切换到了战功解决的轨道——韩信当初就是这么干的;第二次甚至直接操纵持节使者上演了兵变,这个举动就是僭越了。在那个年代,这不是攻下什么城池与土地就能够赎罪的。荀彘过高地估计了汉武帝对于自己的信任和容忍。

至前106年,汉武帝元封五年,春季,大将军大司马卫青薨。前十年完全是汉武帝与卫、霍的三人舞台,随着霍去病逝去、卫青隐居,后十年帝国虽然酷吏齐飞、庸将乱舞,但好歹凭借惯性还是南讨百越、西融诸夷、东平朝鲜,帝国境内的郡县数剧增。于是设立十三州置刺史,从此华夏非九州,乃是十三州。

在元封年间,卫青去世前,汉武帝与卫青的一段谈话中,武帝说:"汉家诸事草创,加四夷侵陵中国。朕不变更制度,后世无法。不出师征伐,天下不安。为此者不得不劳民。若后世又如朕所为,是袭亡秦之迹事。"这是一番经过观察后的深思熟虑之言,也是汉武大帝刘彻在50岁之前就开始琢磨的事情。

在汉武一朝，黄河夺淮入海为患20余年，元封四年（前107年），关东流民二百万。当时公卿的主意是迁徙这些流民去戍边，汉武帝虽然没有采纳，但是100多年前秦始皇帝的例子太过深刻了，他在琢磨的事情就是一个何时收手与怎么收手的问题。

向南与向东都抵达大海边界了，向北暂时还没有哪位可以超越卫、霍的统帅，在卫青去世之时，汉武帝就再一次发布了诏令，寻求"立非常之功，必有非常之人"的天才。与匈奴已经交过了手，互相清楚了底细，唯有向西，是一个战略方向，在就此收手还是向西拓殖完毕再收手，这是汉武帝考量的一个关键因素。

有几件事情的结果决定了这个考量的选择。

首先，卫太子刘据生于前128年，7岁被立为太子。当时正值汉武帝鼎盛之时，但一番观察之后，汉武帝发现这个儿子温顺仁谨，才能少，不类己，并无雄才大略，守成有余，但西方如果留给太子，与其说等着他去开拓，不如说埋下一个风险。

其次，自从前121年第一次将向西的亭障防线修筑至酒泉，在前107年又一次将亭障防线从酒泉拓展至玉门，同年霍去病的部将赵破奴出西域先破楼兰（罗布泊西），再克车师（吐鲁番），进逼拥有汗血宝马的大宛国（浩罕），西进已经是箭在弦上，不得不发了。

最后，巨大的政策惯性让寻求战功的勇士、寻求出使的冒险者、寻求贸易利益的商贾们已经停不下来，而汉武帝自身也不觉得风险很大，他的不经意表达仅仅是一种忧患意识罢了。同时，他也寄期望于刚刚培养出来的两位可堪重用的统帅接班人——李广利和李陵——可以接替卫青和霍去病的位置。

如此种种，汉武帝便下定了决心继续向西，更何况张骞当年说过，"拿下西域便断了匈奴右臂"，于是诏令各郡县举荐"有茂才异等可为将相及使绝国者"，希望一劳永逸地把汉家威名树立在西方，当然主旨仅仅是为了进一步巩固汉朝的统治，在改弦更张之前彻底做到在四方树立起霸权形象。

不过卫青的去世和这份求贤的诏书，也正式宣告了一段轰轰烈烈持续20余年的帝国辉煌时期的落幕。前105年至前87年，是汉武大帝的最后18年时光，从政治上说是为了改弦更张而酝酿，但军事上花费惨重代价换来的胜利却让政治转型更加困难。以高调征伐大宛国为起点，以"巫蛊大案"为强音，以卫太子平反为高潮，以《轮台罪己诏》为终点，一个很不坏的结局，贯穿其间的则是末代将军二人组李陵与李广利的悲剧人生。

卫青死后的16年，日渐宠衰的卫太子与卫皇后仍然保持了位置，正是因为汉武帝头脑里最清醒的案例就是秦始皇与秦扶苏。汉武帝需要卫太子的温顺仁谨，在合适的时候将帝国从开边轨道切换回守成轨道，但从巨大的外向惯性中施行改弦更张，其困难程度超过了汉武帝的想象，因为牵扯的因素实在太多了。尤其是李广利的身世背景又与卫青太多相似，李夫人的音容笑貌更胜卫子夫一筹，更有甚者是卫青纵然不养门客，但跟随卫青获得战功的第一批军事贵族们却使用了卫太子、卫皇后和卫大将军的这面旗帜，这实在是太复杂的一桌社会生态了。仅仅杨仆与荀彘的一盘战局尚且牵扯如此之多的渊源，又何况是帝国切换轨道和皇家选择继嗣这种牵一发而动全身的问题呢？

人一旦有过一次成功的经历，总会习惯性地去追忆，甚至习惯性地去试图再次复制，小到一个青年对于某次成功经历的印象，大到一位君王对于彪炳功业的体会。这种人之常情，古往今来，莫不如此，哪怕是雄才大略的汉武帝也是一样，他时刻希望自己能够再找到如同卫青和霍去病一样的天才。

一四节
李广利与李陵

李广的孙子李陵，作为霍去病之后新一代的汉武帝重点栽培对象，在宫中锻炼的阶段毕业后，得到了汉武帝给予的第一次单独指挥的机会，与霍去病一样，率精骑八百出击，长驱两千里，经过居延，视察了地形之后，没有遇到匈奴而返回，事后晋升为骑都尉。

当时强弩都尉路博德的驻屯地就是居延亭障。前112年，伏波将军路博德协同杨仆进击南越有功，班师之后却因为其他事情犯法失侯，再度起复戍边时，已经降为强弩都尉。至少在前102年之前，路博德依然在居延筑城屯兵。

李陵出击过居延一事，看起来算是长驱直入，但在汉武帝看来却是日常巡逻的示威性索敌。李陵的第一次机会，找不到半个俘虏，相比霍去病那是大大的不合格了。这一点上，李陵保持了李广以来总是寻敌不得的李家老毛病，不善于团结和使用匈奴人。

李陵返回并晋升为骑都尉后，第二次机会接踵而至。汉武帝命其从楚地丹阳征调了五千新兵，开赴西征方向的酒泉郡和张掖郡，一边教习训练，一边屯田戍边。这是皇帝陛下让他在经过小分队指挥官的历练后，转向兵团指挥官级别的考察，给你一片地，给你一堆人，看你练出什么结果。李陵的教官生涯便在西北边郡开始了。这段时期的开始，大致早于前104至前102年李广利征伐大宛之前数年，但不会早于前113年，也不会晚于前105年。比较靠谱的时间点应该是前107年左右，也就是第二次修筑向西的由酒泉至玉门之间的亭障之时。

在50岁上下的汉武帝心中，哪怕明知李陵绝不是霍去病的材料，但心底一直在苦苦寻觅一个霍去病的替身；同样他明知外戚李广利不堪大用，可同样的身世曲折让他心底下隐隐藏着的卫青影子泛起，选择性地忽略了

"能力"二字。另外他也确实等不及了，新一代的帝国双璧，就是他俩吧。

李广利，汉武帝宠妃李夫人的哥哥。

李夫人与两个哥哥——李延年、李广利，以及一个弟弟李季，都是中山人（河北定州人），全家以乐舞艺人为职业，李延年尤其精通音律和歌唱。

李延年首先是那个时代的一位歌星级人物，很有音乐天赋；其次是受过腐刑，是一个阉人；第三是在妹妹还没有被献给汉武帝前，李大歌星的差事是——"给事狗监中"——负责伺候汉武帝的狗。

在一次宫廷演唱会中，李大歌星演唱了一曲传世名作："北方有佳人，绝世而独立。一顾倾人城，再顾倾人国。宁不知倾城与倾国？佳人难再得！"这引起了汉武帝的极大好奇，而在座的平阳公主证实并且推荐了李延年的这位歌舞伎妹妹。这时联想到卫子夫也是汉武帝继位初期由这位平阳公主安排推荐的，汉武帝这位胞姐真算得上是皇帝的天生媒婆了。汉武帝也确实把这当作了历史惊人的巧合。

历史确实总是巧合，大多数情况下都是悲剧。

李夫人于是入宫，果然被汉武帝宠爱，并生下了儿子刘髆，也就是日后的昌邑王。于是李延年获封协律都尉，日渐受宠。而李夫人的弟弟李季，出入宫中，并与宫人淫乱，骄横跋扈。

很快，李广利的机会到了。

汉朝往来西域的使节们回奏，大宛国有汗血宝马，并且藏在贰师城（吉尔吉斯斯坦奥什城），不愿让汉朝使节知道。有涉何在朝鲜那一出戏码在前，大宛国这一出戏码便不再难以理解了，但洞悉人情的汉武帝也不再像涉何那时一样直接发兵了。他虽然动心，却是让使节团带领黄金千两，以及黄金铸就的金马雕像一座，前去出使大宛国交换汗血宝马。

能买来的就不必兴师动众，稍稍智慧一些的蛮夷见到这等财力，自然归附，这是汉武帝的智慧理解。如同武力平定朝鲜的荀彘却被斩了一样，武力保障下外交能解决的圣德，非要办成外交欺骗下武力解决的霸道，该斩。

大宛国觉得汉朝相隔万里，不可能打过来，于是拒绝交换。汉使的面子没了，勃然大怒，破口大骂："不懂教化的玩意儿。"并击碎金马而去。大宛国王也觉得受到了汉使侮辱，自己的面子没了，于是命令东部边境郁成城的郁成王击杀了汉朝使节团，一个不留，所带黄金及礼物全部劫掠。

消息传到了长安，这就让正想在西方树威的汉武帝无论是在道义上，还是在军事上，都站住了脚跟，有了动武的借口。汉武帝暴怒，要出兵报复。无论是最早的张骞，还是之前出使过大宛国的使节姚定汉，都给出了两个参考：第一，大宛国是筑城定居、偶有游牧的形态；第二，大宛国弱，三千强弓可平。

两人说得都对，但相比平定卫氏朝鲜，这两人没有计算地理与时空的复杂性。同时因为4年前霍去病部将赵破奴七百轻骑就活捉了楼兰王，老谋深算的汉武帝这次轻敌了。况且正想找个机会锻炼一下李夫人的哥哥李广利，于是，前104年，汉武帝任命李广利为贰师将军，征调归附的匈奴部落六千人，以及帝国境内的志愿者几万人，兵发大宛国。第一次大宛战役就此打响。

从之前朝鲜与本次大宛的外交过程来看，相比于战国列强和秦楚高祖时代的游说客，汉武帝时期担任外交使节的游说客口条功夫大减。可以想象的是，他们根本不再具备战国之苏秦、张仪乃至高祖之郦食其、陆贾时代的左骗右骗只求说和的功夫，估计是土匪恶霸一般过去牛气哄哄地亮出大汉使节的符信，就一句："你降不降？"这都算好的，大多数汉使估计扛着汉家旗号出使，只要无功，没事也要找出点事情来才能返回复命，就如同涉何一样，否则他们拿什么功劳去封赏？这是人之常情，并非讥讽。所以写明，只是从另一个方面说明了，汉家的武功在当时有多么强悍而已。汉使的外交旗帜都是靠汉军的武力肌肉给撑着而已，如同今天的护照都是靠国家实力作为后盾而已。

但李广利注定了自己"水货"的命运，这就比较考验综合国力了。

太初元年（前104年），战役第一阶段——行军。

李广利兵团几万人开始了向西万里行军，路途之中西域各国各部落一概城门紧闭，粮草食水全不供应。李广利只得强行攻城补给，而打不下的则绕城而过，经过战死、饿死、渴死与病死的损耗之后，抵达大宛国东部边境郁成城之时，李部一共只有几千人了。

战役第二阶段——溃败及撤退。

郁成王见如此汉军，开门接战，汉军大败。李广利与身边校尉、军正商量过后，一致同意迅速撤退。至前103年秋，溃逃回敦煌的李广利兵团，不超过千人。李广利上奏陈情。汉武帝先失望而后震怒，遣使将李广利的残兵败将拦在驻地不许进关。李广利就此屯在敦煌，等候发落。

第一次大宛战役落幕，李广利的第二次机会以惨败告终，却马上迎来了第三次机会。

同年夏天，赵破奴率领两万骑兵出塞外准备接应希望投降汉朝的匈奴左大都督。但左督事败被单于所杀，并且包围赵破奴兵团，生擒赵破奴，余者全部投降匈奴。消息传回长安，朝野震动，群臣建议终止大宛国战事，转而全力对付匈奴。汉武帝此时被迫必须做出战略选择——漠北匈奴还是西域大宛。

最终，有大气魄的汉武帝选择了西域大宛。

其战略眼光用今日看来，确实高明。如果出击漠北对付匈奴却已无卫霍，且匈奴虽然袭扰边境却不成气候，沿北线修筑工事阵地防御为上。反观西域诸国若是因为此败而臣服之心动摇，则西北方向就会危如累卵，即使最开始为了汗血宝马，此时两难选择之下，汗血宝马云云的都是噱头了，威信是第一位的。一种秩序之下，只能有一种威信，无论古今中外，无论幻化了什么皮肤的政治制度，核心利益只有一种声音。

于是，经过一年有余的帝国总动员，大废物李广利在敦煌接收了校尉级别军官五十名，兵员六万余，牛十万头，马三万匹，驴、骆驼上万，粮食、武器、资材无数，另有自备干粮的私人志愿者不计其数，为保障此战必胜，又强征各种罪犯小吏、逃亡囚犯、赘婿、商人等"七科适"人员入伍，并且根据大宛国都城贵山的水源位置，征调了治水工匠随军。至此，汉武帝才算认为一切准备妥当了。汉武帝的意思是通过一个废物将领来体现一个领袖的意志，综合国力决定一切。

太初三年（前102年），贰师将军李广利就带着庞大的新西征兵团上路了，第二次大宛战役拉开了序幕。

战役第一阶段——行军。

此番西行，沿途西域大小各国全部城门大开，粮草食水敞开供应，途经轮台不降，急攻数天，血洗而过，各国震惊，大军由此一路平安到达大宛国边境。汉军先锋三万击溃了出城迎战的大宛军队。

战役第二阶段——围城。

由治水工匠切断都城贵山的城外水源，大军围攻城池四十天，陷落外城，击杀了大宛主将。于是大宛国贵族们谋杀了国王毋寡，与李广利交涉一番，谈判一阵，贡献了上等马数十匹，中等马三千匹，纳粮无数之后，正式投降。李广利班师。

战役第三阶段——归途。

出境前攻破郁成城，擒获奔逃康居国的郁成王后，击斩。而归途中西域诸国争相派出子弟携带礼物，跟随李广利兵团去长安觐见天子。回到玉门关内的汉军将士只有一万多人，马一千多匹。史载并非缺粮路险，乃是将官贪占、克扣粮饷所导致的士卒死亡很多。

第二次大宛战役落幕，李广利的第三次机会在格外沉重的代价下，算是把握住了。而对于汉朝本身，自此使节出入西域畅通无阻，且备受礼遇。

至此，威信才算树立并且巩固完毕。这些道理，很少人联想到它的后代意义。

倒是可以比喻一下，一金买个平安，十金买个概率，百金买个不上不下，不如千金买个保险，很多年后它价值万金的时候，当初溢价的部分，原来是买了时间罢了。

也是在这次战役的尾声，太初四年（前101年）春季，在酒泉、张掖练兵多年的李陵，接到汉武帝命令，率领五校人马启程奔赴大宛参战，或者接应，或者支援，行至边境要塞时，前方已经传来李广利胜利班师的消息。汉武帝下令李陵将五校人马留下，另带五百轻骑出敦煌迎接李广利，这是有官方记载的李陵与李广利之间的第一次行伍相见。

同年，匈奴八任单于去世，其弟左大都督接任为九任单于，迫于地位不稳，向汉武帝以儿子口吻示弱，送还历年扣押的路充国等汉朝使节。汉武帝很是称赞这位九任单于明大义，礼尚往来嘛，到了次年，前100年，亦遣返了扣留在汉朝的匈奴使节，派中郎将苏武带着汉朝符节作为使者押运，并赠送给单于许多财物，以报答他的好意。结果这一次因为外交使节的低素质而出了岔子。

苏武与他的副使中郎将张胜以及临时兼任使者的属史常惠等人招募士卒、斥候一百多人组成了使节团，出使匈奴。结果时隔一年多，九任单于已经渡过了继位的动荡期，傲慢得一塌糊涂，完全超过了一年前文字中的卑下形象。恰好前103年，浞野侯赵破奴讨伐匈奴失败之时，投降匈奴的缑王和长水虞常又在谋划着叛匈归汉，张胜就卷进了这个谋划之中。

缑王，是昆邪王姐姐的儿子，当年被霍去病击垮之后，便与昆邪王一起投降了汉朝。但在前103年因为赵破奴失败复降匈奴，已经不适应了游牧的缑王等人见到汉使驾临，开始计划再度叛匈归汉。其中，虞常在汉朝时和副使张胜关系一直不错，就暗中拜访张胜说："听说皇帝一直怨恨卫律，我能为汉朝暗设弓弩杀死义律，况且我的母亲和弟弟还在汉朝，希望他们能得到我为汉朝立功的赏赐。"

张胜觉得可行，便给了虞常财物，准备行动。一个多月以后，单于出去打猎，只有阏氏及其侍从在家，等不及诛杀卫律的虞常等七十多人直接准备绑架阏氏，但是团伙中的一人晚上逃走，向单于告密。激战之后，缑王被杀，虞常被俘。

卫律，父亲是归附的胡人，自小生长在汉朝，与那位阉人艺术家、协律都尉李延年关系莫逆，受到李延年举荐出使匈奴。等到使团返回却正好汉武帝诛灭了李延年，卫律害怕受到牵连，便逃出汉朝投降了匈奴。匈奴且鞮侯单于觉得这人有文化，喜爱他并置于左右，更是指定了卫律审理这一事件。

张胜听到这个消息，恐怕以前与虞常密谋之语被泄露，就把情况告诉给苏武。苏武说："你们真的是不会办外交啊，眼里只有那点功名。算了，这事一定会牵涉我。受到侮辱之后才死，将更加对不起国家。"于是便要自杀，张胜、常惠一起把他劝住。虞常果然供出张胜。单于大怒，召集匈奴贵族商议，要杀死汉朝使者。左伊秩訾劝谏单于要招降苏武等人，而派去一面审问一面招降的正是卫律。

苏武拔出佩刀自杀，便是在这种环境之下，被卫律一番抢救，总算活了过来。单于非常佩服他的气节，早晚探问病情，加以劝降。也是在这种环境之下，久说不降，苏武使节团被全部扣留，苏武本人被迁至瀚海。而刚刚从大宛载誉而归的贰师将军李广利与初出茅庐的李陵得命出击匈奴，也是在这种环境之下。

天汉二年（前99年），苏武去瀚海牧羊之时，作为报复行动，汉军两路出击塞外，其中一路，是李广利继大宛两次战役之后，第三次以统帅身份率军出击，只不过这次的敌人已经是匈奴了，而李夫人此时已经早逝，李延年及李季已经伏诛。

两位末代将军在军事生涯中唯一一次同为汉军前后出击的战役，就此拉开了序幕。

在战役准备阶段，夏季五月，汉武帝命李广利所部三万骑兵作为主力一路出酒泉，进击天山脚下的匈奴右贤王部；而另一路人马，由因杅将军公孙敖（没错，这老哥们终于又出现了）出西河前进索敌至涿涂山（蒙古车车尔勒格南部），此路应该是偏师，同时也可保护李广利侧翼。李广利出发后，汉武帝在长安召见李陵，要他在酒泉戍守的步卒出动，负责李广利所部的后勤辎重保障。

这原本是汉武帝在内心沙盘中的作战调度计划1.0版本。

李陵自然求战心切而不愿作为后援，于是面陈自己希望同时出击，可以分担李广利的压力，避免李广利被匈奴集中兵力截击。汉武帝告诉他，手头已无多余马匹配给李陵。此时汉武帝还没有改变计划的想法，但稍后李陵的一席话却改变了汉武帝的想法和出击计划。

虽然除了那次轻骑巡边，就再也没有任何兵团实战经验了，可李陵对苦练多年的楚地精锐自然信心满满，于是号称五千步兵可直抵单于王庭。汉武帝一下被这壮志豪情震撼了，仿佛依稀看到了当年霍去病的风采。对于用人首先喜欢敢战的汉武帝来说，这也是最关键的一点。于是汉武帝同意李陵出击，但他毕竟知道步卒作战的困难，并且确实把李陵当成了心头肉，于是命令强弩都尉路博德率军在途中等待李陵。

这就是汉武帝在内心沙盘中的作战调度计划 2.0 版本。

从召唤李陵到长安，再到同意李陵出击，继而下达接应命令给到边塞的路博德，史书没有记载时间，但根据路博德的回信所言，已经快到秋天了。

路博德接到汉武帝的命令，发现作战指令是让自己给李陵当僚机，不太爽的想法就出现了。在前 119 年的漠北之战时，路博德也在半路接应过霍去病，虽然当时路博德已经是两千石的右北平郡长了，可毕竟无甚军功，霍去病又是威名赫赫的骠骑大将军，那时路博德是心甘情愿的。

前 112 年平灭南越时，伏波将军路博德与楼船将军杨仆也是平级分路前进，那时候作为曾经跟随霍去病出击过的路博德也不太买杨仆的面子。虽然后来因为犯法被剥去了将军职衔和侯爵，如今只是一个强弩都尉，但毕竟是曾经当过将军、打过硬仗的名将，现在汉武帝命令路博德"迎"李陵，在路博德内心看来这就是"从"李陵，而且是没有一次野战经验、没有任何军功在身的后生，路博德怎能甘心？

于是路博德动了动小心眼，实话实说地上奏汉武帝："陛下，您看现在是秋天，匈奴马肥，暂不可战，臣愿意留李陵在边塞休养，等到了春天，一同率酒泉、张掖屯戍的骑兵各五千人出击，则事可成。"

汉武帝接到路博德的奏报，勃然大怒，因为没见到李陵自己的奏报，便觉得这李陵果然是出门便后悔畏战了，于是又下了一道命令给路博德："我本想给李陵骑兵，李陵自己说要以少击众。如今匈奴进入西河，我军也应该去西河。你去西河附近的钩营阻击敌人吧。"

酒泉、张掖之间的亭障防线在前107年才修筑完毕，它的东北方向是沙漠前哨站居延要塞，过了居延海的东北前方是遮虏障要塞，而遮虏障要塞的西北方向就是前103年公孙敖修筑的受降城，当时为了迎接匈奴左大都督投降而筑，结果赵破奴率领两万骑兵出塞迎接反而遇伏被歼灭，这里是汉军西北防线的三个台阶。李陵的人马之前一直在酒泉、张掖练兵，路博德所部一直戍屯在居延要塞抵御匈奴。

现在李陵由酒泉、张掖前出索敌，汉武帝不但不要路博德在居延要塞接应李陵的出击，反而把路博德所部调去西河接应因杅将军公孙敖的那路偏师人马，这等于是汉武帝冤枉了李陵，而且还隔着空气在和李陵怄气——你不是要出击吗？还要以少击多吗？那就看看你五千孤军的实力吧。

这也难怪，观汉武一世，最恨怯战，而敢干敢斗者不管是战将还是酷吏都要么重用，要么轻罚，如今既然以为李陵怯战，自然由爱之切变成了怒其怯。这次汉武帝终于给了李陵出击的试炼机会，从汉武帝安排李陵的进军和撤退计划可以看出，他确实把这次出击当成了一次试炼，只不过他没想到，机会太残酷，李陵没有挺过来。

汉武帝下诏李陵："九月按时出击遮虏障，到东浚稽山（戈壁阿尔泰山脉中段）南的龙勒水边来回索敌，如果没遇到敌人，就沿着赵破奴故道（前103年赵破奴接应匈奴左大都督投降的路线）返回受降城休整士兵。另外把和路博德说过的什么话，全部写出来上报。"

最后这句已经带有责问的意思了，李陵一头雾水不过也按照要求解释了。至此，这就是汉武帝在内心沙盘中的作战调度计划3.0版本，也是最终作战的执行版本。

在战役执行阶段，夏季五月已经出发的李广利所部三万骑兵，出击至天山，斩杀了一万余人，班师途中被匈奴援军包围，数日后全军已经面临崩溃。汉武帝为李广利安排的代理战场指挥官（假司马）赵充国组织起百人敢死队，终于冲开一个缺口。李广利兵团这才撤回长安，此战自损两万，前后杀敌总数应该与自损相当或略高于自损。从李广利事后邀功来看，汉军杀敌数应该多于自损。

汉军自边塞为起点的一次出击，最多以三个月为周期。汉武帝事后亲自看望了身负重伤的赵充国，这位也是后来汉武帝留给昭帝的一员名将。李广利所部回到长安之时已是九月李陵出发之后的事情了，但也早于李陵全军覆没的消息传回长安的时间点。

李广利的第三次战役的侥幸生还，又是全部依赖校尉级别的中级指挥官们的死战，与第二次大宛战役依赖上官桀等人几乎是一样的。第一次大宛战役他能够侥幸逃回敦煌，也是赵始成、李哆等人的拼命。可见汉军的"郎"一级的军官团素质相当优秀。

因盱将军公孙敖的偏师出西河，与被汉武帝调遣至此方向的强弩都尉路博德在涿涂山会师后，毫无所获。路博德在历次会战中总是可以约期赶到，这在外线作战中是相当重要的军事能力，只不过公孙敖习惯了走安全路线而已。

路博德自然是先于李陵出发。在与公孙敖会师之时，李陵也已经带领他训练了几年的五千楚地精锐步兵按时出发了，从居延过遮虏障进入大漠，行军三十天，到达浚稽山驻扎，并且把沿途山川地形全部绘图后派身边骑将陈步乐飞马奏报汉武帝。

李陵扎营浚稽山后飞马快报地形图和近况，之后在浚稽山与匈奴单于遭遇。单于亲自统领三万骑兵包围了李陵军。李陵把军队展开在两山之间，以运粮大车围成营垒。

这一描述，转换成军事行动语言，大致应该是李陵抵达汉武帝既定路线要求的地点扎营之时，就已经被匈奴探马盯上了，而他按照汉武帝的指示在浚稽山附近开始以战斗姿态进行威慑性巡逻索敌之时，单于已经发动本部三万骑兵完成了包围。匈奴的雕在大漠之上作为索敌手段和通信手段，都是领先汉军的，而汉军仰仗的则是盔甲兵器的先进性。此时作为三路出击中最弱也是最后的那一支，他没有援军可以呼应。

第一次野外接战后，匈奴在弓箭和肉搏下损失了数千人。于是单于呼叫左右援军，合计步兵骑兵共八万。李陵且战且退，南行数日，撤入一处山谷中。入夜李陵发现并斩杀了藏于车中的个别士兵的随军女眷，拂晓再战，又斩杀匈奴三千余人。李陵所部兵精将猛甲利善战是毫无疑问的，且李陵的指挥也可以说无可挑剔。

但是，之后问题就出现了。

居延要塞至遮虏障再至浚稽山的进军路线是一条笔直的向东北前进路线，那么最近也最靠谱的撤退方向是笔直地沿原路向西南方向，就像汉武帝说的，沿赵破奴旧路撤至受降城，再从受降城根据情况后撤至遮虏障。

但是，李陵没有走最近的赵破奴旧路，而是率军折向东南，沿着龙城旧道（卫青前 129 年首次出击的旧道）行军后撤，并且走了四五天，到了一处山下草原或芦苇荡中。匈奴上风烧草，李陵也命令烧出隔离带，之后继续向南到了一座山下，而单于已经绕到或者本来就在他的南归退路之上。

这无疑是致命的行军错误问题。在行军总是走错路这一家族传统上，李陵保持了李广的技术水平，因为从其最后突围被全歼的地点看，其最终撤退目的地又确实是遮虏障和受降城这条路线。

山上的单于派儿子率领骑兵冲击。李陵与其继续在树林中接战，杀死几千人，抓到了俘虏，并用连弩射跑了单于，这一天就算过去了。第二日到来又接战几十次，杀死两千余人。单于看李陵难啃，且担心是汉军引诱自己南进反歼，已经想放弃退兵了。此时却有一个叫管敢的军候因为被校尉韩延年侮辱，逃降匈奴，报告了李陵所部的实情，于是坚定了单于包围歼灭李陵的信心。

李陵所部继续南下，至此向西南走了数日，又向东南走了四五日，密集接战两三日后，还有三千余人，而累计杀伤少说应该上万匈奴了。可是，李陵缠斗了这么久之后，他最重要的弓箭也射光了，不得已独自出去溜了一圈之后，入夜决定突围，给士卒每人发了两升粮、一块冰，各自突围的目标是遮虏障。

然后韩延年战死，李陵投降，突围地点距离遮虏障只有一百余里。

于是关于李陵绕道甩开敌人，或者想由卫青龙城旧道撤退，再或者故布疑兵的种种说法可信度非常小，由遮虏障出击而撤退回遮虏障，中间折向东南的四五日，相当于多走了一个直角，而所浪费的时间换作直线撤退的话，也许弓箭的存量就足够保障他的队伍进入遮虏障了，至少抵达受降城要塞是没有任何问题的。

至于李陵投降，这倒不是什么问题，因为他是死战再投降。一如张骞和赵破奴，死战之后投降了，然后找机会再逃回来，这是那个时代常有的事情。汉武帝虽然希望他战死，可也没有真的震怒，过了两年就又想派兵把李陵解救回来。只是太史公作为一个李家的挚友，说了两句顶撞的话，结果挨了一刀，侠肝义胆反而成就了《史记》。

至此，天汉二年（前99年）对匈奴的大规模报复战役落下帷幕，苏武依然在瀚海牧羊。这也是卫霍漠北战役之后，时隔20年，汉朝第一次较大规模的向北出击，之前赵破奴的两万骑兵是纳降，非决战性质，不过汉武帝推出的末代二李将军把这事给演砸了。

也是在这一年，关东流民爆发了一次大骚乱。大股势力杀两千石占据州县，小股成群的占山落草为盗匪，地方政府已经不能控制，似乎秦末事情又要上演。汉武帝直接绕过了丞相公卿，由郎尉中选拔干吏，穿着绣花官服，携带虎符，持节至地方平叛。这些使者被称作"直指绣衣使者"，而慌慌张张的公卿们没想到这些宫廷直接下派到地方的干吏们直接把暴动镇压了下去。这种成功的经验让汉武帝的改弦更张又一次推迟了，而且加剧了内廷与外廷的矛盾冲突。

天汉三年（前98年）三月，58岁的汉武帝再次出巡泰山，添土加封，在明堂中祭祀之后，又审查了全国官员的政绩。这一趟行程中，对于全国各地汇聚来的神棍们，他倒是已经兴趣索然了。

汉武帝一共五次临幸河东。早在元鼎四年（前 113 年）秋天的那一次，他与群臣在河东宴饮，自作《秋风辞》，除了抒发悼念李夫人之情，还有伤时之意："泛楼船兮汾河，横中流兮扬素波。萧鼓吹，发棹歌，极欢乐兮哀情多。"

群臣听了皇帝隐隐悲痛莫名之歌词，一时不知如何应对。皇帝看着群臣说："汉家天下有六七之厄运啊，按法是应该再受天命，也不知道宗室子孙中，谁赶上这遭劫难，六七四十二，代汉者，当涂高也。"

群臣这才明白皇帝意思所指，群起宽慰说："汉家应天受命，必然子子孙孙，万世不绝也。"

汉武倒是和高祖一样洒脱："我说的是醉话罢了，不过自古以来，我没听说过有一姓家族可以长久王天下的，只要不是在我父子这辈儿手里丢了天下，便知足了。"

但原本与汉武帝同在内廷圈子中的太子刘据，却早已被外廷中的两类人作为依附和拥护的对象，渐渐形成了一股政治势力，其中一类人是讲求仁义道德的贤良文学，另一类人是上一波荣膺战功的既得利益者，两类人的共同特征都是厌战，反对继续开边兴利。卫太子听多了文学们的鼓吹，便每每诤谏。卫皇后更世故一些，给太子出的主意是不要诤谏，要顺着汉武帝的意思去劝谏。汉武帝知道后虽然肯定了卫太子，但也更加厌烦卫皇后。

另一方面，当初卫青还在的时候，有人劝谏卫青开幕府养士出谋划策，但卫青坚持闭门不养士不结党。如今卫青去世，他曾经的两个主要小伙伴公孙贺、公孙敖与其他部将们却早已形成了盘根错节的利益集团。在内廷中以太子为旗帜，在外廷中与最近十年崛起的李夫人这支外戚的统帅李广利开始较劲。

至于汉武帝身边，则围绕着对内坚持用法者、对外希望博取战功者。这些人以各郡县推举的年轻寒族子弟为主，直指绣衣使者也是从他们之中选拔的，是汉武帝晚期所倚重的一股力量。虽然汉武帝一直在犹豫，但却并非犹豫是否改弦更张的问题，而是何时改弦更张的问题，所以即使卫青已经过世了十几年，汉武帝也没有换掉太子。在他的脑海里，直接把自己映射成了秦始皇，把卫太子映射成了秦扶苏。他认为未来改弦更张后的帝国是需要卫太子的仁治理念的，但也认为卫太子表现出的纯粹仁治理念是根本行不通的。更何况外廷隐隐成了一股势力，把卫太子当成了对准自己的枪，而卫太子却浑然不知，这也更让汉武帝觉得卫太子的水平根本摆不平天下。恰好此时直指绣衣使者们的表现又是相当出众，这让汉武帝觉得又找到了新的工具。

天汉四年（前97年），李陵投降匈奴一年多后，汉武帝对这位才俊思念日深，也知道路博德是使用了诈术，对身边人说："应该在李陵出发之后，再下令让强弩都尉去接应，这样老家伙就是羞与李陵为伍，但也没有借口了，是我下令太早了。"于是，在匈奴上一年度没有袭扰汉朝边境的情况下，汉武帝主动挑起了后卫霍时代对匈奴的第二次大规模出击战，除了歼敌这个目的，还有一个秘密目的就是想办法接回李陵。

在战役准备阶段，汉武帝强征各种罪犯小吏、逃亡因犯、赘婿、商人等"七科适"人员入伍保障后勤，同时召集帝国境内的志愿勇士充实一线作战队伍，组建了三路大军。

第一路是贰师将军李广利率领骑兵六万、步兵七万，从朔方（内蒙古伊盟西北）出击，强弩都尉路博德一万余人出居延与李广利所部会合。

第二路是游击将军韩说率领步兵三万出五原（内蒙古包头西北）。

第三路是因盱将军公孙敖率领一万骑兵与三万步兵出雁门（山西右玉），其中公孙敖这一路就是要想办法接回李陵的，但其实这个任务真是不应该交给公孙敖。

在战役执行阶段，匈奴单于提前得知汉军大规模出击的消息，于是把老幼妇孺牛羊牲口向北迁徙。然后，九任单于亲统十万骑兵与贰师将军李广利所部在余吾水南岸接战。接战后李广利开始且战且退，缠斗十几天，李广利撤退。

这次作战是李大将军第四次出征，第二次与匈奴作战，而且直接面对单于，兵员数量超过卫霍漠北之战的任何一路，当然质量上也许相差不少。以如此庞大的规模出击，又是单于主动前来进行战略决战，而且还是匈奴主动渡河到南岸缠斗，结果史载寥寥几笔，想来虽然不是大败，但也不堪回首。

游击将军韩说的一路，没有战果。

因盱将军公孙敖与左贤王部接战，失利后撤退，同时也没有完成秘密目的——接回李陵。公孙敖倒是上奏汉武帝说："根据俘虏口供，李陵教导单于如何用兵以防备汉军，所以臣才无所得。"

汉武帝接到奏报，直接把李陵一支灭族，母、弟、妻、子皆杀。

至此，汉武帝不但没有接回李陵，反而彻底与自己心底这位曾经的"霍去病第二"闹崩了。日后汉朝使节出使匈奴，见到李陵。李陵向使者责怪汉武帝将他的支脉灭族，使者告之原委。李陵答："那是李绪，不是我。"

李绪，是屯驻奚侯城的一名汉军塞外都尉，匈奴袭扰时投降，与李陵一样很受单于的礼遇，且经常在李陵的上座。李陵不满，派人刺杀了李绪。单于的大阏氏要为李绪报仇干掉李陵，单于便把李陵藏到了北方。直到大阏氏逝世，李陵才回到匈奴王庭，娶了单于的女儿，受封为右校王，尽心尽力为单于打理地方上的军务。

末代二李的故事完结了吗？可惜还没有。

节四二

公孙贺与公孙敖

在二李谢幕之前，我们还是说一说两个看起来实在不起眼，但其实贯穿了汉武一朝的将军——公孙贺与公孙敖。

公孙贺，义渠人（甘肃庆阳），祖父是吴楚平叛有功而封侯的公孙昆邪。汉景帝时期公孙贺作战勇敢，并且在当时的太子刘彻手下担任太子舍

西汉纯金腰徽

人，几年的随行跟班后，等到了刘彻登基。又过了 6 年，公孙贺出任太仆，在这个职位上，一干就是 33 年，其间跟随卫青几次出击。

太仆这个位置，高祖任用的是滕公夏侯婴，除了是内廷心腹重臣之外，公职范围内还有掌管战马、驿马的驯养。关于公孙贺干得好不好，反映在事实上是北击匈奴其间的战马供应基本到位，但毕竟没有公孙贺的直接工作业绩来说明，我们看看 700 年后的另一位工作出色的太仆。

初唐时期，唐太宗李世民任命张万岁为太仆，从突厥缴获的两千匹良马以及从隋朝那里继承下来的三千匹战马，这就是太仆张万岁的全部家底了。而经过贞观到麟德的 40 年间，全国马匹数量增长到了七十万六千匹，已经是一缣换一马了，作为宝贵战略资源的马匹已经很不值钱了。

而等到开元初年，张万岁早已过世，其后的历任太仆估计是比较懈怠，所以此时太常少卿姜晦已经建议去六胡州买马，而能够买到三十匹竟然给一个游击将军的官儿。又过了几年，到了开元九年下诏：百姓自家畜马十匹的，免除兵役。就这样到了开元 13 年，马匹数量才勉强增长到四十三万匹。

这说明张万岁的工作干得很不错。另外，太仆一职在和平时期可以混，在战争年代还真的是很重要，所以干了 33 年的公孙贺，应该至少是成绩还不坏。

日常业务之外，公孙贺的军事生涯中，先是跟着韩安国和王恢参与过马邑之围，又作为四路独立指挥官之一在前 129 年从云中郡（内蒙古托克托县）出击匈奴，没遇到敌人也没有损失，班师，后来几次作为大将军卫青的部属出击外线，都是无功无过。

除了三次有明确战略目标的大规模战役之外，这种报复性出击一般都相当于威慑性出巡。渴望以战功封侯的李广、李陵、赵破奴们都会忠实地按照预定路线出击，然后在预定目的地扎营等待匈奴来攻击，然后拉开了架势就开始砍人头或者被砍人头。至于像韩安国、公孙贺、路博德这种比较谨慎（或者说鸡贼）的将领出击，一般的情况都是没遇到敌人，最后全师返回。

所以，直到前103年，16岁为郎的公孙贺少说也是年近六十，在被汉武帝任命为丞相一职之前，以九卿的身份混得还是相当不错。可公孙贺之前的连续几任丞相除了石庆是病死任上，再往前十几年内的李蔡、庄青翟、赵周无一例外是坐法自杀。汉武一朝的丞相是高危职业之一，于是当汉武帝把这么光荣的职位给了公孙贺的时候，侍奉汉武帝几十年、谙熟大老板脾性的公孙贺立马扑倒在地，泪奔着哭泣请辞。公孙贺算是一位相当有政治智慧的稳重官僚了。

公孙贺的妻子是皇后卫子夫和大将军卫青的姐姐卫君孺，他俩所生的宝贝儿子叫公孙敬声。公孙贺被按在了丞相位置上，公孙敬声就接任了老父的太仆一职。父子三公九卿，一时显贵无边。

公孙敖，义渠人，估计是公孙贺的远亲宗族之类，汉景帝时期以郎的身份入宫，在这个岗位上混了几年，直到汉武帝登基后，也就是个老资历的禁军小头目而已。之后卫子夫得宠进宫，卫青也进宫为侍中，公孙敖的轨迹终于因为卫青而改变了。卫青被大长公主绑架，而大长公主可是汉武帝的姑妈，时任皇后陈阿娇的亲妈。虽然那时候卫子夫受宠，但也就是受宠而已，而卫青不过就是一个侍中。公孙敖就愣是带着小伙伴们把卫青给救出来了。这件事对于卫青和公孙敖来说，算是结下了生死过命的交情。

到了前129年的四路出击战役中，卫青和公孙敖同时以太中大夫职位出任将军，作为独立指挥官参与了这次汉武帝的小测验。卫青龙城告捷，相比于公孙贺的稳重鸡贼，奔着战功而去的李广全军覆没，公孙敖损兵七千，都是论罪当斩，缴纳赎金，贬为平民身份。

这一次惨痛教训之后，估计公孙敖是认清了自己的实力和外线出击的形势，坚定地团结在了卫青身边，经过 5 年时间又干到了护军都尉。前 124 年，他跟随卫青出击高阙，在击溃右贤王的战役中，终于因为协调各部、团结将校有功，而获封合骑侯。估计公孙敖是出色完成了通信部长、后勤部长外加政委的工作。

过了一年，公孙敖又跟随大将军卫青出击，无功无过。到了前 121 年，点儿背的事来了，这一年大将军卫青经过连年出塞，总要休养调理身体吧，而公孙敖需要伺候的指挥官是骠骑将军霍去病了。于是，从北地出击的公孙敖一路寻找着从陇西出击的霍去病，而霍去病早已杀到了远在千里之外的祁连山下了。悲催的公孙敖又一次因为失期而论罪当斩，侯爵也没了，缴纳赎金，贬为平民。当然，同时从北路出击的博望侯张骞也同样悲催，迟了一天才找到一路飞奔的飞将军李广，好不容易从西域搏回来的侯爵也没了。

这说明能力要是不太够的话，还是跟着稳重一点的老领导靠谱。

于是，前 119 年，漠北之战，老领导卫青出山，公孙敖终于等来了机会。当然，李广、赵食其失期，一个自杀，一个坐免。卫青兵力被分散，虽然胜利，但没有达到战略目标，身为前将军的公孙敖还是没捞回自己失去的爵位。

再之后，卫青深居简出，帝国转向了四边扩张阶段。公孙敖和赵破奴等卫、霍旧将各自活跃在西北一线边郡，公孙敖以因盱将军身份修筑受降城。前 106 年，老领导卫青去世，公孙敖的侯爵更是再也不可能拿到了。

直到前 97 年，少说也是 60 岁上下的因盱将军公孙敖统帅大兵团出击。临行之前大老板特意叮嘱，这支偏师的战略目的就是要接回投降匈奴的李陵。结果公孙敖接战失利，从俘虏口中得知的消息，无论是否有意，总之未加细辨，就直接汇报给了大老板。李陵被诛族。

于是，曾经汉武帝的小伙伴——公孙贺，卫青的小伙伴——公孙敖，作为汉武帝心中卫青的替代品——李广利，作为汉武帝心中霍去病的替代品——李陵，在经过各自或长或短，或有交叉的人生轨迹之后，一起进入了汉武帝人生最后的 10 年。

公孙贺太会算计，公孙敖不会算计。呜呼，后来都是灭族的过错。

节四三
魂兮汉武

只从太始元年（前 96 年）那一刻看去，汉武帝的舞台已经极尽狭小了。曾经那个年轻气盛的汉武帝所提供的极尽开放的庞大舞台，并不是突然收窄的。随着青年步入老年，汉武帝对曾经尽收眼底的庞大帝国舞台的控制力和判断力都在减弱。那些曾经围绕在汉武帝身边的贤良们、博士们、郎们、尉们、吏们其实一直存在，并未走远，只不过随着汉武帝的视线聚焦变化，舞台也渐渐收窄，使得那些人才看起来像是遁入了阴影一般。

与此同时，在社会层面上，除了水患之外，还多了另外一样周期性灾难——瘟疫。说起这种瘟疫，那是在汉军攻势下消耗不起的匈奴为了生存想出的办法。匈奴人的养马经验多于汉人，自家马群中哪些马匹打蔫儿或者有病当然一眼便知，这本是经验使然。随后匈奴便把这些马匹绑了前腿，送到长城之下。汉人见了以为匈奴是在服软示好，便把这些马匹当作战利品引入内地。可这些马匹带了病菌，随后不但致人染病，还大规模扩散。

在 2000 多年前，人类可没有什么细菌、病毒等微生物的认知概念。当时无论汉人还是匈奴，基本上都把这种病菌引起的瘟疫视为"巫蛊"或者"诅咒"的结果，只不过区别是对己方这叫灾难，对敌人这叫功效。

这种草原病菌进入内地后，自汉武帝后期开始，直到三国魏晋，二百余年间引发的瘟疫一轮又一轮爆发，死亡率超高。西汉末年赤眉、绿林起义，东汉末年黄巾起义，莫不与此有极大关系。东汉末年张仲景的《伤寒论》就是一部对两汉瘟疫疗法的全面医学总结，他在序言中说："家族向来人多，两百余口。可建安元年以来，不到十年，死亡者三分之二，其中十分之七是死于伤寒。"宗族里有这么一位大医学家，死亡率都超过 50%，生化武器可怕呀。

说回汉武帝。正是社会上出现了这种新情况，中原数次大瘟疫流行，时人皆认为是来自匈奴的胡巫做法和诅咒。这自然引起了政治嗅觉超高的汉武帝对于胡巫的警惕。天汉二年（前 99 年），汉武帝下诏进行大搜捕，针对的就是这些胡巫和由瘟疫引发的匪患，执法者叫作"直指绣衣使者"。

三年时光，社会上瘟疫暂去，匪患镇平，而以江充为首的这一拨直指绣衣使者却成了汉武帝新的政治工具。在执行汉武帝更换宫廷势力和调整继嗣的政治任务上，直指绣衣使者在一开始就把老前辈们搞得人心惶惶。

江充，邯郸人，郡国游士出身。他早年入长安打的一个小报告，直接废掉了赵国太子刘丹；后来任职中央，又惩办了卫太子刘据的御者。他知道自己与卫氏之间早已势不两立，汉武在他在，汉武要是不在了，他也就死定了。

暴雨将至，长安笼罩在一片压抑之中。

太始元年（前 96 年）春季，贯穿于卫霍与李氏一族之间绵延几十年的恩恩怨怨中的奇葩见证人——因盱将军公孙敖，在上奏报告使得李陵屠族之后几个月，因为妻子被控"巫蛊"，自己也被腰斩，继而屠族。

匈奴输入的看不见的真凶是病菌，看得见的则是巫蛊——一种鬼神迷信活动。巫蛊流行于西汉，究其形式，做一个偶人要么扎针，要么埋在指定地点上，再配合咒语完成对仇家的诅咒。当初寂寞失宠的陈阿娇便栽倒在这个把戏上。这种神秘主义的把戏对于深闺之中的妇女有莫大吸引力，如同秘密传教都要走寡妇路线一样，也如同今日电视传销都对准了寂寞主妇一样。总之，时隔几十年后，巫蛊作为一种当时并不能精确阐述原理的莫须有武器，又一次登场了。

年过六旬的汉武帝身边的宫廷政治圈就好像一个压力锅，在暗暗积蓄着能量，等待着那场注定将会到来的大爆炸。

公孙敖只不过是这个压力锅上的引子，压力锅内正是帝国辉煌时期形成的以外戚卫氏家族为核心的利益集团——上至太子、太后、三公九卿，下至部曲、门客、贩夫走卒。自从大将军大司马卫青去世后，纵然主人万般洁身自好，可无奈自家的阿猫阿狗太多了，于是该来的还是要来。

太始三年（前94年），钩弋夫人赵婕好为62岁的汉武帝生下了皇子刘弗陵。事后看来不过是在压力锅下添了一把柴火，可被一众守候在压力锅边的小角色们一顿煽风点火，只等那一触即发的爆炸之声了。

征和元年（前92年），有持剑匪徒闯入建章宫，直面汉武帝，后弃剑遁走，长安封锁十一日搜人而不得。也是在这一年，时任丞相公孙贺，为了从监狱中捞出涉及嚣张跋扈以及贪污暴敛等诸多罪名的坑爹儿子公孙敬声，凭着几十年的服侍之功，乞求汉武帝，以献上被中央政府重点通缉的大游侠朱安世为条件，来交换儿子公孙敬声的性命。

韩信当年向高祖卖了钟离昧的人头，结果自己族诛。汉武帝同样批准了公孙贺的请求，公孙贺果断卖了朱安世的人头。朱安世也说得很实在："你卖了我一个，你就要被族灭了。"

随后朱安世入狱，入狱之后揭发了各种贵族圈子里的秘密，包括公孙敬声不但私通卫子夫所生的阳石公主，而且在长安御道之上埋藏了木偶，诅咒皇帝。

征和二年（前91年），犁庭扫穴的"巫蛊大案"正式爆发。正月，一番调查属实之后，救子不成的公孙贺不但赔上了一条老命，而且果然搭上了全族性命，包括卫子夫的姐姐卫君孺。随后李广利的儿女亲家、中山靖王刘胜之子刘屈氂接任了丞相。

闰四月，卫子夫所生的两个女儿诸邑公主、阳石公主，以及卫青之子卫伉全部涉案，审理完毕后被处决。

七月，直指绣衣使者江充持节进入卫太子宫内彻查巫蛊木偶，企图嫁祸于太子刘据。太子党众以汉武帝卧病生死不明为由，用秦扶苏的事情说服了刘据，簇拥刘据斩了江充等使者，于长安城内起兵谋反。

消息传到甘泉宫，已经被巫蛊木偶搞得寝食不安的汉武帝倒是处乱不惊，只是说："太子是被你们整得害怕了，所以杀了江充。没大事，去持节召唤太子吧。"结果使者早已惊慌失神，到了长安，没敢进去，返身报告太子已经谋反，还谎称太子要杀掉自己。这一下，把汉武帝激怒了。

丞相刘屈氂听闻消息，更是吓得丢了印信，一路慌张地逃出长安，让长史驰奔甘泉宫向汉武帝汇报。汉武帝问长史："丞相干啥呢？"

答："丞相在封锁消息，但不敢擅自行动。"

汉武帝吼骂："事儿都已经这样了，有什么好封锁的？一点周公旦的风范都没有。"这才诏令刘屈氂："格杀勿论，自有重赏，用牛车堵塞道路作战，不要肉搏以免杀人过多，关闭城门不要漏掉一个叛匪。"

随后汉武帝亲自返回长安，进驻城西的建章宫，征发三辅军队及关内两千石以下将领，由刘屈氂指挥。调不动北军的刘据让囚徒如侯持节征调长水、宣曲两地的胡人骑兵，正好遇到汉武帝派去的侍郎马通。马通追斩如侯，率领两地骑兵驰援长安。另一路大鸿胪商丘成也征发了附近的水军，加入刘屈氂的平叛队伍。因为太子刘据的符节也是红色，汉武帝下令所有红色符节上一律加黄缨。

就这样，太子众与刘屈氂所部在长安对峙十数日，原本加入太子众的长安平民根据坊间消息，逐渐认为太子谋反，纷纷转入刘屈氂的队伍中。随后，双方混战五天。七月十七日，卫太子由长安南城覆盎门逃走。两千石的司直（前118年设立的副丞相职务）田仁把守此门，他是豪杰田叔的小儿子，也是跟随大将军卫青出击匈奴起家的，所以放走了刘据。宗正刘长与执金吾入宫收缴皇后印信，卫子夫自杀。

刘据出逃之后到了湖县，躲在一处以织卖草鞋为生的平民家里。听说湖县有自己的一位旧部，很是富有，便派出属下前去借贷。消息走漏之后，八月八日被地方官军包围，刘据自缢而死。山阳平民张富昌踹开了房门，新安令史李寿抢先抢下了刘据的尸体，庇护刘据的平民在与官军的格斗中被杀，刘据的两个儿子也同时遇害。卫氏、公孙氏全部灭族，围绕在太子刘据周围的这一拨政治势力全部被拔除干净。

这是巫蛊大案的第一阶段。除了丞相刘屈氂之外，平叛有功而封侯的共五人：大鸿胪商丘成奋战有功，捕获张光，封秺侯，晋升为御史大夫；侍郎马通捕获太子使节如侯，封重合侯；长安平民景健，追随马通，捕获太子太傅石德，封德侯；李寿封邘侯；张富昌封题侯。而放走太子的田仁被腰斩，阻止丞相刘屈氂阵斩田仁的御史大夫暴胜之自杀，被定性为紧闭营门、首鼠两端而坐观成败的北护军使者任安（即太史公《报任安书》的那位）被腰斩。

长安城中表面上虽然重兵屯集，分外紧张，但长安权力圈却进入了真空期，这就让一些人开始蠢蠢欲动。

征和三年（前90年），正月，匈奴袭击五原、酒泉，斩都尉两人，抢掠一番而去。作为报复，三月，67岁的汉武帝下令北击匈奴，这也是汉武一朝的最后一次大型战役。贰师将军李广利率领七万人出五原，秺侯商丘成率领两万人出西河，重合侯马通率领四万骑兵由酒泉出击。

在战役准备阶段，学会了平时多做情报工作的匈奴与前97年一样，早早得到了汉军大举出击的消息，继续坚壁清野，将老幼辎重转移到郅居水北岸，然后由单于和左贤王各自提兵来战。

李广利的一路自然是主力。在临行出五原郡之前，丞相刘屈氂在长安城外的渭水之畔设宴为李广利践行。李广利意气风发，催促亲家说："赶紧上奏，让我外甥刘髆当了太子，大家就都没有什么可忧愁的了。"刘髆，是早已过世的李夫人之子，前97年被封为昌邑王，李广利的女儿又是刘屈氂的儿媳。两位显贵在酒宴上定下了方针，李广利便带兵出塞了。不过酒宴之上的话，也随风传播了开去。

在战役执行阶段，商丘成的两万人马由西河郡出塞后向正北方向到达了追邪径，索敌不得，于是班师，回程路上倒是遇到了匈奴的埋伏。由李陵指挥的三万骑兵将商丘成包围在浚稽山，那里也正是李陵初战的地方。

双方一路缠斗，商丘成所部与匈奴接战九日，杀伤大批匈奴之后，最终安全渡过了蒲奴水。匈奴不能得手而退去，商丘成所部也安全撤回。

重合侯侍郎马通的四万骑兵从酒泉郡出玉门关，出击一千余里，抵达天山。匈奴派遣大将偃渠率领两万多骑拦截，但发现汉军太过强大，于是仅仅保持了跟踪，没敢接战。马通在一路示威游行之后，也全师返回。

为了保证马通全军的侧翼，汉武帝又先期命令开陵侯成娩前往西域，率领楼兰、尉犁、危须等六部落的同盟军包围了依附匈奴的车师，俘虏了车师王。

李广利的七万人按计划由五原出击，在夫羊句山遭遇埋伏在此的卫律指挥的五千匈奴骑兵。李广利所部中也有自己封地上训练的两千匈奴骑兵参战，于是列阵击溃了卫律，一路向西北追击到了范夫人城（蒙古达兰扎兰加德城西北）。匈奴引兵北退，不再敢接战。

就在此时，长安巫蛊大案经过发酵之后的第二阶段开始上演。掌宫廷供应的少府属下内者令郭穰把渭水河边、酒宴之上、传入耳中的消息秘密举报："丞相以巫蛊诅咒皇帝，还与贰师将军共同祈祷神灵，打算拥立昌邑王。"

在没有系统理论性宗教出现之前，那个时代的巫蛊咒术如同今日的灶王爷一样普遍。烧香求佛并不是罪过，罪过是到底许下了什么心愿罢了。汉武帝下令追查，连势力盘根错节、战战兢兢做了33年皇帝司机的公孙贺都覆灭了，刚刚从封国调入中央才一年多的刘屈氂的下场可想而知。况且汉武帝的心中对刘据之死早有悔意，况且长安城内家家户户都把刘据比作了秦扶苏，况且关门平叛之时加入了太子众的大量长安平民被发配敦煌，况且卫氏、公孙氏虽然灭族，但门客、故吏遍天下，恨不能活剥了志得意满的刘屈氂。

所以郭穰一番添油加醋的小报告，并不一定是为了当官受赏，很可能是为卫太子复仇而已。

六月，刘屈氂先是被拉上厨车游街示众，随后在街头腰斩；刘屈氂的夫人在长安最繁华的华阳街被枭首；李广利的妻儿下狱待罪。

消息传到了李广利的军营之中，因为避罪而从军的书吏胡亚夫建议李广利投降匈奴。李广利这次是带着汉军精锐尽出，他有自己的一番对形势的判断。

首先，长安没有立斩他的家眷，这是留了后门。

其次，自己的威信还不足以让汉军主力全师投降，自己去了匈奴最多也就是客卿一位，而在长安的家眷、宗族和一切功名却都化为了云烟。

最后，自己在第一次大宛战役中大败亏输，皇帝都能原谅自己。加码再战，如今精锐尽在，而匈奴锐气已挫，要是效仿卫霍渡河死战，立下不世功名，说不定可以保住一切。

于是李广利这一战算是豁出了命，下令两万精锐骑兵渡过郅居水追击匈奴，与匈奴左贤王和左大将的两万主力骑兵遭遇，血战一日，不但斩杀了左大将，而且匈奴死伤惨重。虽然形势大好，但书吏获悉的消息自然会传到长史的耳中。长史不是李广利的心腹，但识字掌文书的人心眼儿又比较活络，便准备勾搭野战军指挥官，图谋兵变。

这位长史也很鸡贼，没敢去找汉人的中级军官，找了匈奴裔的决眭都尉辉渠侯雷电。长史说："将军这是拿着我们的命来谋求赎罪啊，不如绑了李广利，押送长安。"得到消息的李广利知道这下完了，自己依仗的是匈奴裔骑兵，但军心动摇，大事无望，于是斩了长史，向南撤退。到了燕然山南麓，李广利被原本企图埋伏商丘成的匈奴单于率领的五万骑兵包围。入夜之后，匈奴在汉军退路上广布壕沟，一阵掩杀。李广利所部全军各自溃散，李广利本人投降匈奴。

十任单于栾提狐鹿姑就是匈奴南北分化之后的呼韩邪单于稽侯珊的祖父，素来听说李广利的威名，大喜之下，把女儿嫁给了李广利，为了表示尊崇，让他居于卫律之上。而得到消息的汉武帝下令屠灭李广利全族。

李广利与李陵两人在战场上的交集一共是两次：第一次是同仇敌忾出征匈奴，结果李广利差点被俘虏，而李陵被俘投降；第二次算是敌我不共戴天，结果李陵在战场上遇到的不是李广利所部，而李广利被俘投降，两人终于又归于同一阵营。日后，李陵终老匈奴，李广利遭卫律设计，在祭祀场合被宰杀烹煮。

巫蛊大案的第二阶段，诛灭刘屈氂与李广利不过是一个小插曲，如同在高潮之前打死了两只苍蝇而已。这一阶段的高潮和重点，是给卫太子刘据昭雪。当然仅仅是刘据，而不包括卫皇后及公孙氏。

掌管高祖陵寝的郎官田千秋向汉武帝呈上奏章，为太子刘据鸣冤："您的儿子不过是玩弄了一下父亲的军队。论父子之间，罪不过是一顿鞭打，天子的儿子纵有误杀之罪，论君臣之间，也罪不至抵命。我在梦中见到一位白发老翁，他教导我要上奏此事。"

从田千秋的职位来看，就差没有说出白发老翁是高祖本尊了。从田千秋的解释来看，已经借用了儒家伦理的工具。于是？于是汉武帝也有了台阶。他非常感动，召见了田千秋说："父子伦理之间，外人难以插言。您阐明了其中的道理，这是高皇帝托梦给先生，请担任辅佐大臣吧。"

随后田千秋升任大鸿胪，后来被汉武帝放在了丞相的位置上。田千秋的绰号是"车千秋"，因为年纪老，受到优待，朝见可以乘坐小车入宫。他除了这一次冒死上奏之外，从后来的表现看，就是一个不说话、也不得罪人的"烂好人"。

于是我高度怀疑，掌管高祖陵寝的郎官田千秋敢借用高祖入梦去上奏，是汉武帝授意的。最终目的？当然是为了第二拨清洗。

汉武帝下令屠江充三族，之前在太子宫中喜欢往来打小报告的黄门苏文在长安城西横门之外的横桥上被活活烧死，在湖县用兵器伤害过刘据而获封北地郡郡长的某人被屠族。

之前在卫太子案中有功封侯的五人，没什么关系的李寿坐李广利案，被诛。张福昌被盗贼刺杀。其余三位都是在前89年轮台诏书颁布后，陆续坐法的。后元元年（前88年）夏六月，轮台诏书颁布一年后，秺侯商丘成被控巫蛊、大不敬，自杀。同期，重合侯马通之兄、侍中仆射马何罗入宫行刺，被侍中驸马都尉金日磾擒获，伏诛。前87年，马通（他是东汉名将伏波将军马援的先祖）坐马何罗案，腰斩。同年，景健坐马通案，腰斩。

参与清洗卫太子而立功封侯的五人，一个都没走脱，全部死在第二轮清洗中。

至于汉武帝留给汉昭帝的外廷人才，作为第一把手的丞相是"老油条"田千秋，始终明白自己要矮内廷一头；军事上有忠勇非凡的赵充国；经济上有出自内廷的桑弘羊。

掌管路线、把握外廷这些人的，是代表内廷的大司马大将军领尚书事霍光。

征和四年（前89年），在卫太子之案昭雪之后，汉武帝终于找到了一个机会改弦更张。丞相田千秋、御史大夫桑弘羊等人联名上奏继续轮台屯戍，并建议将西部亭障防线第四次外延，由延水上游的连城修筑至车师以西的轮台。汉武帝这才以全国诏令的形式颁布了轮台诏书，或者说通过《轮台罪己诏》向全国人民道歉。

在这个出乎意料的举动之前，出自内廷而任职于外廷的桑弘羊是开边兴利的倡导者，新任丞相田千秋是附和者，两人都确实不知道汉武帝会借着这个机会施行改弦更张。田千秋受封富民侯，政治信号与政治意义都很明显，扩张暂时歇歇——暂时。

如同巫蛊大案的昭雪只针对卫太子刘据一人，轮台诏书的罪己也只针对汉武帝自己一人。通篇表达的是休养生息，而不是偃旗息鼓。其中提到"养马代替差役"的法令和"研究畜马"的旨意，意思也很明白，不是天下偃武崇文，是文武张弛交替而已。

纯粹出自内廷郎尉的辅政三大臣，首先，是汉武帝一手栽培的霍去病异母弟弟霍光，对于汉武帝来说，把霍光从奉车都尉被提拔为大司马大将军领尚书事，有卫青、霍去病的血统和战功背书，对外廷军事贵族们有足够的威信；其次，是侍中驸马都尉金日磾，被提拔为车骑将军，为人忠厚，又是匈奴血统，对在长安城内外廷匈奴裔的军事贵族们有足够的威信；最后，是骑都尉上官桀，羽林郎出身，有大宛血战的功劳，对外廷寒族良家子们有足够的威信。

这其中最懂得汉武帝意图的自然是霍光，所以在汉昭帝始元六年（前81年），才有了霍光推出一大波文学贤良来和已经代表了外廷的桑弘羊举行盐铁论战。

虽然文学贤良们的辩论是臭不可闻，但霍光无疑是借助这些舆论来完成他所理解的刹车，那也是汉武帝交给他的使命。

至于桑弘羊，他仅仅是保持着客观而已。他知道开边和兴利是血脉相连的，不用农战扩张开边，则也谈不上贸易兴利。在这场论战中，丞相田千秋避席而走。虽然他和桑弘羊的利益捆绑极其紧密，但终于还是很配合内廷的工作。倒是出了内廷的桑弘羊和上官桀想法多了，结果丧命于次年的权争之中。

也是从汉昭帝一朝开始，大司马大将军这个内廷推出的全国武装部队总司令职位占据了显赫的位置。最初由宫廷侍中走出去的卫青任大将军一职，实际地位已经在丞相、太尉及御史大夫这三公之上了。后来又把太尉改名为大司马，加在卫青大将军的头衔之上，更加名至实归。当然大司马大将军必须加领尚书事，才可掌军政大权，霍光辅政的头衔便也是大司马大将军领尚书事。

原来九卿之一的掌管北军的中尉，被改名为执金吾。在增设三辅和北军扩充的过程中，先后被京辅都尉、左辅都尉、右辅都尉以及掌兵八校尉稀释了大部分权力。这些都尉、校尉基本都是出自期门、羽林和侍中这三类郎官之中。有了汉武帝的这番改造，从而彻底完成了皇权对军权的分散配置与统一掌握。

作为世界历史上仅有的两个系统化整理军事艺术的文明之一，中国的军事机器在汉武帝时期充分吸收了战国与汉初的军事成果，又经过与匈奴硬碰硬的淬炼，可以说代表了那个时代农战体系的最高水准。而刚刚踩着迦太基人的尸体登上地中海霸主宝座的罗马寡头共和国在军事上依然秉持着步兵传统，在动员体系上则是到了恺撒及奥古斯都时代才完成了帝制切换。

汉武帝留下的这部军事机器，在指挥系统上，汉军各部皆有旗帜、徽章和冠饰。军法严禁不同的军事单位互异或者冒用标识，相比战国时代的左军章左肩，右军章右肩，中军章胸前，上书某甲、某士之外，汉军对旗帜和徽章的区分除了使用佩戴位置之外，还有颜色区分，左军青、右军白、前军赤，以此区别行列，便于指挥。

在训练系统上，不参加日常规定训练科目的士卒是不得从征的，选练包括孙子、吴起兵法的列阵演练，从走队开始练起；随后根据专业各自训练骑术、御术、弓射和五兵；之后演练诸兵种协同，不仅仅是骑步车三大军种，步卒中的甲士、蹶张（弩手）、射士（弓手）、迹射士及轻兵等兵种也有配合之法；最后才是侦察侯望、烽火信号、角抵投石等特殊军事技能训练。

在军法系统上，出自韩信手笔的西汉军法以严厉著称，虽然没有传世，但出土汉简与史载之中还是有些零散记录的。失期，斩。不至期，斩。逃亡、奔北、沮败、领兵而损失过多、谎报军情，斩。迷路，斩。擅离职守、擅自退却，斩。行军逗留、逃亡畏懦，斩。虚报军功、军人争功，弃市。同时配有军正为执法者，中央南北军和将军幕府中也有常设军正，却不属将军所辖，两千石以下官吏违法可直接处决，将军犯法亦可上报皇帝裁决。

这三项最重要的军事组织要素，西方人在罗马秩序崩溃后，又过了1000多年，才通过不断杀伐的军事复兴实践，把它们又重新捡了回来，并运用于新的技术兵器之上。虽然那是许久之后的事情了，不过世间的道理是从来不会变化的。

两汉在汉武帝之后的大司马大将军总是由外戚出任的原因也很简单。同姓宗室可以封王，但不可以掌军，因为这些刘氏如果一旦反叛，便既有了血统旗帜，又有了军事实力。而外姓豪族可以封侯，但不可以掌军，因为这些毫无瓜葛的姓氏可以竖起天命旗帜，毫无顾忌地反叛。相比之下，外戚是夹在中间最好的选择，既要依附皇帝发迹，又被外廷妒忌而得不到广泛支持，所以在行政体系粗放型的汉朝，这是一种最优选择。

到了新的既得利益圈子形成后，金日磾已死，霍光用政治手段铲除了上官桀，连带拔除了桑弘羊，但在果断废立之后，也终于把汉武帝的曾孙、卫太子刘据的孙子刘病已扶上了王座，即汉宣帝。后来汉宣帝拔除霍氏的手法与汉武帝拔除卫氏的手法一样果断、决绝。这也是汉宣帝为什么要看着崇尚文学和贤良的汉元帝说："乱我家者，太子也。"所谓汉家天下霸道、王道杂糅的制度，正是融合了前人的实践经验，秦法、周礼并用罢了。

总之，在后元元年（前 88 年），内廷、外廷一切安排妥当的汉武帝，最后还带走了他年轻貌美的钩弋夫人赵婕妤。既然把王位给了不过 8 岁的刘弗陵，汉武帝觉得等到这位娃娃皇帝长大后，天下无论如何可以渡过六七四十二的厄运了，那么最危险的时间段就是娃娃还没懂事之前了，于是确实也犯了罪过的赵婕妤在狱中被处决。

终于彻底安排好了的汉武帝闲坐的时候，问左右："外面对我处决赵婕妤有什么看法？"左右说："人们不明白，儿子当太子，为什么处决他的母亲？"

汉武帝说："你们这些小字辈的笨蛋啊，不可能懂得其中的道理。"

前 87 年，自知快要到站的汉武帝和高祖一样，药也不吃了，病也不看了。二月，汉武帝刘彻驾崩，在位 55 年，享年 71 岁。

汉武大帝留下的舞台如果文艺地总结一下，就是六个字：汉人、汉使、汉军。如果精确地统计一下，终汉武一朝，所封侯爵八十九人，将军为侯者五十三人，匈奴、乌桓及西域归附者封侯二十九人，占了全部数量的 92%，只有七人是外戚或承袭父爵。

玉门关下花海汉代烽燧遗址出土的一件木制七面觚上，抄录了一篇一百三十三字的诏书："制诏：皇大子，朕体不安，今将绝矣！与地合同，众不复起。谨视皇天之笥，加曾朕在，善禹百姓，赋敛以理。存贤近圣，必聚谋士。表教奉先，自致天子。胡亥自泯，灭名绝纪。审察朕言，众身毋久。苍苍之天不可得久视，堂堂之地不可得久履，道此绝矣！告后世及其孙子，忽忽锡锡，恐见故里，毋负天地，更亡更在，去如舍庐，下敦闾里。人固当死，慎毋敢佞。"

学者多有认为这可能是汉武遗诏，我也相信这个推测。理由有四：第一，从训话口吻和赋体水平粗粗看去，非一代雄主而不能；第二，与之和《史记》中所载元狩六年（前117年）的三王制诏对比，赋的文风极为一致而训话之责任更重；第三，其中言及赋敛、逢教、胡亥等事，也契合汉武晚年的自身政治思考；但最重要的还是第四点，"苍苍之天不可得久视，堂堂之地不可得久履"以及"人固当死，慎毋敢佞"的大气魄抒情，与汉武泛楼船赋《秋风辞》之时表达的情绪是一脉相承的。这种无奈但豁达的感悟，在两汉皇帝中也只有高祖和汉武达到了。

除了武功之外，文化起飞也始自汉武。汉武留下的大树，乘凉的更是几代之后的晚辈。魂兮汉武，仅此而已。再多的评论，我已没有资格，所以略叙大帝几事而已。

章第四

不动如山

节四四

陈汤与窦宪

汉刻仪仗图

前人栽树，后人乘凉。

西汉末年陈汤的"犯强汉者虽远必诛"，东汉前期窦宪的"燕然勒石"，都是乘了汉武帝这棵大树的凉快。

陈汤（？至前6年），瑕丘（山东兖州）人，年轻时喜好读书。他学识渊博，通达事理，而且写得一手好文章。不过家里却很贫穷，要靠乞讨借贷凑合着过日子，州里郡内的人都不太待见他。我只能说如此贫困还能好学向上，说明意志力够坚定的。

后来陈汤西奔长安谋取官职，在太官（宫廷膳食主管）手下做太官献食丞。过了几年，认识了货真价实的大望族及大贵族——富平侯张勃，以学识和才能得到了张勃的赏识。张勃的祖父即富平侯张安世、曾祖父张汤，张氏一族，自汉武帝起，绵延至东汉依然是豪门大族。

前47年（汉元帝初元二年），张勃举荐陈汤，恰逢陈汤父亲病故。陈汤权衡之后，没有回乡奔丧而是在京等待升官，被司隶以不守孝道弹劾，下狱治罪。而举荐他的张勃也受了连累，削去两百户食邑，不久去世。这说明陈汤的欲望是很强烈的。

陈汤经过牢狱之灾后又被重新举荐为郎，虽然正史没有记载陈汤又花费了多少精力、走了多少门路，但总之终于有了可以做事的身份。于是他数次上书，积极要求出使国外，等了很久，直到前36年，才调任西域副校尉。同甘延寿一起出使西域，这距他初到长安已经过去十几年了。

陈汤每到一个地方，都喜欢登高而望，记录地理，勘察地形，而且憋了这么多年，终于圆了自己的出使梦——虽然冒险，但若立下战功，则有封侯的诱惑。这也是汉武以来寒族青年才俊的一条上升通道。原理上说，与大航海时代的海上冒险家是一样的。

于是，新任西域骑都尉甘延寿和副校尉陈汤这哥俩开始了千里跋涉。途中野路子出身的陈汤就已经把正规军出身的甘延寿说服了——陈汤说的事，竟然是汉武大帝一生想干却都没干成的一件事——诛杀单于。

甘延寿，北地郁郅（甘肃庆城）人，骑马射箭的功夫一流，作为边郡良家子弟被举荐入宫为羽林军，而且暗器（投石）和轻功（拔距）冠绝同辈。一跳可以越过羽林营地的亭楼，并以此被提拔为郎，又因为肉搏（贲）功夫也很出众，继续被提拔为皇帝贴身保镖，任过两千石的辽东太守。

从哥俩的人生经历来看，陈汤是有谋、好利、鬼点子多，而甘延寿是勇猛、方正、循规蹈矩。别看陈汤是副职，基本上从出谋划策到后期指挥，都是陈汤做主，甘延寿配合。自古做出一番事业的人们，互相是否非常配对，是一个很重要的因素。陈汤和甘延寿的组合，怎么说呢，天作之合吧。

这哥俩也没带几个人，到了西域都护府的治所乌垒城（新疆轮台）后的第一件事就是矫制，假托圣旨调动了车师（新疆吐鲁番西北）屯田的汉军，又四处到西域诸部落、藩国征用了大量胡兵。短短时间内，迅速筹集了四万人马，分成六校，立即出发。三校人马出南道越过葱岭（帕米尔高原）经大宛出击，三校人马由这哥俩亲自带领，由北道过乌孙出击。

出击之后，陈汤才上奏朝廷自我批评了"假托圣旨"是如何如何不应该，但是大军已经在路上了，意思是皇帝请您等好吧。

陈汤疯了吗？当然没有，西域诸国傻了吗？当然也没有。对于陈汤，最关键的一点就是他知道自己是师出有名。虽然实质上干的是一桩超级冒险的大买卖，但道义上，剿灭郅支单于是为8年前被整体屠杀的汉朝使节团找回王法，而最近几年西域诸国更是被郅支单于搞得人心惶惶。

这就要说到汉武一朝把匈奴追得远逃水草稀少的漠北，自此人丁不旺。有几次想去汉朝边境打秋风，结果都损失大过收获。于是越来越想主动和亲的匈奴单于觉得羞于启齿，便盯上了乌孙，想把乌孙的汉朝公主抢过来。前72年，匈奴联合车师倾巢出动入侵乌孙，劫掠了不少战利品，但第二年被汉朝五路大军和常惠持节统领的乌孙骑兵一顿猛削，右贤王一部几乎被常惠一军全歼。次年匈奴单于亲自领兵报复乌孙，可回程路上一场大雪冻死大半匈奴，元气再次大伤，自此国力更颓废了。

隔了一年（前70年），被匈奴欺压惯了的乌孙、丁零、乌桓见到有便宜可占，彻底爆发，三面包夹，让匈奴汗国人口损失30%，牲畜损失50%，这是人祸。接踵而来的就是两年后（前68年）的大饥荒爆发，匈奴人口再次损失60%，牲畜损失不计其数，这是天灾。自此西域诸国连年洗劫匈奴，匈奴内部各部落也开始各自打起小算盘，两个部落接连冲破匈奴自家边境守军的阻挠，南下归降汉朝。

之后五单于自立内斗，一番杀伐之后，匈奴一分为二：南一支就是呼韩邪单于，自认儿子辈而得到了汉朝的庇护；北一支就是呼韩邪单于的哥哥郅支单于，除了经常劫掠左右邻居，就是晃点汉朝老爹。前44年，恶向胆边生的郅支单于把护送他儿子回国的汉朝使节团谷吉等人全部屠杀。再后来他又跑到西域，伙同康居攒了一票人马，打东打西，四面杀伐，一时之间把西域搞得乌烟瘴气。

自从使节团被屠杀之后，8年来汉朝不断追问谷吉下落。郅支单于的答复就是从来没见过。

于是，这次等来了冒险家陈汤。

陈汤本部三校人马从西域都护府出发，沿北路进发，经温宿部落（新疆温宿县），过赤谷城（新疆伊宁），穿越乌孙西部，进入康居东境，抵达阗池（吉尔吉斯斯坦伊塞克湖）西岸。

就在此时，西进的陈汤军团的后卫部队遭遇了由康居副王抱阗率领的几千骑兵。这支康居军队刚刚从东面乌孙抢劫回来，正带着俘虏和战利品奔驰在回家的路上，遭遇战中陈汤军团的后卫部队以及辎重受到了较大损失。

于是陈汤的主力回师向东，击溃了这支康居劫掠分队，杀四百六十人，俘虏了康居贵族伊奴毒，在将解救的四百七十名乌孙百姓送还乌孙王后，全军继续向西。

陈汤通过关系将康居的一个很重要的大贵族屠墨邀来相见，在酒席之间不但向屠墨宣传了汉朝的政策和信誉，而且双方还立下盟约。于是宾主尽兴后，屠墨回城而陈汤军团沿小路进抵郅支城（哈萨克斯坦塔拉兹）六十里附近扎下营寨。

陈汤撒出去的斥候抓到了康居另一个大贵族贝色的儿子开牟。开牟正是屠墨的舅舅，而这一脉显贵们都是对郅支单于四处杀伐心怀怨恨的。于是，开牟当了陈汤兵团的向导，而且把郅支城内各种情报都据实相告。陈汤军团前进到离城三十里处扎营，并迎来了郅支单于的使者。

使者代表郅支单于问："汉大人您为何而来啊？"陈汤答："单于既然上奏愿意归顺，天子派我们来接单于。"

使者又互相往来通报了几次情况，大致应该是很客气地说："不用了，不用了，真的不用了。"

陈汤应该也是很客气地说："没事，没事，应该的。跟我走吧。"

后来实在嘴皮子说累了，陈汤军团进抵都赖水（塔拉斯河）上游，距郅支城三里处布阵。单于军一百多骑兵出城挑衅，被陈汤军团一顿箭雨射了回去。之后联军四面围城，挖掘壕沟，堵塞城门，盾牌在前，步兵在后，开始了攻城战。

外围木城被火攻之后告破，而城外四处分散而来救援单于的康居骑兵一万余人也被打散。激战到入夜，从城中突围的单于骑兵几百人也尽数被射死，而城外零散的企图突击陈汤大营的康居骑兵也被逐退。第二天天亮，汉军步兵举着大盾开始了内城突击战，不久内城告破。

随着军候杜勋一刀斩下郅支单于的脑袋，郅支城战役结束。在清点物品时，汉朝遇害使节团的符节和帛书被发现。

前36年，在汉武帝驾崩半个世纪后，在今天哈萨克斯坦塔拉斯河畔的塔拉兹，西域都护骑都尉甘延寿与副校尉陈汤率领西域都护军团歼灭了北匈奴郅支单于后，向长安送去了那份著名的奏报：

"宜县头槁街蛮夷邸间，以示万里，**明犯强汉者，虽远必诛**。"

这读起来是很解气的，但当年要是没有汉武帝赌上国运去外线出击，砸出重金来封赏战功之士，穷尽国力去死磕匈奴、打通西域、两征大宛，留下军事威信，也就没有半个世纪之后陈汤的壮举。

这读起来是很霸道的，只因为陈汤有谋、甘延寿有勇，以汉家威名调番邦联军，用匈奴内部矛盾来分化瓦解敌人，所以既不糜兵费饷，又获功成名就。与陈汤有异曲同工之妙的名将，还有北宋王韶。同样是遍游山川地理，同样是输财货以夷攻夷，这些道理都是相通的。

说罢西汉的陈汤，再看东汉的窦宪。

相比于平民冒险家出身的陈汤，窦宪（？至92年）是一位家世显赫得不着调的外戚。他的曾祖父叫作窦融，窦融的七世祖就是孝文皇后（也就是汉武帝的伟大英明的奶奶——窦太皇太后）的弟弟。

窦融身经西汉末年、莽新，是东汉开国功臣，戍边时很好地保护了河西走廊，平叛时也力助光武帝诛灭了陇西的槐嚣。他为人低调谦逊，不过长子窦穆和孙子窦绩都是嚣张跋扈的败家子，陆续死于狱中。

到了窦宪，他幼年丧父，直到汉章帝建初二年（77年）妹妹被选为皇后，才算入宫为郎。于是，他沿着嚣张跋扈的轨迹一路狂奔，终于被汉章帝斥责为"腐鼠"，算是靠边站了。

88年，汉章帝驾崩，11岁的汉和帝即位。窦宪的妹妹从皇后变成了太后监政，稍稍成熟了一些的窦宪开始揽权。但太后因为找了一个情人，窦宪开始害怕妹妹的情人分走自己的权力，于是直接刺杀之。太后怒了，直接关了窦宪禁闭，本来估计是要杀了他泄愤，结果窦宪一咬牙，一拍胸脯，誓言要去平灭北匈奴。

89年，大将军窦宪，征调京城和沿边十二郡的骑兵以及归附汉朝的南匈奴各部骑兵，分成三路大军，出击北匈奴。窦宪所部大破北匈奴于稽落山（蒙古古尔班察汗山），一路进击三千里，又破北匈奴诸多部落，直抵私渠比鞮海，斩首名王以下一万三千多级，掳获牲畜近百万，前后招降八十一部二十多万人。

窦宪率众登上燕然山（蒙古杭爱山），吩咐时任幕府中护军的大笔杆子班固写下《封燕然山铭》，刻石存证：蹑冒顿之区落，焚老上之龙庭，光祖宗之玄灵，振大汉之天威，一劳而永逸，暂费而永宁。

这就是"燕然勒石"的典故出处。

91年，窦宪再次出击五千里，直抵前无古人的金微山（阿尔泰山），彻底将北匈奴扫出了中国史书。

卫霍时期的出击可以说是金山血海，而窦宪的两次战役过程就是摧枯拉朽。前人栽树、后人乘凉。窦宪次年就在权争中被杀，关于他个人的统军能力以及这两次战役的历史意义毋庸置疑，不再赘述。

地理、地形和地图基本明确，兵员素质、数量和战法都强于北匈奴的情况下，全面而彻底的胜利就像是总会来的那个结果一样。

自从汉高祖刘邦被包围在白登之后，经过近三百年的你来我往的杀伐，可以被教化的南匈奴被汉朝吸收了，不能被教化的北匈奴被赶去了中亚腹地。文学和贤良们动不动就引用孔子的话曰："远人不服，则修文德以来之。

既来之，则安之。"没有武丁、周穆王、赵武灵王、秦始皇帝和汉武皇帝的前赴后继地开边死战，哪有这些文人动动嘴皮子就能怀柔远方的美梦啊。

匈奴可不可以教而化之呢？可以，打服了再说。

北匈奴被抹去了，一劳永逸了吗？没有。战争没有结束，也从来不会结束。代匈奴而成祸患的是曾经摇摆于汉、匈之间的羌人，东汉一朝的对羌战争在中后期逐渐成了主旋律。

前人栽树的难点在于多多少少需要有一些苦中作乐的阿Q精神，后人乘凉的难点在于多多少少需要懂得忆苦思甜的忧患意识。

莫道天凉好个秋，少年怎知愁滋味。

节四五

月明星稀 尾声

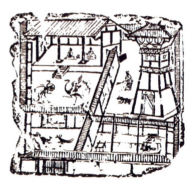

汉家宅院画像砖

在2世纪末期，汉朝便已开始解体，进入新一轮的洗牌。汉武留下的底子，让东汉冲垮了匈奴，但东汉也被替代了匈奴的羌患熬干了身子。

战争的间歇是和平，和平是为了战争喘口气。虽然再一次说到忘战则必亡，但它几乎肯定还是会被忘掉的。对于老秩序来说——无论汉与罗马——只要兵制一坏，秩序也就守不住了，只能等到有一套更好的秩序出现。

走老路？恢复老秩序？莽新篡西汉而试图恢复周政，最终败亡，这是一条历史的注脚。到了东汉末年，还有那位四世三公，试图通过走东汉老路、恢复东汉老秩序而上位的袁绍，最终败亡，这是另一条历史的注脚。

因为一本《三国演义》，所以三国旧事人人喜闻乐道。殊不知三国杀伐，华夏人口跌入谷底。但死了这么多人，只换来了一阵绚烂烟火罢了。三国时期的战争看上去热闹，却和1800多年后的民国初期的军阀混战一样，血腥却毫无技术含量。曹操在《蒿里行》中说："白骨露于野，千里无鸡鸣。生民百遗一，念之断人肠。"

唯一几个值得关注的特征摘列如下。

首先，曹操可以说是小刘邦。曹操依靠的是中小地主，利用的是割据势力，解放的是大地主家里的人身依附农。他杀的是名士，死磕的是世家大族，走的是一条解放生产力的新路。说起来就是这么简单，但曹操的实践过程，走得着实艰辛。

浊流出身的曹操在董卓进京后逃归陈留创业，变卖家产募集了五千人，跟着十余路地方郡守或豪族去讨伐董卓。

董卓裹挟汉献帝迁都长安，别人不敢追，曹操敢追。首战荥阳城外汴水边，曹操被董卓部将徐荣杀得全军覆没，自己也挨了流矢。死战得脱回到联军大营见着诸位首领都在大吃流水席，一气之下他又跑去扬州重新募兵。

好不容易化缘弄了三四千人，可一夜之间逃得就剩下几百人在身边。又混了一年多，曹操才在初平三年（192年）靠着打黑山起义军取得了东郡太守的名号和地盘，再靠兖州之战中软硬兼施镇压了青州黄巾，得黄巾卒三十万，男女人口百余万，升为兖州牧，算是有了立锥之地。

占了兖州的曹操杀了以清流自居的大名士边让，直接导致次年他东征陶谦之时，身为兖州名士的陈宫、张邈暗中叛变，找来吕布袭取兖州。

曹操沦落到只剩下三县在手，自己精挑细选的青州兵也在濮阳之战被吕布的骑兵冲得一败涂地，差点丢了性命。及至曹操迎汉献帝到许都之后，袁绍建议曹操杀掉大名士杨彪、孔融。曹操有了教训所以不敢杀。战阵之上俘虏了敌将，曹操也不敢辱。打败了中原各地的豪族割据势力，曹操更加不敢兼并。甚至自己手下的将领，也是只赏功而不罚罪。

忍啊，直等天开雾散待月明。

他与袁绍对峙官渡之时，派去徐州攻击袁术的刘备倒戈叛变。东海豪强昌豨聚众数万支持刘备，许都内部发生以车骑将军董承为首的谋反巨案，大小官员纷纷和袁绍互通书信，官渡军营之中还有自己的卫士试图谋杀自己，老家根据地沛、樵、颍川的地方长官都不敢向大户征收赋税，这就是官渡之战前、许下烧信时的曹公家底。

真是好一片凄凉了得啊！

但曹操在事前听得进去话，临事又下得了决断，失败了能扛得住压力，胜利了敢于追击扩大战果，这些性格的细节其实都和高祖差不太多。所以三国乱战虽然与楚汉之争的局势不同、环境不同、社会观念也不同，但最终用老方法走新路的曹操统一了北方。

东汉末年之后的三国百年战乱，北方早已遍布各种武装的士族和豪族。最后曹魏开创的政治与军事上的果实被大军事贵族司马氏接管，这是历史必然的一面。因为得天下的曹魏心太软，艺术气息很浓重。至于是司马家还是其他什么姓氏的大军事贵族，那是历史偶然的一面。

其次，曾经作为项氏之楚的反秦大本营的江东，这次使用的割据旗帜是吴。孙氏用当地的旗号来笼络附近的豪族。好处是容易抱团，所以在内部的严重倾轧之下它还是能够割据最久。坏处是容易停滞，没有定鼎中原土地的理由，也不具备吸纳中原人才的号召力，所以东吴偏安。

最后，善变如丧家之犬一样的刘备，唯一拥有的是血缘法统，他也果然先借壳刘表的荆州，然后兼并刘璋的蜀地。对于后两者来说，堡垒都是从内部攻破的，无论刘表是否先死，刘璋是否平庸，他们自己土地上的豪族们从来不是铁板一块。面对一个反复无常且屡战屡败的刘备，这些人中的大多数是不抵触的，还有极少数主动去接触刘备。为什么？对于刘备来说，没什么实力反而成了他被"迎娶"的最主要原因。

三国落幕之后的西晋司马氏，开始大封同姓为王，用以镇抚各地豪霸武装本没有错，错在效法汉高祖的第一步之后，却忘了第二步便是要等待时机、积蓄力量，将这些完成了镇抚任务但还没有扎下根基的同姓王继续削平。所以没有贾谊、晁错的西晋自然就成不了西汉，没有周勃、周亚夫的西晋，八王之乱也没有像七国之乱那样，成为王朝崛起的奠基石，反而成了一场政治灾难了。

历史赋予每个人或者王朝的机会都是均等的。给了西晋安内的时间，它没有抓住。到了必须攘外的时刻来临，北方游牧民族们只好摧垮拉朽地收获了这枚果实，融入了新的胡人血液的北方土地重新进入下一轮竞争。所谓的"东晋衣冠南渡，王与马共天下"，不过是历史长河中的某日黄昏罢了。

东汉时期留在漠南栖息的南匈奴，经过几次反复，其末代单于在汉末中原乱世时，朝见汉丞相曹操，被扣留。又过了许多年，南匈奴五大部集体废弃了自己的胡人姓氏，开始使用汉人的姓氏，为了纪念汉朝而改姓刘氏。至西晋灭亡、司马南渡之前，在并州打出"复汉"旗号建立汉国（即匈奴汉国，后改为赵，泛称前赵，也作汉赵）政权的刘渊，就是归化南匈奴的后代。他认同中原文化，那他当然就是华夏文明史的一部分。华夏文明从来不是狭隘的民族主义论调，这是毋庸置疑的。

狭隘的民族主义是两宋之后开始渐渐沉淀的，再经过西方舶来品中的糟粕理论阐述，才形成了一个流派。归根结底的病灶？军事自信没有了。

五胡乱华？往前说，秦法代周礼，秦国还有一个"秦胡"的绰号。周礼代殷鬼？牧野助战的都是八方蛮夷。往后说，关陇军事贵族起家的李唐也融入了胡人血统。

汉唐时期的华夏文明不在乎血统，强调的是文化优越感。但所以能够沉淀出这种文化胸怀，并被文人墨客用艺术手法表达出来，很简单，是打出来的。这是一种征服之后的霸主心态：你来，我好好招待；你走，我也不留；你要是敢欺负我？我弄死你。

到了两宋之后，所以中原政权的心态越来越小媳妇化，也很简单，越输越不敢打了。王安石及新党效法桑弘羊的改革，延续执行了30年后，同样为北宋国家机器募集到了大量资源。只不过它们没有被投入战争，而是消耗在艺术追求中。于是，文官集团只得一边欣赏着三寸金莲，一边让王安石来背这口黑锅。

一个普通人会有心态——通过一言一行来表达并被旁观者捕捉到；一个文明同样会有心态——通过艺术品来表达并被欣赏者捕捉到。

为什么会有这种心态的转变？后文单加一个番外篇来叙述。这里只说这种心态的可叹、可悲、可怕之处。

与王韶同科进士的苏东坡，那是大名鼎鼎的纯粹文人。在他的笔记《东坡志林》中，除了记载美食菜谱和嗑药配方之外，还特别记录了一段《武帝踞厕见卫青》。东坡说："汉武帝无道，无足观者，惟踞厕见卫青，不冠不见汲长孺，为可佳耳。若青奴才，雅宜舐痔，踞厕见之，正其宜也。"

这话翻译一下就是："汉武这个老昏君，不值一提。只有蹲在厕所见卫青、戴上帽子见汲黯这段典故，稍稍可以称道。卫青这个奴才，最雅不过跪舔武帝的痔疮。武帝蹲厕见他，也真是合适啊。"

苏东坡这么写是为了泄愤。当时王安石在主导强军，王韶正在开边河湟千里。他在政治上靠边站了，所以不但大骂汉武卫霍，还捎带手把太史公也骂了，只因为太史公为桑弘羊写了"民不益赋而天下用饶"的评语。他骂卫霍，实际是映射王韶等人；骂汉武桑弘羊，实际是映射王安石。

这是什么心态啊？这就是小媳妇心态。

如果这人就是一个没有知识、命里悲催的三寸金莲小媳妇，倒也无可厚非。这人偏偏是一国顶尖的大歌星、文艺领袖兼不得志的政治家。他也保持这种心态，那么这个政权就快要没救了。

苏东坡豁达如"一蓑烟雨任平生"，豪放如"大江东去"，阳刚如"会挽雕弓如满月"。可惜，这些都是对内抒情的。牵着黄狗去春游可以，千万别提对外打仗。他殷鉴不远的经验，就是庆历年间北宋被西夏打得灰头土脸的丢人事迹。这让他觉得一打就输，输了还死那么多人，孔孟说那样是不仁不义的，尤其动摇国本——农民。至于他身边的经验，虽然有王韶在西北开边贸、兴利拓地、胜仗连连，他觉得那也不能打，因为那些土地都要依赖内地的税赋支撑，还有很多农民也跑去新土地上谋生路了，这不但动摇国本，还动摇地主的老本——农民。

苏东坡真是慈眉善目为农民？扯淡。他只想"锦帽貂裘，千骑卷平冈"。农民要是都去打仗兴利了，文艺士大夫的利益谁来照顾啊。同样是读书人，大科学家沈括在开渠为农民的时候，东坡在忙着写歌呼应老歌星欧阳六一。王韶埋头西北巡边十年献上《平戎策》，东坡在挂着官衔搞文艺串联。沈括写了《梦溪笔谈》总结为民科学，东坡那本《东坡志林》就不说了。

这种人，有骂汉武的权利，没有骂汉武的资格。

后来又识字、又读书、又实践的康熙大帝在亲征噶尔丹之前，总结得很是精辟：儒生嘛，想做官？没问题，去治理内陆十八省最合适；开边的事情，就不要插嘴了，交给满汉蒙八旗去办。千万别和六一居士欧阳修给北宋皇帝出馊主意一样：您来，我好好招待；您走，我跪着谢谢；您要是欺负我？我征收重税给您上贡。

这种汉唐至两宋的读书人的心态转变，可怕吗？当然可怕。为什么？自从北宋第二位皇帝赵光义武力篡位但军事冒险失败后，宋儒普遍都有这种娘胎里带出来的绝症。只因为赵光义的军事冒险失败得太痛了。败光了军事自信，所以为了"祀"，扔了"戎"，一个积淀百年的非常纯粹的恶性循环模型。这个绝症的成因，留待后话分析。

艺术品是无价之宝，欣赏艺术的角度各有不同。但艺术品所以称为艺术品，正是在于它如实地表达了自己的情绪，而这情绪又忠实地表达了它诞生之时的环境背景。

燕然山原本不过是蒙古草原上的一个地理名词，但有了"燕然勒石"这个文化典故，我们来看看斗转星移、沧海桑田之后的历代艺术表达。

89 年，屁颠屁颠地跟着窦宪去往燕然、勒石而归的大艺术家班固的汉赋是："暨南单于，东胡乌桓，西戎氐羌……勒以八阵，莅以威神，玄甲耀目，朱旗绛天……跨安侯，乘燕然。蹑冒顿之区落，焚老上之龙庭……乃遂封山刊石，昭铭盛德。"

翻译成 21 世纪的普通话就是：我跟着外戚显贵窦大将军出师远征，纠集了三路亲汉势力为先锋，大大咧咧、一路向北，掏了匈奴老巢，焚了人家祖坟。卫青、霍去病那会儿也没有这么风光啊，所以必须在燕然山上刻一块石碑，记录下这么辉煌的时刻。

于是"燕然勒石"就此成了文学地标，需要抒发情绪的时候就可以拉出来，只不过一些人愉快玩耍，另一些人无语凝噎。

737年，盛唐开元二十五年三月，唐朝河西节度使崔希逸在青海大破吐蕃。四月，大歌星王维奉命出使河西宣传慰问将士，刚到凉州之时写下了："单车欲问边，属国过居延。征蓬出汉塞，归雁入胡天。大漠孤烟直，长河落日圆。萧关逢候骑，都户在燕然。"

翻译成21世纪的普通话就是：大艺术家怀着愉悦的心情一路自驾，目的是赶赴边疆慰问演出。哇，出了萧关领略了塞上江南的风情，看着天上大雁一行又一行，惬意。路上遇到穿着明光铠的军队熟人，还不忘卖个人情。嗨，哥们，我去慰问老大，有事我给你垫个话。

基本上，王维这一趟，就是这么个自然写意的形态。

1042年，北宋庆历二年，已经被西夏人搞得焦头烂额的大名相范仲淹说："浊酒一杯家万里，燕然未勒归无计。羌管悠悠霜满地。人不寐，将军白发征夫泪。"

翻译成21世纪的普通话就是：大艺术家发现谈兵和带兵是两回事，酒难喝可还得喝，家挺远可事眼前。之乎者也，事在眼前就是办不了；之乎者也，明明家在万里之外，却越来越想家了。当年四面楚歌，如今四面羌笛，睡不着啊睡不着，武将愁白了头发，民夫哭天抹泪，之乎者也。

基本上，范仲淹这一趟，无奈透顶，不过能保全自己名声，也算可以了。可仅仅过了4年，庆历六年（1046年），范仲淹就在洞庭湖边写下了《岳阳楼记》："我好哥们滕子京谪守巴陵郡，百废俱兴，重修了岳阳楼。除了刻上先人诗赋之外，还要请我写个序。啊，风景美不胜收。啊，先天下之忧而忧，后天下之乐而乐。"

打了一堆败仗的范文正，好意思这么抒怀？这是圣人的口气啊，不过是文的，所以封圣了。

后来打了一堆胜仗的岳武穆，以不同心态下的同样口气写了《满江红》："靖康耻，犹未雪。臣子恨，何时灭！驾长车，踏破贺兰山缺。壮志饥餐胡虏肉，笑谈渴饮匈奴血。"

结果？结果被弄死了。岳爷爷说了臣子恨，还说了朝天阙，但还是被弄死了，风波亭中天日昭昭。

强汉盛唐都容得下武圣，也没耽误汉赋唐诗的文化发展。可到了两宋，容得下一败涂地的文圣，岳阳楼上显赫功名；容不下直捣黄龙的武圣，风波亭中天日昭昭！三百年不杀士大夫？嗯，没错，就弄死了一个岳武穆。

与这种小媳妇心态同时起飞的，还有全世界独一无二的物质遗产——三寸金莲。宋儒深深为那裹脚布下畸形的存在而痴迷。我是实在想破头也想不出，裹小脚怎么会有美感存在？

崖山一跳有哀无悲，绝对活该。

约莫是 1400 年吧，罗贯中在辞世之前，总算解释了范仲淹那杯浊酒："一杯浊酒喜相逢，古今多少事，都付笑谈中。"

翻译成 21 世纪的普通话就是：我勒个去，你可回来了。家里也是一年不如一年了，酒虽难喝，凑合喝吧。看开了，笑笑就好了。

基本上，燕然山？罗贯中连去都不用去了，看开了。汉唐以后，抛物线下行，王小二开店，一年儿不如一年儿了。幸亏爱新觉罗用新的蛮族血液给老文明里面注入了一针强心剂，留住了东山再起的资本。

那层厚厚的裹脚布，是到了新中国才终于被撕去了。

石敬瑭卖了燕云十六州的利滚利之苦，对于想要赎回它的中原政权来说，直到朱元璋才攒够资本。两宋这层千年裹脚布，撕开它之疼，花费代价之沉重，是计算不清楚的。

第一部至此结束，所借用的历史之皮肤，着重点是为了落在洞察：如何提前预判，如何防患于未然，如何先发制人。

但世事无常，千头万绪总是"复杂"二字。复杂过了头，便崩溃了。处理方法就被归纳为：每一个旧的结束，都是一个新的开始。

所以我的第二部，借用了旧大陆上西方军事复兴的轨迹皮肤，讲的就是补救，如何计算后悔药的成本，如何亡羊补牢，如何后发而先至。

从 3 世纪至 5 世纪开始，与其说匈奴入侵来得毫无征兆，推倒了一张又一张的蛮族骨牌，不如说古罗马帝国的组织体系在它所具备的防御地形之上，早已无法应对全面风险罢了。

这一点不能苛责古罗马人的组织原则。他们可以应对某一点的突破，但是突如其来的全线崩溃则是当时的人们所不可能预料到的，而且还是在基督信徒们刚刚将异教徒们屠杀殆尽之后的转型期间。

对于活在当时的古罗马人，他们觉得一切都来得太突然了。但后人替他们总结说，这是早有征兆云云。

匈奴人从达契亚开始，推倒西哥特人，一支进入潘诺尼亚，取道维尼提亚，进入内高卢行省；一支南下摩西亚与色雷斯；一支沿着西哥特人劫掠过的足迹进入日耳曼尼亚。西哥特人则穿行外高卢，一路杀入伊伯利亚。在海上，盎格鲁撒克逊人从北欧的冰冻之地出发，把上一波入侵不列颠尼亚的皮克特人赶去了北方。曾经被皮克特人打压的凯尔特人更是渡海去了爱尔兰岛。所以轨迹如此清晰，是因为有了文字的记录。

记得开篇前 11 世纪那番更替杀伐吗？那时没有太多文字记录，所以只能总结成"更替"二字。而罗马与汉朝的崩溃时刻，却也辩证说明了文明的进步。

虽然古罗马人被他们所不知道的偶然因素击垮了半壁江山，但那套稳定有序的制度依然代表了文明的先进性。帝国秩序在蛮荒的西方崩溃之后，定都君士坦丁堡的东罗马拜占庭帝国又继续起伏存在了千年之久。

开始这个帝国的名称与实质都是东罗马帝国——底蕴上还有些罗马帝国早期文武兼备的影子，但后来的名称叫作拜占庭帝国，实际是希腊人以古希腊文化组织起来的帝国，武则必须依靠北方的斯拉夫势力及近东的游牧兵源了，与罗马彻底没有了关系。

虽然因为地缘运动关系还有伦理体系的建立时间问题，东西罗马与两晋南北朝有些形式上的区别，但在"祀"与"戎"的核心本质上，两边是一样的。

西晋是先毁于八王之乱，然后才被汉化的胡族赶走的。之后北朝统一南朝的底子，也是汉化了的鲜卑。同样，匈奴王阿提拉虽然号称"上帝之鞭"，但古罗马帝国也只是被吓了一跳，最终摧毁古罗马帝国秩序的是曾经效忠他们的蛮族雇佣兵。这些人比纯粹杀伐的匈奴有文化，且熟悉古罗马的军事组织原则。这些人又比讲究血统的古罗马公民有野性，能吃苦、能打仗。包括后来的伦巴第人、法兰克人或斯拉夫人，他们都是罗马化的蛮族——中国人说孺子可教也，西方人说小羊可牧矣。

翻看历史，中国的早期专用地名，如关东、河东、江左等，早已沉淀为文化专用名词。而西方的古罗马时期一些拉丁地名，也是如此。

达契亚（DACIA，罗马尼亚）、萨尔马提亚（SARMATIA，波兰）、潘诺尼亚（PANNONIA，中东欧）、维尼提亚（VENETIA，即威尼斯）、不列颠尼亚（BRITANNIA，不列颠岛）、日耳曼尼亚（GERMANIA，德国）、伊伯利亚半岛（HISPANIA，伊比利亚半岛），这些古罗马人用拉丁语赋予土地的名称，今天大多只有文化渊源了。

长亭外，古道边，芳草碧连天。
问君此去几时还，来时莫徘徊。
天之涯，地之角，知交半零落。
一壶浊酒尽余欢，今宵别梦寒。

西罗马帝国土地上的秩序解体后，野蛮生长时代持续了将近 500 年。当杀戮冷却下来之后，蛮族野性逐渐消退的日耳曼人懂得了如何安顿下来，从习俗到文化，一点一滴渐渐被罗马基督教渗透和驯化。

在生命走向衰亡之刻，内心哪怕有了一丝丝恐惧之时，都要果断意识到这个现象。古时候名将的这种体会，如同今天竞技场上的明星，旁观者思之殷切乃出于对其人的情，信心爆棚乃出于其人的名气之盛。但无论其人演绎的形象如何，其人内心早已知道，面临的这场绞杀是胜是负。

辩证不是一种非阴即阳的平面循环，而是两仪化四象的立体考量。比如？比如劣势情况下，放手一搏的老将必胜——因为鼓起意志的同时，老将额外拥有经验。而目空一切的闯将必败——因为缺乏经验的同时，不缺情绪的闯将挥发了太多情绪在外。同样在这种境况下，畏首畏尾的老将必败——内收外也收，稳扎稳打的闯将必胜——外敛而内磅礴。

才无双而心无奈的蔡文姬手书

无论在哪个时代，生命的诞生是没得选择的，赶上哪拨是哪拨吧。不过战争原则告诉我们，一切都要从一场战争开始。如果恰巧胜利了，就请在短暂的和平时期，为了下一场战争的来临做好准备。

节四六

番外篇 建安操兄第一

建安操兄，姓曹名操，字孟德，小字阿瞒。

天下无不散之筵席，我与他知己一场，临别之际，他为我一段荐语，我为他谱一篇散文。

操兄战阵之外，尤其善诗。我之行文，便也以诗为索，描画一番操兄的心理轨迹。

操兄年少轻狂之时，正逢东汉末年，社稷崩坏，时局动荡。于是他写下《薤露行》。

惟汉廿二世，所任诚不良。

沐猴而冠带，知小而谋强。

犹豫不敢断，因狩执君王。

白虹为贯日，己亦先受殃。

贼臣持国柄，杀主灭宇京。

荡覆帝基业，宗庙以燔丧。

播越西迁移，号泣而且行。

瞻彼洛城郭，微子为哀伤。

其诗前后两段，前段先说大将军何进这个沐猴而冠、知小谋强的败家把式，后段再说匪首董卓荡覆帝基、汉家宗庙燔丧。而其时其刻，年轻的操兄以微子自喻，述说自己如同千年之前的殷商微子一样心内哀伤。

若是文人，必然抒发一番家国情怀之后，想想也就算了。但操兄除了感慨，还真的操起家伙就去和董卓玩命了。这就要说到第二首《蒿里行》了。

关东有义士，兴兵讨群凶。

初期会盟津，乃心在咸阳。

军合力不齐，踌躇而雁行。

势利使人争，嗣还自相戕。

淮南弟称号，刻玺于北方。

铠甲生虮虱，万姓以死亡。

白骨露于野，千里无鸡鸣。

生民百遗一，念之断人肠。

其诗上中下三段，上段先说关东群雄中的士家豪族如袁绍者画了一个咸阳大饼，于是操兄便一腔热血跟着他们举义西讨。中段再说联军一路猜忌伴着内讧，乃至复兴事业尚未成功，袁家已然内斗，袁术已经称帝刻玺了。下段最后说士兵苦、百姓苦、荒野上的尸体都苦，怎一个苦字了得。

操兄和我说，那时他真是年轻，一身理想主义家国情怀。但他也说此非坏事，想想还要感谢这身情怀。后来逐渐成熟起来的操兄，既见了小圈子里的龌龊，也见了大社会中的悲苦。他心想这游戏怎能如此玩耍呢？罢了，既然这些庸人不行，那老子便把你们全灭了再说吧。到那时候，纵使还有问题，也是新的问题了，至少不是白骨遍野的生存问题了。

于是操兄开始了一路起起伏伏的奋斗，先破黄巾、再擒吕布、又败袁绍，其中哪一次都不是手到擒来的易予。操兄说这些当时的难关，让他总是绷紧神经，所以最后他都赌赢了，事业蒸蒸日上。

时光荏苒，岁月如梭。转眼到了建安十一年（206年）春天，为了彻底剿灭袁氏的残余势力，52岁的操兄率军穿太行、入山西、至壶关、过羊肠坂，亲征袁绍的外甥高干，途中写下《苦寒行》。

北上太行山，艰哉何巍巍！

羊肠坂诘屈，车轮为之摧。

树木何萧瑟！北风声正悲。

熊罴对我蹲，虎豹夹路啼。

溪谷少人民，雪落何霏霏！

延颈长叹息，远行多所怀。

我心何怫郁？思欲一东归。

水深桥梁绝，中路正徘徊。

迷惑失故路，薄暮无宿栖。

行行日已远，人马同时饥。

担囊行取薪，斧冰持作糜。

悲彼东山诗，悠悠使我哀。

操兄说那一路熊罴在左，虎豹在右，天上雪落霏霏，脚下水深桥绝。还好！行军虽苦，战事顺利，赢了。

建安十二年（207年），操兄五月兵出塞北，八月击破乌桓，九月班师凯旋。归途中写下《步出夏门行》组诗，《艳》为序，正诗四首《观沧海》《冬十月》《土不同》《龟虽寿》。其中名之大者当然是霸气的《观沧海》和大情怀的《龟虽寿》，但独让我倾心不已的，却是操兄的那段《艳》。

> 云行雨步，超越九江之皋。
> 临观异同，心意怀犹豫，不知当复何从？
> 经过至我碣石，心惆怅我东海。

当时操兄本意是要南下追击投奔荆州的高干，满朝人等也都劝阻操兄放弃北伐而南征，直弄得操兄在南下还是北伐的选择上也是举棋不定。直到郭嘉郭奉孝力排众议，剖析了孰轻孰重，操兄才最终踏上了北伐的征途。

这段作为组诗之序的《艳》，其中的惆怅和犹豫，便极合兵法奥义——开战前怎么犹豫都无所谓，但只要上了战场，就唯有一心绞杀而已。北伐乌桓虽然艰难，却得大胜，让操兄再无后顾之忧，可以专心向南攻略。

可这一战也实在痛哉，操兄失去了郭奉孝。操兄的事业比之高祖，诸多相似。但最为叹息之处，便是高祖与张良张子房见到了革命胜利，而操兄的革命尚未成功，便早早失去了郭嘉郭奉孝。

终于说到操兄大大有名的《短歌行》了，此诗的写作时间，史家历来争议。但操兄告诉我，这诗写在建安十三年（208年）南下征服孙权之时、赤壁之战之前。

操兄还说，其实这是一首战前的统战诗词，那时他的心态已经有些变化了。他更倾向于摆出阵势等待江东投降，所以最后输了。他觉得要是郭奉孝还在，他也不至于在开战之后还在犹豫。

> 对酒当歌，人生几何！譬如朝露，去日苦多。
> 慨当以慷，忧思难忘。何以解忧？唯有杜康。
> 青青子衿，悠悠我心。但为君故，沉吟至今。
> 呦呦鹿鸣，食野之苹。我有嘉宾，鼓瑟吹笙。
> 明明如月，何时可掇？忧从中来，不可断绝。
> 越陌度阡，枉用相存。契阔谈宴，心念旧恩。
> 月明星稀，乌鹊南飞。绕树三匝，何枝可依？
> 山不厌高，海不厌深。周公吐哺，天下归心。

操兄开头八句："对酒当歌，人生几何？譬如朝露，去日苦多。慨当以慷，忧思难忘。何以解忧？唯有杜康。"

我抽象地翻译一下："醉便唱，爱谁谁。见露水，不知愁。恨化爱，忧便去。忧不去，喝酒啊。"

其中前四句，霸气无双，不说过去，不说未来，就说当下。随后的"慨"，是一种高昂的情绪，但却起源于愁、仇、恨等负面因素。"慷"亦是高昂情绪，但却意味着散财、撒爱、施恩。"慨当以慷"，用今天的话说，就是江东割据者听着，化干戈为玉帛吧。这种大气魄，当然是因为操兄已经一帝之下、万人之上了，而且这一帝还是名义上的一帝。

"忧"，是第三种情绪，但对象却不是江东，而是战乱之中的天下百姓。操兄的对天下、对百姓的忧思和对江东的爱恨情绪转化并不冲突。操兄认为他与江东军阀之间的爱恨不转化，那么忧思就不能停止。操兄的第二个四句便是：如果不慨当以慷，那么只能忧思难忘。如果心中有这忧思，那就喝酒排解吧。

操兄此八句是直抒胸臆的，不加修饰的，是对眼前宴席上的人们说的："爽啊，喝吧。醉了，歌之。露水短暂却无甚烦恼。我等凡人，因为有了明天所以反而有了烦恼。就我操丞相个人来说，当然希望化干戈为玉帛，陈兵于前等江东降旗，但江东不给准话儿，看来非要一战，所以烦躁啊。又要多少黎民暴尸荒野，有什么能让我忘了这很多尸体的烦恼？当然是喝酒了。"

操兄的第二段八句："青青子衿，悠悠我心。但为君故，沉吟至今。呦呦鹿鸣，食野之苹。我有嘉宾，鼓瑟吹笙。"

我抽象地翻译一下："捧你在先，意思其中。莫给你脸，还不要脸。牲畜样子，教化之外。咱们君子，讲究训导。"

《诗经》风、雅、颂，其中国风当时算是最下品的通俗歌曲，小雅算是档次稍高一些的器乐独奏，大雅则是档次更高的器乐合奏，直到最高级别的颂——文在乐前，乐配合文。而"青青子衿，悠悠我心"，引用了《诗经·郑风·子衿》的两句。《子衿》三阙十二句，大意是一个郑国颜值还算姣好的妇人对自己的情人哀怨说："你那风采飘飘的君子样子，总是在我的记忆中荡漾。"第一个循环是："青青子衿，悠悠我心。纵我不往，子宁不嗣音？"大意是："你穿西服的样子，真是好帅。我不约你，你就不主动了？"中四句第二个循环是："青青子佩，悠悠我思。纵我不往，子宁不来？"大意是："你系领带的样子，真是勾魂。我不找你，你就不来了？"后四句第三个循环是："挑兮达兮，在城阙兮。一日不见，如三月兮。"大意是："到处找你，四处溜达。一日不见，如隔三月。"可见情之一字的厉害啊。

操兄说当初江东主动前来低头，因此有感而发，后来才知道江东乃是忽悠自己的，可当时自己确实是动摇了。"但为君故，沉吟至今"，操兄说江东好歹算是君子，之前又往来递送过降表，虽然总是反复，但他还在斟酌——不是不战，是花力气武力统一，还是等着江东投降屈服。不过有一点可以确定，这里面没有一点惺惺相惜的意思，只有臣与不臣的掂量。沉吟只是在思考和犹豫，用何种方式提掉江东这一子。操兄说郭奉孝要是还在，自己当时怎会那么犹豫。

通俗歌曲唱完了，轮到"呦呦鹿鸣，食野之苹。我有嘉宾，鼓瑟吹笙"

了。这就很好理解了，操兄已经是引用了《诗经·小雅·鹿鸣》，而《鹿鸣》是周天子和诸侯这个级别的王者大宴群臣宾客时用来吹奏的礼制雅曲。这已经不是《诗经·郑风·子衿》中的凤求凰的口气了。

操兄引用《子衿》是捧：你若君子，来降我纳。而语气不变、但语意突变地引用小雅《鹿鸣》，就是说：你别过分拿着架子，一只畜生而已。

操兄这是已经把江东割据政权对号入座了——此刻江东即是当年困扰周公的徐淮夷罢了。操兄的意思是，我周天子谱下的教化之曲，鼓瑟吹笙、德音孔昭，你听懂了，便有酒喝，也有君子的称呼。可你若不做君子，那就只能做一只食草野鹿了。

操兄这八句是先屈尊降贵，再补充威严，但总之都对江东来降抱着一丝丝心底的幻想。同时操兄也念及连续两年伐高干、伐乌桓，如今率疲师挟大胜之威南下，要是能够不战而屈人之兵自然最好了。

操兄的最后十六句："明明如月，何时可掇？忧从中来，不可断绝。越陌度阡，枉用相存。契阔谈宴，心念旧恩。月明星稀，乌鹊南飞。绕树三匝，何枝可依。山不厌高，海不厌深。周公吐哺，天下归心。"也都是在劝，有软劝，有硬劝。但目的只有一个："别打了，你就降了吧。你不降，忧不绝。天上无云，我看得清楚。鸟啊鸟啊飞到南方？那里没地方歇脚。你还是降了吧，你还能有山高，能有海深？人们见到的是周公吐哺，可你也要懂得周公是如何平灭徐淮夷的，我要天下归心，如此而已。"

操兄说，从心态上，当时他自己觉得这次胜算已定了，所以酒酣之时，才从摆名声给自己人打气开始，到排比出《诗经》正朔来敲打和恫吓江东，最后兴致来了，还给江东算了一卦，告诉江东如果开战，他孙权为什么会输，而自己又为什么会赢。

结果这一战操兄输惨了。操兄总结说，其

白脸是艺术的白脸，
操兄是真实的操兄

实他从心底潜意识上，当时是犹豫的。而他内心深处的开战决心不足，演化成了他心态上的想赢怕输，终于在他的行动上，就成了硬战与纳降之间的摇摆不定。

不过操兄也说，胜败乃兵家常事，只是无比怀念郭奉孝啊。

操兄者，便是如此豁达的超一流人物。

我与操兄临别之时，操兄哭了。这才有了他送我的荐语："之前求荐的竖子不乏其人，但为君故，沉吟至今。现在懂我者终于到了，能为荐语，幸甚至哉。"

是为文，以谢建安操兄之教诲。

节四七

番外篇 唐第二

郑仁泰墓明光铠陶俑

唐之盛，同期灿烂无双，其得益于军法之兵制，更替符合节奏。唐之败，也受累于兵制之疲坏，一丝无可奈何，不过可堪玩味。

隋唐的兵制在开始之时，沿袭西魏北周以来的府兵制度，也就是把军队力量寄养在均田制下的地方行政结构中。"寓兵于农"是总结性的说法，但实质上，并非耕作的农民即是士兵。最开始的时候，军府所辖土地上耕作的农民供养着地主。地主负责在有事的时候作战，没事的时候练习军事技巧。军府中的众多农民，在平时养活自己和供养军事地主，在战时也只有其中强壮的农夫，才有资格作为武士的仆从，和武士的家奴一起踏上战场，杀敌博取战功。

这套制度在南北朝和隋唐初期的中原军阀战争频仍之时是有效的，东晋的北府兵乃至南朝早期的兵制也是类似的制度。施行一开始，因为杀伐的输家让出了可以耕作的土地与人口，杀伐的赢家获得了可以支配的土地与人口，这是很有效率的制度。在唐朝鼎盛时期之前的对外征服中，这套制度也一样有效，是因为虽然不再能够获得新的耕作土地——在西北对外族的作战获得的土地都是贫瘠或者不值得留恋的——但是府兵军事贵族们却获得了朝廷赐予的荣誉，无论是生赏，还是抚恤。

唐初的府兵制度中，这些贵族家庭中没有继承权的子嗣们可以自备军械和仆从去边疆赢得荣誉。他们若是战死，唐朝政府会第一时间将战死者的功名送回各府各县各家，这在乡里是一种荣誉。而要是活着回来的将士，自有一套中央政府颁发的荣誉头衔，虽非具备行政权力的官职品级，但在乡民看来却是衔比官重。平民的身子配上荣誉的装束，那在村里是可以横着走路的。盛唐的基业就是这么奠定的。当时用来养兵的府，唐朝有六百三十四个，上府一千二百个名额，中府一千个名额，下府八百个名额，关内道占了二百六十一府，长安附近占了一百三十一府，那是荣誉的象征。

但是到了唐朝最鼎盛的时候，不但士兵不再被尊重了，就是军官也不再被尊重了。这些原本以从军为荣的富家子弟们发现，自费去了长安穿上军装，结果被商人看不起，被自己的长官吆五喝六地充作免费苦力，不是为哪个富商盖房子，就是为哪个大官摆仪仗。被派出去打仗的那些人，被同样世袭的边郡的吏们盯上了。这些吏的老爸告诉儿子：这帮来边郡打仗的骑士都是有钱人，他们出家门的时候，不但自带装备和钱财，而且他们的妈妈往往还怕不够，都要嘱咐仆人再带几捆丝帛以备不时之需。你不断加码派活儿，弄死了他们，他们寄存在你仓库里的东西就都归你了。于是府兵制就玩不下去了，烂掉了。

之后府兵制改成了募兵制，这不是唐朝某个人拍脑门想出来的，而是行政官僚体系根据汇总上来的情况，发现上述这些问题。府兵制下的军府数量没变，但能够提供的兵源素质却越来越差往日向郡县报丧是一种当地的荣誉、中央的义务，现在中央麻木了，懒得去做了，而地方也大多荣誉泛滥了，不再觉得那是荣誉了，所以中央便招募边郡能打仗的胡人来解决这个问题。

胡人不但渴望荣誉，更渴望先吃饱饭。有了饭还有了荣誉，夫复何求，这便是放开了边郡各自募兵的节奏。因为内地不需要打仗，也不需要募兵，只需要维持秩序的警察罢了，所以藩镇的种子就埋下了，尤其是在北方。等到安史之乱，中央政府才发现，虽然胡兵易养，战斗力也更强，还不怕吃苦受罪，但是有一个大问题——忠诚，因为教化没有跟上。

结果边郡之兵忠于节度使而不知有朝廷，靠着历年的口碑和节度使之间的制衡，唐朝这才走完了最后150年的时光。但当初放出去的权力，再也没有收回来。

古罗马和拜占庭用蛮族雇佣兵与汉用匈奴、唐用胡的结果一样。到了很久之后的不列颠用印度兵、美利坚用万国兵，虽然原理都是一样，但很显然英美汲取了教训，一面吸收廉价的兵员，一面跟进价值观的教化。这就是相同的原理，但要根据时代的不同，而换一种皮肤来演绎。中国人有句成语叫作与时俱进，说的也是这个道理。

唐兵制之坏，是生命自然的代谢，此处不再赘述。下面要说的宋，却是娘胎里带出来的先天疾病。

唐胡卒带犬

节四八

番外篇 宋辽第三

　　耶律阿保机（872年至926年）出身于契丹迭剌部。唐天复元年（901年）痕德堇可汗即位，任命耶律阿保机为迭剌部夷离堇（军事首领），率领本部专事征讨塞外各部落。当年连破室韦、于厥和奚这三个部落。902年掠地唐境，入河东、代北，克九郡，俘获九万五千人。903年征讨女真、奚，侵入河东、蓟北。

　　907年，痕德堇可汗死后，契丹八部联盟推举耶律阿保机出任可汗。首先，他很能打，所以能够上位。游牧民族施行的是部落联盟制度，这个制度下的军事首长叫作可汗。按照规矩可汗是三年一选，谁拳头硬谁就坐这个位置。

　　其次，耶律阿保机懂得用人，除了将军队用来打仗之外，身边还聚拢着一批北方的汉人豪族大姓。这些知识分子告诉耶律阿保机，要提高生产力，就要改改老规矩。他们也告诉耶律阿保机，要改老规矩，就要动既得利益者的蛋糕。

　　转眼耶律阿保机已经做了5年可汗，可还是没有再选的意思。所以迭剌部耶律阿保机的亲族在911年至913年，连续发动三次叛乱。耶律阿保机平叛成功，史称"诸弟之乱"。之所以能够成功，很简单，耶律阿保机是被动平叛而不是主动镇压，是早已有备还要卖个破绽——后两次叛乱都是趁着耶律阿保机领军出兵在外之时发动的。

　　耶律阿保机等的就是你主动反，大军在外不过杀个回马枪罢了。知道你有反意，但也知道你逃不出我的手掌心。耶律阿保机要是对笼中鸟先下杀手，他在自己的迭剌部底层人心目中，就是不义。这个道理，在春秋初期郑庄公灭姬段之时已经讲过了，不再赘述，所谓"攘外必先安内"。

　　但对其他契丹七部，那就是"攘外"了，就不能用这个道理了。另外七部联合起来要求耶律阿保机让位，耶律阿保机乖乖交出了代表可汗身份的旗鼓和神帐。这就是知道你有杀意，你力量暂时强大，我让。但我让的原因是等待时机，为了先下手为强。

这次杀机的创造，是他的夫人述律平（879 年至 953 年）出的主意。915 年底，以盐为引，设下酒宴，诱来七部贵族，酒酣之时伏兵起。史称"盐池之变"。日后耶律阿保机下葬之时，述律皇后砍下自己右手，装入棺木中作为陪葬。有妻如此，又会用人，耶律阿保机怎能不成就一番大事业？

"诸弟之乱"的后发制人是为了站住道德的制高点，但前提是对象叫作"一群笼中鸟"。"盐池之变"则是先发制人的抢攻，因为对象叫作"七匹草原狼"。所以耶律阿保机的第三个特点是除了勇武还有谋略，第四个特点是够狠。

随后耶律阿保机征服七部，谋士韩延徽建议："叫可汗，就必须在契丹各部联盟中举行选举；叫皇帝，可以世袭。"

916 年，耶律阿保机称帝建国，国号契丹。947 年改国号大辽，983 年改称大契丹，1066 年复号大辽，1125 年辽国末代天祚帝在应州被完颜娄室俘虏，辽被金灭，国祚 209 年。

辽兴，始于战争。战争让辽国完成了政治、经济体制的转轨切换。辽亡，亡于饭僧。

据《中国经济通史·辽夏金卷》统计，鼎盛时期辽国人口也不超过四百万，而僧尼数量则不少于人口比例的 10%。自 902 年耶律阿保机在上京建立第一座寺庙开始，当时的僧尼不过千余人，至 942 年辽太宗耶律德光（902 年至 947 年）为述律皇太后祈福之时，僧众之数已经超过五万。

40 年间这些拥有免税特权的僧尼数量增加了将近五十倍。这些饭僧不但具备特权，而且在大量"繁殖"后，到了辽国行将就木之时，已经具备了三分之一强的政治话语权。

所以很多年后，《元史》中记载了忽必烈总结辽覆亡的第一原因，就是这些免税的饭僧太多了，太吃国家资源了。

辽国在北方兴起之时，中原正是五代十国的军阀大割据时代。在说宋之前，先过一遍五代——"梁、唐、晋、汉、周"，用辽太祖耶律阿保机为尺，丈量一下这些人的深浅。

907年，前黄巢叛军部将、被唐朝招安后改封梁王的朱温篡唐称帝，建都开封，史称后梁，唐朝正式灭亡。

作为五代十国时期第一个登场的中原政权，后梁立国之始便与盘踞太原的唐朝河东镇节度使、晋王李克用及其子李存勖开战。913年，李存勖陷幽州灭桀燕；923年，李存勖兵抵开封灭后梁，随后建都洛阳，史称后唐。

作为五代十国时期第二个登场的中原政权，先破桀燕又退契丹的后唐，名义上短暂统一了北方。926年，李存勖冤杀部将郭崇韬，另一险遭不测的部将李嗣源起兵开封，里应外合攻入洛阳。李存勖死于"兴教门之变"，李嗣源继任后唐皇帝。李嗣源攻洛阳之时的开路急先锋石敬瑭是他的女婿，颇受宠信，随后出任了后唐的河东镇节度使。

936年，后唐末帝李从珂猜忌石敬瑭，出兵六万在太原城西北列阵，准备长围久困，收拾石敬瑭。石敬瑭向辽太宗耶律德光借兵，许诺割让雁门以北的燕云十六州，并以父礼事之。随后契丹兵至，后唐兵败灭国，石敬瑭入洛阳，作为五代十国时期第三个登场的中原政权，史称后晋。

石敬瑭这个有名的儿皇帝，被围太原之时借兵契丹这一行为并无过错。当年的隋朝唐国公李渊，也是在次子李世民的谋划和撺掇下，借到了突厥军队，从太原起兵，直入长安的。

虽然当初借兵之时，石敬瑭的部将刘知远认为石敬瑭给契丹人的有名有实的抵押品过于丰厚了，于"名"自降一辈，于"利"割让土地，还有每年的岁贡利息。但这一行为也无过错，他隔着太行山脉的邻居、卢龙节度使、北平王赵德钧也在大肆用金帛贿赂契丹，开出的价码更高，许诺带着耶律德光直取中原。

契丹的高利贷，石敬瑭不借，赵德钧也会借。石敬瑭的使者桑维翰在耶律德光面前是哭天抹泪地整整求了一天，耶律德光感动于桑维翰对石敬瑭的忠心不二，才推了赵德钧的申请，收了石敬瑭的抵押。

只有随着时间的流逝，才知道石敬瑭的错不在行动，错在了思想。

石敬瑭压根没想着赎回典当给契丹的那些抵押品。对他来说，行动之始就把那些抵押当作了"死当"。不过对他身后的中原人来说，燕云十六州却是必须去赎回的"活当"，可那早已经是利滚利之后的天价了。

或者换一个说法也行，高利贷这种东西，赎是赎不回来的，解决的办法只有两种：要么像李渊那样，借到突厥的资本，完成上市，用市场筹来的更大资本，逼着突厥从唐朝借一份利息更高的债务。至此是大家两清还是吞掉突厥，只看心情而已；要么就只能像石敬瑭那样，借到契丹的资本，完成上市，然后今朝有酒今朝醉，先痛快了再说吧，窟窿自有后来人。

947 年，契丹连续三次南征终于灭后晋。后晋河东节度使、北平王刘知远在太原称帝，史称后汉。契丹劫掠北返之后，刘知远出兵占领洛阳，建都开封。

951 年，刘知远次子刘承祐逼反邺都留守郭威。郭威起兵攻入开封，史称后周（951 年至 960 年）。以开封、洛阳和太原为中心的"梁唐晋汉周"，大抵如此。后周代后汉的同时，刘知远的弟弟、河东节度使刘崇据河东十二州称帝，史称北汉（951 年至 979 年）。

北汉继续盘踞在以太原为都城的河东境内，人口稀少、土地贫瘠，和南面的后周势不两立。北汉之所以能够苟延残喘地维持统治，得益于其作为契丹附庸的地位。自从北汉认了契丹这位叔叔，隔三岔五去朝贡一下，就可以接收到大批军援，如果中原政权兴师问罪，叔叔还会亲自出马前来平事。

显德元年（954 年），郭威养子柴荣继位，是为后周世宗。当年北汉刘崇与契丹合兵南侵，柴荣亲征北汉。两军在高平列阵，后周的侍卫马军都指挥使樊爱能的骑兵自乱阵脚、步军都指挥使何徽的步兵解甲投降，柴荣从中军率卫队骑兵出击，冒着箭矢督战才扭转了战局，取得全胜。随后斩樊爱能、何徽以下将校七十余人，收获了军事威信。太原不克之后柴荣返回汴梁，将五代延续下来的禁军去冗选精，招募各地的豪杰，不论出身，都许其殿前试阅，相当于完成了一轮军事改革。

显德二年（955 年）四月，柴荣命令近臣二十余人作《平边策》，研究统一的战略和策略。五月，他发动了夺取后蜀的秦州（甘肃秦安西）、凤州（山西凤县东）、阶州（甘肃武都东）和成州（甘肃成县）的战争，控制了自己的侧后方，也达到了威慑后蜀的目的；十一月开始进攻南唐，到显德五年（958 年）三月南唐割地求和，除了收获江淮十四州、六十县、二十二万六千户，另有大量的战争赔付和岁贡。

显德六年（959 年）三月，柴荣兴师北伐，开始进展顺利，兵不血刃地攻下益津（河北霸州）、瓦桥（河北雄县）、淤口（霸县信安镇）三关，获得莫州（河北任丘）、瀛洲（河北河间）与易州（河北易县）的十七县、一万八千户。五月初二在瓦桥关的军事会议中，柴荣坚持直取幽州，但随后患病，继而病重。五月三十日，他班师抵达澶州，返回汴梁之后已经预知不好，六月初开始大规模的人事调动，安排后事。

其中最重要的一项安排，是削去后周太祖郭威的女婿张永德的军职，改让低级军官出身、资望较浅、夺取帝位可能性最小的赵匡胤接替了殿前都点检的职位。之后，柴荣在六月十九日病亡，7 岁的梁王柴宗训继位。李重进兼任淮南节度使，监视南唐；韩通兼任天平节度使，监视汴梁东北；赵匡胤兼任归德节度使，监视汴梁东面；向拱任西京洛阳留守，监视开封西面。

五代之中，柴荣最有能力，但寿数不够，为他人做了嫁衣裳。

赵匡胤，涿郡人（保定涿州），高祖父做过唐朝永清县、文安县和幽都县的县令，祖父做过营州（河北昌黎）、蓟州（河北蓟县）、涿州（河北涿州）的刺史，宗族与乡土的势力大多来自于河北。他的外姓家底，比如高怀德，真定常山人；韩重赟，磁州武安（河北邯郸）人；曹彬，真定灵寿人；潘美，大名府人。

没有祖上的威望，赵匡胤聚不起众；初期聚来的众，必然出自乡土。老霸主警惕威胁可以溯源而上，看看眼中钉在老乡土上的口碑。如果口碑很差，这就不是威胁。新枭雄选人用将，同理逆用。

赵匡胤在郭威手下之时，最高军阶只是滑州副指挥，发迹是跟随着柴荣的南征北战。954 年与北汉的高平之战后，他才晋升为殿前都虞候，956 年从征南唐时晋升为殿前都指挥使，959 年从征幽州之时的身份是水陆都部署，直到柴荣遗命才被擢升为殿前禁军的最高职位——殿前都点检。

显得七年（960 年）正月初一，赵匡胤以镇州（河北正定）、定州（河北定州）的名义，上报北汉与辽会师南侵，要求出兵抵御。宰相范质、王溥随即命令赵匡胤率军出征，之后便是陈桥兵变、黄袍加身。

这次政变的操办人之一赵普说得很明白，第一是都城人心不摇，第二是诸将长保富贵。这两项在当时都做出了保证，在事后也确实都做到了落地，于是政变就成功了。

所以"杯酒释兵权"，不过因为这些人都是笼中鸟。赵匡胤和耶律阿保机的做法是一样的，宋辽的效果有所不同，是笼中鸟的风格问题。

960 年四月，后周旧将、昭义军节度使李筠反叛，他握有潞州（山西潞城）、泽州（山西晋城）、沁州（山西沁源）。虽然赵匡胤手书劝慰，又遣使带话："我没当天子的时候，你强任你强，我既然当了天子，你就不能小小地忍让我一些？"但李筠是个忠义之人，一时激愤之后已知没有退路，便散发檄文、联络北汉，彻底反了。

李筠忠义虽有，但却是武勇之人，首先没有听从谋士的建议——避开大梁兵甲之精锐，西下太行夺取洛阳，与赵匡胤东西对峙于虎牢；其次是不太懂得从北汉借势，既然联合北汉，却在合议之中语带讥讽，伤害了合作伙伴的自尊。

随后李筠自领军南下与宋军对峙，于是六月十三日兵败泽州城。自六月初一赵匡胤亲自督军围攻泽州城，到十三日发动敢死队登城突击，形制虽小但城垣坚固的泽州很是费了宋军一番功夫。

原本治所扬州的淮南道节度使李重进也是准备反的。他是后周重臣，郭威的外甥，与坐着火箭晋升的赵匡胤早有嫌隙。但李筠起兵的时候他犹犹豫豫，派去联络南北夹攻的使者投了赵匡胤，自己又在身边两股势力的游说之下继续犹豫，派去南唐求援的使者也吃了闭门羹。赵匡胤已经讨灭了李筠，掉过头来发兵扬州之前问赵普怎么看待李重进的反叛。

赵普说："李重进就和当年的淮南王黥布一样，用了薛公嘴中最下等的策略，却怀着诸葛亮北伐中原的雄心。这种路数，怎么打怎么赢，速取可以。"于是十月二十四日赵匡胤出兵，十一月就攻破扬州，抚平了后周疆域内的乱因。

看不清的事情，可以随便犹豫，多犹豫、多想想也许是好的。可明摆着的事儿，都已经行动了，还要犹豫，便只能失败了。

耶律阿保机可以忍，但行动之后就是速取。赵匡胤可以忍，但行动之后还是速取。

行动之前的奥义就是多算胜，少算不胜。行动之后的奥义就是兵贵胜，不贵久。把这道理用顺了，胜；用反了，败。

960 年，宋太祖赵匡胤可以称为"文篡后周"。

随后治国的第一年，他对内部的文官行政体系并无大动作。面对这些后周的士大夫们，上至宰相，下至官吏，他同样需要给这套行政体系一个保证。于是宋太祖让渡了几乎所有的行政权力给这些可以教化一方乡土的中原士族们，以争取时间用军事行动来对内树立威信，拿回皇权中的行政权。

这一战略目的分解为三项措施与一系列战争，无疑是圆满达成了。

建隆二年（961 年），赵匡胤"杯酒释兵权"，以和平的方式让拥兵将领们交出了兵权；乾德元年（963 年）四月在各州设置通判，地方长官的命令需要长吏、通判两道确认后才能下行；乾德三年（965 年）三月设立诸路转运使，掌控了地方财政。这三项措施的作用，都是从士族手中收回曾经让渡出去的行政权力。

与此同时，宋太祖也需要发动战争。战争的作用，除了显性的对外拓土扩张之外，隐性的作用就是对内树立军事威信。

后周的郎中王朴曾经建议柴荣采取先南后北的方针，先捡容易的来。但柴荣并没有认真采纳，宋太祖一开始也是如此。他沿着柴荣的既定讨伐方针，先北后南地尝试了两次讨伐北汉。毕竟太原距离汴梁最近，是肘腋大患，可都是一样的结果，北汉不可怕，可怕的是辽朝援军。

继续死磕？当然不会。吃了苦头的宋太祖做到了从善如流。

他向北三线屯兵，一路防备党项，一路防备契丹，一路防备北汉，然后将战争的战略方向由北方变为西南，先拿下荆湖（湖北荆州、湖南长沙）的割据势力南平、武平。荆湖地区到手，则南汉、南唐、吴越三个主要军阀割据势力就被分割监视了。随后进攻蜀地，出兵六十六天后，后蜀孟昶投降。虽然在战术上平蜀之时有些瑕疵，做了一锅夹生饭，导致蜀地日后成为北宋一朝的"痔疮"，但当时巴蜀已经尽在掌握。

于是形势大好的宋太祖在 969 年第三次出兵北汉，二月出兵，三月就包围了太原。四面修筑寨楼一顿攻打而不克，之前讨伐李筠之时攻坚城不易的问题便显现了出来。宋太祖发动太原各县壮丁几万人，堵塞北面的汾水准备灌城，同时，西北担任狙击契丹援军任务的宋军也是两战两捷。可是，拖到五月中，面对已经是大水环绕且外城墙垛已经倒塌的太原，宋军就是攻不下，六月班师。

抵抗意志足够坚强的城池几乎无法被硬攻突破的道理，早已上演过不知多少遍了。宋太祖又吃了一次苦头，但心态很好。之后一年，宋太祖开始专注贯彻先南后北的战略，以荆湖为前进基地，攻灭了南汉。

4 年后进攻南唐，开宝八年（975 年）正月包围了金陵城。宋军在吴越国的襄助之下，打打停停，十一月发起总攻，金陵城破。除了围城打援的军事需要之外，这也是一个坚城难攻的例子。宋太祖却处理得相当不错，前敌总指挥曹彬也坚决贯彻了这一意图。长时间的围而不打消磨了城内守军的意志，湖口东进支援的十万唐军也被歼灭，南唐境内的各州各县也被宋军抚平。

宋太祖的雄才大略，也不是一天炼成的。失败是成功他妈，有些人从失败中汲取了能量，所以成功了。有些人被失败彻底吓傻了，就没有所以了。宋太祖对南唐使者说："卧榻之侧，岂容他人鼾睡？"他对柔弱的金陵尚且如此，对近在咫尺的太原自然就更是心结，所以他才总是忍不住南一会儿、北一会儿。说到底，宋太祖也是人。但他一旦意识到错了，在付出有限的成本之后，立即能够回到先南后北的路线上。

所以宋太祖赵匡胤和辽太祖耶律阿保机一样，都是王者。古今王者都是征服心态，手段都是武文并用。

只武不文，争霸心态；只文不武，小媳妇心态。

当初在李重进反叛求助南唐之时，南唐傲娇地表示："人家羽翼已成，现在帮不了你。"宋军攻打南唐之时，南唐求助吴越，吴越也表示帮不了。南唐委屈地说："我要亡了，你还远吗？"

这话是真的打脸啊。想必当初李重进也跟南唐这么说过。到了金陵被围，南唐才体验了这话的真实感觉。至于还没有体验的吴越，不但没帮南唐，反而出兵助宋军攻灭了南唐，以为奉表臣服便可万事大吉。

写惯了"春花秋月何时了"的李后主，如果一直把这种小媳妇似的心态保持下去，虽不像蜀后主刘禅一样死心塌地地乐不思蜀，但至少也是"故国不堪回首月明中"的结果，认怂了、放下了。

偏偏他认怂了、却放不下，放不下、又还要表达出来。为此他还不惜弄出一首豪放派的《破阵子》来抒发亡国之情。

四十年来家国，三千里地山河。

凤阁龙楼连霄汉，玉树琼枝作烟萝，几曾识干戈？

一旦归为臣虏，沈腰潘鬓消磨。

最是仓皇辞庙日，教坊犹奏别离歌，垂泪对宫娥。

于是？于是换来一杯毒酒而已。

李后主的心态就是：我无奈地接受了小媳妇的地位，但无论如何，原来是主妇的我，必须要把这小媳妇的委屈给表达出来。所以这种人精确地说，是主妇跌成小媳妇的心态。真正没做过主妇的小媳妇从来是任劳任怨的，或者至少也要扮演成任劳任怨的，前者是知足，认怂了，放下了；后者是有为，认怂了，放不下，藏起来，等来日。

性格决定命运，可以这么说，抽离出原理，就是为某事选某人，先看性格。上位者面谈，不外乎观察这一点。我在这基础上，闲话一句，经历决定性格，抽离出原理，就是某人被选去为某事，先看经历。面谈之前，先看简历，就是这个道理。

南唐、吴越这种只文不武的小媳妇心态，还有这种心态下的低级政治智慧，后来被宋朝完全消化吸收。尤其惊人雷同的两宋结局，可以说是这种心态的极致演绎。

很多年后，做了百年快乐小伙伴的北宋与辽国面临同样的政治选择之时，北宋选择配合金国瓜分辽国，结果不但自己损兵折将什么也没吃到，还被金国顺手灭了。

又过了很多年后，做了百年欢喜冤家的南宋与金国再一次面临同样的政治选择之时，南宋选择配合蒙古瓜分金国，结果还是什么也没吃到，自己被蒙古从历史上抹去了。而宋化（真不是汉化）的金国宫廷在奄奄一息之时，最后一次迁都就是跑去了汴梁。这个金国曾经灭掉北宋的靖康之耻纪念地，也成了金国自己的葬身之地。悲催啊！

从宋太祖武文并用到两宋只文不武的转变，一切的根源要从宋太祖离奇驾崩说起。

开宝九年（976 年）八月，已经握有黄河以南全部土地的宋太祖安排了五路军队进攻太原，发动他的第四次太原战役，旨在攻灭北汉。但十月十九日夜，宋太祖召晋王赵光义入宫饮酒之后，次日清晨宋太祖暴毙，留下了"烛影斧声"的疑案。

相比宋太祖文篡后周，赵光义的武力篡位不是讨论重点，重点是拿到了权柄，他干了什么。儿皇帝石敬瑭借兵和唐高祖李渊借兵的例子已经说过了，我们再看看唐高宗李世民，他也是武力篡位，"玄武门之变"比"烛影斧声"还要赤裸血腥。

所以拿到权柄是否正义，这工作是儒生去做的。我只观察付出多少代价才拿到权柄，拿了权柄又干了什么，后果是什么。

先说后果，再看过程。

960年，北宋赵氏王朝立国，至1127年靖康之变，国祚167年，其间共有宰相七十二人，执政大臣二百三十八人；南宋赵氏王朝，至1279年崖山一跳，国祚149年，其间共有宰相六十一人，执政大臣二百四十四人。

儒家在孔孟之时的理想直到两宋终于彻底实现，中原政权有史以来第一次把全部"祀"与"戎"的治理权力，交给了儒家理论培养起来的士族集团。两宋三百年间，科举士族的政治权力要远远大于皇权。宋儒士族集团第一次全面掌控国家机器，"刑不上大夫"的原则贯彻下来之后，结果就是饭士繁殖过多，太吃资源了。

辽亡于饭僧，宋亡于饭士。

宋太祖赵匡胤是把皇权典当给文官士族集团，军事威信建立之后，这些权力便可以收回了。赵光义也是把皇权典当给文官士族集团，但他的一系列军事冒险失败的结果，就是输光了军事自信，把质押在文官士族集团那里的皇权，变成了赎不回的死当。

国之大事，在"祀"与"戎"。

唐宗宋祖，一声叹息。石敬瑭与赵光义，一地鸡毛。

节四九

番外篇 赵光义军事冒险第四

宋太祖是真的病死才被弟弟赵光义篡了，还是被弟弟赵光义先行下毒再剁又篡，就不去细细讨论了。篡位是确定无疑的。

既然篡了兄长，便要重走一遍兄长走过的三部曲老路：首先，让渡权力给行政体系并找一个合理的借口作为台阶；其次，用争取到的时间对内稳定宗室、清洗军事威胁；最后，对外用兵树立威信全面掌控王朝的统治体系。

第一步，是金匮之盟。赵光义诏告百官，老太后当年临终之时，曾命赵普入宫记录，要赵匡胤死后传位于弟赵光义。赵普是此中运作的老手，自然不会有什么差池。

第二步，三弟赵廷美封齐王，接任自己的开封府尹兼中书令；大侄子赵德昭封为节度使和郡王；二侄子赵德芳也封为节度使；太祖之时的老部下全部加官晋爵，被处罚的予以赦免。

第三步，扣押了吴越王钱俶，用政治手段兼并了吴越和割据漳、泉二州的陈洪进，然后启动了宋太祖留下的攻灭北汉计划。

兼并吴越和漳、泉割据势力都是靠着武力撑腰之下的外交攻势，这是宋太祖留下的政治遗产。伐北汉是真正的军事行动。

这是北宋第五次、赵光义第一次北伐太原。这次军事行动对于赵光义时代的北宋权力架构来说，至关重要。赢了，像兄长一样，拿回所有抵押给士族和豪族的让渡权力；输了，要么再发动一次更大规模的战争，要么彻底输掉帝王的尊严，求着士族与豪族来维系皇权。

979 年，北宋太平兴国四年，辽景宗保宁十一年，篡位三年零两个月后，赵光义发动了他的第一次北伐太原战役。

在战役准备阶段，979 年正月，赵光义在朝堂之上征询北伐太原的策略。枢密使曹彬自然顺着皇帝的意愿，倾向于出击，并分析了周世宗和宋太祖之前北伐的败因，指出了石岭关（山西阳曲大孟镇）的战略重要性。而宰相薛居正倾向于不战。赵光义决定出兵，开始遣使赴各州县调集粮草辎重至太原行营。

正月之内，本部行营任命了马军、步军的指挥官及监军，后勤方面任命张润之为各州县物资调拨的出纳，尤其视察了建造中的各类攻城器具；打援方面任命郭进为太原石岭关这一战略要地的局部战役指挥官，大宴众将。

同月，辽景宗耶律贤知道宋军动员之后，遣使指责北宋出师无名。北宋在外交上也对辽景宗派来问询的使者做了强硬的答复："河东逆命，所当问罪。若北朝不援，和约如旧，不然则战。"

军事自信仍在的时候，赵光义并不需要找什么借口，意思是你丫不服就来战斗。

战役执行阶段，二月，赵光义的亲征主力经澶渊（河南濮阳）、大名府（河北邯郸）、洺州（河北永年）到达大本营所在地镇州（河北正定），监视辽朝可能的西援或南下；另一路由潘美为北路招讨制置使，渡过黄河后，分为两路，攻击隆州（山西祁县）、沁州（山西沁源）。

相比于936年后唐大举围攻石敬瑭，却不在北线打援，结果被契丹南下解围，自己反而亡国的战役，这一次宋军在准备阶段可谓做足了功课。

能够做足功课，是得益于柴荣和宋太祖的几番伐北经验。打太原辽国会有什么反应，辽军从哪里来援，这些都是交了学费才摸索出来的。考验赵光义的不是这些问题。

同月，北汉求援，辽景宗任命南院宰相耶律沙任都统，敌烈任监军，救援北汉。南院大王耶律斜轸以所部军听令于耶律沙，枢密副使耶律抹只任督军。辽国所以救，是大哥心态，南唐、吴越所以不救，是小媳妇心态。但至少辽国的操盘手知道，不救北汉，北汉必亡，而且可能辽亡，所以辽国出手去救小弟。后来证明小弟虽然死了，但大哥也至少和中原政权并称辽宋，对峙百年。

三月，宋军在河北地区集结的主力由镇州西进太行山脉，攻克娘子关，围住盂县（山西盂县），继而进逼太原。此时自南向北攻击隆州与沁州的两路仍然在围城之中，郭进一路人马，却绕过盂县直接拿下了石岭关的西龙门寨。郭进也成了真正决定整个战场局势走向的关键先生。

就地担任狙击契丹援军任务的郭进，在监军田钦祚拒不发兵支援的情况下，十几天后在石岭关南的白马岭布阵。契丹援军在渡河过程中被郭进的骑兵攻击，大败。契丹主帅耶律沙和督军耶律抹只因为耶律斜轸的后续部队赶到才"仅以身免"，此役契丹援军损失极多。

白马岭战败后，契丹南院基本丧失了机动力量，别说救援干儿子了，日后自保都需要北院调兵了。也是从这时开始，契丹已经放弃救援北汉了，开始在幽州一带加强自身防御了。

这种围点打援的战略设计，也得益于宋太祖时期的成功经验，能够在战术上实现，得益于大将郭进的执行力。考验赵光义的不是这些问题。

四月，盂县投降，隆州也被攻克。宋军继续进击岚州、沁州、汾州，外围州县基本全部拿下之后，宋军大本营从镇州迁至太原城外，太原攻城战开始。与此同时，驻守石岭关的郭进却被监军田钦祚逼得自缢而死，田钦祚反而上报郭进是死于中风。赵光义没有追究，但军中左右都知道是怎么回事。

说起郭进，是后汉、后周以来的大将，不但勇武，而且有将略。他主持建造的邢州城在北宋末年还是坚城一座，他的宅邸就在邢州城内。宅邸建好入住之时，他让工人坐在了自己几个儿子的上首。别人诧异，他却指着工人说："这是盖房子的。"又指着几个儿子说："这是卖房子的，自然盖房子的坐在上首了。"郭进死后没几天，果然宅邸被儿子们卖了。

郭进以无后援的劣势兵力、骑兵对骑兵的半渡而击，杀败了辽朝大批援军，除了熟悉地理与地形，同时也是晚唐以来中原政权的固有军事自信尚在的一个小小注脚。但可堪一用的郭进落得个被监军逼死的境地，来自中央的以刀笔吏为监军的制度是表面原因，赵光义的无可无不可的默许是实质原因。郭进当然不是最后一个，下一个惨淡例子，就是 6 年后的杨业。

五月初五，久攻不下的太原开城投降，后汉刘继元上表称臣，北汉才算被平灭。

如果赵光义到此为止，一面大肆散播北取幽州的虚假消息，一面安抚百姓、犒劳士卒、论功封赏，这是可行的选择之一。军事收益能够落袋为安，胜利的威望能够全部转化为政治的声望，赎回质押在士族集团中的皇权，剩余的价值还可以让他提拔自己脉系的年轻才俊，完成行政与军事的双重换血。

赵光义选择了力排众议，不听劝阻，自信兵法有云：乘胜追击。让他这么认为的恰恰是他自己的班底幕僚——所谓的少数派。这种选择的理由是携攻灭北汉的余勇与辽国南院丧师之痛，一举克复幽州，威慑幽云十六州中的山后地区。可这种选择的实质，是要赌上已经赢得的一切，那么就是另一个算法了。

当一个赌徒拿着原本属于他的筹码走进赌场之时，如果有善于指导的少数派谋士，会用尽所有的口舌来阐述其中的好处，让他鼓起好斗的勇气来赢得不属于他的果实。简单地说，就是不停地给这位赌徒打鸡血："去吧，赢桌上的，哪怕输光手中的！"

但当一个赌徒在赌场的桌台上拥有了无数名义上属于他的筹码，在选择落袋为安还是继续扑杀之时，如果有善于指导的少数派谋士，会用尽所有的口舌来阐述其中的坏处。目的只是测试他的意志，让他知道继续前进的危险性，以便绷紧他下一次赌博的神经。简单地说，就是不停地给这位赌徒打镇静剂："想通吃，你输得起吗？"

无论是宋太祖时期水灌太原三个月，围困金陵九个月，还是赵光义自己经历的强攻加劝降才收服太原，都说明攻克坚城在那个时代是一个难题，尤其是一座外有援军希望、内有抵抗意志的坚城。

如果一定要乘势追击，扩大战果，那么只需要研究如何继续围城打援就好了。没有外面的援军希望，内部的抵抗意志自然消融。

考验赵光义的时刻来临了。

遗憾的是，他实在是个庸才。

赵光义的错误并不是选择了坚持继续追击，而是错在如何执行继续追击之上。在他赢得盘满钵满之时，他信任的少数派报告恰恰只说了"你要继续赢，闭着眼都能赢"，就是没有问他"你输得起吗"？

五月二十日，攻克太原之后，殿前都虞候崔翰奏报："所当乘者，势也；不可失者，时也。乘此破竹之势，取之甚易。"赵光义准奏，下令枢密使曹彬调发各地屯兵。其间宋军诸将以粮储不及劝谏，以疲师远征来说明不宜再战。但赵光义已经是吃了秤砣，这一战，是铁了心要干的。

随后各路宋军逐步机动到河北正定的前哨基地聚齐，攻克太原的行赏被扣下不发，暂且充作幽州战役的军资。全军将士不但满腔喜悦化为乌有，纸面上的论功也被推迟了，甚至连口头上的表扬和许诺也没有。

赵光义的令旗一挥，宋军开始向河北地区集结。可想从基层士兵到中级将领，是怀着怎样一种心情继续北进的啊。

幽州这个战略目标原本就是临时增加的，所以在战前也谈不上准备此地的攻略计划。这一次围攻幽州战役违背了之前金陵和太原之战的奥义。之前都是采用围城打援，名义是围城，实质是打援。援军打光了，城内的抵抗意志也消耗殆尽了，城也就破了。

这一次，大胜之下的宋军，围攻幽州为主，兼顾阻敌为辅。

六月初，大本营重新在镇州建立，此时跟随大本营的各路人马已经有掉队、迟到的现象了。赵光义大怒，一边督军继续前进，同时催促河南、河北的军粮，限期转运至镇州。

六月初七，全军从镇州沿定州（河北定州）、金台顿（河北保定）北进，六月二十日抵达岐沟关（河北涿州），沿途州县闻风而降，百姓献马、州官献粮。契丹北院大王耶律奚底、统军使萧讨古在城北沙河（北京昌平）一带迎战宋军。宋军先锋东西班指挥使傅潜、孔守正率部先至，立即接战，随后宋军主力赶到投入战斗，击败了契丹军队，俘获五百余人。

六月二十三日黎明，宋军进抵幽州城南，附近乡县的百姓拿出酒食招待士兵，也有契丹的小股游勇前来投降。契丹南院大王耶律斜轸见到宋军士气正锐，没有正面交锋。他换上了被宋军轻视的耶律奚底的旗帜，驻军得胜口（昌平西北三十里）诱敌。宋军进击，歼灭当面的契丹军队千余人。这时，耶律斜轸才领着主力从背后突击宋军。没有拿下得胜口的宋军撤退。耶律斜轸进驻清沙河（昌平沙河镇）北，遥望幽州以为声援，互成掎角之势，坚定了幽州城内的抵抗决心。赵光义认为耶律斜轸的军队只能凭险据守，不足为重，留下一部牵制其军，开始部署主力围攻幽州。

让坚城之内的守军看到遥远山头上有自己人的旗帜飘动，这就是希望。有了希望的人，意志总比绝望中的人坚定。评书里总说掎角之势，什么叫作掎角之势？一头牛上两个角，看得见摸得着，这是希望；天之涯，海之角，这是绝望。我实在看不出赵光义的判断有一点点智慧因素在内。

六月二十五日，宋军展开对幽州的四面围攻。六月二十六日，赵光义亲自在城下督战，辽景宗耶律贤一度打算放弃幽州，退守松亭关（喜峰口）和虎北口（古北口）一线。耶律休哥请求率军十万救援，耶律贤应允。六月三十日，耶律贤命耶律休哥与南院宰相耶律沙接手耶律奚底的五院之兵，越过燕山增援幽州。

救还是不救？这是一个问题。救了北汉，损兵折将，但至少是救了。所以轮到自己救自己之时，再犹豫，最后也还是救了。救了，于是活了。

六月三十日，宋军组织了突击队三百人登城夜战，被幽州守军打退。随后宋军挖掘的城下隧道也被守军封堵。

七月初三和初五，契丹建雄节度使刘延素和蓟州知州刘守思相继投降，但幽州坚城不降。

不降是因为意志坚定，能够让幽州意志坚定的，是得胜口、清沙河上的旗帜。今天从北京二环的德胜门桥遥望五环的上清桥，就这么近的距离，就是希望所在。

七月初六，宋军继续围攻幽州之时，耶律沙的援军与耶律斜轸会合，进抵宋军侧翼。双方列阵激战于高梁河畔（西直门外），至中午，宋军稍占胜势，杀退耶律沙，随后开始展开追击。至黄昏，耶律沙再战不支，继续撤退。宋军追击至傍晚，士卒疲殆。耶律休哥率骑兵抄捷径赶到，所部几万人皆手持火炬，一面收容了耶律沙败退的残兵，一面与耶律斜轸各自领军从西山山后与燕山山脉附近杀出，从宋军的西面和北面两路包夹突击。此时幽州城中守军也开门列阵、四面鸣鼓，两军再度激战，山前一带的疲惫宋军大败，留下一万多人的损失，各部四散崩溃，向镇州方向南逃。

看得见的希望变成了摸得着的胜利。

当夜，身先陷阵的耶律休哥受伤过重，晕倒于追击途中。其余辽军一路连续追击宋军残部至涿州一带，杀死、俘获极多，缴获兵器、铠甲、军符印章、粮食给养、钱财货币不可胜计。

赵光义只身乘坐驴车逃去。至次日，赵光义和身边几个文官幕僚逃至涿州，没敢进城，绕过涿州，直奔金台顿而去。这一点小聪明上，赵光义倒是吸取了汉高祖刘邦的经验。可汉高祖第二天就亲自入营整军，而赵光义又过了两天，才使人向北打探，乃知诸军残部在涿州聚拢会合，还获悉在不知皇帝陛下生死的情况下，众将有意策立太祖赵匡胤的儿子赵德昭为帝。大惊失色的赵光义，急命崔翰赶赴涿州，诏命班师。

因为此次北征失利败得太惨，先赢得上天、又输得坠地的赵光义索性连太原战役的赏赐也免了。群臣大多认为这样不行，算是真心为社稷的赵德昭上谏："当先行太原之赏，再行幽州失律之罚。"

赵光义当时大怒，想起诸将在找不到自己时曾有意立赵德昭为帝，对大侄子说："待汝自为天子，赏未晚也！"

赵德昭被逼无以自明，退回私舍之后拔剑自刎。于是在篡了兄长的位置之后，这次战役的唯一收获也许就是逼死了大侄子。之后在981年，另一个侄子赵德芳也被官方宣布病逝。984年，三弟秦王赵廷美以谋反罪名被废而死。这三刀，都是主动砍了笼中鸟。宋儒以来的理论是女子无才便是德，赵光义基本上是德才均无。

总之，979年的军事行动将赵光义个人的威信输了一个精光，但有宋太祖统一南方的根基尚在，于是再次通过军事冒险来翻本的机会也就尚在。赵光义继续着自己的拙劣表演。

不怕失败，就怕不能汲取失败的经验。总是在同一个错误上跌跟头的人，踏破铁蹄万双，低头看，还在原地踏步。

982年辽景宗耶律贤死后，其12岁的长子耶律隆绪即位，由萧后摄政。相比述律皇太后，萧太后也是个很有政治手腕的人物。她重用耶律休哥和韩德让，一面整军修法，一面在986年由耶律斜轸统军征伐女真部落，俘获人口十余万，战马二十余万匹。

就在契丹内部图强之时，赵光义的幕僚们又为主子错误地分析了形势，说："辽主年幼，母后专权，宠幸用事，大臣不附，乘其不稳，夺取幽蓟。"

专权不是坏事，专权是一个现象。蠢人才把专权当作一个坏事去考虑如何利用，比如赵光义的幕僚们。作为现象的专权，庸人专了，现象变坏事；牛人专了，现象变好事。设置更多磨炼，让专权的不是庸人，这才是古今中西以来的正道。

北宋这边便是庸才配上蠢人。于是雍熙三年（986年）正月，就在契丹攻略女真之时，赵光义分兵三路，发动了他的第二次幽州战役。

在战役的计划阶段，赵光义在正月下达了两个方向上的三路出击命令：

重兵主力展开在河北平原之上，这个方向部署了两路军队。天平军节度使曹彬为幽州道行营前军马步水陆都部署，河阳三城节度使崔彦进为副将，自保州向涿州进击；侍卫马军都指挥使、彰化军节度使米信为西北道都部署，沙州观察使杜彦圭为副将，自雄州向新城进击。

第三路作为河北平原上的重兵主力的侧翼，由侍卫步军都指挥使、静难军节度使田重进为定州路都部署，自定州沿太行山脉北上向飞狐陉进击。

同时赵光义还派出监察御史韩国华作为外交使节，前往出访高丽，准备约定共同出击，后来不了了之。韩国华虽然没有完成这次游说的使命，但他的儿子韩琦倒是日后做了北宋的宰相，韩琦的曾孙韩侂胄又做了南宋的宰相，两人都是名头很响的饭士，不赘述了。

二月，赵光义又下达了一道出击命令：由检校太师、忠武军节度使潘美为云州（山西大同）、应州（山西应县）、朔州（山西朔州）都部署，云州观察使杨业为副将，西上阁行使、蔚州刺史王侁，军器库使、顺州团练使刘文裕为监军，出雁门，向晋北地区出击，完成山后各州的攻略，然后东进切断幽州与山后契丹的联系，从而侧翼包抄在河北平原上与宋军正面对峙的辽军主力。

赵光义的如意算盘是在河北平原上稳扎稳打，步步为营，并且声势造得越大越好，把辽军主力全部吸引到幽州以南，与曹彬和米信的两路重兵集团对峙。这时田重进应该已经夺取了飞狐、灵丘和蔚州等关隘重地，左翼向晋北山后地区出击的另一路由潘美率领的大军也可趁着辽军主力被吸引去河北而完成侧翼包抄的战略意图。

我认为赵光义也许是为了掩藏左翼包抄的意图，所以才特意拖到二月下达让潘美出击的命令。他是要充分给予在河北担任战略佯动的两路重兵集团虚张声势的时间，造出动静，好把辽军全部吸引过去。辽军被吸引去了河北，山西的潘美一路才能动手。

在战役的执行阶段，太行一线的田重进中路军，越过倒马关和走马驿，三月初九进至飞狐北。辽军接战，田重进命前锋出战，辽军不支后宋军投入主力，击败辽军后又全歼援军。三月二十三日飞狐守将投降，三月二十八日灵丘守将投降，四月十七日进攻蔚州，守将叛降。

出击云州、应州的潘美西路军，出雁门关西口后，三月初九在寰州击败辽军。三月十二日寰州刺史举州投降。三月十三日包围朔州，三月十九日转攻应州，两城不战而降。四月初三，宋军攻克云州。

幽州方向上，曹彬的十万人，三月初五攻克固安，三月十三日攻占了涿州，全歼守军，并派出李继宣率轻骑渡过涿河侦察敌情。三月十七日李继宣在涿州城南击败了契丹援军。辽军迟至三月初六才得知宋军大规模进攻的消息，南院留守耶律休哥坚决避战，只在夜间用骑兵突袭曹彬与米信之间的结合部，捕杀落单的宋军，白天不时用精兵往来骚扰，还撒出了游骑袭掠宋军的粮道。

米信一路自雄州出发后，渡过拒马河，四月初四在新城击破辽军。曹彬虽是名义上的总指挥，但实际根本指挥不动勇武有余的太祖老臣米信，一切都要听从在开封遥控指挥的赵光义的命令。

在涿州十余日后，曹彬所部粮尽，选择全军退回雄州就食。赵光义本就担心东路进展过快，此时又见曹彬退军，速令他沿白沟河向新城的米信靠拢，执行与辽军主力保持对峙的任务。

在雄州完成补给之后的曹彬手下将领听说中路、西路两军克州获县，屡战屡胜，耻于本路重兵而无所获，坚决主张出战。曹彬无力制止，于是全军又向涿州进攻。耶律休哥的骑兵且战且退地与宋军保持粘连，宋军抵达涿州之时已经是人困马乏，且粮道又是不继。而此时萧太后亲自率领的辽军主力也已经抵达涿州城东五十里处。顿感大事不好的曹彬害怕被萧太后和耶律休哥两路钳击，决定撤退。五月初五，辽军在岐沟关大败曹彬的后卫，又在夜间的追击中赶上了涉渡拒马河的宋军。曹彬这一路丢盔卸甲、死伤数万之后退回了高阳。

在新城的米信也被辽军击溃，只剩下米信和龙卫卒三百人被辽军包围，双方互相用箭雨对峙。米信手下逐渐死伤，坚持到日暮。米信开始突围，手持大刀，带着从骑，一面呼喊喝骂，一面连杀数十人，趁着辽军稍稍退却之时打开了一个小缺口，最终仅带着一百余骑兵突围而去。

得知河北平原上的两路重兵崩溃，赵光义命令残军据守要塞，速召曹彬、米信回朝。同时命令中路的田重进马上出山向东南撤退，屯兵定州；命令西路的潘美带上云、应、寰、朔各州的百姓，向南撤回代州出发地。

七月二十七日，辽军主力在打扫了河北战场之后，以十余万兵力开始向西转移，先后夺回了蔚州、飞狐，夺回了应州，又继续攻占了寰州。

驻扎在朔州桑干河边的潘美，按照赵光义命令执行狙击辽军、掩护后撤任务，如何狙敌就成了讨论重点。

副将杨业建议：辽军士气正盛，人数众多，应该领兵由代州沿着大石路北进攻打应州，威胁正占据着寰州的辽军主力侧后，辽军必然掉头营救，如此云、朔之民就可以沿朔州东南的石碣谷向南脱身了。如果辽军追击，再布置强弩手一千人在谷口列阵，用骑兵埋伏在半路夹击，就更加万无一失了。

监军王侁并不认可这个围魏救赵的掩护撤退计划。他认为率领数万精兵怎可怯战，主张出兵决战，并要向着雁门关北的平川地带击鼓前进，直趋寰州方向，寻求与辽军主力决战。同为监军的刘文裕也表示赞同正面抵抗。杨业继续劝谏："不行啊，您这是必败之势啊，咱是担当后卫，做掩护撤退的活儿，不是担当前锋啊。"

王侁说："素号无敌，今不战，得非有他志乎？"

本是后汉降将的杨业就没办法了，监军已经把讨论如何作战上升到了是否忠诚的层面了，硬着头皮也只能出兵直攻寰州的辽军了。杨业临行前流泪对潘美说："这次出兵必然不利。我本是太原降将，真不是放纵敌人而不出战，只是等待有利时机。如今诸位责备，我就首先战死在敌人面前吧。"

不过军事主官毕竟是军事主官，虽然坚决执行任务，但也会尽量为了一丁点的胜算考虑一下。杨业指着陈家谷说："诸位在这里安排步兵和强弩手，分成两翼来作为后援，等我杨业转战到这里，用步兵夹击敌人救援我。不然，只能全军覆没罢了。"

杨业在凌晨的寅时出发，潘美和王侁于是在陈家谷口布阵，至上午巳时，王侁派人登上托逻台瞭望，以为杨业已经取胜，把辽军赶走了，于是开始打起了小算盘，想要争夺杨业的功劳，便撤了阵势，领兵离开谷口准备收割胜利果实去了。

有郭进当年的例子在先，杨业惹不起的监军，潘美同样不能制止，随后便也撤了阵势，自行沿着灰河向西南方向机动了二十里，途中听说杨业败了，于是立即指挥军队开始撤退。

而杨业的骑兵从中午遇到辽军开始接战，战斗持续到了傍晚，果然且战且退到了陈家谷口，一见半个宋军都没有，只得捶胸大哭，再次率领部下奋力死战，手刃几十人后，被擒，绝食三天后遇难。

986 年的第二次幽州战役落下帷幕，其规模之大，战场之广，更甚于979 年临时起兴的第一次幽州战役，但又一次大败亏输的赵光义，彻底输掉了王朝的军事自信。

不说素质，仅说数量。北宋在赵光义的至道年间（995 年至 997 年），其在籍禁军是三十五万八千人。除去一定数量用来配合地方厢军控制各个州县，对辽可以动员的战卒不超过二十万上下，基本上与契丹能投入的军队在数量上大体持平。

虽然宋军兵甲武器要比辽军精良，但辽军占了地形和气候的优势，本身又是防御作战，所以在物质层面并无胜算。如果决意征辽，宋军唯一可以依仗的是新兴王朝的锐气和得胜之后的士气，这两样无形的精神力又可以反作用于幽燕地区的中下层汉族民众。但是经过两轮惨败，这两样精神力也几乎消耗殆尽。

也是从赵光义开始，宋朝的皇帝开始行阵图之事。在深宫之中开始事先制定具体作战方案，名为"阵图"，作战之时任命"排阵使"，授予"阵图"。按照阵图行事，打了败仗不受追究；违背阵图行事，打了胜仗也有被治罪的危险。尤其是在雍熙年间的军事冒险彻底失败之后，这套玩法被完全巩固。

也是在雍熙年间，赵光义亲自制作了一套阵图，号称"平戎万全大阵"，就是前后左右中五个军团，中军大阵由三个车兵加步兵的方阵排列，共用十一万人和大车一千四百四十乘，前阵、后阵与左右哨阵都由骑兵一万上下组成。理想情况下是一个约十七里见方的正方形阵势，也是赵光义头脑中臆想的一个以步抗骑的单纯防御部署。说攻，既难平戎；说防，又难万全。不过出于政治需要，被后来的《武经总要》放在了显赫位置。至于《武经总要》中总结的其余北宋八阵图，基本上也都是徒有其名的四面防御队形，远远不是汉唐时代的进攻队形了。

后来在西夏战争爆发之后，范仲淹、韩琦等人就是拿着这套东西去忽悠武将的。可想而知在野战中，宋军除了输也就还是输了。反而是在个别遭遇战中，武将得以自行发挥之时，宋军往往有些上佳之作。

直到北宋灭亡之后，宗泽欣赏岳飞，要给岳飞授予阵图。岳飞说："要列阵之后才能开战，那当然是兵法中的常识，但运用之妙，存乎一心，免了吧。"

第二次幽州战役之后，辽军在七月班师休整，赵光义的噩梦却没有结束。北宋两次主动挑衅，被辽国打了两耳光。北宋想结束？辽国才刚开始要报复。

九月，被赵光义占了两次先手的萧太后与辽圣宗抵达山后的儒州（北京延庆），开始部署南征。除了一面修缮兵甲，另外也深入宋辽边境摸排情报，十月开始向拒马河以南的诸州张榜宣告，表示要南下征讨。

十月十二日萧太后抵达南京幽州，赏赐财物安抚汉人豪族和本地僧道。十一月初八，犒赏南征的将校，以河北为主攻方向，两路大军中东路由萧太后总领，南院大王留宁为先锋，目标瀛洲；西路由辽圣宗总领，耶律休哥为先锋，目标满城、望都；山西方向为辅攻，由北院大王蒲奴宁与节度使蒲打里自行处置。

辽军要大举南进的消息宋军在一开始就已有所闻，辽军张榜之后宋军更是加强了戒备。但自从十一月十二日河北的两路辽军开始誓师南下之后，宋军守备了二十余日，除了日常的轻骑骚扰和偶发的小规模接触之外，各地均无战事。在防御措施上，宋军在河北方面，都部署田重进守定州，兵马都部署刘廷守瀛洲，都部署杨重进守高阳关，都部署李继隆守沧州；在山西方面，由给事中、代州知州张齐贤与都部署、并州知州潘美共同负责。

在开封深宫之内的赵光义每日接到军情奏报，却迟迟判断不出辽军动向。于是？于是至为焦虑的他首先动了，要求宋军主动出击，寻求辽军主力决战。他下令田重进为先锋，率军北上，攻取岐沟关；以瀛洲的刘廷让为主力，跟在田重进身后北进；命令驻守益津关的李敬源后退，命令高阳关的杨重进出动，全部与刘廷让的主力会合。

十二月初四，田重进奉诏北上，初五攻陷了岐沟关，派出轻骑侦察，获知辽军主力驻扎在固安、瓦桥关、保州、益津关一带。于是田重进一面固守岐沟关，一面与定州联系，又通报各军速速集结，准备决战。这时的李敬源已经退出益津关南下至君子馆（河北河间西北），刘廷让的主力正在北上，准备与李敬源会合，并差人通知沧州的李继隆北上以为增援。

耶律休哥看到宋军已经先动了，用诈降之计把驻守望都的贺令图活捉，然后与东路辽军会合，齐攻君子馆。

十二月初八，会合的辽军两路主力开始合兵攻打君子馆，刘廷让、杨重进的两路宋军也赶到了李敬源扎营的君子馆。

与第二次幽州战役宋军分进合击、辽军各个击破不同，君子馆这一场，是宋辽双方的重兵集团各自汇合之后的主力决战。

天寒地冻之下，只有棉服而无皮衣的宋军冻得手足麻木，无法张满弓弩。要知道高祖被围白登之前，一路胜利的汉军也是十有二三被冻掉了手指，此时的宋军便是这种境况。敢于列阵死战的宋军被辽军就地包围，在包围圈之外的李继隆率部退守乐寿。等不来援军的刘廷让在十二月初十开始突围，至夜晚，宋军最后的精锐全军覆没，死者数万。李敬源、杨重进战死，刘廷让以数骑突围。

十二月二十二日，辽军攻陷邢州，次日攻陷深州、德州，正月攻破束城、文安，正月初五结束了报复行动，开始撤军北返。

君子馆之决战，无论是战略意义还是战场伤亡，又甚于第二次幽州战役。辽军在河北战场的两路前锋耶律休哥和留宁全部重伤，契丹国舅达烈哥和宫使萧打里当场战殁。辽军以优势兵力死战宋军之后，伤亡也与宋军不相上下，可见战事之惨烈。

但胜利属于契丹，而北宋基本上三战打光了所有禁军中的精锐能战之卒，消耗掉了十几年锤炼出来的中下级军官。从此河北地区的防务再无斗志，中原政权的军事自信彻底沦丧。

联想 7 年前赵光义很是底气十足地发给契丹的"不然则战"的外交措辞，这简直是一个高级败家子的最好缩影。不但物质上输光了，连精神上也输光了。

在辽军进攻望都、君子馆的同时，山西方向也爆发了代州之战。河东地区的防务本来是作为军事主官的都部署、并州知州潘美负责的。赵光义派去了给事中、代州知州张齐贤，实际上也是一个监军的角色。

但作为中央代表的监军田钦祚弄死了大将郭进，监军王侁弄死了大将杨业，可派去河东的张齐贤却是拯救了北宋的河东防线。

所以，制度是死的，它本来就是人类发明的。人是活的，再烂的制度下，也有强人能够冒头。

张齐贤（942 年至 1014 年），布衣贫民，为了避开战乱而搬家到洛阳，小时候努力学习，天天向上。他获得机会的方法很简单也很直接，拉住了宋太祖赵匡胤的马，马前献策十条：攻克并、汾，富民，封建，敦孝，举贤，太学，籍田，选良吏，慎刑，惩奸。

宋太祖认为其中四项不错，张齐贤却固执地认为所有十条都很好。宋太祖当时大怒，背后却认可了张齐贤的品性。

赵光义篡位的那一年，34 岁的张齐贤刚刚通过科举获得进士的头衔，979 年攻克太原而再取幽州之时他作为刚刚被攻下的忻州知州，上疏劝谏赵光义，以事实论证缓图幽州的原因，基本上不是空喊"输不起"，而是说清了"为什么输不起"的原因，可谓不迂腐。后来赵光义果然输惨了。

两年后他掌管铸钱，也是遍查各州及历代铸造方法，最终定下了行之有效的铸法，最关键的是朝堂奏议之后其他人想提出意见却找不到辩驳的理由。再之后，他又去了江南，在刑、兵两项上都根据实际情况做出了准确的政治判断，用一些接地气的政策安定了南唐余迹仍在的江南民情。基本上，这些政策都是安民和惠民的。

直到 986 年第二次幽州战役宋军惨败，杨业战死的消息从代州传回，赵光义遍问群臣对策，张齐贤主动请缨去河北边郡镇抚，这才顶着给事中的帽子，以代州知州的身份被赵光义派遣到了河东与潘美一起整顿防务。

当时君子馆之战的影响还没有扩散到河东战场，攻略代州的辽军已经兵临城下，身为代州知州的张齐贤命令神卫都指挥使马正率军列阵南门待敌，同时向潘美派出了使者，约他北上合击辽军。

作为正将的马正率领的北宋禁军在辽军前锋攻击下力有不支，而副都部署马汉斌已经露了怯意，任凭张齐贤的号令，就是龟缩城内不战。于是张齐贤在胜败稍纵即逝之时，征发了厢军两千人，说白了就是当地豪强与佃农的自卫军，一番誓师鼓舞士气之后，在马正的右翼投入了战斗，这些保家守土的农民斗志旺盛，作战奋勇，击退了辽军的前锋。

代州城外第一战，说明张齐贤足够勇武。

随后辽军准备组织再次围攻代州城之时，张齐贤得知自己派去并州通知潘美北上的信使已经被辽军抓获，约兵的信息已经泄露。但此时潘美从并州派来的信使却抵达代州城内，报告潘美率军从并州出击北上的途中，接到赵光义的密诏。因为君子馆之战惨败，赵光义特命潘美龟缩固守并州，不得离开城池半步，于是潘美已经返城据守。

得到两个消息的张齐贤一番分析，认为辽军只知道潘美已经出击，却不知道潘美已经退去，于是决定利用这种信息的不对称实施欺敌。首先对内封锁了潘美退军的消息，同时让两百士卒乘午夜黑暗，各自背负旗帜一面，柴草一捆，部署在代州城外西南三十里以为疑兵，又在土磴砦（代县崞阳镇西北）设置伏兵两千人。等到辽军围攻之时，先是疑兵纵火竖旗，使得辽军以为并州潘美的军队抵达，纷纷夺路退逃。又在辽军经过土磴砦之时，伏兵突起，于是辽军大败，抓获北院大王之子，斩杀数百，缴获颇多。

代州城外第二战，说明张齐贤足够睿智。

不过代州之役的胜利相对于未来的宋辽战略全局并无影响，它只是张齐贤个人的表演，硬生生地将河东地区的局部形势从不可避免地溃败沦陷转变成了反击对峙而已。

989 年（端拱二年），赵光义命令朝堂百官献计献策，探讨家底败光了之后如何巩固已经获得的江山。

户部郎中张洎的建议被采纳。这位给了上、中、下三策："上策修碉堡，凭险阻，训练民兵，辽军袭扰就躲进要塞，辽军退去也不要追击；中策，通婚和亲开市示好；下策，练兵选将，长驱直入，决胜于一时。"赵光义采纳了张洎的上策。就赵光义本人来说，军事自信已经丧失殆尽；但就张洎的排列为上中下的三条建议来说，也代表了士族文官集团的选择次序。

张洎的上策，是龟缩固守，保持敌对状态，打不过也不服软；中策是汉高祖刘邦至文景之时的老政策，忍辱负重，屈尊行教化之道；下策是汉武帝的豁了命倾国反击，势不两立还要分出胜负。如果这个建议是加了时间顺序的一、二、三，那么还说明有些眼光，可惜是落笔为上、中、下，虽然因为当时三战皆败，北疆糜烂，也足够说明当时主流士族们的政治智慧了。

993 年，四川暴动，历时 4 年平定。北宋一朝，四川都成了中央朝廷的"痔疮"之地，盘剥、苛敛使得蜀地暴动、起义不断。

宋太祖开国之初，任用了后周的三位老臣为宰相——范质、王溥和魏仁浦。在 4 年后的 964 年，渡过了稳定期的宋太祖增加了自己的嫡系智囊赵普为宰相，又过了一年，前三人加官衔退休，赵普独自为相，同时提拔一些河北、河南两地的候选官吏们作为参知政事，加入执政大臣的行列。

直到 973 年，宋太祖开宝六年，来自于河南开封、洛阳附近的后周士族身份的薛居正、沈义伦通过了忠诚和能力测试，才与赵普共同出任宰相，卢多逊为参知政事，楚昭辅为枢密副使。

赵光义篡位之后的太平兴国年间，虽然执政大臣还是赵普、薛居正、沈义伦、卢多逊等人，但第一次北伐幽州的失败，让赵光义威信全失，只得弄死了两个侄子，并加速了文官集团的换血节奏。已经参与其中的赵普，毫无疑问又是这场犬斗的急先锋。

982 年，薛居正已经因为服用丹砂追求长生不老而死。出自赵匡胤幕府的沈义伦索性袖手旁观、致仕退休。犬斗的结果是赵普击溃了卢多逊，赵光义也收拾掉了赵廷美。随后 67 岁的刑部尚书兼副宰相宋琪（916 年至 996 年）与 58 岁的工部尚书兼副宰相李昉（925 年至 996 年）被提拔为宰相，与赵普共同辅政。

宋琪和李昉都是标准的中原士族，沿着行政台阶拾级而上的老成持重之人，具备相当丰富的基层经验。其中宋琪偏武，看他的边境军事奏议都是相当有眼光的；而李昉偏文，《太平御览》《文苑英华》《太平广记》都有他参与编纂的功绩。

至 988 年，经过第二次幽州战役与君子馆之战的惨败后，44 岁的吕蒙正出任宰相，与赵普、王沔共同辅政。吕蒙正是赵光义篡位第二年的状元，那一年他 33 岁，出身中原官宦世家，因为气度方正和才识得到了赵光义的赏识，这位与张齐贤一样，都算是赵光义自己提拔起来的。

990 年，赵普隐退，张齐贤与王沔、吕蒙正同掌枢务。很有些士族修养的吕蒙正坐看寒族书生起家的王沔与张齐贤狗斗。992 年，赵普病逝，王沔暴亡，张齐贤出任宰相。30 岁的寇准以左议谏大夫升任枢密副使，加入执政大臣的行列。又过了一年，57 岁的吕端以右议谏大夫升任参知政事，北宋宰相和执政大臣们开始慢慢进入了吕蒙正、张齐贤、吕端和寇准时代。

996 年，因为北攻契丹、南伐交趾、蜀地内乱的消耗，西北党项的李继迁被坐养成患。赵光义又是所谓五路兴师进攻西北，与其说是一鼓作气意图围歼，不如说是敲锣打鼓纵敌速跑。待到三鼓之后，反被游击之敌围了灵州，从此河西走廊不再，军马只能靠买，更致使西域断绝。

总之，一系列军事冒险全部失败之后，这位皇帝最后几年只能忙于人事安排了。他当年抵押给文官士族们的权力永远赎不回来了，输掉了君主威信之后就只剩下皇族继承权力那么一点点可怜的小要求了。

997 年三月，赵光义便挂掉了。他输掉的东西，太可怕了。石敬瑭卖了幽州给契丹，是卖地。赵光义卖了军事自信，等于是卖了灵魂，"武文并用"成了"偃武崇文"。影响力越大，后果越严重。比如李后主如此，宋儒最多是惋惜，但崖山一跳，就成了宋儒传人嘴中的从此无中国。

难怪毛主席点评此人："不知兵。"

这哥们的位置比石敬瑭重要，那是宋太祖打出来的。但是这哥们的能力，也最多就和石敬瑭并列了。

节五十

番外篇 百年和平？士族内斗第五

997 年，宋真宗即位。

大事不糊涂的吕端在粉碎了宦官王继恩与李后的废立图谋之后，也就完成了保驾护航的使命，随后因疾致仕养病，两年后就去世了。

也是从吕端开始，考察北宋的文官士族集团首领，"拥戴之功"是一个至为重要的指标。在两汉由外戚出任的大司马大将军领尚书事来行废立事的原则，经过几百年的演化后，到了北宋终于交到了文官士族集团手中。

从此一个个养自深宫妇人之手的北宋皇帝们，经过文官士族集团的把玩包浆之后，陆续走上历史舞台。

赵光义的军事冒险失败，输掉了皇权中最重要的威信，没有威信的皇权根本无法控制军权。赵光义越是脸上无光，越是不敢"将在外君命有所不受"，越是要拼命做到"将从中御"。文官士族集团自然与皇权靠得更近，北宋的文官士族集团在各自押宝皇族继承人中，与后宫主母走得更近的一方总会取得"拥戴之功"。

于是武官豪族集团地位越来越卑微，心态也越来越消极。为什么？文官士族集团在朝堂上大义凛然地警告皇帝：北国固然可畏，但自家的武人更要警惕。然后转个身，这些文人又在自己的艺术作品里大义凛然地抒发壮志：啊！要北伐啊。啊！可惜啊，自家的武人太无能。

最为可笑的注脚是，北宋最有改革气息的两位父子皇帝，宋神宗活了37岁，宋哲宗活了24岁。这两位虽然主观上锐意进取，但总是在深宫中不运动身体，碰到点小挫折还要绝食谢罪，所以早早病故。

反而是在"靖康之变"后，被金国俘虏去北国的徽、钦二帝在冰天雪地之中，宋徽宗活到了53岁，宋钦宗活了56岁，至于在战乱中颠沛流离的南宋高宗赵构，活了80岁。这三位可都是宋神宗的种子。基因对于寿命虽然有一定的主观因素，但两宋天子们的例子也说明了，生命更在于客观运动。

赵光义给儿子留下的几位辅政中，另一位是吕蒙正。他作为前朝宰辅老臣，赵光义死后营建奉熙陵时，还奉献了家财三百余万钱以资助陵寝修建。景德二年（1005年）61岁，吕蒙正告老还乡，上班谨守礼法、退休优哉游哉。

致仕回到洛阳府邸后，他在园亭花木之间，每日亲旧宴会，子孙环列，怡然自得。宋真宗两次封禅泰山路过洛阳，都来到了吕蒙正的府上。皇帝问他的儿子当中谁可以重用，吕蒙正回答儿子都不值得重用，倒是有个侄子，是当宰相的材料，叫作吕夷简。

吕蒙正的一个门客叫作富言，想让自己10岁的儿子入书院，侍奉太祝。吕蒙正见到了这个小孩，认为此子不但也是当宰相的材料，而且认为功绩还要高于自己。于是不但安排入书院，而且大加资助，这个小孩叫作富弼。吕蒙正在1011年去世，自他开始，奠定了吕氏家族在北宋一朝的显赫地位。这是纯粹玩关系的"老油条"，脂肪就是这么堆积出来的。

在宋真宗当家的前几年，宰辅里面有社会治理实践的——而不是官场经营实践的——也就是张齐贤和寇准了。两人虽然政见全然相反，但都是有些内涵的人。所谓有内涵，就是喜欢琢磨事情，而不是只琢磨人情。

宋真宗即位之后，受到赵光义猜忌后贬为尚书左丞的张齐贤又起复为宰相。早就对于西北灵、夏二州的动荡局势有所观察的张齐贤开始继续屡次上书朝廷，要求对西北加强控制力度。但被拍砖的名士们定性为劳民伤财，随后宋真宗在咸平三年（1000年）以朝会之中张齐贤醉酒失态为由，罢了他的宰相之职。

张齐贤去相仅仅一年，党项各部在李继迁的带领下，正如张齐贤所担心的一样，已经成了气候，占领了通向灵州的要地清远军要塞。朝廷只得任命张齐贤经略镇抚，张齐贤再次上疏要求发八万民工配合州郡士卒，联合各地藩部进剿李继迁。张齐贤的计划中提及了详细的外交处理、军事部署，还有当地民众的民生安排措施。可惜就如同他之前的上疏一样，朝廷回复："你守住既有疆土就好，已经丢了的就丢了吧。"

于是1002年，灵州、夏州尽失，李继迁在河西一带的众多藩部中也成了气候。河北防务一片糜烂之后，西北的大患又早早种下。

娘胎里带出来的伤，唉。

寇准（961年至1023年），可以说是北宋同龄人。他父亲是前朝王府小吏，而他自己从小就是神童。

第一次幽州战役后的次年，寇准19岁就中了进士，与赵光义的答对得体，授知县官，开始了自己的仕途过山车。他在基层干得风生水起，基本是火箭式提拔，随后入朝任左谏议大夫，以直谏得到了赵光义的信任。

991年，寇准一状参倒了副宰相王沔，晋升为同知枢密院事兼枢密副使。在两汉要靠杀敌立功先封侯，然后再拜相（当然这规矩从"老油条"公孙弘之后被破了）。在两宋呢？要靠弹劾高官先出名，而且能参倒名相的，日后都是名相。后来韩琦、司马光之流，都是这么干的，这叫作在成为大文学家之前，先当文化打手吧。北宋出名相？因为这些名相不能出去杀敌，所以只能内部绞杀。两汉出去武斗固然血腥，两宋内部文斗不但血腥，而且很脏。

少年得志的寇准，随后与他的顶头上司知枢密院事张逊每天就在朝堂之上争论不休。于是某一日，寇准在路上遇到一个狂人，拉住他的马缰高呼万岁。这是极小概率事件，偏偏这事被张逊知道了。张逊怂恿旁人一个黑状告到赵光义面前，一番激烈辩论后，993年六月，张逊贬为右领军卫将军，32岁的寇准贬为青州知州，这是他第一次翻船。

次年九月（994年），寇准被思念之情日甚的赵光义召回了开封，晋升参知政事。正值北宋一系列大败亏输，寇准在分析关中秦州温仲舒的上疏时，对赵光义说："唐朝的宋璟就是因为不鼓励边地将领追求战功，这才取得了开元时期的和平。而现在您就需要警惕边疆那些将领，不要让他们因为立功心切而生出祸端，这点非常需要警醒。"

这句话也是年轻时期寇准的政治思路，而且保持到了日后的宰相生涯中。这是和张齐贤看似表面相同，但实际原理截然不同的另一种政治理念，更是他和张齐贤之间互相看不惯的深层次原因。

表面上说，寇准的思路是"为求稳而治边"，张齐贤的思路是"以拓边得稳定"。所以日后寇准在澶州之战虽然逼着宋真宗上前线，但内心之中并不是为了和辽国战略决战。寇准和蔺相如"宁为玉碎不为瓦全"的心态一样，实质上早就在思想观念里认定是打不过辽国了，摆出架势不过是为了和谈而已。

寇准是要守好家的心态，张齐贤是要攻出去的心态。

实质上说，年轻且性格刚烈的寇准，是首先为赵光义考虑的，立场是皇帝的一条看家狗：西北敌人固然可怕，但更可怕的是我们在西北戍边的将领。而曾经年轻过且性格刚烈的张齐贤，是首先为文明安危考虑的，立场是国之大事：西北是个隐患，哪怕现在没钱去灭了它，但至少也要把它当作一个隐患去防备。

事情就是这么简单。很多年后，到了南宋，连寇准这种具备攻击性的看家狗，皇帝都已经找不到了，零丁洋里叹零丁而已。

995 年，寇准在关于策立太子人选的问答之刻有良好表现，更加博得了赵光义的信任。不过马上他的小尾巴又露了出来，用人任命极其刚愎，这次副宰相干了 2 年，因为用人选才又被黑状弹劾。继续争论一番之后，赵光义临死前第二次把寇准贬出京，任邓州知州。这个玲珑人算是赵光义留给儿子的遗产了，但这也是寇准的第二次翻船。

直到张齐贤罢相，宋真宗才把在外地晃悠了 4 年的寇准召回京师，任开封府知府。又过了三年，才迁兵部，再迁三司使。直到景德元年（1004 年），43 岁的寇准才和老成持重的毕士安一起升任宰相，位居毕士安之次。

寇准从神童到两出两进的过程中，宋辽之间的国际形势早已逆转了。打了辽国两巴掌还把胳膊扭伤了的北宋，要面临辽国的报复了。

自从 986 年辽军开始大规模南下反击报复北宋，至 1004 年澶州议和，这 18 年间都是辽军主攻。不算小型的边境冲突，由辽国宫廷策划的大规模攻宋就有七次。这当然不是辽圣宗的功劳，而是他母亲萧太后的功劳。

萧绰（953 年至 1009 年），小字燕燕，虽是女性，却是当时第一流的政治和军事家。赵光义和他的幕僚们想当然地把萧太后摄政当成了"牝鸡司晨"的典型，于是发动了 986 年的第二次幽州战役。

结果这位太后不是母鸡而是母老虎，宋辽之间 26 年的战争中，以宋主攻的旋律就此戛然而止。萧太后与她的幕僚群制定的南下战略也很明确，"九月出兵，十二月还师，不深入，不攻城池，不伐林木，但于界外三百里内，耗荡生聚，不令种养而已"。

依据这种削弱为主、劫财为辅、寻机决战的策略，在辽军主攻的 18 年中，辽军把主力放在了适于骑兵机动的河北战场。宋辽在山西战场上的结果反而是宋军占到了更多的便宜，重要原因自然是地理地形的因素。山西不适合游骑会战，土地与物产贫瘠，辽军在山西战场仅仅执行牵制任务。

在赵光义的最后 10 年和宋真宗的开始 8 年中，宋辽在河北战场上爆发的规模以上的野战有君子馆之战、易州之战、徐河之战、瀛洲之战、遂城之战、望都之战和澶州之战。在这种具备宣传价值的硬碰硬会战中，君子馆、瀛洲和澶州三战，萧太后都是亲自披挂上阵。其对辽军士气的鼓舞作用，让河北防务早就糜烂的北宋相形见绌。

其实就人力的损失来说，辽军每次出动可以说也很惨重。但辽军首先获得了名义结果上的胜利，其次在秋收之后可以确保劫掠到大量财货与人口，最后是完全奠定了北方政权对中原政权的压倒性军事自信。

咸平六年（1003 年）六月初一，有感于河北防线烂成一团，宋真宗向执政大臣们出示了阵图，并向边镇诸将指示方略。具体内容是镇州、定州、高阳关三镇兵力悉数集中在定州，依托唐河布成大阵，设置木栅以防止辽军靠近大阵。敌人初来进攻，必须坚壁固垒，切勿交锋。避战两夜之后，敌人疲惫之时，可以鸣鼓挑战，进行骚扰。但主力不得离开车营大阵出战，目的就是迟滞和疲惫敌人，让其无法冲过大阵继续南下。

在唐河大阵北方的威鲁军要塞屯骑兵六千，保州要塞屯骑兵五千，北平寨要塞屯骑兵五千。每处要塞三名将领负责指挥，作为唐河防线的前方据点，同样要求坚壁固守，只能依托城寨挑战叫嚣。如果辽军南下越过保州，则唐河大阵与三路马军前后夹击。如果辽军径直南下，则三路马军配合雄州城、霸州城和破虏军要塞的守军一起出击袭扰辽军的后方运输线。对于继续南下分扰东西的辽军则由扼守宁边军要塞与邢州城的宋军迟滞，等待唐河大阵与三路马军合击。

其余重兵，全数屯驻天雄军，由石保吉率领，以张声势。

当然，这部署说得云里雾里，其实就是赵光义的"平戎万全大阵"的战略放大版。给宋真宗呈上此策的是尚书工部侍郎、签书枢密院事冯拯。这么一个军事防御计划，看上去层层设防，有主有次，其实除了以壮声势之外，毫无用处。

萧太后主政时期的辽军南下，经过几年的磨合，已经形成了自己的一套打法。集结地点一般选在鸳鸯泊（河北张北县西北的安国里淖），进军时候同时向居庸关、曹王峪（密云高岭）、白马口（怀柔白马关）、古北口、松亭关（河北迁安太平寨）、榆关（山海关）等地前进出击，侦测沿途动向，等到进入平州（河北卢龙）、幽州（北京）境内之后，又会合为三路，继续攻入北宋边境之后，一路取广信军（河北徐水），一路取雄州（河北雄县），一路取霸州（河北霸州）。如果三路顺利到达宋的北京（河北大名）会合，便开会决定下一步的攻击目标，如果出了问题则按原路撤退。

在机动过程中，各路军马遇到县城或乡镇，一般是即时发动攻击。遇到坚固的州城，先做侦察，然后进兵。如果是处在交通要隘上的防守坚固的大型州城，哪怕不能攻取，绕道南下之前要"围射鼓噪，诈为攻击"，以防止被宋军追击。对于闭城自守的要塞，南下绕过之后要分兵抄截，保持截断状态。对于所过大小州城，在夜间要以全副武装的骑兵百人在城门百步之外监视，城内出兵夜袭则回营报信。

列阵对战之时，要先观察宋军的阵势大小、战场的山川形势、往来道路、救援的捷径、漕运所出，各有以制之，然后四面布阵。每队骑兵五百至七百人，十队为一道，十道当一面，各有主帅，最后发起攻击。当先一队冲阵得胜，其他各队跟进；如果不胜，退回后由第二队继续冲阵，各道皆然；如果屡次冲阵不破，退回暂停二三日，令打谷子的家丁骑马拖着一对扫帚，往来疾驰，扬尘敌阵，等待宋军疲惫且视野受阻后，找机会再攻。

宋真宗景德元年（辽圣宗统和二十二年，1004 年）八月，辽军开始轻骑四处，深入河北宋境骚扰、侦察。这种动静是辽军历次大举南下之前的征兆。宋军的消息传回开封，除了各处调兵增援河北刚刚重新配置的三道防线之外，寇准又建议宋真宗亲征。九月十六日，君臣开会，以毕士安为代表的一大群文官士族认为不必亲征，如果必须去，进驻澶州即可。随后群臣认为澶州城小，容不下各路大军，结论是出发之期，待定就好。只有寇准建议赶早不赶晚，最后宋真宗当然采纳了毕士安的意见。

毕士安，往好了说，是老成持重之人，往坏了说，是怯懦之人，但总之算不上昏庸之人。就在辽军入侵之前，刚刚晋升宰相的寇准因为在朝堂百官中树敌太多，做了宰相没几天就差点第三次翻船。这次是因为一个布衣平民申宗古状告寇准，和上次那个狂人告状一样，都是小概率事件，却都让寇准赶上了。申宗古说寇准私自结交安王赵元杰。宰相结交外藩可是好大的罪名，最后如果不是老宰相毕士安亲自提审申宗古，保住了寇准一个清白，那么后来就没有什么澶渊之盟了，北宋也估计就直接迁都去了蜀地改称"蜀宋"了，或者迁都金陵改称"楚宋"了。

士族文官集团？贵圈好乱。

九月初八，辽军开始南下。十二日，辽圣宗和萧太后进驻固安，以南院统军使、兰陵郡王萧挞凛和奚部大王萧观音奴为先锋。十五日，击败顺安军堡垒的宋军。十六日，击败威鲁军堡垒的宋军，再攻北平寨和保州，都不克，于是辽军甩开这些要塞，在望都合兵，继续南下。闰九月中旬，辽军没有再分兵两路，而是根据

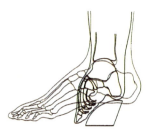

当时文玩雅物——文人玩弄的雅致之物，如今奥不可闻

宋军在定州唐河大阵的部署，从望都向东南进发，沿着定州与高阳关之间的结合部前进，一举突破唐河防线，进驻阳城淀（望都东南博水）。这才分兵东西两路，分别向瀛洲、祁州推进。就这样，纸面画出来的层次分明的三道防线被辽军轻易突破两道。

告急文书一夜五次传回开封，满朝士族震惊。参知政事王钦若是江南人，第一时间出谋划策请宋真宗迁都金陵；金署枢密院事陈尧叟是蜀地人，不甘人后，建言请宋真宗迁都成都。

36 岁的宋真宗六神无主，问寇准如何是好。寇准谈笑自若，告诉皇帝五天搞定。皇帝问怎么个搞法？寇准嘴里蹦出三个字——"幸澶州"，意思是要宋真宗御驾亲征，给前线将士打气。

宋真宗听了这三个字差点吓尿，转身想进内宫，心想：从记事以来，满脑子都是输、败、跪，我爹都做不成，我哪能行呢？寇准继续说："您要是跑了，祖宗庙社都要刨出来带到楚、蜀之地。"这才算是把宋真宗说服了。闰九月二十四日，任命王钦若为天雄军府兼都部署，又调集河东各路人马赶赴定州，准备与辽军决战。

十月初六，辽军开始围攻瀛洲。纵使萧太后亲自督战，辽军强攻十余日仍然未克，死伤三万后越城而过，继续南进。同月十四日，另一路辽军攻陷祁州。十一月十三日，辽军先锋攻打洺州，被宋军击败。次日，辽军兵抵天雄军城下，开始围攻，未果，继续南进。王钦若下令出城追击，被辽伏兵包围突击，合战一番之后，直到北门守将孙全照临机自断，弃北门于不顾，带着人马穿过南门前往战阵解围，才算杀伤辽军甚众。不过出城追击的宋军能够退回城内的，也仅存十之三四。

十一月二十日，辽军攻陷了澶州北面的德清军（河北清丰西北）。同日，拖延了三个月的宋真宗亲征才算开始行动。车驾当日从东京出发，次日进驻长垣县。此时萧太后亲率的辽军主力已经进抵澶州城北，同时辽军游骑遍布黄河北岸各地。

十一月二十二日，真宗车驾进驻韦城县。二十六日，寇准一番力争之后，真是内心害怕的宋真宗才算勉强进驻了澶州北城，当日登上门楼，挂起黄龙旗，北宋军心稍稍安定。

冯拯这个三道防线的部署是一个阵图式的纯粹臆想，承袭了赵光义"将从中御"的手法。可北宋累次大败亏输之后，能够依令而行的将官与敢战之卒早就凋零殆尽，在河北防线上的宋军将领连"将从中御"这个基本目的都达不到了。早在十月十五日，北宋朝廷就调遣在定州唐河大阵中的王超率军南下前往澶州会师，他本是裴村之战后接替畏战不前的傅潜作为河北三镇防务的主将，结果也懒得搭理开封的指示，根本没有行动。只有从山西前来与王超会兵的并州副都部署雷有终，带着自己的人马自镇州南下赴援。

所以虽然守澶州的李继隆在各处要害上布置了劲弩，使得辽军主将萧挞凛在观察地形之时被宋军的床子弩射杀，但宋辽两军在澶州摆开架势之时，和谈已经开始了。无论纸面上各地北宋驻军多少，那些都是摆设。到了十二月初，双方缔结"澶渊之盟"，26年的宋辽战争之后，迎来了119年的双边和平。

119年的和平让北宋和辽国这两边都被催眠了，有点"不能同年同月生，但求同年同月死"的味道。可要是真的如此，也算是双飞双宿了。

结果？满嘴仁义道德的北宋，颇不地道地背后捅了"好基友"一刀，既显得自己政治智慧低下，又衬托自己军事无能，甚至连"夫妻本是同林鸟，大难临头各自飞"都算不上。以正人君子和中原法统自居的北宋文人集团，实在是连最后一块遮羞布都没有了。

立下"澶渊之盟"大功一件的寇大人依然遵循本人的性格，果然又翘起了小尾巴。护翼在寇准身边的老宰相毕士安在次年病故，没人勒着寇大人的缰绳了，寇准自然更加"不拘一格用人才"，其中就有后来实干能力更强而道德水准不合标准的丁谓。

于是，痛恨寇准入骨的士族名相们自然又开始想办法了。

那位差点把宋真宗拐卖到金陵的王钦若，有着极好的马屁功夫和诛心功夫。马屁功夫用来把宋真宗哄开心，后来哄出了一个"天书祥瑞"风潮，而诛心功夫则更厉害，琢磨人情已经通神的王钦若在宋真宗耳边说："您看寇准现在尾巴翘上天了。您可要知道啊，他到处吹嘘澶渊之功，那可是他强逼着您去的。他用您的生命做筹码，博取他自己的功劳。"

1006年，45岁的寇准就这样第三次翻船了，罢相被贬出京任陕州知州。而王钦若由兵部侍郎迁尚书左丞，陈尧叟迁知枢密院事，兼群牧制置使。让两只京巴狗一个负责练兵，一个负责养马，唉。接任寇准的是道德修养极高的正派老官僚王旦，幸运的是，他一干就是 11 年；不幸的是，11 年后脂肪更多了。

其间王旦苦心静候机会，在大中祥符七年（1014 年）六月，又把在外飘了 8 年的寇准运作回了京师。可次年四月，干了八个月同平章事兼枢密院使、代理东京留守的寇准又因为抵制三司使林特向河北地方州县的催敛，被宋真宗扣上了一句"准刚忿如昔"的帽子，再次被贬。同月，王钦若、陈尧叟再度回京任职。这次王旦想保也保不住了，54 岁的寇准第四次翻船了。

林特之所以要催敛，是因为此时的宋真宗已经玩腻了"天书祥瑞"这种不花钱的戏法了，要大兴土木玩"宫殿祥瑞"了。前者是王钦若发明的游戏，后者是丁谓改良的游戏。林特不过是一个中层跑腿官僚而已，寇大人眼里容不得沙子，只得出京了。

直到 1017 年，王旦在去世前可以说是使劲心机，将计就计地借着王钦若捣鼓出来的"天书祥瑞"之事，又把 56 岁的寇准起复为山南东道节度使，而且在临终前依然苦谏宋真宗起复寇准，不过是年九月，王旦去世。

王旦当宰相的 11 年，是宋真宗 39 岁到 49 岁期间，在位第十年到第二十年。这 11 年中，王钦若鼓捣出来的供宋真宗玩得不亦乐乎的"天书祥瑞"戏法，其实和日后宋徽宗玩的"花石纲"游戏，原理是一样的。只不过"天书祥瑞"游戏并不是很花钱，甚至不是有钱就可以玩的。士族文官集团需要呲摸牙花子想辙、编词、找理由，可以看成一场不太花钱的宫廷范围的智力游戏。而"花石纲"游戏就是全社会参与的经济游戏了，只不过士大夫们是主动参与，官吏们是间接参与，而平民们是被动参与。

原理一样的游戏，放在宋真宗和宋徽宗两人手里，不一样的就是一个玩出了文人嘴中的盛世，一个玩出了事实结果上的亡国。

大艺术家宋徽宗在北国的冰天雪地里一边牧羊，一边心想这哪儿说理去啊？

宋儒一边自己敛财，一边骂着汉武帝和桑弘羊是暴敛。汉武帝把敛来的财富，都赏赐给开边拓土的将士了；宋儒用敛来的财富，要么盖了自家宅院，要么盖了天子宫殿。这些人还好意思一脸仁义道德地骂汉武？唉。

凭借着这个"天书祥瑞"游戏，王钦若也在王旦死后，终于获得了宰相头衔，宋太祖立下的"南士不得为相"的规矩也被王钦若打破了。王钦若虽然终于登上了相位，可此时50岁的宋真宗已经是朝政尽归刘皇后了。

刘皇后，益州人，名叫刘娥。宋真宗赵恒还是襄王的时候，养了一个女人，而且看起来是玩儿真的，还把这个女人弄进了王府，这个女人就是刘娥。刘娥进王府的时候15岁，是雍熙初年（984年）被一个叫作龚美的成都银匠带到京城的孤女，进了王府之后还被赵恒的乳母一个报告打到了赵光义那里。赵光义就责令赵恒把刘娥赶出王府，而赵恒就暂时把刘娥养在了手下张耆家中。

后来刘娥做了皇后之后，当然要修史以正视听。她把自己的祖上塑造为出身太原的五代刺史后裔，但一般认为她是四川本地人。在益州时，她既是龚美的老婆，又是龚美用来展示银器的模特。逃难到京师后，龚美实在没饭辙了，于是就把刘娥卖给了襄王府，而经办人就是张耆。至于在襄王之前，张耆有没有经手刘娥，就语焉不详了。总之，刘娥应该是比赵恒小几岁。赵光义死后，刘娥也被召入宫中做了美人。

麻雀变凤凰只需要越变越漂亮，但模特变皇后，却一定是首先识字，然后知书，继而达理，再之后就可以批阅奏折了。总之经过24年的宫廷历练，比之掏干了身体的宋真宗，这位刘皇后仍然精力旺盛，且颇有些乾纲独断的架势。但她也明白日后要想摄政，目前还是要养几个能跑腿的人。如果这人是个执政大臣什么的，那就更好了；如果这人又是很能干的执政大臣，那就最好了。于是这个人出现了——丁谓。

丁谓（966年至1037年），苏州长洲人，平民出身，比寇准小5岁。少年时期文章写得很好，这属于他的技能。他有一个互相友善的小伙伴，叫作孙何，文章写得也很好，这叫作志趣相投。孙何是荆门知军孙镛的长子，属于士大夫阶层了。于是孙何领着丁谓去到了王禹偁（954年至1001年）的府上以文会友。王禹偁恰恰可称为当时的文坛领袖，那时候北宋的中期文坛领袖欧阳六一还没有出生。

王禹偁看到文章，惊为天人。一顿夸赞和宣传后，"孙、丁"并称的名气就在士大夫圈子里传开了。于是992年，26岁的丁谓和31岁的孙何同时考中了进士甲科，志向远大的平民进士丁谓开始了地方行政历练，而无忧无虑的士大夫进士孙何开始了文学家生涯。那时31岁的寇准，早已少年得志，位居同知枢密院事了。

丁谓的地方经历开始于饶州（江西鄱阳）通判，之后是福建路采访使，在一番地方行政工作的实践后，他将自己发现的国营茶盐政策中的利害上疏，初步展现了经济能力，升任三司户部判官。

之后他协调解决了峡州路（湖北宜昌）一带的少数民族入侵问题，升任峡州路转运使，又任夔州路（重庆奉节）转运使，这大致是在995年至1000年之间的事情。这段时期，丁谓的活动地区都属于北宋西南边疆一带，他解决问题并且得到中央肯定的原因和细节可以从宋真宗咸平三年（1000年）的四川王均叛乱事件中看到。

咸平三年，继7年前平民王小波和李顺不堪四川的重赋而揭竿叛乱后，下级士卒们又不堪将吏压迫，哗变杀了钤辖符昭寿，拥立了禁军都虞候王均称帝。于是北宋朝廷派遣雷有终入蜀平叛，同时朝廷也命令川南及贵州地区的少数蕃部联合出兵襄助。结果这些少数蕃部的武装进了蜀地，反而成了流寇。丁谓的任务就是去用嘴皮子招安这些各个山头上的流寇。

丁谓的手段很简单，大家做生意嘛。

他发现这些部落粮食有余而食盐不足，于是以四川的井盐来安抚流寇们。总之，34岁的丁谓运用了贸易手段，通过外交管道，不但圆满解决了边境上的藩属部落扰民纠纷，而且还换来了富富有余的粮食解决本地驻军吃外地粮食的难题。这与他之前五六年在峡州路、夔州路的行政治理办法如出一辙，同时也与1000多年前汉使唐蒙招抚夜郎国的原理相差无几。

接下来，除了粮食，丁谓又发现了川、贵部落中的另一项极其重要的战略资源——马。在丢失了西北地区的控制权，山西和河北的关外牧场也尽数沦丧的情况下，西南互市买马是北宋中后期与南宋偏安时期的驿马、甚至战马的主要来源渠道。虽然李公麟笔下的《五马图》也讽刺了这些马的质量不咋地，但总比没有好点。汉有汗血马，唐有照夜白，到了南宋尝试过在江南牧马，事实证明那就是一个笑话。

随后丁谓在 1004 年回到中央转任三司盐铁副使，正值寇准为宰相之时，提拔和任用丁谓也就是在这个时期。澶州之战时，丁谓被任命为郓州知州，负责山东、河南北部一带的安抚民生和组织反击工作，在转移灾民过河与稳定黄河防线两项工作中都有杰出的表现，次年晋升为右谏议大夫、权三司使，任内进献《会计录》，可以看成原始的统计学应用与北宋的经济普查著作。

在王旦的 11 年和平宰相时期，宋真宗开始玩了起来，丁谓已经被皇帝大人看作万能的钱袋子了。如果王钦若拍马屁用的是不太花钱的"天书祥瑞"游戏，那丁谓就是实实在在的真金白银游戏了，封禅铸像也好，行宫楼馆也罢，总之皇帝都看得见、摸得着。一般看得见、摸得着，就都要花钱，所以蔡京的老师，也算是丁谓了。

丁谓心机之深，除了琢磨事理的"予取予填沟"与琢磨人情的"隔山打牛信"之外，最著名的是"以退为进带"。

丁谓作为八位执政大臣之一陪同宋真宗去封禅，完事之后各位辅政都要赏赐玉带一条，结果当时在行营中用来赏赐大臣的普通玉带只有七条了，于是宋真宗准备拿出一条价值数百万的皇家玉带补足。皇帝的面子嘛，不是钱的问题。

不管是不是丁谓有意，但是辅政排名最末一位的他谦虚地说自己还是暂时用家中的旧玉带好了，所应赏赐的玉带等到回京之后由内廷再补给他就可以了，这样就不用皇帝大人拿出好几百万一条的皇家玉带破费了。内廷宦官一听，这可是高风亮节啊。

结果第二天行宫之上，皇帝一见八位大臣，七位腰里崭新的玉带，就是丁谓腰上一条又旧又细的玉带，可想而知，这哪行啊？！再一问缘由，高风亮节啊，赏！来人，把皇家玉带拿来，赏赐丁谓。于是，怎么轮也轮不到丁谓的玉带到手了，在皇帝那里还留下了极好的印象。以退为进如此，丁谓不去当将领实在可惜了，而这种心机用来做事赚钱自然不差，要是用来玩人，十个寇准也要翻船的。

丁谓与王旦、寇准之间的正邪不两立，也就是这个时期沉淀下来的。除了所谓道德这个拿得上台面的因素之外，王旦、寇准是中原士族文官集团的旗帜，丁谓是寇准最看不上的南人一类，才是对立的真实因素。对于两股政治势力来说，南人王钦若靠"祥瑞游戏"当上宰相已经被中原士族所不耻了，而寒族出身的丁谓靠着土木游戏得宠宫廷就更是罪无可恕了。在王旦、寇准眼里，提拔南人作为吏是一回事，南人与自己平起平坐又是一回事。"书中自有黄金屋，书中自有颜如玉"，这话王旦、寇准是不反对的，但王旦、寇准反对的是"南人占了老子的屋，还玩了老子的玉"。

王旦死前苦谏宋真宗起复寇准之时，距离宋真宗去世还有4年，那时候宋真宗的身体还没有差到不能玩的地步。直到两年后，天禧三年（1019年）六月，宋真宗知道自己可能快要玩不动了，终于想起了寇准。58岁的寇准以山南东道节度使的身份加中书侍郎兼吏部尚书、同平章事，同月王钦若被免相。

因为？

这是宋真宗在谢幕之前要效仿老爹赵光义之于吕端的举措了。王钦若是自己的宠臣，玩就玩了，法统继承的事情还是要找一个刚直不阿的人。不过丁谓在同时也由保信军节度使迁参知政事，他抱的是同样破落户出身的刘皇后的大腿。而刘皇后当然也需要寒族出身的丁谓作为自己的外廷臂膀。

结果？

结果宋真宗继续泡在后宫玩耍，甚至不再兼顾一下朝政了。于是刘皇后参与朝政，自然倚重会来事儿的丁谓。王旦、寇准这些老贵族们恨得丁谓牙痒痒，尤其是寇准，那是少年得宠于赵光义的老人了，是可忍孰不可忍。本来是把丁谓视作南人王钦若一类的异党，必欲除之而后快的寇准，结果较劲过头了，上奏："丁谓、钱惟演是奸佞之人，不能辅佐少主。"

这就是不专心打狗，而要打主人了。

又一场事关拥戴之功的废立之争紧锣密鼓地展开，不过这一次不是皇族之中两个女人之间的斗法，而是内廷的刘皇后这个干妈借助丁谓和外廷的中原派借助她的干儿子的互相绞杀。

刘皇后生不出儿子，但她是市井中人，自然主意很多，估计是找过很多姓氏的美女。终于有一个李姓美女生了儿子，这儿子便是后来的宋仁宗赵祯。当时的太子，自小被当作刘皇后所生的儿子来养。但寇准等大臣们都知道怎么回事儿，所以真正的后党与聚拢在太子旗号下的中原贵族党就开始绞杀了。

胜利的一方可以获得"拥戴之功"，失败的一方将失去"政治权力"，寇准与丁谓虽然是士族文官集团中的两股殊死搏斗的势力，但道德旗帜举得再高，双方还是要寻求信息权和军权的支持。信息权，自然是内廷源头的宦官太监了；军权，自然是武将了。

天禧四年（1020 年）三月，刚刚被加封左仆射的第一宰相向敏中薨，已经是迷迷瞪瞪的宋真宗"暂时依仗"寇准，而刘皇后和丁谓是战略结盟。寇准和丁谓的决战就此开始。丁谓找到的军权是靠着"澶渊之盟"发迹的新军事贵族曹利用——时任检校太尉、宣徽北院使。随后，曹利用被晋升为枢密使兼群牧制置使。寇准找到的是旧军事贵族曹玮——北宋开国第一武将曹彬的儿子。就在曹利用被晋升后一个月，曹玮火速由华州观察使升任镇国节度观察留后兼金署枢密院事。

曹利用，赵州人，父亲曹谏是明经科及第，经书看尽，做官到了右补阙，改任崇仪使，但没有战功。曹利用补了父亲的缺，担任殿前承旨，又做了右班殿直，然后因为表现突出选为鄜延路走马承受，代表中央内廷去地方的行走耳目。其经历是成长于内廷，以侍卫之勇名而提升，可以想象的是小曹同志应该是单兵作战能力很强的侍卫。

1004 年，澶州议和之时，宋真宗需要派人出使敌营，吩咐枢密院找一个合适的不怕死的使节。于是枢密院推荐："小曹可以啊。" 心中哆嗦的宋真宗追问："靠谱吗？这么重要的事，可不能瞎搞。"时任枢密使的王继英用人格担保，于是小战士曹利用就拿着书信去了辽军大营。临行前，宋真宗说："辽军南下，不是为了土地就是为了钱财，关南之地归我朝已久，不可许。汉朝许给单于的是财帛，明白吗？"

曹利用是侍卫出身，听了这话，愤恨不平，对皇帝陛下说："辽军要是过于贪婪狂妄，我死那边不回来了！"结果一腔热血也没见过什么钱的小曹寸土未让，当然还有寇准的生死威胁，于是仅凭岁币三十万就搞定了和约，而视大钱为浮云的宋真宗预计是要三百万的，所以立下大功的曹利用就此发迹。

曹玮，是曹彬的三子，19 岁就知渭州，河北战事吃紧时又被调为真定路总指挥，西北战事吃紧时又速调西北，屡有大胜。1020 年，47 岁的曹玮是北宋为数不多的出身本朝贵族的可谓知兵的军事主官，在后来的天圣年间指出李元昊"此子必为中国患"的也是曹玮，1030 年去世之时，谥号武穆。

有资格的执政大臣中，寇准有参知政事李迪帮忙；说得上话的臣僚中，丁谓有刘皇后姘夫的大舅哥、刑部侍郎钱惟演帮忙。本来是一场文官士族集团的内斗，但寇大人实在胆大包天，他筹谋的战役，不管是自己想多了，还是高估了自己的能量，执行阶段的意图竟然是先废掉刘皇后然后再拥戴太子，理想主义且华而不实者的悲剧，并不值得惋惜。

这种事情，霍光和张居正可以做，寇准做了，就是一败涂地。因为前两者知道计算，能够容下不是党羽的羽毛，而牛气哄哄的寇准满朝都是宿敌，面前还有大敌。这个大敌丁谓还是一位杰出的经济家，这位经济家背后还有一位出身风尘的政治家刘皇后，而寇准找到的盟友，有且仅有那些老贵族们，所以权争战役的执行时间从 1020 年五月到七月之间，结局自然是刘皇后胜利。

寇准，少年得志，以"澶渊之盟"而彪炳史册的寇大人，被刘皇后贬为相州知州。刘皇后觉得还不够远，接着调任安州；刘皇后觉得还不够小，再贬为道州司马。

乾兴元年（1022 年），青春寡妇的刘皇后已经是刘太后了，还觉得不够安全的后党继续将寇准贬为雷州司户参军。终于在宋仁宗初年，寇准被贬死雷州任上。

一生翻船无数的寇准，也是在彻底输光了之后，才见到了同样被贬的丁谓。丁谓也被刘皇后用过即扔。两人互相见了人生的最后一面，表面上客客气气，心底里互相问候了对方的祖宗十八代，然后寇准就在雷州司户参军任上渡过了最后一年。总之据说是心情释然，没事看看书、练练字，接待下仰慕他大名的客人，笑脸相迎，毫无盛气。而被遗弃的争斗工具——比寇准小 5 岁的丁谓，还入了佞臣列传，唉。

那时节，37 岁的夏竦作为襄州知州，正在将从大地主粮仓里弄来的两万斛（270 吨）粮食分发到四十万灾民手里；33 岁的范仲淹则正在泰州某盐仓内负责监督淮盐贮运转销；北宋中期文坛艺术领袖欧阳修 16 岁；理论领袖周敦颐 6 岁；韩琦 15 岁；富弼 19 岁；司马光 4 岁；王安石 2 岁。国库是充实的，自然灾害是年年有的。张齐贤预言的西北恶疾在发酵之中，各路禁军中的兵户还在吃着皇粮，一波又一波的进士们也奔着皇粮蜂拥而来。文艺气息在和平中散发，武官的后代纷纷改走文职路线晋升；有钱的商人们纷纷希望娶到宗室女子为妻，从而晋升为士族；种地的百姓依然种地，只是供养的人群变多了。

元骑健马俑

苏轼他爹苏洵在嘉祐年间说过："带兵打仗不难，如同老仆管理下人、丫鬟和小老婆一样简单。"在嘉祐二年（1057 年）进士及第后，苏轼也说："孙武懂啥？天下大势，那不是丘八能懂的。"

所谓高见。

在北宋初年，京师南北兵器作坊为了战争的需要，制作了大量的武器装备，每年制造涂金脊铁甲三万两千件，京师弓弩院的每年器材制造数量是一千六百五十余万件，各州每年制造的黄桦黑漆弓弩累计六百二十余万件。

这些武器平时都保存在开封城里的内弓箭库、南外库、军器衣甲库、军器弓枪库、军器弩剑箭库等处。在宋真宗景德四年（1007年）之时，检查上报说军械储备已够30年之用。

那又如何？

赵光义的一系列军事冒险大败亏输之后，北宋的军事自信已经完全崩溃。他的儿子宋真宗并不是在军事斗争中输给了萧太后的辽国，与此相反，宋真宗从接手政权再到对辽媾和的7年，北宋在战场上并没有输掉过决定性会战——因为北宋已经不再敢于接受这种会战了。北宋害怕出现第二个君子馆之战，于是在战场上的人力损失并不比北宋少太多的辽国成功拿到了一份极其有利的和约。

宋真宗和他的官僚体系输在了军事信心之上。

又过了几十年，宋仁宗面对与西夏的战争之时，把龙书案拍碎，把内库掏空，他面前的那些进士及第的文臣们也只能唯唯诺诺地为他去媾和。所谓坚决，只体现在范文正与西夏媾和的名分之争罢了——求求你了，我花钱买你叫我一声爹。

三川口之战、好水川之战、定川寨之战，实际上不过是输掉了三场会战罢了，但在当时的宋仁宗和他的文臣们眼里，这已经是决定性的了。在他们的脑子里，这就已经是天都要塌下来一样了。在宋仁宗看来，被全歼一万战卒的后果就是动摇社稷了，就需要对外绝食忏悔以谢天下，就需要对内呜咽于列祖列宗的画像之前了。

一个皇帝，对天下可以罪己，这是汉武遗风；对群臣却像个小媳妇一样呜咽？深宫之手养大、宋儒之手包浆、精美的艺术品。

南宋跪拜俑

宋仁宗君臣上下唯一能够取得共识的，

就是编撰了上千卷的《武经总要》，然后开足马力印刷。

同样在宋夏战争中，北宋的工匠们倒是研究出了更加先进的后勤技术，包括各种干粮、硬块盐、粗布醋干、干豉的制作方法。在火食不便的野战情况下，既便于携带，又味美不渴。可惜它们没有上战场的机会了，徽、钦二帝被抓去北方的路上倒是能派上用场。

一五节

谢幕曲 一夜鱼龙舞

　　东风夜放花千树。更吹落，星如雨。宝马雕车香满路。凤箫声动，玉壶光转，一夜鱼龙舞。

　　稼轩公在 1163 年南归之时，还是血气方刚的少年英雄。

　　他这首《青玉案·元夕》的落笔年份已不可考，但见于四卷本甲集，所以史家推测是写于乾道、醇熙年间。

　　那时节，稼轩公而立刚过。

　　那时节，南宋刚刚在江左临安站稳脚跟。

　　这首词，说的便是那时节的某个元宵佳期之夜的盛景。

　　稼轩公在临安盛景中，蓦然回首见到的那人，是不是曾经的北宋东京开封府？多少有些影子在里面吧。

　　如果真的从词中那晚盛景中回首，视线落在半个世纪前的另一个夜晚，会是怎样一番情形呢？

　　1127 年初，靖康二年正月十五，元宵节。

　　北宋东京开封城外刘家寺，金国驻军大本营，是夜，营内张灯结彩，所用金灯、琉璃、翠羽等一众器物，皆为宋帝国宫廷之物。

白天有雪，至入夜后，雪映灯火，流光溢彩。

那一夜满桌好酒好菜，大营内人声鼎沸。

北宋末代皇帝宋钦宗赵桓，以被扣押人质身份参加了这次元宵庆祝活动。

赵桓内心一片凄风惨雨，可在金军两位统帅完颜宗望和完颜宗翰眼中，这位南朝天子却是脸上挂着笑容——虽然甚是僵硬，但至少也是笑容。

无论如何，身处节日氛围中的赵桓，相比一个半月前东京城破之时的绝望，已经能够通过笑容来讨好一下占领军的两位统帅了，也顺便掩饰一下自己的尴尬。

1127 年 1 月 9 日，靖康元年闰十一月二十五日。

近一个半月的围城绞杀之后，宋都东京城宣化门被金军攻破。

期间也曾挂甲上城督战的赵桓早已没有了抵抗意志。

城内一众生灵，官民僧道、男女老少，以城破这一刻为分界线，没了希望，只有绝望。

城破之前的一个半月，是社会总动员下的众志成城、殊死搏斗。

城破之后的一个半月，是社会总崩溃下的人间地狱。

超级大都市东京城内的社会，在第二次东京围城战中彻底抗压失败，是因为金国的军事压力，也是因为自身的军事崩溃。

1126 年秋，靖康元年九月三日。

被完颜宗翰的西路军围困 250 余天的河东重镇太原城破。

在此之前，北宋兵分五路的二十二万解围援军，被完颜宗翰各个击破。伴随溃军一路向南的，还有河东地区各州府县的官民男女老幼。消息比人快，溃军难民们还堵在黄河边上争渡，五军沦丧和太原城破的消息已经传遍中原。

宋帝国的军事崩溃，在此时已经人为注定了。

军事崩溃之后的社会冲击波到底摧毁力度几何？那就只有老天知道了。

金国东西两路大军的统帅完颜宗望和完颜宗翰约期会面，统一了直取东京的灭宋共识。宋都东京城内，宋钦宗赵桓是没有什么主意的，官员们各诉主张，不战求和似乎压过了以战逼和。

河东是重镇，但太原是新城。自北魏时期历代开始经营的太原旧城，原本三城相连，横跨汾河，周围四十里。赵光义待北汉投降之后，恨太原之难攻入骨，先火烧之，再水淹之，总算把坚城夷为平地，却又因为惨败于辽国，几年后不得不在此处另修一座小城——太原新城。

即使原来太原雄伟旧城仍在，对于此时此刻的北宋来说，也许只是多守一年半载。所以说太原新旧二城之事，这个政权自赵光义军事冒险惨败之后，心态已经彻底内收了。

恨其难攻，焚为平地，可不可以？可以。只要有本事把边境要塞从太原北推至云州，那么焚毁太原旧城反而会是赵光义的一则励志美谈。没这个本事还要出这口恶气，那么只能在原地另修一座打脸的新城了。

1126年秋，宋钦宗靖康元年八月。

六年前，金未彻底灭辽之前，宋与金互通款曲。

四年前，金灭辽之时，宋不顾辽之苦苦哀求，执意要在百年和平的小伙伴背后插上一刀，结果损兵折将一无所获。

三年前，金将掳走人口后的幽蓟地区一城七州卖之于宋，收复燕京的消息传回东京，宋人举国欢庆。受此影响，降金的辽人将领张觉又带领遗民投宋，宋接纳之。宋金本有和约，金以宋背约，拿到了开战借口。

两年前，金太祖完颜阿骨打驾崩，其弟完颜吴乞买即位，下令开战。完颜宗望出兵稍作威胁，宋把砍下的张觉脑袋，连同张觉的两个儿子，一起交至金军大营。消息传出，辽灭之后投入宋境的辽人大为震恐，其中手握三万人马的降宋辽将郭药师心内最为慌张。

一年前，半流亡半抵抗的辽末代天祚帝在应州被金军俘获，开国 220 年的辽帝国灭亡。被缴获的天祚帝外交文件中，一封与宋秘密结盟反金的文书曝光。至此，金国不但军力强势，还站到了道德的制高点上，完颜吴乞买历数宋之背约事实，发动了第一次大规模攻宋的战役。

八个月前，宋徽宗赵佶不顾儿子赵桓哭喊不从，在年关之时硬是把皇帝宝座禅让给了儿子。被迫即位的赵桓改元靖康。这个冬天的春节，自河北平原而下的完颜宗望东路金军以郭药师的人马为急先锋，兵抵东京城下。只因为穿河东而下的完颜宗翰西路军被太原缠住，各地勤王宋军又陆续抵达，占了一番便宜的完颜宗望见好就收，满载金银北归。

四个月前，听闻东路完颜宗望大有收获的完颜宗翰，一面继续包围太原，一面分兵四处劫掠河东各州。

三个月前，云集东京城下的宋军勤王之师已有二十万众，做了五个月皇帝的赵桓和他的官员们被眼前兵马撑起了信心，效仿金太宗完颜吴乞买的做法，抓住完颜宗翰劫掠河东之事，颁下诏书，指责金国之背约事实，强势出兵河东。同时，宋朝廷以皇帝名义写下两封外交文件，一封拟给流亡西北的辽天祚帝之子："当初我背后捅了你，现在我道歉，咱们联合夹击金国吧。"另一封给了降金的辽将："策反完颜治下的耶律氏族吧。"

一个月前，这两封外交文件都放在了完颜吴乞买的案头，写给昔日老相好的文件是在金国与西夏边境被缴获的，写给在金国掌权的耶律氏的文件直接被送信人献宝了。

于是，金太宗完颜吴乞买下诏进军，目标灭宋。

至少、至少在名义上，这一次完颜吴乞买下达灭国令之前，宋金是有和约的。

恰恰主动撕毁了和约的，不是强势的金，而是愚蠢的宋。

可不可以另结新欢，从背后给自己的百年小伙伴捅上一刀？为了国家利益，历史告诉我们可以。为了一己私利，历史告诉我们不可以。以国家利益之名，行一己私利之实，历史告诉我们那结果绝对是个悲剧。而悲剧中的悲剧，是以匹夫的眼光和手法来为国家谋求利益。

可不可以效仿别人的成功？这话不好说，因为大多数人并不一定能够看到成功背后的隐藏时间下的积淀。即使看到了、想到了、懂得了，但别人的下一秒就成功，换到自己身上，就是永远等不来的下一秒的爆发。

可不可以警惕别人的失败？这话还是不好说。比如？比如以政治家的水平论——司马砸缸小聪明，但以治史大家的水平论——司马温公老前辈。《资治通鉴》好，好在后人看到多少、想到多少、懂得多少，这也是下一秒的问题，别人可以忍到下一秒，换到自己身上，就是永远忍不住那下一秒便爆发了。

赵桓，还不如叫赵患，患得患失的患。这种性格和支持了——恰恰不是主持了——熙宁变法的宋神宗有些相似。很多年前，宋太祖赵匡胤灭掉南汉，偏安江左的南唐害怕了，它见到挂着"汉二代"帽子的南汉被灭了，所以联想到是不是自己这顶"唐二代"的帽子惹恼了强势的宋，于是李煜去了"唐"，改国号为"江南"，还把"皇帝"称号自降为"国主"。这么忍下去，直到一无所有之后，李煜一首略显豪迈的词就换来了赵光义的一杯毒酒。赵桓从临危受命到吐气扬眉再到志得意满最后输光筹码，他从来是被环境调动情绪，而不是在稍纵即逝之间，抓住以情绪调动环境的机会。

1122 年春，宋徽宗宣和四年四月。

挂衔无数但实质上是宋帝国征辽总司令的童贯，率领大军十五万，抵达高阳关，即将越过宋辽边界白沟河。

已是古稀之年的随军老将种师道说："强盗入室，不救邻居于水火之中，反而趁火打劫，不合适啊……"

几个月前，还是秋天的时候，童贯这支军队才刚刚从长江以南启程北上。而按照宋金"海上盟约"的计划，1121 年秋高马肥之时，金太祖完颜阿骨打的反辽金军与宋徽宗赵佶的平辽宋军就应该会师燕京城下。结果金军在苦等宋军几个月无果之后，已经按照计划出击了，而且一路摧枯拉朽攻克了辽国中京大定府，南下进逼燕京城。辽帝国末代天祚帝弃了坚城燕京，穿过居庸关，过桑干河，逃向云中地区。

宋金蜜月期下缔结的"海上盟约"，结果宋放了金的鸽子，那是因为有突发情况。而金在宋放了自己鸽子的情况下击溃了辽，那是自身实力已经壮大到可以忽视突发情况了。

宋的突发情况，表面诱因是"太湖石"。

两年前，宋金已经在穿线人的说和下，缔结了夹击辽国的"海上盟约"。宋帝国为此在东京城下集结了十五万人的征辽军队，总司令由著名大宦官童贯出任。大军还没北上，两浙路爆发了方腊起义，所以这支大军的性质由北上征辽改为南下平叛。童贯领军历时一年半，把席卷了东南六州五十二县的方腊起义镇压了，但是也错过了宋金合击的约期。

1644 年明崇祯之时，李自成打入北京，书生们叫喊：这就是只攘外不先安内的原因。500 年前的此时，看来童贯做到了攘外必先安内，他剿灭的方腊，是宋帝国内部人士，以经营漆园为生，信奉波斯传入的摩尼教。摩尼教在 3 世纪由波斯人摩尼创立，教义汲取于波斯古老的琐罗亚斯德教（祆教），又融入了一些早期基督教的教义，传入中土之后在唐武宗灭佛之时转入地下发展。到了童贯剿灭方腊之时，方腊被称为"吃菜事魔"，更精确的解释是"吃素且崇拜魔鬼的与我辈图腾不同的一群人"，而且此时的摩尼教，在经年累月的本土化之下，已经和出自佛教净土宗的白莲社、弥勒教合流。童贯军队中的主力，都是与与西夏交战时积累出的野战经验，本来是要北上征辽的，现在南下，自然可以收拾掉这些民众武装。攘外必先安内，大宦官童贯做到了，但是打击农民起义是一回事儿，与日日博杀的辽国正规军作战又是另一回事儿。可见李自成逼死崇祯，要么是明军太不堪一击了，要么是明政府治理下的社会太没有活路了。攘外必先安内是一般性经验总结，给不给活路才是分析入手的方法。

引发方腊起义的表面诱因是"太湖石"，文质彬彬的大艺术家宋徽宗赵佶没别的爱好，就喜欢文艺——文的极致就是突破到艺术境界。

名义上，"太湖石"导致了方腊起义，最终被童贯镇压。

辽的被灭惨状，表面诱因是"海东青"。

几乎是辽立国和五代开启的同时期，朝鲜半岛也受到了唐帝国解体下的政治冲击波影响。被唐帝国一手扶植起来的新罗也随着唐帝国老去，唐帝国陨灭后十年，王建创立了王氏高丽政权。

朝鲜半岛的政局动荡，让白山黑水一带的女真各部落也受到了冲击。就在耶律阿保机创立辽帝国雏形之时，蜗居长白山女真三十部之一的完颜部也在自我生存的奋斗之中。直到辽帝国、宋帝国和高丽政权都初具规模之时，完颜部当时的首领绥可才刚刚教会了族人在海古水（黑龙江阿城东北亚沟河）和按出虎水（黑龙江阿什河）河畔定居。

在辽帝国和宋帝国眼中，高丽先是紧贴着强势的辽，又是跋山涉水靠近富有的宋，总之可以表达倾向性，但是不能关闭另一道门。而在高丽使节出入辽帝国和宋帝国首都之时，也都表达了"我是您的附庸"的意思。但是关起门来，在高丽内部，高丽还是希望如两个老大哥一样，自己也有一些小弟最好——比如那些女真酋长们。

最开始，女真部落的酋长们，在辽帝国和高丽政权眼中，划分为定居的熟女真和狩猎的生女真。熟女真大多归顺于辽帝国；生女真野性未驯，一部分被编入了辽帝国雇佣军，一部分自力更生拿着一些土特产和马匹前去高丽献宝。高丽见到这些献宝的酋长们，表示很高兴，这是"藩夷来朝"的象征，说明了高丽的大邦身份。可是久而久之，女真酋长们发现高丽不过如此，给个"归德将军""怀化将军"的名号，但是不给贸易实惠，于是转身投了辽国，和高丽的关系从隔辈成了平辈。高丽只能怒骂这些女真部落说："久承恩赏，背我投（契）丹，罪莫大焉。"

后来，黑龙江和吉林地区的女真部落集体转向辽国，其中比较能算计着征服的完颜部才有了崛起的机会。和后来的努尔哈赤搞定李成梁一样，努尔哈赤的祖宗完颜部首领们搞定了辽国皇帝，一边恭顺地为辽国平叛边疆，一边借着平叛边疆的旗帜征服其他女真部落。借着辽帝国强盛的旗帜，兼并那些反对辽帝国的自由部落们，算是另一种攘外必先安内吧。

辽帝国给女真完颜部首领的帽子是"女真节度使"。借着这个帽子，完颜部女真可以和高丽争夺女真部落聚居地之一的曷懒甸地区。终于在1104年的正月，自觉国力日盛的高丽集结了十七万人，号称雄兵二十万，分三路先手出击，挑起了曷懒甸战争。高丽完败的结果，就是做了完颜部女真崛起的第一块炼金石——哦，原来你看上去很强大，其实你如此不堪一击。

辽帝国给女真完颜部首领的任务是："海东青"。

相比文质彬彬的宋徽宗赵佶摊派给江南的任务是搜集太湖石和奇珍书画，更加尚武一些的契丹人摊派给女真完颜部首领的任务就是搜集适合秋季狩猎的顶级猎鹰——"海东青"。

名义上，"海东青"导致了完颜阿骨打起义，最终掀翻了辽帝国。

种师道的话尚有余音，童贯带领的这支镇压了方腊起义的有实战经验的大军已经渡过白沟河，但却被如同丧家之犬一样的辽军击溃于河北。

而把不可一世的契丹辽军打成丧家之犬的完颜金军，看起来突然爆发，其实从可以追溯的第一代生女真创业者完颜绥可在983年出任部落首领之时，到完颜阿骨打起兵反辽，已经过去了130余年，历经了八位首领。

可不可以玩石头？可以。

宋徽宗赵佶玩出一个集古典园林之大成的艮岳，是以杭州凤凰山的形态，在东京开封府的东北角堆筑土山，东北方向属于八卦中的艮位，所以这座万岁山也叫艮岳。艮岳堆成之后，山下凿池引水，山上添置太湖奇石，再根据景观需要栽花种木。同时根据园林的整体设计，艮岳工程还需要跨过东京内城城墙，与墙外的景华苑打通联系，为的是在景华苑北边毁于火灾的瑶华宫遗址上开凿大池，名为"曲江"，引江水入池后西流至撷芳园，过撷芳园西侧的天波门桥分为两路，一路向南通向茂德帝姬的宅邸，一路往北通向赵佶登基前居住的龙德宫。艮岳的土建工程不过持续了五六年而已，就在童贯平叛成功北上征辽之时，艮岳竣工。延福宫、撷芳园、景华苑、曲江都与艮岳连成一片，东京城北半部形成了规模巨大的皇家宫苑区。

12世纪初期的浩大如艮岳工程，比之600年后的"万园之园"圆明园，面积上前者小巫见大巫——这是格局，精致上据说后者远远不及——这是细节。但是无论哪种说辞，艮岳相比圆明园乃至颐和园，唯一没有的就是专业理政场所。

艮岳被毁，是同等级文明中的武力征服文艺，人祸所至；圆明园被毁，是高等级文明武力征服了低等级文明，回天乏术。

一样的玩，不一样的内涵。

可不可以玩猎鹰？可以。

作为图腾尚武的象征，玩鹰至少比玩蛐蛐好一些，但是玩入迷了，忘了因为战争才去狩猎，因为狩猎才去玩鹰，就只好玩物丧志了。于是被鹰啄瞎了眼睛。

蛾儿雪柳黄金缕，笑语盈盈暗香去。众里寻他千百度，蓦然回首，那人却在，灯火阑珊处。

稼轩公一边回忆，一边如此写下这首《青玉案·元夕》。

再后来，陆秀夫背着小皇帝跳崖，还要拉着很多群众。他带走了十万生灵，倒是留下了许多群众发明的技术。

东方流入西方的技术，造纸术和印刷术相当于今天的知识在互联网上廉价传播，航海磁针相当于今天的导航卫星，火药相当于今天的核原料。而除了四大发明之外，三角帆和尾舵这么重要的技术，也是东方流出的贡献。

辩证地看，这些技术是劳动人民发明的，又随着亡国而被宋儒饭士拱手送出。

辽国亡于饭僧，两宋亡于饭士。

歌咏志

路漫漫兮童我不知何求，
懵懂懂兮君父曾伴我行。
君父南兮童我偏要向北，
恩怨怨兮君父尚在我畔。

入迷雾兮流连花境，
破迷雾兮君父谓之白骨肥。

恨君父兮残酷如斯，
泛楼船兮君父已渡奈何桥。

九歌绕梁兮泉下国之殇。

九天揽月兮云上大马金错刀。

君父皆去兮留我苦做人，
化五车简兮敢以肩为牛。

我欲南兮车反向北，
走停停兮知千钧重。

蔽履破兮荒草萋萋，
寻觅觅兮放眼迷雾。

恨君父兮舍我如斯，

来路忘兮惟车中言。

荒草盛兮身后君父冢。

归航远兮前路苦无涯。

噫！

其疾如风兮壮士行！

何惧。

有君在途，抱桑仰吮。

睨我唤我，予我醉我。

有君在途，箕踞畅饮。

睨我唤我，予我醉我。

有君在途，素波中流。

睨我唤我，予我醉我。

有君在途，碣石听海。

我听君咏，君咏幸哉！

有君在途，辞兮赋兮。

娓娓道来，其徐如林。

噫！

饮罢杜康，赏遍楚舞。

趁朔风起，壮士何惧。

行路难，一心昂首望九天。

君不见，有伴闲聊万重山。

行路难，从来埋头经纶间。

君不见，沧海长风送新帆。

将进酒，杯莫停！

一杯浊酒映冷月，高堂才懂悲白发。

将进酒，杯莫停！

一抹清秋天上钩，市井无财用明镜。

将进酒，杯莫停！

噫！

行路虽难，攻略如火。

烈焰枯草，坦途灰烬。

杯汝来前，老子今朝，点检形骸。

昔汉武用军，少壮几时。卫霍开边，不以家为。

持节高阙，授将塞上，汉使从不止云中。

汝竖子，器点滴馋物，前人酿酒！

马作的卢飞快，遣十三金牌催一命。

今岳阳楼上，称天下忧。风波亭中，天日昭昭。

杯汝知乎，铁马梦去，绕指柔下裹金莲。

杯拜曰，器古今中外，莫不如此。

跋

既然本书的"序"是以孙子的"察、经、校、索"而立意，那么本书的"跋"就以一篇"子释子曰"的试验文来收尾吧。

此文本身是对"序"的释名，以孙子的"察、经、校、索"思维来对《孙子·军争篇》拆解，解古而释今，解昨日之经典而释今日之场景，谓之"子释子曰"。

《孙子·军争篇》在我看来就是一场极其生动的军事模拟教学。以下，孙子原文为斜体字，每个段落内都是我的逐层解释，段落内的句子在特定之处会用（）来扩展解释。

这种文体初读之下也许会有不适之感，但"略去（）"和"通读（）"对比之后，你会发现洞察的奥妙吧，这也是我把本文称为试验文的原因吧。

上课，"子释子曰"开始。

孙子曰：

孙子说的原理是：

凡用兵之法，将受命于君，合军聚众，交和而舍，莫难于军争。

简单的解释：一般情况下，用兵之法，是某人被君主任命为将军，去编练军队，去组织后勤，步调一致之后，便可以开拔出征了，最难的就是通过军争赢得胜利。

精确的解释：一般情况下，用兵之法（这里的"用兵之法"，是流程的意思，是按照套路来的意思，是接受将军这个职位的人都会普遍遵循的过程。这一点很重要，这里的"用兵之法"，是孙子说给君主的一个场景定义）是某人被君主任命为将军（受命很重要，第一层是授予将军的称号——某人在这个位置上按照君主的指令去行动——君主给了战略目标是赢，同时君主还要干涉如何赢的战术设计；第二层是某人被授予将军的实权，可以全权按照自己的战术来设计行动，但一切行动都要围绕"赢"这个目标。所以被受命为将军的某人要知道他这个将军，是第一层意思，还是第二层意思），去编练军队（选拔适龄且善战的人来参战），去组织后勤（这些战士编组完毕后，其他未被筛选的贵族、庶人以及所有那些奴隶，需要负担后勤任务），把参战军队和后勤保障（交和，是水乳交融之意，是要在"合军"和"聚众"过程中，做到野战军和后勤人员的统一交合、有机整体）融为一体，步调一致之后，便可以开拔出征了（舍，在这里是动词，是开拔机动的意思。古之三十里为一舍，正常情况下一天走一舍便扎营一次。"交和而舍"的意思就是训练完毕可以开拔了，之前注解孙子的这四个字，大部分说是合战对峙的意思，我觉得他们错了）。但最终还是要获得胜利才算结束（"莫难于军争"的意思，就是"被任命为某某职务是容易的""根据这个职务的权限开始准备是稍难的""准备好了出发是费事的""但最终能够在硬碰硬中胜利才是最开始被任命为某某职务的目的"）。

军争之难者，以迂为直，以患为利。

军争，通过军事斗争这种硬碰硬的形式，获得最终的胜利。但觉得军争是如此之艰难的人们，往往是不懂得绕路抵达目标或者利用困难来实现利益的那些人。

这话其实是孙子说：我看你把军争想得这么难，为什么啊，难道不知道军争这个过程是为了胜利这个目标吗？如果你一直记得最初的目标，那么就会想方设法去抵达目标（这话需要如此理解：你和目标之间有个不能逾越的困难，你会一头撞向困难吗？那么你死了。真正想着抵达目标的人，无论如何是想要解决这个困难，而不是和这个困难同归于尽的，所以这也是那些最伟大的难题—无论科学还是什么—都是被绕路解决的原因。解决者眼中是无数撞向困难的前人尸体，并且基于这些失败的实践之后，绕出了一条新路）。

（别人眼中的）以曲线绕路代替直线进击，把困难（无论自身困难还是敌人困难）化为己用，这些都是可以充分（所谓充分，是你比别人多知道多少有价值的信息）计算的。

故迂其途，而诱之以利，后人发，先人至，此知迂直之计者也。

能够以曲线绕路代替直线进击，是要先付出且布下诱饵的。它实现的效果是，你扔下诱饵，坐在场外观察。敌人像鱼儿一样上钩，在场内（或者说鱼缸之中）先展开了扑向诱饵的行动。于是坐在场外的你，便可以行动了。对于那些信息不透明和不充分的人来说，你和鱼之间，好像是你后发却先至（胜利），鱼先发却被制（失败），于是这些人根据他们的经验惊叹说：先发制人的真理被打破了，这人（你）实在是名将啊！其实只不过是这些人从来不去观察你在场外的布局罢了，算上布置诱饵这个行动，其实你还是先发（先行动）的。所以"先发制人"是所有集合都算在一起之下，开全图之后，颠扑不破的真理。所以"后发制人"也是真理，但是有个前置条件是"其他人以为你是后发制人，因为他们聚焦在场内或者仅仅知道场内的信息罢了"。

"孙子曰：凡用兵之法，将受命于君，合军聚众，交和而舍，莫难于军争。军争之难者，以迂为直，以患为利。故迂其途，而诱之以利，后人发，先人至，此知迂直之计者也。"针对这几十个字，可以举一个21世纪的小例子。

（1）某人被招聘流程选中（哪怕是什么挂着高级猎头名号的寻人者，他也不过是流程化下的执行者而已），获得了某个职位，负责某项业务（目标）。那么上面这段"孙子曰"就描述了两个过程：首先这人决定接受这个职位的思考，其次才是对于这个职位如何达到这个目标的思考。

（2）这人决定接受这个职位的思考：这个职位在"受命"考量中，是全权、半权还是无权。并不是说全权最好、无权放弃，而是全权最容易开始但也最容易遭受来自内部的阻力，而无权有名的开始虽然很困难，但未必不是一件好事情。总之，这个思考需要全方面联系某人、职位、目标和内外环境的。

（3）这个职位如何达到这个目标的思考：相比（2）的招聘流程下的思考，本思考已经是业务流程下的"唯一"针对目标的思考了，简单且更加战术化—如何赢，如何实现目标。

下面孙子开始讲的，就全部是如何赢的问题了。

故军争为利，军争为危。

第一个"为"，是"为了"的意思，军争这件事的目的是为了利益；第二个"为"，是"具备"的意思，军争这件事本身具备了危险属性。孙子的意思是：哥们儿，军争有暴利，军争请谨慎。

举军而争利，则不及；委军而争利，则辎重捐。

"合军"而来的野战军是负责列阵主战的，"聚众"而来的后勤队伍是为野战军服务的，但纪律性和机动性都更差。宣战之后，"交和"而成的军队如果按部就班地开往战场，那么好地形（不仅仅是好地形，总之敌人会抢占到先机）就会被敌人掌握。但如果由野战军（包括轻装散兵）脱离后勤部队而快速前进，那么辎重就必须要被舍弃（嗯，就类似于战斗机在开战前才扔掉副油箱的上古版本）。

孙子对于"辩证"这门工具运用灵活，而且始终知道"辩证"是一门分析具体问题的工具，而不是深陷"辩证"的迷宫之中非黑即白、非此即彼、非 0 即 1。这只有站在场外，才能明白，而且可以居高临下地"利用"这些"辩证对象"的全部特点（或者属性）。

是故卷甲而趋，日夜不处，倍道兼行，百里而争利，则擒三将军，劲者先，疲者后，其法十一而至；五十里而争利，则蹶上将军，其法半至；三十里而争利，则三分之二至。

在这种情况（野战军脱离后勤全速前进）下—孙子已经肯定了全速前进是必然的，只是何时全速前进，如何选择这个时间点—孙子开始分析各个时间点下全速前进（穿戴全套甲胄之后以战斗姿态急行军）的一般结果。

百里之外就开始急行军，将军会发现到了战场列阵对峙（甚至有被伏击的风险）之后，体力好的先到了，体力差的还在路上，能抵达战场（还能保持战斗力）的不过十分之一，开战之后三军主将被擒而败的结果。五十里开始急行军，一半兵力抵达战场，开打之后损失上将军的结果。三十里开始急行军，三分之二兵力抵达战场。

那么，孙子没写，是因为他已经给出了情况模型。而对于将军来说，只需要知道这些情况，再根据真实战场和外交的情报，来具体选择自己的行动（派一支抢时间或迷惑敌人的军队，自然有必要百里疾行了），同时用这些模型来推测敌人可能采取的行动（敌君虚荣或敌将急躁，那么散布一些假信息，或者讥讽、激怒之，则敌人很可能选择百里疾行，这就够了）。

是故军无辎重则亡，无粮食则亡，无委积则亡。

一般情况下，必须要考虑后勤，还要保持充足的后勤。只有一种情况下不需要考虑这件事，那就是能够确保自己可以发动一次会战同时还击溃敌人的情况下。

故不知诸侯之谋者，不能豫交；不知山林、险阻、沮泽之形者，不能行军；

不用乡导者，不能得地利。

孙子立论，都是先从朝堂之上的外交先说起的，此处也不例外。有别国的使者携带条件来提出军事建议，如果不知道对方君主的深层谋划指向何方，那么可以愉快地接待（别国使者），但绝不能愉快地接受（出兵请求）。接受了出兵请求或者主动宣战了之后，将军必须知道沿途的地理情况。而在陌生环境下行军，要善于使用本地向导，这样也可以享受地利（陌生环境下谨慎行军，这是将军本身的能力，而陌生环境下谨慎选择可信的向导来加速行军，这是将军运用了地利）。

故兵：以诈立，以利动，以分和为变者也。

这句可是孙子的大名言，但是这个"诈"很有学问，太多人误解了"诈"。

"诈"在古时通"乍"，乍一看的"乍"，突然的意思。那么就是一种（客观）形态转变的（主观）感觉。某人平平静静，突然就拔刀相向，这是一种"乍"，可以理解为出其不意。而某支军队昨天听说还在远方慢慢前进，今天就突然出现在眼前的高地山坡之上，这也是一种"乍"，大大出乎（敌人）意料之外的意思。

所以，兵以诈立，并不是说"用兵要以欺骗为根本"，这么想或理解的人就是小聪明了。

孙子说，用兵有三点，第一要掌握静态（谨慎行军）到动态（卷甲疾行）的转变时机，掌握了这个法门，算是立得住的将军了；第二要掌握"利"的判断（国家利益、军事有利于己方），甚至可以用"利"来调动敌人，让敌人因"小利"而让出优势，这就是"利"和"动"（利是敌我动机、以利来让敌我行动）的关系；第三点才是"抓住转变时机后"或者"赢得调动时机后"的如何变的具体口诀了—灵活运用军队或兵力就好了。

所以，孙子这句话的断句，应该是"用兵的原则：以诈立，以利动，以分和为变者也"（兵以诈立无论如何是一个很低级和误导别人的成语）。

故其疾如风，其徐如林，侵掠如火，不动如山，难知如阴，动如雷震。掠乡分众，廓地分利，悬权而动。先知迂直之计者胜，此军争之法也。

这句是具体解释"以分和为变者也"的，可以理解成"分和为变"是总诀，风林火山阴雷等都是具体比喻的分支口诀，描述了几种行军状态，所以叫作"军争之（具体的机动）法"。

与春秋战国同时期的希腊人用方阵在多山环境下作战，虽然双方约定在较大平地（人家的古战场和我们的古战场其实在很久很久之前都差不多，就那么几个适合大军展开的地方）上死斗，但一般都要尽可能地提前赶到战场（大家都熟悉了这些战场的位置，就同今天电子竞技游戏中的地图是一样的），抢占一个上坡位置布阵。这样后来的进攻者如果想要开战，那么只能顶着斜坡战斗了。悍勇一些的将领被优势方一顿嘲讽，没准就开战了，而聪明一些的将领任由优势方嘲讽，转身去毁坏敌人的麦田—割你们家麦子（这事春秋时期的诸侯们也经常干），这就是"军争篇"要讲的主要场景—列阵会战前的机动过程中如何抢到主动权的问题。

不用质疑今人的各种体会，因为春秋末期的语言还处于"修辞学"和"逻辑学"的大发展阶段，只看思维过程就好了。春秋时期的诸子之书侥幸留下来的，都和《孙子兵法》有异曲同工之妙。

《军政》曰："言不相闻，故为金鼓；视不相见，故为旌旗。"

《军政》，可以理解为西周时期的《将军手册第一版》，到了东周春秋时期已经接近亡佚，被田穰苴重新整理后就有了《司马法》。孙子引用这话的意思是：将军需要建立一套控制系统来操控他的军队—（平时）组织训练和（战时）调动阵法。

通讯不能靠喊叫，要靠金鼓信号，相比喊话，能够（通过音频节奏）传递更多信息，能够（为将军）传播得更远，能够（让士兵）实现整齐划一。指挥不能靠招手，要靠旌旗信号，标准化之后的好处同上。

夫金鼓旌旗者，所以一人之耳目也。人既专一，则勇者不得独进，怯者不得独退，此用众之法也。故夜战多火鼓，昼战多旌旗，所以变人之耳目也。

中央控制系统的建立，让将军一人可以操控一军，将军便是大脑，金鼓如耳，旌旗似目，军官是骨架关节，士兵们便是肌肉了。一个有机整体建立后，匹夫之勇的人不再会坏事（一人领一伍盲动，一伍便可能带动一旅冒进），贪生怕死的人也不再会坏事（一人逃跑则一伍士气崩溃，一伍溃散则一旅阵线松动），这就是聚散沙成水泥的方法。

中央控制系统的形式不是一成不变的，将军只需要掌握控制的原理，再根据战场环境适当调整就好了。所以夜里战斗要多用火把与鼓声信号（自然平时就要设计和操练如何用火把传递信号），而白天列阵就更适宜高高举起的旌旗。这就是将军操控军队的原理不变，但将军操控军队的形式变了。

434

故三军可夺气，将军可夺心。

除了通过中央控制系统来硬性训练和指挥军队之外，将军还需要懂得如何观察一支军队的潜在士气，更需要懂得通过敌人军队的士气洞察敌人主将的心态。

懂得观察一支军队的潜在士气，有己方和敌方之分，通过手段激发我们的士气（导向高昂或冷静），通过手段刺激敌方的士气（导向疯狂或沮丧），这就是三军可夺气的奥秘。知道己方和敌方军队所体现出的士气情况之后，将军就可以（根据对方军队的士气变化）判断对方的主将心态了，然后也可以计算自己（针对己方以及针对敌人）的行动了。这就是将军可夺心的奥秘。

是故朝气锐，昼气惰，暮气归。

如何观察军队的士气呢？清晨列阵是锐气十足之时，中午站得累了就是惰气蔓延之时，夕阳西下之时肚皮饿了，那就是暮气沉沉了。

善用兵者，避其锐气，击其惰归，此治气者也。

多看多总结，那么经验就丰富了，眼光就变毒了，一支军队是什么士气就一目了然了。眼光毒辣的将军，知道什么叫锐气、什么叫惰气、什么又叫暮气。而经验丰富的将军，绝对不会简单机械地把锐气与清晨、惰气与中午、暮气与黄昏画等号的，他会把这些因素统一起来考虑，然后再决定如何行动。眼光毒辣且经验丰富的将军，堪称名将，即善用兵者。

名将关于"气"的两个原则，避开敌人的锐气—关于这一点，绝对不是让我军士气崩溃的胆怯躲避，而是要拖着敌人机动，让敌人高昂的士气慢慢泄掉；在敌人惰气蔓延之时逼迫敌人开战—关于这一点，阵型松动、疲惫回营、满载战利品撤退等时机都是可以选择的。这就是治气之法。

以治待乱，以静待哗，此治心者也。

将军的心态很重要，会直接体现在自己的军队中。军中有一片乱哄哄的情况，是情绪波动的表现，是混乱爆发的前兆，此时就要快刀斩乱麻地决断。军中有几个点在喧哗吵闹，那也是情绪波动的表现，但是否会构成一片混乱的情况？并不一定。在这种情况下，将军必须保持冷静，默默观察就好了，摸清情况之后，再根据问题的实质选择如何快刀斩乱麻。

以治待乱，是不得不治之下的速杀；以静待哗，是为了治乱之前的细察。这两点就是治心之法，将军如果弄混了，那么自己的心乱，自己的军队士气也就崩溃了，敌人见到如此士气，此军亡矣。

以近待远，以逸待劳，以饱待饥，此治力者也。

将军的心、军队的气，都是要养的。怎么养气舒心？以近待远则气定，以逸待劳则神闲，以饱待饥心不慌。这就是治力和蓄力的方法。

无邀正正之旗，无击堂堂之阵，此治变者也。

别主动攻击控制系统良好、士气高昂、蓄满力槽、正渴望一场博杀的军队。见到这种情况，敌人邀你出战，你转回"治气"之法开始循环就好了，这一点叫作掌握变化的法门。

故用兵之法，高陵勿向，背丘勿逆，佯北勿从，锐卒勿攻，饵兵勿食，归师勿遏，围师必阙，穷寇勿迫。

如同赶赴战场之时有"风林火山"的机动形态比喻，这里也说一说八种身处战场之后的作战形态。这八种形态的原则都是：敌人握有绝对优势的情况下，要（用时间、用空间）将敌人的优势转化为劣势。敌人处于绝对劣势的情况下，绝对不能让他化劣势为优势。

此用兵之法也。

孙子说这就是用兵之法。

噫！释名结束，下课。

胜者愈多，败者亦多。

　　七八岁刻下此章的前我，依然在那里操弄着刻刀。就让前我留在那里，也留在今我的脑中吧。物我两忘浑不如，物我两在更逍遥。在过去、在心中，此情可待成追忆。若出口、便堪破，不然无声胜有声。

图书在版编目（CIP）数据

历史的赢法：用军 / 文润燕生子著 . —青岛：中国海洋大学
出版社，2016.5

ISBN 978-7-5670-1146-5

Ⅰ.①历… Ⅱ.①文… Ⅲ.①军事史－中国－古代－通
俗读物 Ⅳ.①E291-49

中国版本图书馆 CIP 数据核字（2016）第 086014 号

出版发行	中国海洋大学出版社
社　　址	青岛市香港东路 23 号　邮政编码 266071
出 版 人	杨立敏
网　　址	http://www.ouc-press.com
电子信箱	oucpublishwx@163.com
订购电话	0532－82032573（传真）
责任编辑	王　晓　　　　　　　　电　话 0532－85901092
装帧设计	王谦妮
印　　制	青岛海蓝印刷有限责任公司
版　　次	2016 年 7 月第 1 版
印　　次	2016 年 7 月第 1 次印刷
印　　数	0-10000
成品尺寸	170 mm × 230 mm
印　　张	28.5
字　　数	298 千
定　　价	69.00 元